史记

爱读·国学经典

刘洪仁　苏静　编注

四川文艺出版社

图书在版编目（CIP）数据

史记 / 刘洪仁，苏静编注. —3 版. —成都：四川文艺出版社，2019.6
（爱读·国学经典）
ISBN 978-7-5411-5410-2

Ⅰ. ①史… Ⅱ. ①刘… ②苏… Ⅲ. ①中国历史-古代史-纪传体 ②《史记》-注释 Ⅳ. ①K204.2

中国版本图书馆 CIP 数据核字（2019）第 093564 号

SHIJI

史 记

刘洪仁　苏　静　编注

责任编辑　邓　敏
责任校对　段　敏
封面设计　闻江文化
版式设计　史小燕
责任印制　崔　娜

出版发行　四川文艺出版社（成都市槐树街2号）
网　　址　www.scwys.com
电　　话　028-86259287（发行部）　　028-86259303（编辑部）
传　　真　028-86259306

邮购地址　成都市槐树街2号四川文艺出版社邮购部　610031
排　　版　四川胜翔数码印务设计有限公司
印　　刷　成都市书林印刷厂
成品尺寸　146 mm×210 mm　　　开　本　32开
印　　张　12.5　　　　　　　　　字　数　310千
版　　次　2019年6月第三版　　　印　次　2019年6月第一次印刷
书　　号　ISBN 978-7-5411-5410-2
定　　价　42.00元

版权所有·侵权必究。如有质量问题，请与出版社联系更换。028-86259301

目录

项羽本纪…………………… 1

陈涉世家…………………… 53

留侯世家…………………… 68

伯夷列传…………………… 93

孙子吴起列传……………… 102

平原君虞卿列传…………… 120

魏公子列传………………… 140

廉颇蔺相如列传…………… 155

田单列传…………………… 177

屈原贾生列传……………… 185

刺客列传…………………… 204

淮阴侯列传………………… 239

魏其武安侯列传……………… 277

李将军列传…………………… 309

汲郑列传……………………… 331

游侠列传……………………… 352

滑稽列传……………………… 369

附：《史记》大事记 …………… 386

项羽本纪

项籍者，下相人也①，字羽。初起时，年二十四。其季父项梁②，梁父即楚将项燕，为秦将王翦所戮者也③。项氏世世为楚将，封于项④，故姓项氏。

项籍少时，学书不成，去学剑，又不成。项梁怒之。籍曰："书足以记名姓而已。剑一人敌，不足学，学万人敌。"于是项梁乃教籍兵法，籍大喜，略知其意，又不肯竟学。项梁尝有栎（yuè）阳逮⑤，乃请蕲（jī）狱掾（yuàn）曹咎书抵栎阳狱掾司马欣⑥，以故事得已。项梁杀人，与籍避仇于吴中⑦。吴中贤士大夫皆出项梁下。每吴中有大繇役及丧⑧，项梁常为主办，阴以兵法部勒宾客及子弟⑨，以是知其能。秦始皇帝游会（kuài）稽（jī）⑩，渡浙江⑪，梁与籍俱观。籍曰："彼可取而代也。"梁掩其口，曰："毋妄言，族矣！"梁以此奇籍。籍长八尺馀，力能扛（gāng）鼎，才气过人，虽吴中子弟皆已惮籍矣。

注释

①下相：县名，今江苏宿迁县西南。②季父：父之幼弟，即小叔父。季，兄弟中排行最小的。③王翦：秦国著名将领，屡立战功，封武成侯。《史记》有传。④项：县名，今河南沈丘县南。⑤栎阳逮：因被牵连而被栎阳县逮捕。栎阳，县名，今陕西临潼东北。逮，及，指有罪相连及。⑥蕲：县名，今安徽宿县南。狱

掾：县令的辅佐官，掌管刑狱事。⑦吴中：县名，今江苏苏州。⑧繇：同"徭"。⑨部勒：部署，组织。宾客：指客居吴中依附项梁的人。子弟：指吴中的年轻人。⑩会稽：即会稽山，在今浙江绍兴市南。⑪浙江：今钱塘江。

译文

项籍是下相人，字羽。他开始起事的时候，二十四岁。项籍的小叔父名项梁，项梁的父亲名项燕，就是那位被秦将王翦所杀害的楚国大将。项氏世世代代做楚国的将领，被封在项地，所以姓项。

项籍小的时候学写字，没有学成，学剑术，又没有学成。项梁对此很生气。项籍却说："写字不过用来记姓名而已，剑术不过能敌一人，不值得学。我要学习能敌万人的本事。"于是项梁就教项籍兵法，项籍很高兴，可是刚刚懂得兵法的大意，就不肯钻研到底了。

项梁曾因罪案受牵连，被栎阳县逮捕入狱，他请求蕲县狱掾曹咎写了封信给栎阳狱掾司马欣说情，事情才得以完结。后来项梁又杀了人，为躲避仇家，他和项籍一起逃到吴中。吴中有才能的士大夫都不及项梁。每当吴中有大规模徭役或丧葬事宜，常由项梁主办，他暗中以兵法部署组织宾客和年轻人，因此很了解他们的才能。秦始皇游览会稽山横渡钱塘江时，项梁和项籍一起去观看。项籍说："他，我可以取而代之！"项梁急忙捂住他的嘴，说："不要胡说，要灭九族的！"项梁因此认为项籍不同寻常。项籍身高八尺有余，力大能举起铁鼎，才气超人，即使是吴中当地的年轻人，也都很惧怕他。

秦二世元年七月①，陈涉等起大泽中。其九月，会稽守通谓梁曰②："江西皆反③，此亦天亡秦之时也。吾闻先即制人，后则为人所制。吾欲发兵，使公及桓楚将④。"是时桓楚亡在泽中⑤。梁曰："桓楚亡，人莫知其处，独籍知之耳。"梁乃出，诫籍持剑居外待。梁复入，与守坐，曰："请召籍，使受命召桓楚。"守曰："诺。"梁召籍入。须臾，梁眴（shùn）籍曰⑥："可行矣！"于是籍遂拔剑斩守头。项梁持守头，佩其印绶⑦。门下大惊，扰乱⑧，籍所击杀数十百人。一府中皆慴（zhé）伏⑨，莫敢起。梁乃召故所知豪吏，谕以所为起大事⑩，遂举吴中兵。使人收下县⑪，得精兵八千人。梁部署吴中豪杰为校尉、候、司马⑫。有一人不得用，自言于梁。梁曰："前时某丧使公主某事，不能办，以此不任用公。"众乃皆伏⑬。于是梁为会稽守，籍为裨（pí）将⑭，徇下县⑮。

注释

①秦二世元年：即公元前209年。②会稽守通：会稽郡郡守殷通。③江西：古时称长江下游北岸、淮水以南、皖北等一带为江西。④将：带兵。⑤亡：逃亡，避匿。⑥眴：目动，使眼色。⑦印绶：指印。绶，穿缚印纽的带子。⑧扰乱：乱，混乱。扰，也是乱的意思。⑨慴伏：因惧怕而屈服。⑩谕：晓喻，告诉。⑪下县：指会稽郡下属各县。⑫部署：安排，布置。校尉、候、司马：皆军官名。⑬伏：同"服"，敬服，佩服。⑭裨将：副将。⑮徇：安抚，招降。

译文

秦二世元年七月，陈涉等在大泽乡起义。元年九月，会稽郡守殷通对项梁说："江西一带全都造反了，这也是上天要秦朝灭亡的时候了。我听说,做事情抢先一步就能控制别人,落后一步就要被人控制。我打算起兵反秦,让您和桓楚统领军队。"当时,桓楚正逃亡在外,藏于草泽之中。项梁说:"桓楚正逃亡在外,别人都不知道他的去处,只有项籍知道。"于是项梁出去嘱咐项羽持剑在外等候,然后又进来跟郡守殷通同坐,说:"请让我把项籍叫进来,让他奉命去召桓楚。"郡守说:"好。"项梁就把项籍叫进来。不一会儿,项梁给项籍使了个眼色,说:"可以行动了!"于是项籍拔出剑来斩下了郡守的头。项梁手里提着郡守的头,身上挂了郡守的官印。郡守的部下大为惊慌,一片混乱,项籍一连杀了一百来人。郡府上下都吓得趴倒在地,没有一人敢起来。项梁召集原先所熟悉的豪强官吏,向他们说明起事反秦的道理,于是就发动吴中之兵起事了。项梁派人去接收吴中郡下属各县,共得精兵八千人。又部署郡中豪杰,派他们分别做校尉、候、司马。其中有一人没有被任用,自己来找项梁诉说,项梁说:"前些日子办某件丧事,我让你去主持一项事务,你没有办好,所以不能任用你。"众人听了都很敬服。于是项梁做了会稽郡守,项籍为副将,安抚下属各县民众。

广陵人召(shào)平于是为陈王徇广陵①,未能下。闻陈王败走,秦兵又且至,乃渡江矫陈王命,拜梁为楚王上柱国②。曰:"江东已定,急引兵西击秦。"项梁乃以八千人渡江而西。闻陈婴已下东阳③,使使欲与连和俱西。陈婴者,故东阳令史④,居县中,素信谨,称为长者。东阳少年杀其令,相聚数千人,欲置长,无适用,乃请陈婴。婴谢不能,遂强立婴为长,县中从者得二万人。少年欲立婴便为王,异军苍头特起⑤。陈婴母谓婴曰:"自我为汝家妇,未尝闻汝先古之有贵者。今暴得大名,不祥。不如有所属,事成犹得封侯,事败易以亡，非世所指名也。"婴乃不敢为王。谓其军吏曰："项氏世世将家，有名于楚。今欲举大事，将非其人，不可。我倚名族，亡秦必矣。"于是众从其言，以兵属项梁。项梁渡淮，黥（qíng）布、蒲将军亦以兵属焉⑥。凡六七万人，军下邳（pī）⑦。

当是时，秦嘉已立景驹为楚王⑧，军彭城东⑨，欲距项梁。项梁谓军吏曰："陈王先首事，战不利，未闻所在。今秦嘉倍陈王而立景驹⑩，逆无道。"乃进兵击秦嘉。秦嘉军败走，追之至胡陵⑪。嘉还战一日，嘉死，军降。景驹走死梁地⑫。项梁已并秦嘉军，军胡陵，将引军而西。章邯军至栗⑬，项梁使别将朱鸡石、馀樊君与战。馀樊君死。朱鸡石军败，亡走胡陵。项梁乃引兵入薛⑭，诛鸡石。项梁前使项羽别攻襄城⑮，襄城坚守不下。已拔，皆坑之⑯。还报项梁。项梁闻陈王定死，召诸别将会薛计事。此时沛公亦起沛往焉⑰。

注释

①广陵：今江苏扬州市。②上柱国：战国时楚官名，位同丞相。③东阳：县名，今安徽天长县西北。④令史：县令的属官。⑤异军苍头：起义军头裹青巾，以别于其他军队。⑥黥布：本名英布，因罪受黥面（在脸上刺字并涂色）之刑，故称黥布。曾是项羽的猛将，后归刘邦，被封为淮南王，因反叛被杀。蒲将军：名不详。⑦下邳：在今江苏睢宁西北。⑧秦嘉：秦末参加农民起义，自立为大司马。景驹：战国时楚国的后代。⑨彭城：今江苏徐州市。⑩倍：同"背"，背叛。⑪胡陵：在今山东鱼台东南。⑫梁地：指今河南东部一带地区。⑬章邯：秦朝将领。栗：县名，今河南夏邑。⑭薛：县名，今山东滕县东南。⑮襄城：县名，今河南襄城县。⑯坑：活埋。⑰沛：县名，今江苏沛县东。

译文

这时,广陵人召平正在替陈王招抚广陵,广陵没有归服。召平听说陈王兵败逃走,秦兵又快要到了,于是渡过长江假托陈王的命令,拜项梁为楚王的上柱国。召平说:"江东之地已经平定,请赶快带兵西进攻秦。"项梁就带领八千人渡过长江向西进攻。听说陈婴已经占据了东阳,项梁就派使者去东阳,想和陈婴联兵西进。陈婴,原先是东阳县的县令属官,在县里一向守信谨慎,被称为忠厚长者。东阳县的年轻人杀了县令,聚集了数千人,想拥立一位首领,没有找到合适的人选,于是就去请陈婴。陈婴推辞说自己没有能力,他们就强行让陈婴当了首领,县中追随的有两万多人。那帮年轻人想索性立陈婴为王,用青巾裹头,与其他军队相区别,以示是新近突起的义军。陈婴的母亲对陈婴说:"自从我做了你们陈家的媳妇,还从没听说你们陈家祖上有显贵之人,如今你突然有了这么大名声,是不祥的征兆。不如去归属谁,事情成功了可以封侯,事情失败了也容易逃脱,那样你就不是为世人所指名数落的人了。"陈婴听了母亲的话,没敢做王。他对军吏们说:"项氏世代为将,在楚国是名门。现在我们要起义成大事,那就非项家的人不可。我们依附了名门大族,就一定能够推翻秦朝。"于是大家听从了他的话,将军队归属于项梁。项梁渡过淮水后,黥布、蒲将军也率部队来归附项梁。这样,项梁总共有了六七万人,驻扎在下邳。

这时,秦嘉已另立景驹做了楚王,驻扎在彭城以东,想阻止项梁西进。项梁对将士们说:"陈王最先起义,战败后逃走,如今不知所在。现在秦嘉背叛陈王而立景驹为楚王,真是大逆不道。"于是率兵攻打秦嘉。秦嘉的军队战败而逃,项梁率军追击,一直追到胡陵。秦嘉又回兵与项梁交战,打了一整天,秦嘉战死,军队全部投降。景驹逃走,死在梁地。项梁收编了秦嘉的军队，驻扎在胡陵，准备率军西进攻秦。秦将章邯率军到达栗县，项梁派部将朱鸡石、馀樊君去迎战章邯。馀樊君战死，朱鸡石战败，逃回胡陵。项梁于是率兵进入薛县，杀了朱鸡石。在此之前，项梁曾派项羽另带兵去攻打襄城，襄城坚守，一直攻不下来。最后项羽攻下襄城，把那里的军民全部活埋了，然后回来向项梁报告。项梁听说陈王确实已死，就召集各路将领来薛县聚会，共议大事。这时，沛公刘邦也在沛县起兵，前往薛县参加了聚会。

居鄛人范增①，年七十，素居家，好奇计，往说项梁曰："陈胜败固当。夫秦灭六国，楚最无罪。自怀王入秦不反②，楚人怜之至今，故楚南公曰'楚虽三户，亡秦必楚'也③。今陈胜首事，不立楚后而自立，其势不长。今君起江东，楚蜂午之将皆争附君者④，以君世世楚将，为能复立楚之后也。"于是项梁然其言，乃求楚怀王孙心民间⑤，为人牧羊，立以为楚怀王，从民所望也。陈婴为楚上柱国，封五县，与怀王都盱（xū）台（yí）⑥。项梁自号为武信君。

居数月，引兵攻亢（gāng）父（fǔ）⑦，与齐田荣、司马龙且（jū）军救东阿⑧，大破秦军于东阿。田荣即引兵归，逐其王假⑨。假亡走楚。假相田角亡走赵。角弟田间故齐将，居赵不敢归。田荣立田儋（dān）子市为齐王。项梁已破东阿下军，遂追秦军。数使使趣齐兵⑩，欲与俱西。田荣曰："楚杀田假，赵杀田角、田间，乃发兵。"项梁曰："田假为与国之王，穷来从我，不忍杀之。"赵亦不杀田角、田间以市于齐。齐遂不肯发兵助楚。项梁使沛公及项羽别攻城阳⑪，屠之。西破秦军濮阳东⑫，秦兵收入濮阳。沛公、项羽乃攻定陶⑬。定陶未下，去，西略地至雍（yōng）丘⑭，大破秦军，斩李由⑮。还攻外黄⑯，外黄未下。

项梁起东阿，西，[比]至定陶，再破秦军，项羽等又斩李由，益轻秦，有骄色。宋义乃谏项梁曰⑰："战胜而将骄卒惰者败。今卒少惰矣⑱，秦兵日益，臣为君畏之。"项梁弗听。乃使宋义使于齐。道遇齐使者高陵君显⑲，曰："公将见武信君乎？"曰："然。"曰："臣论武信君军必败。公徐行即免死，疾行则及祸。"秦果悉起兵益章邯，击楚军，大破之定陶，项梁死。沛公、项羽去外黄攻陈留⑳，陈留坚守不能下。沛公、项羽相与谋曰："今项梁军破，士卒恐。"乃与吕臣军俱引兵而东㉑。吕臣军彭城东，项羽军彭城西，沛公军砀（dàng）㉒。

注释

①居鄛：县名，今安徽桐城南。②怀王：楚怀王，名熊槐，公元前328年至公元前299年在位。③南公：其名不详，善言阴阳。④蜂午：蜂拥而起。午，纵横交错。⑤孙心：楚怀王的孙子，名心。⑥盱台：即盱眙，县名，今江苏盱眙东北。⑦亢父：县名，今山东济宁市南。⑧田荣：齐王田氏的后裔，在反秦斗争中，随同其兄田儋起兵，先后在齐地称王。司马龙且：楚国将领，时任司马。东阿：县名，在今山东阳谷县东北之阿城镇。⑨假：即田假，原齐王田建之弟。⑩趣：同"促"，催促。⑪城阳：县名，在今山东鄄城县境内。⑫濮阳：县名，今河南濮阳西南。⑬定陶：县名，今山东定陶县西北。⑭雍丘：县名，今河南杞县。⑮李由：秦丞相李斯之子，时为三川郡的郡守。⑯外黄：县名，今河南民权县西北。⑰宋义：原楚国令尹。⑱少：同"稍"。惰：松懈，涣散。⑲高陵君显：高陵君，名显，姓氏不详。高陵君是其封号。⑳陈留：县名，今河南开封市东南。㉑吕臣：原为陈涉

侍从，陈涉兵败被杀后，吕臣收合残部，曾攻克陈郡，后归项梁。㉒砀：县名，今河南夏邑东。

译文

居鄛人范增，已经七十岁了，平素居家不出，喜好研究奇谋妙计。他前来游说项梁说："陈胜失败是理所当然的。当初秦灭六国，楚国是最无罪的。自从楚怀王被骗到秦国死在那里再没有回来，楚国人至今还很同情他，所以楚南公说'楚国即使只剩下三户人家，将来灭秦的也一定是楚国人'。如今陈胜起义，不立楚国的后代却自立为王，其势运一定不会长久。现在您在江东起事，楚国将士蜂拥而起，争相归附您，就是因为项氏世代为楚将，一定能再立楚国后代为王。"项梁认为范增的话有道理，于是派人找到了楚怀王的一个孙子，他的名字叫心，当时正流落在民间，给人家牧羊，项梁就立他为楚怀王，以顺应楚国民众的心愿。同时封陈婴为上柱国，并给他五个县作为封邑，让他与楚怀王一起住在都城盱台。项梁自己号称武信君。

过了几个月，项梁率兵攻打亢父，又和齐将田荣、司马龙且的军队一起去援救被秦兵所困的东阿，在东阿大败秦军。田荣立即率兵返回齐国，赶走了齐王田假。田假逃到楚国，田假的宰相田角逃到赵国。田角的弟弟田间本是齐将，居留赵国，不敢回齐国去。于是田荣立田儋的儿子田市为齐王。项梁击破东阿的秦军后，便追击秦朝的败军。他多次派使者催促齐国发兵，想与齐军联合西进。田荣说："楚国杀掉田假，赵国杀掉田角、田间，我才出兵。"项梁说："田假是我们盟国的王，走投无路来投奔我们，我们不忍心杀他。"赵国也不愿杀田角、田间来跟齐国做交易。齐国终不肯发兵帮助楚国。于是项梁派沛公和项羽另外去攻打城阳，屠戮了城阳军民。项梁又率兵西进，在濮阳以东打败秦军,秦军收兵退入濮阳城。沛公、项羽就去攻打定陶。定陶没有打下,又离开定陶西进,沿路攻取秦地,直到雍丘,在雍丘打败秦军,杀了秦将李由。接着又回兵攻打外黄,没有攻下。

项梁自东阿乘胜西进,到达定陶,又大败秦军,项羽等杀了李由,因此更加轻视秦军,有骄傲之意。宋义于是劝谏项梁说:"打了胜仗,将领就骄傲,士卒就怠惰,以后一定会打败仗的。现在士卒开始有些怠惰了,而秦兵增援,兵力一天天地增加,我为您担忧。"项梁不听,却派宋义出使齐国。宋义在路上遇见了齐国使者高陵君显,问道:"你是要去见武信君吗?"高陵君说:"是的。"宋义说:"依我的判断,武信君的军队必定要失败。您要是走慢点就可以免于一死,如果走得快就会遭致杀身之祸。"秦朝果然调集了全部兵力来增援章邯,攻击楚军,在定陶大破楚军,项梁战死。沛公、项羽离开外黄去攻打陈留,陈留坚守,攻不下来。沛公和项羽共同商量说:"现在项梁的军队被打败了,士卒都很恐慌。"就和吕臣的军队一起率兵向东撤退。最后,吕臣的军队驻扎在彭城东边,项羽的军队驻扎在彭城西边,沛公的军队驻扎在砀县。

章邯已破项梁军,则以为楚地兵不足忧,乃渡河击赵,大破之。当此时,赵歇为王,陈馀为将,张耳为相,皆走入钜鹿城①。章邯令王离、涉间围钜鹿,章邯军其南,筑甬道而输之粟②。陈馀为将,将卒数万人而军钜鹿之北,此所谓河北之军也。

楚兵已破于定陶,怀王恐,从盱台之彭城,并项羽、吕臣军自将之。以吕臣为司徒③,以其父吕青为令尹④。以沛公为砀郡长⑤,封为武安侯,将砀郡兵。

初,宋义所遇齐使者高陵君显在楚军,见楚王曰:"宋义论武信君之军必败,居数日,军果败。兵未战而先见败征,此可谓知兵矣。"王召宋义与计事而大说之，因置以为上将军⑥；项羽为鲁公，为次将，范增为末将，救赵。诸别将皆属宋义，号为卿子冠军⑦。行至安阳⑧，留四十六日不进。项羽曰："吾闻秦军围赵王钜鹿，疾引兵渡河，楚击其外，赵应其内，破秦军必矣。"宋义曰："不然。夫搏牛之蝱（méng）不可以破虮（jǐ）虱⑨。今秦攻赵，战胜则兵罢⑩，我承其敝；不胜，则我引兵鼓行而西，必举秦矣。故不如先斗秦赵。夫被坚执锐，义不如公；坐而运策，公不如义。"因下令军中曰："猛如虎，很如羊⑪，贪如狼，强不可使者，皆斩之。"乃遣其子宋襄相齐，身送之至无盐⑫，饮酒高会。天寒大雨，士卒冻饥。项羽曰："将戮力而攻秦，久留不行。今岁饥民贫，士卒食芋菽，军无见（xiàn）粮⑬，乃饮酒高会，不引兵渡河因赵食，与赵并力攻秦，乃曰'承其敝'。夫以秦之强，攻新造之赵，其势必举赵。赵举而秦强，何敝之承！且国兵新破，王坐不安席，埽境内而专属于将军⑭，国家安危，在此一举。今不恤士卒而徇其私，非社稷之臣⑮。"项羽晨朝上将军宋义，即其帐中斩宋义头，出令军中曰："宋义与齐谋反楚，楚王阴令羽诛之。"当是时，诸将皆慴服，莫敢枝梧⑯。皆曰："首立楚者，将军家也。今将军诛乱。"乃相与共立羽为假上将军⑰。使人追宋义子，及之齐，杀之。使桓楚报命于怀王。怀王因使项羽为上将军，当阳君、蒲将军皆属项羽⑱。

注释

①钜鹿：县名，今河北平乡西南。②甬道：两侧筑墙的运输通道，以防敌人劫掠。③司徒：官名，掌管教化。④令尹：楚国官名，位同丞相。⑤砀郡长：即砀郡郡守。⑥上将军：武官名，军

队最高统帅。⑦卿子：对宋义的尊称。冠军：指上将军，以其为将军之首，故称。⑧安阳：邑名，今山东曹县东北。⑨蝨：同"虱"。蚍蝨：虱子的统称。蚍，虱子的卵。⑩罢：同"疲"。⑪很：倔强执拗。⑫无盐：县名，今山东东平县东南。⑬见：同"现"。⑭埽：同"扫"。⑮社稷之臣：国家的重臣。社稷，本指古代帝王所祭的土神和谷神，后常以"社稷"代指国家。⑯枝梧：对抗，抗拒。⑰假：代理。⑱当阳君：即黥布。

译文

章邯打败项梁军队后，认为楚地的军队不用太担心了，于是渡过黄河攻打赵国，大败赵军。这时候，赵歇为赵王，陈馀为赵将，张耳为宰相，都逃进钜鹿城内。章邯命令王离、涉间包围了钜鹿，他率军驻扎在钜鹿南边，筑起甬道给他们输送粮草。陈馀为赵国将军，他率领几万名士卒驻扎在钜鹿北边，这就是人们所说的河北之军。

楚军在定陶战败后，楚怀王感到很惶恐，于是从盱台前往彭城，将项羽、吕臣的军队收过来，由自己统率。并任吕臣为司徒，吕臣的父亲吕青为令尹，任沛公为砀郡的郡长，封他为武安侯，统率砀郡的军队。

当初，宋义在路上遇见的那位齐国使者高陵君显正在楚军中，他求见楚怀王说："宋义曾断定武信君的军队必定失败，没过几天，果然就战败了。在军队还没有打仗时，就能先看出失败的征兆，这可以称得上是懂得用兵之道了。"楚怀王召见宋义，跟他商议军中大事，心里很高兴，于是任命他为上将军；封项羽为鲁公，任次将；范增任末将，去援救赵国。其他各路将领则隶属于宋义，号称卿子冠军。军队进发抵达安阳，停留了四十六天不向前开进。项羽说："我听说秦军把赵王包围在钜鹿城内，我们应该赶紧率兵渡过黄河，楚军从外面攻打，赵军在里面接应，肯定可以打败秦军。"宋义说："不对。那些咬牛的牛虻，不可以咬死虱子。如今秦军攻打赵国，打胜了，士卒也会疲惫，我们可以趁其疲惫之机而进攻；打不胜，我们就率领军队擂鼓西进，一定能歼灭秦军。所以，现在不如先让秦、赵两方相斗。论披坚执锐冲锋陷阵，我宋义比不上您；论坐于军帐运筹决策，您比不上我宋义。"于是命令全军："凶猛如虎，执拗如羊，贪婪如狼，倔强不听指挥的，一律斩首。"又派他的儿子宋襄去齐国为相，并将他亲自送到无盐，置备酒筵，大会宾客。当时天气寒冷，下着大雨，士卒们又冷又饿。项羽对将士说："我们大家是想齐心合力攻打秦军，他却久久停留不向前进。如今正值荒年，百姓贫困，士兵们吃的都是山芋野菽，军中没有存粮，而他宋义竟置备酒筵，大会宾客，不率领军队渡河去赵国取粮而食，跟赵国合力攻秦，却说'趁秦军疲惫之机而进攻'。让如此强大的秦军去攻打刚刚建起的赵国，那势必是秦军攻占赵国。赵国被攻占，秦军就更加强大，到那时，还谈得上什么趁着秦军的疲惫而进攻？再说，我们的军队刚刚打了败仗，怀王坐不安席，集中了境内所有兵力交给上将军一个人，国家的安危，就在此一举了。可是上将军不体恤士卒，却派自己的儿子去齐国为相，谋取私利，这不是忠于国家的贤良之臣。"项羽早晨去参见上将军宋义，就在军帐中，斩下了他的头，出来向军中发令说："宋义和齐国勾结，同谋反楚，楚王密令我处死他。"这时候，将领们都畏服于项羽，没有谁敢抗拒，都说："首先拥立怀王的，就是将军家。如今又是将军诛灭了叛乱之臣。"于是大家一起推举项羽为代理上将军。项羽派人去追赶宋义的儿子，追到齐国境内，把他杀了。项羽又派桓楚去向楚怀王报告。楚怀王无奈，只得任命项羽做上将军，当阳君、蒲将军都归属项羽统辖。

项羽已杀卿子冠军,威震楚国,名闻诸侯。乃遣当阳君、蒲将军将卒二万渡河,救钜鹿。战少利,陈馀复请兵。项羽乃悉引兵渡河,皆沈船,破釜甑(zèng)①,烧庐舍,持三日粮,以示士卒必死,无一还心。于是至则围王离,与秦军遇,九战,绝其甬道,大破之,杀苏角,虏王离。涉间不降楚,自烧杀。当是时,楚兵冠诸侯。诸侯军救钜鹿下者十馀壁,莫敢纵兵。及楚击秦,诸将皆从壁上观。楚战士无不一以当十,楚兵呼声动天,诸侯军无不人人惴恐。于是已破秦军,项羽召见诸侯将,入辕门②,无不膝行而前,莫敢仰视。项羽由是始为诸侯上将军,诸侯皆属焉。

　　章邯军棘原③,项羽军漳南,相持未战。秦军数却,二世使人让章邯。章邯恐,使长史欣请事④。至咸阳⑤,留司马门三日⑥,赵高不见⑦,有不信之心。长史欣恐,还走其军,不敢出故道,赵高果使人追之,不及。欣至军,报曰:"赵高用事于中,下无可为者。今战能胜,高必疾妒吾功;战不能胜,不免于死。愿将军孰计之⑧。"陈馀亦遗章邯书曰:"白起为秦将⑨,南征鄢郢⑩,北坑马服⑪,攻城略地,不可胜计,而竟赐死。蒙恬为秦将⑫,北逐戎人⑬,开榆中地数千里⑭,竟斩阳周⑮。何者?功多,秦不能尽封,因以法诛之。今将军为秦将三岁矣,所亡失以十万数,而诸侯并起滋益多。彼赵高素谀日久,今事急,亦恐二世诛之,故欲以法诛将军以塞责,使人更代将军以脱其祸。夫将军居外久,多内郤(xì)⑯,有功亦诛,无功亦诛。且天之亡秦,无愚智皆知之。今将军内不能直谏,外为亡国将,孤特独立而欲常存,岂不哀哉!将军何不还兵与诸侯为从⑰,约共攻秦,分王其地,南面称孤;此孰与身伏鈇质⑱,妻子为僇乎?"章邯狐疑,阴使候始成使项羽⑲，欲约。约未成，项羽使蒲将军日夜引兵度三户⑳，军漳南㉑，与秦战，再破之。项羽悉引兵击秦军汙（yú）水上㉒，大破之。

注释

①釜：锅。甑：煮饭用的陶制炊具。②辕门：古代军队安营扎寨时，把车辕竖起，对立为门，故称辕门。后借指军营。③棘原：地名，今河北平乡南。④长史欣：即司马欣。长史，属吏之长，相当于后世的秘书长。⑤咸阳：秦都，今陕西咸阳市东北。⑥司马门：宫廷的外门，以其有兵士护守，故名。⑦赵高：秦宦官。⑧孰：同"熟"，仔细。⑨白起：秦名将。曾率兵攻克楚国的郢都，迫使楚国东迁。又率兵破赵，活埋赵兵四十万人。后被秦相范雎陷害而死。⑩鄢郢：即郢，楚国国都，在今湖北宜城东南。⑪马服：指赵括，战国赵惠文王时的将领，被封为马服君。⑫蒙恬：秦名将，曾率兵击退匈奴，又修筑长城，戍守边塞，后为赵高陷害而死。⑬戎人：指匈奴。⑭榆中：今内蒙古河套东北部地区。⑮阳周：县名，今陕西子长县北。⑯郄：同"隙"，矛盾，隔阂。⑰还兵：回师向西攻秦。从：同"纵"，合纵，联合。⑱铁锧：即铁锧，古代斩人的刑具。铁，铡刀。锧，同"锧"，杀人时垫在底下的铁砧。⑲候：校尉属下的军官。始成：人名。⑳三户：即三户津，漳水的渡口，在今河北磁县西南。㉑漳南：当作"漳北"。㉒汙水：源出河北武安县西太行山，至临漳西，入漳水。

译文

项羽杀了卿子冠军宋义后，威震楚国，名扬天下。于是他派遣当阳君、蒲将军率领二万人渡河，援救钜鹿。战争初步取得了一些胜利，陈馀又请求增援。项羽就率领全军渡河，把船只全部弄沉，把锅碗全部砸破，把军营全部烧毁，只带上三天的干粮，以此向士卒表示一定要决死战斗，绝不后退。秦军抵达钜鹿，就包围了王离的部队，与秦军交战多次，阻断了秦军所筑甬道，大败秦军，杀了苏角，俘虏了王离。涉间拒不降楚，自焚而死。当时，楚军强大居诸侯之首，前来援救钜鹿的诸侯各军筑有十几座营垒，但没有一个敢发兵出战的。到楚军攻击秦军时，他们都只在营垒上观望。楚军将士无不以一当十，士卒们杀声震天，诸侯各路援军无不胆战心惊。项羽打败秦军后，召见诸侯将领，当他们进入辕门时，一个个都跪在地上，用膝盖前行，没有谁敢抬头往上看。自此，项羽成了诸侯们的上将军，各路诸侯都隶属于他。

　　章邯的军队驻扎在棘原，项羽的军队驻扎在漳水之南，两军对阵，相持未战。由于秦军屡屡退却，秦二世派人来责问章邯。章邯很害怕，派长史司马欣回朝廷去请求指示。司马欣到了咸阳，在司马门一连等了三天，赵高不接见他，有不信任之意。长史司马欣很害怕，赶紧奔回棘原军中，都没敢顺原路走。赵高果然派人追赶，没有追上。司马欣回到军中，向章邯报告说："赵高在朝中执掌大权，下面的人不可能有所作为。如今仗能打胜，赵高必定忌妒我们的战功；打不胜，我们更免不了一死。希望您仔细考虑这件事。"这时，陈馀也写了一封信给章邯说："白起身为秦国大将，南征攻陷了楚国的鄢郢，向北活埋了马服君赵括的军队，打下的城池，夺取的土地，数不胜数，最后还是惨遭赐死。蒙恬也是秦国大将，向北驱逐了匈奴，开拓了榆中一带几千里的地盘，最终被杀害于阳周。这是为什么呢？就是因为他们战功太多，秦朝没有办法再封赏他们，于是就借故把他们杀了。如今将军您做秦将已三年了，士卒伤亡损失已有几十万了，而各地诸侯一时并起，越来越多。赵高一向阿谀奉承，时日已久，如今形势危急，他也害怕秦二世杀他，所以想找借口杀了将军来推卸罪责，让别人来代替将军以免去他自己的灾祸。将军您在外带兵时间长久，朝廷里跟您有矛盾的人也多，故有功也是被杀，无功也是被杀。况且上天要灭秦，无论智者或愚者都明白这个道理。现在将军您在内不能直言进谏，在外已成亡国之将，孤自一人硬撑着却想维持长久，难道不可悲吗？将军您不如掉转回头与诸侯们联合，订立和约一起攻秦，共分秦地，南面称王，这跟身受刑诛，妻儿被杀相比，哪条路更好呢？"章邯犹疑不决，秘密地派军候始成去见项羽，想要订立和约。和约没有谈成，项羽令蒲将军日夜兼程，率兵渡过三户津，驻扎在漳水之北，与秦军交战，再次击败秦军。项羽率领全部士卒在汙水攻击秦军，大败秦军。

　　章邯使人见项羽，欲约。项羽召军吏谋曰："粮少，欲听其约。"军吏皆曰："善。"项羽乃与期洹（huán）水南殷虚上①。已盟，章邯见项羽而流涕，为言赵高。项羽乃立章邯为雍王②，置楚军中。使长史欣为上将军，将秦军为前行。

　　到新安③。诸侯吏卒异时故繇使屯戍过秦中④，秦中吏卒遇之多无状⑤，及秦军降诸侯，诸侯吏卒乘胜多奴虏使之，轻折辱秦吏卒。秦吏卒多窃言曰："章将军等诈吾属降诸侯，今能入关破秦，大善；即不能，诸侯虏吾属而东，秦必尽诛吾父母妻子。"诸将微闻其计，以告项羽。项羽乃召黥布、蒲将军计曰："秦吏卒尚众，其心不服，至关中不听，事必危，不如击杀之，而独与章邯、长史欣、都尉翳（yì）入秦⑥。"于是楚军夜击坑秦卒二十余万人新安城南。

　　行略定秦地。函谷关有兵守关⑦，不得入。又闻沛公已破咸阳，项羽大怒，使当阳君等击关。项羽遂入，至于戏西⑧。沛公军霸上⑨，未得与项羽相见。沛公左司马曹无伤使人言于项羽曰⑩："沛公欲王关中，使子婴为相，珍宝尽有之。"项羽大怒，曰："旦日飨士卒⑪，为击破沛公军！"当是时，项羽兵四十万，在新丰鸿门⑫，沛公兵十万，在霸上。范增说项羽曰："沛公居山东时⑬，贪于财货，好美姬。今入关，财物无所取，妇女无所幸，此其志不在小。吾令人望其气⑭，皆为龙虎，成五采，此天子气也。急击勿失。"

注释

①洹水：今河南安阳市北的安阳河。殷虚：殷朝故都的废墟，在今河南安阳市西小屯村。虚，同"墟"。②雍：县名，今陕西凤翔县南。③新安：在今河南渑池县东。④繇：同"徭"。秦中：即关中地区，指函谷关以西包括陕西省大部分地区。⑤无状：不礼貌，不像样子。⑥都尉翳：即董翳。都尉，将军属官。⑦函谷关：在今河南灵宝县东北，是东方入秦地要道。⑧戏西：戏水之西。戏，水名，源出骊山，流经今陕西临潼东，入渭河。⑨霸上：地名，即霸水之西的白鹿原，在今陕西西安市东。⑩左司马：官名，掌管军中法纪政务。⑪旦日：明日。飨：犒劳。⑫新丰：在今陕西临潼东。鸿门：地名，在新丰以东。⑬山东：崤山、函谷关以东地区，泛指当时的六国之地。⑭望其气：古时觇候者认为，望云气可测知吉凶的征兆。

译文

　　章邯又派人去见项羽，想订和约。项羽召集将领们商议说："我们粮草不多，我想答应他们来订约。"将领们都说："好。"项羽就和章邯约好日期在洹水南岸的殷墟上会晤。订完盟约，章邯见了项羽,禁不住流下眼泪,向项羽诉说赵高的种种恶行。项羽封章邯为雍王,安置在自己的军中。任长史司马欣为上将军,统率秦军在前面开路。

部队到了新安。诸侯军的将士以前曾被派徭役,驻守边塞,路过秦中时,秦中将士对他们常常粗暴无礼,等到秦军投降后,诸侯军的很多将士就乘机报复,像对待奴隶一样地使唤他们,随意侮辱。这些秦军将士私下议论说:"章将军骗我们投降了诸侯军,如果能入关灭秦,倒是很好;如果不能,诸侯军俘虏我们回关东,秦朝一定会把我们父母妻儿全部杀掉。"楚军将领暗中听到了这些话,就报告了项羽。项羽召集黥布、蒲将军商议道:"秦军官兵人数还是很多的,他们内心里不服,如果到了关中不听指挥,事情就危险了,不如把他们杀掉,只带章邯、长史司马欣、都尉董翳进入秦地。"于是楚军趁夜把秦军二十余万人杀死,全埋在新安城南。

项羽要去夺取占领秦地。到了函谷关,关内有士兵把守,没能进去。又听说沛公刘邦已经攻下了咸阳,项羽非常生气,就派当阳君等攻打函谷关。这样,项羽进了关,一直到达戏水之西。当时,沛公的军队驻扎在霸上,没能跟项羽相见。沛公的左司马曹无伤派人告诉项羽说:"沛公打算在关中称王,让秦王子婴为相,将秦朝的珍宝都据为己有。"项羽勃然大怒,说:"明天准备酒食,好好犒劳士卒,给我把沛公的队伍打败!"这时候,项羽有兵卒四十万,驻扎在新丰鸿门,沛公有兵卒十万,驻扎在霸上。范增劝项羽说:"沛公在山东时,贪图财物,喜爱美女。现在进了关,财物不取,女色不近,看来他的野心不小。我让人观望他上空的云气,都呈现为龙虎之状,五彩斑斓,这是天子的瑞气啊。请赶紧去攻打他,勿失良机。"

楚左尹项伯者①,项羽季父也,素善留侯张良②。张良是时从沛公③,项伯乃夜驰之沛公军,私见张良,具告以事,欲呼张良与俱去。曰:"毋从俱死也。"张良曰:"臣为韩王送沛公④,沛公今事有急,亡去不义,不可不语(yù)。"良乃入,具告沛公。沛公大惊,曰:"为之奈何?"张良曰:"谁为大王为此计者?"曰:"鲰(zōu)生说我曰'距关,毋内诸侯⑤,秦地可尽王也'。故听之。"良曰:"料大王士卒足以当项王乎?"沛公默然,曰:"固不如也,且为之奈何?"张良曰:"请往谓项伯,言沛公不敢背项王也。"沛公曰:"君安与项伯有故?"张良曰:"秦时与臣游,项伯杀人,臣活之。今事有急,故幸来告良。"沛公曰:"孰与君少长?"良曰:"长于臣。"沛公曰:"君为我呼入,吾得兄事之。"张良出,要项伯⑥。项伯即入见沛公。沛公奉卮(zhī)酒为寿⑦,约为婚姻,曰:"吾入关,秋豪不敢有所近⑧,籍吏民⑨,封府库,而待将军。所以遣将守关者,备他盗之出入与非常也⑩。日夜望将军至,岂敢反乎!愿伯具言臣之不敢倍德也⑪。"项伯许诺。谓沛公曰:"旦日不可不蚤自来谢项王⑫。"沛公曰:"诺。"于是项伯复夜去,至军中,具以沛公言报项王。因言曰:"沛公不先破关中,公岂敢入乎?今人有大功而击之,不义也,不如因善遇之。"项王许诺。

注释

①左尹:官名,职同左相。项伯:名缠,字伯,后被刘邦封为射阳侯,赐姓刘。②张良:字子房,刘邦主要谋士,后封留侯。③沛公:指刘邦,因起兵于沛(今江苏沛县东),故称。公,尊称。④臣为韩王送沛公:张良是韩国的旧贵族,反秦义军起兵

后,项梁立韩成为韩王,张良为韩国司徒,刘邦率军西下时,张良随刘邦入关。⑤鲰生:浅薄愚陋的小人,对人的蔑称。鲰,杂小鱼。内:同"纳"。⑥要:同"邀",邀请。⑦卮:酒器。为寿:古时献酒致祝颂词。⑧秋豪:指秋天动物身上新长出的细毛,常比喻极细微的东西。豪,同"毫"。⑨籍:登记。⑩非常:指意外变故。⑪倍:同"背"。⑫蚤:同"早"。谢:谢罪,道歉。

译文

楚国的左尹项伯,是项羽的叔父,一向跟留侯张良要好。张良这时正跟随沛公入关,项伯连夜驱马跑到沛公军中,私下会见张良,把项羽将进攻沛公的事全都告诉了他,想叫张良跟他一起离开。项伯说:"不要跟沛公一块儿送死啊。"张良说:"我是为韩王来护送沛公的,沛公如今情况危急,我若逃走就太不义了,不能不告诉他。"张良于是进入军帐,把项伯的话全部告诉了沛公。沛公大为吃惊,说:"该怎么办呢?"张良说:"是谁给您出的派兵守关这个主意?"沛公说:"是一个浅陋小人劝我说,'守住函谷关,不要让诸侯入关,您就可以占据整个秦地称王了。'所以我听了他的话。"张良说:"估计您的兵力抵挡得过项羽吗?"沛公沉默不语,过了一会儿说:"当然敌不过,那怎么办呢?"张良说:"请让我前去告诉项伯,就说沛公是不敢背叛项羽的。"沛公说:"你怎么跟项伯有交情呢?"张良说:"还是在秦朝的时候,项伯和臣就有交往,项伯杀了人,臣设法救了他。如今情况危急,幸好他来告诉我。"沛公说:"项伯和你谁的年龄大?"张良说:"项伯比臣大。"沛公说:"你替我请他进来,我要像对待兄长一样侍奉他。"张良出去请项伯。项伯进来与沛公相见。沛公捧着酒杯,向项伯献酒祝寿,又定下儿女婚姻。沛公说:"我进驻函谷关以后,连秋毫那样细小的东西都没敢动,登记了官民的户口,查封了各类仓库,只等着项将军到来。我所以派将守关,是为了防备其他盗贼窜入和意外的变故。我们日夜盼着项将军到来,哪里敢谋反啊!希望您详细转告项将军,我是绝不敢背德的。"项伯答应了,对沛公说:"明天可千万要早点来向项王谢罪。"沛公说:"是。"于是项伯又乘夜离开,回到军营中,把沛公的话一一报告了项王。接着又说:"如果不是沛公先攻破关中,将军怎敢进关呢?如今人家有大功反而要攻打人家,这是不符合道义的,不如就此善待他。"项王答应了。

沛公旦日从百余骑来见项王,至鸿门,谢曰:"臣与将军戮力而攻秦,将军战河北,臣战河南,然不自意能先入关破秦,得复见将军于此。今者有小人之言,令将军与臣有郤(xì)。"项王曰:"此沛公左司马曹无伤言之;不然,籍何以至此。"项王即日因留沛公与饮。项王、项伯东向坐①,亚父南向坐②。亚父者,范增也。沛公北向坐,张良西向侍。范增数目项王,举所佩玉玦(jué)以示之者三③,项王默然不应。范增起,出召项庄,谓曰:"君王为人不忍,若入前为寿,寿毕,请以剑舞,因击沛公于坐,杀之。不者,若属皆且为所虏。"庄则入为寿。寿毕,曰:"君王与沛公饮,军中无以为乐,请以剑舞。"项王曰:"诺。"项庄拔剑起舞,项伯亦拔剑起舞,常以身翼蔽沛公,庄不得击。于是张良至军门,见樊哙④。樊哙曰:"今日之事何如?"良曰:"甚急。今者项庄拔剑舞,其意常在沛公也。"哙曰:"此迫矣,臣请入,与之同命。"哙即带剑拥盾入军门。交戟之卫士欲止不内,樊哙侧其盾以撞,卫士仆地,哙遂入,披帷西向立,瞋(chēn)目视项王⑤,头发上指,目眦(zì)尽裂⑥。项王按剑而跽(jì)

曰⁷："客何为者？"张良曰："沛公之参乘（shèng）樊哙者也⁸。"项王曰："壮士，赐之卮酒。"则与斗卮酒。哙拜谢，起，立而饮之。项王曰："赐之彘（zhì）肩⁹。"则与一生彘肩。樊哙覆其盾于地，加彘肩上，拔剑切而啖（dàn）之。项王曰："壮士，能复饮乎？"樊哙曰："臣死且不避，卮酒安足辞！夫秦王有虎狼之心，杀人如不能举⑩，刑人如不恐胜⑪，天下皆叛之。怀王与诸将约曰'先破秦入咸阳者王之。'今沛公先破秦入咸阳，毫毛不敢有所近，封闭宫室，还军霸上，以待大王来。故遣将守关者，备他盗出入与非常也。劳苦而功高如此，未有封侯之赏，而听细说⑫，欲诛有功之人。此亡秦之续耳，窃为大王不取也。"项王未有以应，曰："坐。"樊哙从良坐。坐须臾，沛公起如厕⑬，因招樊哙出。

注释

①东向坐：面向东坐。古代以东向为尊。②亚父：项羽对范增的尊称。③玦：环形而有缺口的佩玉。三：多次。④樊哙：汉将，沛县人。初随刘邦起兵于沛，因功封贤成君。汉朝时又封为舞阳侯。⑤瞋目：睁大眼睛。⑥眥：眼眶。⑦跽：直身而跪。古人席地而坐，起身时先两膝着地，直身跪起。按剑而跽，是一种警戒的姿态。⑧参乘：即"骖乘"。古代乘车，尊者居左，御者居中，参乘居于右侧担任护卫的职责，又叫车右。⑨彘肩：猪的前腿。⑩举：尽。⑪刑人：给人用刑。胜：尽，极。⑫细说：指小人的谗言。⑬如厕：上厕所。如，往。

译文

第二天清晨，沛公带着一百多名侍从来见项王，到了鸿门，向项王谢罪说："我与将军合力攻秦，将军在河北作战，我在河南作战。却没想到我能先入关攻破秦国,能够在这里又见到您。现在是有小人献谗言,使得将军与我之间产生了嫌隙。"项王说:"这是沛公你的左司马曹无伤说的,不然,我何至于此!"项王当日就留沛公一同喝酒。项王、项伯面朝东坐,亚父面朝南坐。亚父即范增。沛公面朝北坐,张良面朝西陪侍着。范增屡次使眼色示意项王杀沛公,又多次举起身上佩戴的玉玦向他暗示,项王只是沉默,没有反应。范增起身出去,叫来项庄,对他说:"君王为人心肠太软,你进去上前献酒祝寿,然后请求舞剑,趁舞剑之便,刺杀沛公于座上。不然,你们这些人都将被他俘虏。"项庄进来,上前献酒祝寿。祝酒完毕,对项王说:"君王和沛公饮酒,军营中没有什么可供娱乐的,就让我来舞剑吧。"项王说:"好。"项庄就拔剑起舞,项伯也拔剑起舞,常用身体掩蔽沛公,项庄没有办法刺击沛公。见此情景,张良走到军门,找到樊哙。樊哙问道:"今天的事情怎么样?"张良说:"很危急!现在项庄正在舞剑,但他的用心是时时想刺杀沛公!"樊哙说:"这太危急了!请让我进去,我要跟沛公同生死!"樊哙带着剑,拿着盾进入军门。交叉持戟的卫士拦阻他,不让他进去,樊哙侧过盾牌往前一撞,卫士们仆倒在地,樊哙于是闯进军门,挑开帷帐面朝西站定,睁圆眼睛怒视项王,头发根根竖起,两边眼角都要睁裂了。项王按剑跪起,问:"来客是什么人?"张良说:"是沛公的护卫樊哙。"项王说:"真是壮士!赐他一杯酒!"左右给他递上来一大杯酒。樊哙拜谢,起身站着喝了。项王说:"赐给他一只猪蹄!"左右递过来一整只猪蹄。樊哙把盾覆在地上,把猪蹄放在盾上,拔出剑来边切边吃。项王说:"真是壮士!还能再喝吗?"樊哙说:"臣连死都不怕,一杯酒又有什么可推辞的!那秦王有虎狼之心,杀人如麻,唯恐不能杀尽;施刑于人,唯恐不能用尽,天下人都叛离了他。怀王曾经和诸将约定说'先击败秦军进入咸阳的人就在关中称王。'如今沛公先击败秦军进入咸阳，连毫毛那么细小的财物都没敢动，封闭秦王宫室，将军队撤回霸上，等待大王前来接管。之所以派遣将士把守函谷关，为的是防备其他盗贼窜入，发生意外的变故。沛公如此劳苦功高，没有得到封侯的赏赐，您反而听信小人的谗言，要杀害有功之人。这就是继续秦朝灭亡的老路，我私下以为，大王您不该如此！"项王没有回应，只说："坐。"樊哙于是随张良坐在一起。坐了一会儿，沛公起身去厕所，便将樊哙叫了出来。

　　沛公已出，项王使都尉陈平召沛公①。沛公曰："今者出，未辞也，为之奈何？"樊哙曰："大行不顾细谨②，大礼不辞小让③。如今人方为刀俎（zǔ）④，我为鱼肉，何辞为。"于是遂去。乃令张良留谢。良问曰："大王来何操？"曰："我持白璧一双，欲献项王，玉斗一双，欲与亚父，会其怒，不敢献。公为我献之。"张良曰："谨诺。"当是时，项王军在鸿门下，沛公军在霸上，相去四十里。沛公则置车骑，脱身独骑，与樊哙、夏侯婴、靳强、纪信等四人持剑盾步走，从郦山下⑤，道芷阳间行⑥。沛公谓张良曰："从此道至吾军，不过二十里耳。度我至军中，公乃入。"沛公已去，间至军中，张良入谢，曰："沛公不胜杯杓（sháo）⑦，不能辞。谨使臣良奉白璧一双，再拜献大王足下；玉斗一双，再拜奉大将军足下。"项王曰："沛公安在？"良曰："闻大王有意督过之，脱身独去，已至军矣。"项王则受璧，置之坐上。亚父受玉斗，置之地，拔剑撞而破之，曰："唉！竖子不足与谋⑧。夺项王天下者，必沛公也，吾属今为之虏矣。"沛公至军，立诛杀曹无伤。

注释

①陈平：阳武（今河南原阳县东南）人。秦末农民起义时，初投魏王咎，为太仆，后从项羽入关，为都尉；不久又归刘邦，封曲逆侯。惠帝、文帝时任丞相。②大行：指做大事。细谨：小的礼节。③辞：推辞，这里有避开，回避的意思。小让：小的责备。④俎：切肉的砧板。⑤郦山：即骊山，在今陕西临潼县东南。⑥道：取道，经过。间行：抄小道走。⑦不胜杯杓：意思是不能再喝。不胜，禁不起。⑧竖子：小子。明斥项庄，而暗讥项羽。

译文

沛公出帐后，项王派都尉陈平来召沛公。沛公对樊哙说："现在我出来了，但出来的时候没有告辞，该怎么办？"樊哙说："做大事不必顾及小节，讲大礼无须躲避小的责备。如今人家正是刀和砧板，我们是鱼和肉，还讲什么告辞！"于是沛公准备离开，让张良留下来向项王辞谢。张良问："大王来的时候带了什么礼物？"沛公说："我带来白璧一双，准备献给项王，又有玉斗一对，准备赠给亚父。正赶上他们发怒，没敢献。您替我献给他们。"张良说："谨遵命。"这时候，项王的军队在鸿门，沛公的军队在霸上，两地相距四十里。沛公留下车马、侍从，独自一人骑马，脱身而走，樊哙、夏侯婴、靳强、纪信等人手持剑盾，跟在后面徒步奔跑，从骊山而下，顺着芷阳抄小路而行。沛公临行前对张良说："从这条路到我们军营，不过二十里而已。估计我们到了军营，您就进去辞谢。"沛公等一行离开鸿门，抄小路回到军营，张良进去告罪，说道："沛公不胜酒力，喝多了，不能跟大王告辞了。谨使张良奉上白璧一双，恭敬地献给大王足下；玉斗一对，恭敬地献给大将军足下。"项王问道："沛公在什么地方？"张良答道："沛公听说大王对他有责过之意，故而脱身走了,现在已回到军营。"项王接过白璧,放在座位上。亚父接过玉斗,放在地上,拔出剑来将其击碎了,说:"唉!这些小子,不足以共谋大事,夺取项王天下的,一定是沛公了,我们这些人就要成为他的俘虏了!"沛公回到军中,立即杀了曹无伤。

居数日,项羽引兵西屠咸阳,杀秦降王子婴,烧秦宫室,火三月不灭;收其货宝妇女而东。人或说项王曰:"关中阻山河四塞,地肥饶,可都以霸。"项王见秦宫室皆以烧残破①,又心怀思欲东归,曰:"富贵不归故乡,如衣绣夜行,谁知之者!"说者曰:"人言楚人沐猴而冠耳②,果然。"项王闻之,烹说者③。

项王使人致命怀王。怀王曰:"如约。"乃尊怀王为义帝④。项王欲自王,先王诸将相。谓曰:"天下初发难时,假立诸侯后以伐秦。然身被坚执锐首事,暴露于野三年,灭秦定天下者,皆将相诸君与籍之力也。义帝虽无功,故当分其地而王之⑤。"诸将皆曰:"善。"乃分天下,立诸将为侯王。项王、范增疑沛公之有天下,业已讲解,又恶负约,恐诸侯叛之,乃阴谋曰:"巴、蜀道险⑥,秦之迁人皆居蜀。"乃曰:"巴、蜀亦关中地也。"故立沛公为汉王,王巴、蜀、汉中⑦,都南郑。而三分关中,王秦降将以距塞汉王。项王乃立章邯为雍王,王咸阳以西,都废丘⑧。长史欣者,故为栎阳狱掾,尝有德于项梁;都尉董翳者,本劝章邯降楚。故立司马欣为塞王,王咸阳以东至河,都栎阳;立董翳为翟王,王上郡⑨,都高奴⑩。徙魏王豹为西魏王,王河东⑪,都平阳⑫。瑕丘申阳者⑬,张耳嬖(bì)臣也⑭,先下河南⑮,迎楚河上,故立申阳为河南王,都雒阳。韩王成因故都,都阳翟⑯。赵将司马卬（áng）定河内⑰，数有功，故立卬为殷王，王河内，都朝歌⑱。徙赵王歇为代王。赵相张耳素贤，又从入关，故立耳为常山王，王赵地，都襄国⑲。当阳君黥布为楚将，常冠军，故立布为九江王，都六（lù）⑳。鄱君吴芮率百越佐诸侯㉑，又从入关，故立芮为衡山王，都邾㉒。义帝柱国共敖将兵击南郡㉓，功多，因立敖为临江王，都江陵。徙燕王韩广为辽东王。燕将臧荼从楚救赵，因从入关，故立荼为燕王，都蓟㉔。徙齐王田市为胶东王。齐将田都从共救赵，因从入关，故立都为齐王，都临菑㉕。故秦所灭齐王建孙田安，项羽方渡河救赵，田安下济北数城，引其兵降项羽，故立安为济北王，都博阳㉖。田荣者，数负项梁，又不肯将兵从楚击秦，以故不封。成安君陈馀弃将印去，不从入关，然素闻其贤，有功于赵，闻其在南皮㉗，故因环封三县。番君将梅鋗（xuān）功多，故封十万户侯。项王自立为西楚霸王㉘，王九郡㉙，都彭城。

注释

①以：同"已"。②沐猴而冠：猕猴穿戴着人的衣冠，讥讽项羽难成大事。沐猴，猕猴。③烹：古代酷刑，即用鼎镬煮人。④义帝：名义上的帝王。⑤故：同"固"，本来，诚然。⑥巴：郡名，辖今四川省东部地区，郡治江州，即今重庆市东北。蜀：郡名，辖今四川省西部地区，郡治成都，即今成都市。⑦汉中：郡名，辖今陕西省秦岭以南地区，郡治南郑，即今汉中市。⑧废丘：在今陕西兴平县东南。⑨上郡：郡名，郡治肤施，即今陕西榆林东南。⑩高奴：在今陕西延安市东北。⑪河东：郡名，郡治安邑，即今山西夏县西北。⑫平阳：县名，今山西临汾西南。⑬瑕丘申阳：申阳是人名，曾任瑕丘县令，故称。瑕丘，在今山东兖州东

北。一说瑕丘为姓。⑭张耳：秦末参加反秦起义，率兵随项羽入关，封常山王，后投奔刘邦，封赵王。嬖臣：宠幸的臣仆。⑮河南：郡名，秦时称三川郡，郡治雒阳，即今洛阳市东北。⑯阳翟：今河南禹县。⑰河内：郡名，郡治怀县，即今河南武陟县西南。⑱朝歌：原为商代国都，在今河南淇县。⑲襄国：在今河北邢台市西南。⑳六：县名，今安徽六安县北。㉑鄱君吴芮：吴芮曾任鄱阳（今江西鄱阳）令，故称。百越：过去居住在今广东、广西、福建以及湖南、江西南部的少数民族，因其种类繁多，故统称"百越"。㉒邾：地名，在今湖北黄冈县西北。㉓南郡：郡名，郡治江陵，即今湖北江陵县。㉔蓟：在今北京市西南。㉕临菑：同"临淄"，在今山东淄博市东北。㉖博阳：今山东泰安县东南的博县故城。一说即今山东博平县西北的博平镇。㉗南皮：县名，今河北南皮县。㉘西楚：旧称江陵一带为南楚，吴县一带为东楚，彭城一带为西楚。项羽建都彭城，故以西楚为号。霸王：即霸主，诸侯盟主。㉙九郡：具体说法不一，大致相当于今河南东部，山东西南部及安徽、江苏两省的大部分地区。

译文

　　过了些天，项羽率兵西进，屠戮咸阳城，杀了秦降王子婴，烧了秦朝宫室，大火三个月都不熄灭。而后劫掠了秦朝的财宝和妇女，准备往东撤走。有人劝项王说："关中这块地方，有山河为屏障，四方都有要塞，土地肥沃富饶，可以建都成就霸业。"但项王看到秦朝宫室都被烧得残破不堪，又思念家乡想东归，就说："富贵不回故乡，就像穿了锦绣衣裳在黑夜中行走，有谁知道呢？"那个劝项王的人说："人家说楚国人像是猕猴穿戴着人的衣冠，果真如此。"项王听见这话，就把那个人扔进锅里煮死了。

项王派人向怀王请示分封各路诸侯为王的事。怀王说:"就按以前约定的那样办。"于是项王把怀王尊为义帝。项王打算自己称王,就先封手下诸将为王。他说:"当初大家发动起义,暂立诸侯的后代为王,为的是讨伐秦朝。然而身披坚甲,手持利器,带头起事,暴露山野三年,最终灭掉秦朝,平定天下,都是靠各位将领和我项籍的力量。义帝虽说没有什么战功,但应当分给他土地让他做王。"诸将都说:"好。"于是就分封天下,立诸将为王侯。项王、范增担心沛公据有天下,然而鸿门之会已经和解,又怕背上违约的名声,引起其他诸侯背叛,于是暗中谋划道:"巴、蜀两地道路险阻,秦朝因罪流放的人都在蜀地。"又说:"巴、蜀也算关中的地盘。"因此就立沛公为汉王,统治巴、蜀、汉中之地,建都南郑。又把关中分为三块,封秦朝三位降将为王以阻断汉王的东出之路。项王立章邯为雍王,统辖咸阳以西的地区,建都废丘。长史司马欣,以前是栎阳县狱掾,曾对项梁有恩;都尉董翳,当初曾劝章邯投降楚军。因此,封司马欣为塞王,统辖咸阳以东直至黄河,建都栎阳;封董翳为翟王,统辖上郡,建都高奴。改封魏王豹为西魏王,统辖河东地区,建都平阳。瑕丘县县令申阳,本是张耳宠臣,首先攻下河南郡,在黄河岸边迎接楚军,所以封申阳为河南王,建都洛阳。韩王成仍居旧都,建都阳翟。赵将司马卬平定河内,屡有战功,因此封司马卬为殷王,统辖河内地区,建都朝歌。把赵王歇改封为代王。赵相张耳一向贤能,又跟随项羽入关,因此封张耳为常山王,统辖赵地,建都襄国。当阳君黥布为楚国名将,常勇冠楚军,因此封黥布为九江王,建都六县。鄱君吴芮率领百越将士协助诸侯攻秦,又跟随项羽入关,因此封吴芮为衡山王,建都邾县。义帝的柱国共敖率兵攻打南郡,战功多,因此封共敖为临江王,建都江陵。把燕王韩广改封为辽东王。燕将臧荼跟随楚军救赵,又随军入关，因此封臧荼为燕王，建都蓟县。改封齐王田市为胶东王，齐将田都随楚军一起救赵，接着又随军入关，因此封田都为齐王，建都临淄。当初被秦所灭的齐王田建的孙子田安，在项羽渡河救赵的时候，曾攻下济水之北的几座城池，率领他的军队投降了项羽，因此封立田安为济北王，建都博阳。田荣多次背叛项梁，又不肯率兵跟随楚军攻秦，因此不封。成安君陈馀因与张耳有矛盾弃将印而离去，也不跟随楚军入关，但他一向以贤能闻名，又对赵国有功，知道他在南皮，因此把南皮周围的三个县划给他。番君吴芮的部将梅鋗战功多，因此封他为十万户侯。项王自立为西楚霸王，统辖九个郡，建都彭城。

汉之元年四月①，诸侯罢戏下②，各就国。项王出之国，使人徙义帝，曰："古之帝者地方千里，必居上游。"乃使使徙义帝长沙郴（chēn）县③。趣义帝行，其群臣稍稍背叛之，乃阴令衡山、临江王击杀之江中。韩王成无军功，项王不使之国，与俱至彭城，废以为侯，已又杀之。臧荼之国，因逐韩广之辽东，广弗听，荼击杀广无终④，并王其地。

田荣闻项羽徙齐王市胶东，而立齐将田都为齐王，乃大怒，不肯遣齐王之胶东，因以齐反，迎击田都。田都走楚。齐王市畏项王，乃亡之胶东就国。田荣怒，追击杀之即墨⑤。荣因自立为齐王，而西击杀济北王田安，并王三齐⑥。荣与彭越将军印，令反梁地。陈馀阴使张同、夏说（yuè）说齐王田荣曰："项羽为天下宰，不平。今尽王故王于丑地，而王其群臣诸将善地，逐其故主，赵王乃北居代，余以为不可。闻大王起兵，且不听不义，愿大王资余兵⑦，请以击常山，以复赵王，请以国为扞（hàn）蔽⑧。"齐王许之，因遣兵之赵。陈馀悉发三县兵，与齐并力击常山，大破之。张耳走归汉。陈馀迎故赵王歇于代，反之赵，赵王因立陈馀为代王。

注释

①汉之元年：刘邦称汉王的第一年，公元前206年。②戏下：同"麾下"，大将的指挥旗。③郴县：即今湖南郴县，当时属长沙郡。④无终：地名，在今河北蓟县。⑤即墨：县名，今山东平度东南。⑥三齐：齐地的三个国家，即齐、胶东、济北。⑦资：资助，借给。⑧扞蔽：遮蔽，护卫。引申为屏障。

译文

汉元年四月，各路诸侯从项羽的麾下解散，各自前往自己的封地。项王出了函谷关，来到自己的封国，派人让义帝迁都，说："古时候，帝王拥有的土地纵横千里，而且一定要居住在江河的上游。"派使者把义帝迁徙到长沙郴县去。催促义帝快点走。义帝的群臣渐渐叛离了项羽。项王于是秘密地命令衡山王与临江王把义帝杀于江中。韩王成没有军功，项王不让他到封国去，带他一起到了彭城，将其降为侯，不久又杀了他。臧荼到了封国，就驱逐韩广去辽东，韩广不听从，臧荼在无终杀了他，兼并了他的土地占为己有。

田荣听说项羽改封齐王田市到胶东，而封齐将田都为齐王，非常愤怒，不肯让齐王迁往胶东，因而占据了齐地，以此反楚，迎头攻击田都。田都逃往楚国。齐王田市因害怕项王，偷偷向胶东逃去，奔赴封国。田荣大怒，派人追赶田市，在即墨杀了他。田荣于是自立为齐王，又向西进攻并杀死济北王田安，从而统辖了三齐之地。田荣把将军印授给彭越，让他在梁地反楚。陈馀私下派张同、夏说劝齐王田荣说："项羽主宰天下，不公平。他如今把原来的诸侯王都封在了差地方，而把自己的群臣众将都封在好地方，驱逐了原来的君主赵王。让赵王往北徙居到代地，我认为这样是不合适的。听说大王您已起兵反楚，而且不听不义之言，希望大王您资助我一部分兵力，让我去攻打常山，收复赵王原有的地盘，我愿用我们的国土来给您作屏障。"齐王答应了，就派兵赴赵。陈馀发动三县全部兵力，跟齐军合力攻打常山，大败常山王。张耳逃走，归附了汉王。陈馀从代地把赵王歇迎回赵国。赵王因此封陈馀为代王。

是时，汉还定三秦①。项羽闻汉王皆已并关中，且东，齐、赵叛之，大怒。乃以故吴令郑昌为韩王，以距汉。令萧公角等击彭越②。彭越败萧公角等。汉使张良徇韩，乃遗项王书曰："汉王失职，欲得关中，如约即止，不敢东。"又以齐、梁反书遗项王曰："齐欲与赵并灭楚。"楚以此故无西意，而北击齐。征兵九江王布。布称疾不往，使将将数千人行。项王由此怨布也。汉之二年冬，项羽遂北至城阳，田荣亦将兵会战。田荣不胜，走至平原③，平原民杀之。遂北烧夷齐城郭室屋，皆坑田荣降卒，系虏其老弱妇女。徇齐至北海④，多所残灭。齐人相聚而叛之。于是田荣弟田横收齐亡卒得数万人，反城阳。项王因留，连战未能下。

春⑤，汉王部五诸侯兵⑥，凡五十六万人，东伐楚。项王闻之，即令诸将击齐，而自以精兵三万人南从鲁出胡陵⑦。四月，汉皆已入彭城，收其货宝美人，日置酒高会。项王乃西从萧，晨击汉军而东，至彭城，日中，大破汉军。汉军皆走，相随入榖、泗水⑧，杀汉卒十余万人。汉卒皆南走山，楚又追击至灵壁东睢（suī）水上⑨。汉军却，为楚所挤，多杀，汉卒十馀万人皆入睢水,睢水为之不流。围汉王三匝⑩。于是大风从西北而起,折木发屋,扬沙石,窈冥昼晦⑪,逢迎楚军。楚军大乱,坏散,而汉王乃得与数十骑遁去。欲过沛,收家室而西;楚亦使人追之沛,取汉王家;家皆亡,不与汉王相见。汉王道逢得孝惠、鲁元⑫,乃载行。楚骑追汉王,汉王急,推堕孝惠、鲁元车下,滕公常下收载之⑬。如是者三。曰:"虽急不可以驱,奈何弃之?"于是遂得脱。求太公、吕后不相遇⑭。审食(yì)其(jī)从太公、吕后间行⑮,求汉王,反遇楚军。楚军遂与归,报项王,项王常置军中。

注释

①三秦:指项羽所封的雍、塞、翟三国,其地约在今陕西秦岭以北及甘肃东部地区。②萧公角:萧县县令,名角,姓不详。③平原:在今山东平原县西南。④北海:即渤海,指今山东东部地区,因其北临渤海,故云。后来汉代在此设有北海郡。⑤春:汉二年之春,当时沿用秦历,以十月为岁首,故春在同一年的冬季之后。⑥部:部署,统领。五诸侯:这里指常山王张耳、河南王申阳、韩王郑昌、魏王豹、殷王卬。⑦鲁:今山东曲阜。⑧穀、泗水:二水名。泗水源出今山东泗水县东,流经曲阜、沛县,经彭城东,南流入淮水。穀水是泗水的支流,经彭城东,北入泗水。⑨灵壁:在今安徽宿县西北。睢水:古代鸿沟的支流之一,自今河南开封东由鸿沟分出,流经彭城南,入泗水。⑩三匝:三层。⑪窈冥昼晦:昏暗如同黑夜。窈冥,幽暗深远的样子。⑫孝惠:刘邦之子,名盈,吕后所生,后为孝惠帝。鲁元:刘邦之女,孝惠之姊,嫁与张耳之子张敖,生子张偃,封为鲁王,遂为鲁太后,死谥曰元。⑬滕公:即夏侯婴,因其曾为滕县令,故云。此时为刘邦御车。⑭太公:刘邦之父。吕后:名雉,刘邦之

妻。⑮审食其：为吕后幸臣，后封辟阳侯，官左丞相。

译文

  这时，汉王率军返回关中，平定了三秦，项羽听说汉王已经兼并了关中，将要东进，齐国、赵国又都背叛了自己，不禁大怒。于是封原来的吴县县令郑昌为韩王，抵挡汉军。命萧公角等攻打彭越，萧公角等被彭越打败了。汉王派张良去招抚韩国，并送给项羽一封信说："汉王失去了做关中王的封职，所以想要得到关中，若能实现以前的约定，就立即停下来，不敢再向东进。"又把齐、赵二国的反叛书送给项王，说："齐国想要跟赵国一起灭掉楚国。"楚军因此就放弃了西进的打算，向北去攻打齐国。项王向九江王黥布征调兵力。黥布推托有病，不肯亲自去，只派部将率领几千人前往。项王因此怨恨黥布。汉二年冬天，项羽向北到达城阳，田荣也率兵与项羽决战。田荣没有打胜，逃到平原，被平原人杀掉。项羽于是乘胜北进，铲平烧毁了齐国的城池房屋，活埋了田荣手下投降的将士，掳掠了齐国的妇女老弱。项羽夺取齐地直到北海，所到之处多被夷平毁灭。于是齐国人聚集起来造反图存。这时，田荣的弟弟田横收得齐军逃散的士卒共有几万人，在城阳反击楚军。项王因此而停下来，一连打了几仗都没攻下城阳。

  这年春天，汉王率领五个诸侯国的兵马，共五十六万人，向东讨伐楚国。项王听到这个消息后，就令诸将攻打齐国，他自己率领精兵三万人向南从鲁地穿过胡陵。四月，汉军已攻入彭城，收取那里的财宝美女，每日置酒大会宾客。项王引兵西行进入萧县，从早晨开始攻打汉军，向东进发，到达彭城，到中午，大破汉军。汉军四处逃散，先后掉进穀水、泗水，楚军杀了汉兵卒十多万人。汉兵向南逃入山里，楚军又追击到灵壁东面的睢水边。

汉军后退，由于楚军的逼挤，很多人被杀，汉军士卒十余万人都掉进睢水，睢水都被堵塞得不能流动了。楚军把汉王里外围了三层。就在这时，狂风从西北方向刮起，摧折树木，掀翻房舍，飞沙走石，刮得天昏地暗，白天变成黑夜，这阵大风向楚军迎面扑来。楚军大乱，溃不成形，这样，汉王才得以带领几十名骑兵慌忙逃离。汉王原打算从沛县经过，接取家眷向西逃。楚军也派人追到沛县抓拿汉王的家眷。汉王的家眷已经逃散，没有跟汉王见面。汉王在路上遇见了他的儿子和女儿，也就是后来的孝惠帝和鲁元公主，就把他们带上车，一起西逃。楚军骑兵追赶汉王，汉王心急，就把孝惠帝、鲁元公主推落车下。滕公夏侯婴每次都下车把他们重新扶上来。这样一连推下去好几次。滕公对汉王说："虽然情况危急，马车跑不快，可是怎么能把他们扔掉呢？"就这样，大家最终得以脱险。汉王到处寻找太公、吕后，没有遇到。审食其跟随着太公、吕后抄小路走，也在寻找汉王，不料却遇到了楚军。楚军就带着他们回来，向项王报告，项王把他们留置在军中当作人质。

是时吕后兄周吕侯为汉将兵居下邑①，汉王间往从之，稍稍收其士卒。至荥阳②，诸败军皆会，萧何亦发关中老弱未傅悉诣荥阳③，复大振。楚起于彭城，常乘胜逐北，与汉战荥阳南京④、索间⑤，汉败楚，楚以故不能过荥阳而西。

项王之救彭城，追汉王至荥阳，田横亦得收齐，立田荣子广为齐王。汉王之败彭城，诸侯皆复与楚而背汉。汉军荥阳，筑甬道属之河，以取敖仓粟⑥。汉之三年⑦，项王数侵夺汉甬道，汉王食乏，恐，请和，割荥阳以西为汉。

项王欲听之。历阳侯范增曰："汉易与耳，今释弗取，后必悔之。"项王乃与范增急围荥阳。汉王患之，乃用陈平计间项王⑧。项王使者来，为太牢具⑨，举欲进之。见使者，详惊愕曰⑩："吾以为亚父使者，乃反项王使者。"更持去，以恶食食项王使者。使者归报项王，项王乃疑范增与汉有私，稍夺之权。范增大怒，曰："天下事大定矣，君王自为之。愿赐骸骨归卒伍⑪。"项王许之。行未至彭城，疽（jū）发背而死⑫。

汉将纪信说汉王曰："事已急矣，请为王诳楚为王，王可以间出。"于是汉王夜出女子荥阳东门被甲二千人，楚兵四面击之。纪信乘黄屋车⑬，傅左纛（dào）⑭，曰："城中食尽，汉王降。"楚军皆呼万岁⑮。汉王亦与数十骑从城西门出，走成皋⑯。项王见纪信，问："汉王安在？"信曰："汉王已出矣。"项王烧杀纪信。

注释

①周吕侯：即吕后兄吕泽，周吕侯为其封号。下邑：县名，今江苏砀山东。②荥阳：地名，在今河南荥阳东北。③萧何：刘邦的开国功臣，后封为酂（zàn）侯，官至相国。未傅：未列入服役册籍的人。傅，登记。④京：地名，在今河南荥阳东南。⑤索：地名，在今河南荥阳。⑥敖仓：秦粮仓名，在今河南荥阳西北敖山上，下临黄河。⑦汉之三年：公元前204年。⑧陈平：陈平原为项羽的将领，在汉二年彭城之败前归附刘邦。⑨太牢：古代祭祀宴会时，牛、羊、猪三牲具备为太牢。具：饮食，食物。⑩详：同"佯"，假装。⑪卒伍：古代乡里的编制名称，五家为一伍，三百家为一卒。⑫疽：毒疮，多发于颈部、背部和臀部，治疗不及时，有生命危险。⑬黄屋车：以黄缯为篷盖的车，古代王者所乘。⑭傅左纛：车的左边插着毛羽装饰的旌旗。纛，帝王车上的装饰物，用牦牛尾或雉尾制成。⑮万岁：本为古人庆贺之辞，最初上下通用，后因朝贺时对君主常用"万岁"作颂祷的口

号,于是变为帝王的专称。此处为楚军庆贺之语。⑯成皋:地名,在今河南荥阳西。

译文

这时,吕后的哥哥周吕侯为汉王带兵驻守在下邑,汉王抄小路去投奔了他,渐渐地集合了一些逃散的士卒。到荥阳时,各路败军都已汇集在这里,萧何也把关中没有载入兵役名册的老弱之众全部都带到荥阳,汉军又重新大振。楚军从彭城出发,乘胜追击败逃的汉兵,在荥阳南面的京邑、索邑一带与汉军交战,被汉军打败,楚军因此不能越过荥阳向西推进。

项王去援救彭城,追赶汉王到荥阳,这时田横也乘机收复了齐地,立田荣的儿子田广为齐王。汉王在彭城兵败时,诸侯又都归附楚而背叛了汉。汉王驻扎在荥阳,筑起甬道,和黄河南岸相连接,用以运取敖仓的粮食。汉三年,项王多次攻击汉军的甬道,汉王粮食匮乏,心里恐慌,请求讲和,条件是把荥阳以西的地盘划归汉王。

项王正想同意。历阳侯范增说:"现在的汉军是最容易对付的,如果现在放了他们而不打,以后一定会后悔的。"项王和范增加紧包围了荥阳。汉王很担心,就用陈平的计策离间项王与范增的关系。项王的使者来了,汉王让人准备了牛、羊、猪三牲最高规格的酒筵来招待他们。当侍者端过饭菜刚要进献时,一见是项王的使者,就装作惊愕的样子说:"我们以为是亚父的使者,没想到却是项王的使者。"把酒筵重又撤回,拿来粗劣的饭食招待项王使者。使者回去向项王报告,项王竟真的怀疑范增和汉王私通,渐渐地剥夺了他的权力。范增非常气愤,说:"天下大局已定,君王您自己看着办吧。希望您把我这把老骨头赐还给我,让我归家为民。"项王答应了他的请求。范增启程离开了,还没走到彭城，由于背上毒疮发作而身亡。

汉将纪信对汉王说："形势危急，请让我假扮成大王去蒙骗楚兵，您可以趁机逃走。"于是汉王趁夜从荥阳东门放出二千名身披铠甲的女子，楚兵立即从四面围攻上来。纪信乘坐着黄篷车，车左插着毛羽装饰的旌旗，说："城中粮食已经吃光，汉王投降了。"楚军高呼万岁。汉王这时也带着几十名骑兵从城西门逃出，奔向成皋。项王见到纪信，问道："汉王在哪里？"纪信说："汉王已经出城。"项王将纪信烧死了。

汉王使御史大夫周苛、枞（cōng）公、魏豹守荥阳①。周苛、枞公谋曰："反国之王，难与守城。"乃共杀魏豹。楚下荥阳城，生得周苛。项王谓周苛曰："为我将，我以公为上将军，封三万户。"周苛骂曰："若不趣降汉，汉今虏若，若非汉敌也。"项王怒，烹周苛，并杀枞公。

汉王之出荥阳，南走宛、叶（shè）②，得九江王布，行收兵，复入保成皋。汉之四年，项王进兵围成皋。汉王逃，独与滕公出成皋北门，渡河走修武③，从张耳、韩信军。诸将稍稍得出成皋，从汉王。楚遂拔成皋，欲西。汉使兵距之巩④，令其不得西。

是时，彭越渡河击楚东阿，杀楚将军薛公。项王乃自东击彭越。汉王得淮阴侯兵，欲渡河南。郑忠说汉王，乃止壁河内。使刘贾将兵佐彭越⑤，烧楚积聚。项王东击破之，走彭越。汉王则引兵渡河，复取成皋，军广武⑥，就敖仓食。项王已定东海来⑦，西，与汉俱临广武而军，相守数月。

当此时，彭越数反梁地，绝楚粮食，项王患之。为高俎，置太公其上，告汉王曰："今不急下，吾烹太公。"汉王曰：

史记·项羽本纪　39

"吾与项羽俱北面受命怀王⑧,曰'约为兄弟',吾翁即若翁,必欲烹而翁⑨,则幸分我一杯羹。"项王怒,欲杀之。项伯曰:"天下事未可知,且为天下者不顾家,虽杀之无益,只益祸耳。"项王从之。

注释

①御史大夫:官名,掌管监察、执法,位同副丞相。枞公:史失其名,枞是姓。魏豹:项羽分封时,魏豹被封为西魏王,后背楚降汉。刘邦败于彭城后,又与楚约合。汉王二年八月,韩信破魏,虏魏豹。刘邦赦免了他,让他留守荥阳,故后称"反国之王"。②宛:县名,今河南南阳市。叶:县名,今河南叶县南。③修武:地名,今河南获嘉县之小修武。④巩:县名,今河南巩县西南。⑤刘贾:刘邦的从兄,汉朝建立后,封荆王,后为黥布所杀。⑥广武:古城名,在今河南荥阳东北之广武山上。⑦东海:东方的泛称。⑧北面:指臣服。⑨而:你,你的。

译文

汉王派御史大夫周苛、枞公、魏豹等坚守荥阳。周苛、枞公商议道:"魏豹是个叛变过的君王,我们不能和他一块儿守城。"就一起杀了魏豹。楚军攻下荥阳,活捉了周苛。项王对周苛说:"给我做将军吧,我任命你为上将军,封给你三万户。"周苛骂道:"你若不赶快投降汉王,汉王就要俘虏你了,你不是汉王的对手。"项王大怒,煮死了周苛,把枞公也一起杀了。

汉王逃出荥阳后,向南奔到宛、叶,刚好九江王黥布归降,于是他们一边行进,一边收罗士兵,又进入了成皋。汉王四年,项王进兵围攻成皋。汉王逃走,独自带着滕公出了成皋北门,渡过黄河,逃向修武,投奔了张耳、韩信的部队。诸将也陆续逃出成皋，追随汉王。楚军因此攻下成皋，打算西进。汉王派兵在巩县抵抗，阻止了楚军继续西进。

这时，彭越率兵渡过黄河，在东阿攻击楚军，杀了楚将薛公。项王于是亲自率兵东进攻打彭越。汉王得到淮阴侯的军队，想渡黄河南进。郑忠劝阻汉王，于是汉王在河内修筑营垒驻扎下来。汉王派刘贾率兵去增援彭越，烧毁了楚军的粮草物资。项王东进击破刘贾，赶跑了彭越。汉王这时率兵渡过黄河，收复成皋，驻军广武，取用敖仓的粮食。项王稳定了东海郡的形势后，又回兵西进，与汉军都靠着广武扎营，两军对峙，持续了好几个月。

就在这时，彭越几次在梁地出兵，攻楚军，断绝了楚军的粮食，项王甚为担忧。他派人做了一张高腿案板，把汉王的父亲太公放在上面，向汉王宣告说："现在你如果不赶紧投降，我就把太公煮死。"汉王说："我和项羽都是楚怀王之臣，接受怀王命令，曾说'相约结为兄弟'，这么说我的父亲也就是你的父亲，如果你一定要煮了你的父亲，就请你分给我一碗肉汤。"项王大怒，要杀太公。项伯说："天下事还不知道怎样，况且争天下的人都是不顾家的，即使杀了太公也没用，只会增加祸患而已。"项王听从了项伯的话。

楚汉久相持未决，丁壮苦军旅，老弱罢转漕①。项王谓汉王曰："天下匈匈数岁者②，徒以吾两人耳，愿与汉王挑战决雌雄，毋徒苦天下之民父子为也。"汉王笑谢曰："吾宁斗智，不能斗力。"项王令壮士出挑战。汉有善骑射者楼烦，楚挑战三合，楼烦辄射杀之。项王大怒，乃自披甲持戟挑战。楼烦欲射之，项王瞋目叱之，楼烦目不敢视，手不敢发，遂走还入壁，不敢复出。汉王使人间问之，乃项王也。汉王大惊。

于是项王乃即汉王相与临广武间而语③。汉王数之,项王怒,欲一战。汉王不听,项王伏弩射中汉王。汉王伤,走入成皋。

项王闻淮阴侯已举河北,破齐、赵,且欲击楚,乃使龙且往击之。淮阴侯与战,骑将灌婴击之,大破楚军,杀龙且。韩信因自立为齐王。项王闻龙且军破,则恐,使盱台人武涉往说淮阴侯。淮阴侯弗听。是时,彭越复反,下梁地,绝楚粮。项王乃谓海春侯大司马曹咎等曰:"谨守成皋,则汉欲挑战,慎勿与战,毋令得东而已。我十五日必诛彭越,定梁地,复从将军。"乃东,行击陈留、外黄。

外黄不下。数日,已降,项王怒,悉令男子年十五已上诣城东,欲坑之。外黄令舍人儿年十三④,往说项王曰:"彭越强劫外黄,外黄恐,故且降,待大王。大王至,又皆坑之,百姓岂有归心?从此以东,梁地十馀城皆恐,莫肯下矣。"项王然其言,乃赦外黄当坑者。东至睢阳⑤,闻之皆争下项王。

注释

①罢:同"疲"。转漕:陆运曰转,水运曰漕。②匈匈:同"汹汹",形容劳扰不宁,动乱不安。③广武间:即广武涧。间,同"涧"。④舍人:王公贵族的侍从宾客、左右亲近之人。⑤睢阳:县名,今河南商丘南。

译文

楚、汉长久相持,胜负未决。青壮年苦于军役之劳,老弱疲于水陆运输之苦。项王对汉王说:"天下纷乱好几年,只因我们二人的缘故。我希望向汉王挑战,一决雌雄。不要再让天下百姓老小白白地受苦。"汉王笑着推辞说:"我宁愿斗智,不能斗力。"项王让勇士出营挑战。汉军有善于骑射的楼烦,楚兵挑战好几次,楼烦都把他们射死了。项王大怒,就亲自披甲持戟出营挑战,楼烦搭箭正要射,项王瞪大眼睛向他大吼一声,楼烦吓得眼不敢看,箭不敢发,转身逃回营垒,不敢再出。汉王派人暗中打听,才知道原来是项王。汉王大为吃惊。于是项王就向汉王那边靠近,两人隔着广武涧对话。汉王历数项王的罪状,项王很生气,要和汉王决一死战。汉王不答应,项王手下埋伏的弓箭手射中了汉王。汉王负伤,逃进了成皋。

项王听说淮阴侯韩信已经攻克河北,打败了齐、赵两国,而且正要进攻楚军,于是派龙且前去迎击。淮阴侯与龙且交战,骑将灌婴将楚军击败,杀了龙且。韩信于是自立为齐王。项王听到龙且兵败的消息,很恐慌,派盱台人武涉前去游说淮阴侯,淮阴侯不听。这时,彭越又叛变,攻下梁地,断绝了楚军的粮食。项王对海春侯大司马曹咎等说:"你们要谨慎地守住成皋,如果汉军挑战,千万不要和他们交战,不要让他们东进就行。十五天之内,我一定杀死彭越,平定梁地,回来再跟将军们会合。"于是率兵东行,一路上攻打陈留、外黄。

外黄一直攻不下,过了几天,终于投降了。项王很生气,命十五岁以上的男子全部到城东集合,要把他们活埋了。外黄县令一个门客的儿子才十三岁,他跑去劝项王说:"彭越凭武力胁迫外黄,外黄人害怕,所以暂且投降,为的是等待大王。如今大王来了,又要把他们全部活埋,百姓哪里还会有归附之心呢?从这往东,梁地十几个城邑的百姓都会很害怕,就没有人肯归附您了。"项王认为他的话有道理,就赦免了准备活埋的那些人。项王挥兵东进,到达睢阳。当地百姓听说项王来了,都争着归附项王。

汉果数挑楚军战,楚军不出。使人辱之,五六日,大司马怒,渡兵汜水①。士卒半渡,汉击之,大破楚军,尽得楚国货赂。大司马咎、长史翳、塞王欣皆自刭汜水上。大司马咎者,故蕲狱掾,长史欣亦故栎阳狱吏,两人尝有德于项梁,是以项王信任之。当是时,项王在睢阳,闻海春侯军败,则引兵还。汉军方围钟离眛(mò)于荥阳东②,项王至,汉军畏楚,尽走险阻。

是时,汉兵盛食多,项王兵罢食绝。汉遣陆贾说项王③,请太公,项王弗听。汉王复使侯公往说项王,项王乃与汉约,中分天下,割鸿沟以西者为汉④,鸿沟而东者为楚。项王许之,即归汉王父母妻子。军皆呼万岁。汉王乃封侯公为平国君。匿弗肯复见。曰:"此天下辩士,所居倾国⑤,故号为平国君⑥。"项王已约,乃引兵解而东归。

汉欲西归,张良、陈平说曰:"汉有天下太半⑦,而诸侯皆附之。楚兵罢食尽,此天亡楚之时也,不如因其机而遂取之。今释弗击,此所谓'养虎自遗患'也。"汉王听之。汉五年,汉王乃追项王至阳夏(jiǎ)南⑧,止军,与淮阴侯韩信、建成侯彭越期会而击楚军。至固陵⑨,而信、越之兵不会。楚击汉军,大破之。汉王复入壁,深堑而自守。谓张子房曰:"诸侯不从约,为之奈何?"对曰:"楚兵且破,信、越未有分地,其不至固宜。君王能与共分天下,今可立致也。即不能,事未可知也。君王能自陈以东傅海⑩,尽与韩信;睢阳以北至穀城⑪,以与彭越;使各自为战,则楚易败也。"汉王曰:"善。"于是乃发使者告韩信、彭越曰:"并力击楚。楚破,自陈以东傅海与齐王,睢阳以北至穀城与彭相国⑫。"使者至,韩信、彭越皆报曰:"请今进兵。"韩信乃从齐往,刘贾军从寿春并行⑬，屠城父⑭，至垓（gāi）下⑮。大司马周殷叛楚⑯，以舒屠六⑰，举九江兵，随刘贾、彭越皆会垓下，诣项王。

注释

①汜水：源出今河南巩县东南，北流经荥阳西，入黄河。②钟离眜：项羽的猛将。③陆贾：楚人，刘邦的谋士，多才善辩，后官太中大夫。④鸿沟：古运河名，战国时魏国开凿的贯通黄河与淮水的河道。自今荥阳县北引黄河水东流至开封，再南流至河南淮阳县，入颍水。⑤倾国：言其口舌之利足以颠覆国家。倾，颠覆。⑥平国君：取其反称。⑦太半：大半。⑧阳夏：县名，今河南太县。⑨固陵：地名，在今河南太康县南。⑩自陈以东傅海：从陈县以东直至海边，大体包括今河南东部、山东西南部及安徽、江苏两省的北部地区。陈，今河南淮阳县。⑪穀城：地名，在今山东平阴县西南。⑫彭相国：即彭越。当初魏豹为魏王随刘邦伐楚，刘邦封彭越为魏相国。⑬寿春：县名，今安徽寿县。⑭城父：地名，在今安徽亳县东南。⑮垓下：地名，在今安徽灵璧东南。⑯周殷：项羽的将领，官为大司马。时刘邦派人招降，周殷遂叛楚归汉。⑰舒：地名，在今安徽庐江县西南。这里指舒地的军队，时周殷驻扎于此。

译文

汉军果然多次向楚军挑战，楚军都没出来。汉王就派人故意辱骂他们，一连五六天，大司马曹咎怒不可遏，率兵渡汜水。士卒刚渡过一半，汉军出击，大败楚军，缴获了楚军的财宝货物。大司马曹咎、长史司马欣都在汜水边上自刎了。大司马曹咎，就是原来的蕲县狱掾，长史司马欣也是原来的栎阳狱吏，两人都曾对项梁有恩，所以项王很信任他们。这时，项王在睢阳听说海春侯的军队被打败了，就带兵往回赶。汉军当时正把楚将钟离昧围困在荥阳东边，项王赶到，汉军吓得赶紧退入险要的地方。

此时，汉军兵盛粮足，项王这边兵疲粮尽。汉王派陆贾去劝说项王，请他放回太公，项王不答应。汉王又派侯公去劝说项王，项王才跟汉王定约，平分天下，鸿沟以西的地方划归汉，鸿沟以东的地方划归楚。项王同意了这个协定，随即放回了汉王的家眷。汉军都欢呼万岁。汉王于是封侯公为平国君，自己却躲避起来不肯见他。说："这个人是天下的善辩之士，他在哪个国家，就会颠覆哪个国家，所以给他个称号叫平国君。"项王订约后，就带上队伍撤兵东归。

汉王也想撤兵西归，张良、陈平劝他说："汉已据天下的大半，诸侯又都归附于汉。而楚军已兵疲粮尽，这正是上天亡楚之时。不如索性趁此机会把它灭掉。如果现在放走项羽而不打他，这就是所谓的'养虎给自己留下祸患'。"汉王听从了他们的建议。汉五年，汉王追击项王到阳夏南边，才驻扎下来，并和淮阴侯韩信、建成侯彭越约好日期会合，共同攻打楚军。汉军到达固陵，而韩信、彭越的部队没有来会合。楚军攻打汉军，把汉军打得大败。汉王又逃回营垒，深掘沟堑，坚守不出。汉王问张良道："诸侯不遵守约定，怎么办？"张良回答说："楚军快被打垮了，韩信和彭越还没有得到分封的地盘，所以他们不来是很自然的。君王如果能和他们共分天下，就可以将他们立刻召来；如果不能，形势就难以预料了。君王如果把从陈县以东到海边一带地盘都给韩信；把睢阳以北到穀城的地盘给彭越，使他们各自为获取自己的地盘而战，楚军就容易打败了。"汉王说："好。"于是派出使者告诉韩信、彭越说："你们跟汉王合力击楚，打败楚军之后，从陈县往东至海边的地盘给齐王，睢阳以北至穀城的地盘给彭相国。"使者到达之后，韩信、彭越都说："我们马上就带兵出发。"于是韩信的军队从齐国出发,刘贾的军队从寿春同时发兵,沿途夷平城父邑,到达垓下。大司马周殷也背叛了楚,他以舒县的兵力屠灭了六县,又带领九江之兵,和刘贾、彭越一起会师于垓下,直逼项王的营地。

项王军壁垓下,兵少食尽,汉军及诸侯兵围之数重。夜闻汉军四面皆楚歌①,项王乃大惊曰:"汉皆已得楚乎?是何楚人之多也!"项王则夜起,饮帐中。有美人名虞,常幸从;骏马名骓(zhuī)②,常骑之。于是项王乃悲歌慷慨,自为诗曰:"力拔山兮气盖世,时不利兮骓不逝。骓不逝兮可奈何,虞兮虞兮奈若何!"歌数阕③,美人和之。项王泣数行下,左右皆泣,莫能仰视。

于是项王乃上马骑,麾下壮士骑从者八百余人,直夜溃围南出④,驰走。平明,汉军乃觉之,令骑将灌婴以五千骑追之⑤。项王渡淮,骑能属者百余人耳。项王至阴陵⑥,迷失道,问一田父(fǔ)⑦,田父绐(dài)曰"左"⑧。左,乃陷大泽中。以故汉追及之。项王乃复引兵而东,至东城⑨,乃有二十八骑。汉骑追者数千人。项王自度不得脱,谓其骑曰:"吾起兵至今八岁矣,身七十余战,所当者破,所击者服,未尝败北,遂霸有天下。然今卒困于此,此天之亡我,非战之罪也。今日固决死,愿为诸君快战⑩,必三胜之,为诸君溃围,斩将,刈(yì)旗⑪,令诸君知天亡我,非战之罪也。"乃分其骑以为四队,四向。汉军围之数重。项王谓其骑曰:"吾为公取彼一将。"令四面骑驰下,期山东为三处。于是项王大呼驰下,汉军皆披靡⑫,遂斩汉一将。是时,赤泉侯为骑将,追项王,项王瞋目而叱之,赤泉侯人马俱惊,辟易数里⑬。与其骑会为三处。汉军不知项王所在，乃分军为三，复围之。项王乃驰，复斩汉一都尉，杀数十百人，复聚其骑，亡其两骑耳。乃谓其骑曰："何如？"骑皆伏曰："如大王言。"

注释

①楚歌：楚地民歌。②骓：毛色苍白相杂的马。③歌数阕：唱了几遍。④直夜：在夜晚。⑤灌婴：人名，秦末随刘邦起兵，因功封颍阴侯。文帝时任太尉、丞相。⑥阴陵：县名，今安徽定远县西北。⑦田父：老农。⑧绐：欺骗。⑨东城：县名，今安徽定远县东南。⑩快战：痛快地打一仗。⑪刈：割，砍。⑫披靡：原指草木随风偃伏，比喻败军溃逃。⑬辟易：惊退。

译文

项王的部队在垓下修筑了营垒，兵少粮尽，汉军及诸侯兵马把项王军包围了好几层。深夜，听到汉军在四面唱着楚地的歌，项王大惊，说："难道汉兵已经完全取得了楚地吗？怎么有这么多的楚人呢？"项王夜间起来，在帐中饮酒。项王有美人名虞，深受他宠爱，一直跟在他身边；有骏马名骓，他一直骑乘。此时，项王不禁慷慨悲歌，自己作诗吟唱道："力能拔山啊英雄气概世无双，时运不济啊骓马不再前行！骓马不前行啊怎么办，虞姬啊虞姬啊该把你怎么办！"项王自己唱了几遍，美人虞姬也和着唱了一首。这时项王流下热泪数行，左右侍者也都跟着涕泣，都不忍心抬头仰视。

于是项王骑上马，部下壮士八百多人骑马跟在后面，趁夜突破重围，向南冲出，飞驰而逃。天快亮的时候，汉军才发觉，命令骑将灌婴带领五千骑兵去追赶。项王渡过淮河，跟随的骑士能跟上的只剩下一百多人了。项王到达阴陵，迷了路，问一农夫，农夫骗他说："向左边走。"项王带人向左，陷进了大沼泽中。因此，汉兵追上了他们。于是项王又带着骑兵向东，到达东城，骑兵就只剩下二十八人。汉军骑兵追赶上来的有几千人。项王自己估计不能逃脱了，对他的骑兵说："我带兵起义至今已经八年，历经七十多仗，抵挡我的敌人都被打垮，我攻击的敌人无不降服，从来没有败过，因而能够称霸，据有天下。然而今天终于被困在这里，这是上天要亡我，绝不是我作战的过错。今天固然非死不可了，我愿意为诸位打个痛痛快快的仗，一定连胜汉军几回，为诸位冲破重围，斩杀汉将，砍倒军旗，让诸位知道，这是上天要亡我，绝非我作战的过错。"于是把骑兵分成四队，分四个方向。这时汉军把他们包围了几重。项王对骑兵们说："我为你们取一员汉将！"即令四面骑士驱马飞奔而下，冲到山的东边，分三处集合。于是项王高声呼喊着冲了下去，汉军如草木随风偃伏一般溃败了，项王于是杀掉了一名汉将。这时，赤泉侯杨喜为汉军骑将，在后面追赶项王，项王瞪大眼睛怒斥他，杨喜人马俱惊，倒退了好几里。项王与他的骑兵在三处会合了。汉军不知项王的去向，就把部队分为三路，再一次包围上来。项王驱马冲了上去，又斩了一名汉军都尉，杀了数十百人，再集合骑兵，仅损失两个人。项王对骑兵们说："怎么样？"骑兵们都敬服地说："正如大王所言。"

于是项王乃欲东渡乌江①。乌江亭长杈（yǐ）船待②，谓项王曰："江东虽小，地方千里，众数十万人，亦足王也。愿大王急渡。今独臣有船，汉军至，无以渡。"项王笑曰："天之亡我，我何渡为！且籍与江东子弟八千人渡江而西，今无一人还，纵江东父兄怜而王我，我何面目见之？纵彼不言，籍独不愧于心乎？"乃谓亭长曰："吾知公长者。吾骑此马五岁,所当无敌,尝一日行千里,不忍杀之,以赐公。"乃令骑皆下马步行,持短兵接战。独籍所杀汉军数百人。项王身亦被十余创。顾见汉骑司马吕马童③,曰:"若非吾故人乎?"马童面之④,指王翳曰:"此项王也。"项王乃曰:"吾闻汉购我头千金⑤,邑万户,吾为若德。"乃自刎而死。王翳取其头,余骑相蹂践争项王,相杀者数十人。最其后,郎中骑杨喜,骑司马吕马童,郎中吕胜、杨武各得其一体。五人共会其体,皆是。故分其地为五:封吕马童为中水侯,封王翳为杜衍侯,封杨喜为赤泉侯,封杨武为吴防侯,封吕胜为涅阳侯。

项王已死,楚地皆降汉,独鲁不下。汉乃引天下兵欲屠之,为其守礼义,为主死节,乃持项王头视鲁⑥,鲁父兄乃降。始,楚怀王初封项籍为鲁公,及其死,鲁最后下,故以鲁公礼葬项王穀城。汉王为发哀,泣之而去。

诸项氏枝属⑦,汉王皆不诛。乃封项伯为射阳侯。桃侯、平皋侯、玄武侯皆项氏,赐姓刘。

太史公曰:吾闻之周生曰"舜目盖重瞳子"⑧,又闻项羽亦重瞳子。羽岂其苗裔邪?何兴之暴也!夫秦失其政,陈涉首难,豪杰蜂起,相与并争,不可胜数。然羽非有尺寸⑨,乘势起陇亩之中⑩,三年,遂将五诸侯灭秦⑪,分裂天下,而封王侯,政由羽出,号为霸王,位虽不终,近古以来未尝有也。及羽背关怀楚⑫,放逐义帝而自立,怨王侯叛己,难矣。自矜(jīn)功伐⑬,奋其私智而不师古,谓霸王之业,欲以力征经营天下,五年卒亡其国,身死东城,尚不觉寤而不自责⑭,过矣。乃引"天亡我,非用兵之罪也",岂不谬哉!

注释

①乌江：秦置乌江亭，即今安徽和县东北乌江。②亭：秦汉乡以下行政区域。亭有长，掌捕劾盗贼，处理民事、词讼等事。权：停船靠岸。③骑司马：武官名，掌骑兵军法。④面之：面向项羽。⑤购：悬赏征求。⑥视：同"示"，给……看。⑦枝属：宗族。⑧周生：名不详，当为汉代儒生，姓周。重瞳子：一只眼睛里有两个眸子。⑨尺寸：比喻微少。⑩陇亩：田野之中，指民间。⑪五诸侯：指战国时的齐、赵、韩、魏、燕五个诸侯国。⑫背关：舍弃关中。背，弃。⑬矜：夸。功伐：功劳。⑭寤：同"悟"。

译文

　　于是，项王带着骑兵想要向东渡过乌江。乌江亭长停船靠岸等在那里，对项王说："江东虽然小，但土地也足有千里，民众数十万，也足以称王。请大王快快上船渡江。现在只有臣有船，汉军追到，也没法渡江。"项王笑着说："天要亡我，我渡江过去有什么用！再说我带了江东子弟八千人渡江西征，如今没有一人回来，纵使江东父老兄弟怜爱我拥我做王，我又有何脸面去见他们？纵使他们不说什么，我项籍心中难道没有愧吗？"于是对亭长说："我知道亭长你是位仁厚长者，我骑着这匹马征战了五年，所向无敌，曾经日行千里，我不忍心杀掉它，把它送给你吧。"命令骑兵都下马步行，手持短兵器与追兵交战。项籍一人独杀汉军几百人。自己也身受创伤十余处。项王回头看见汉军骑司马吕马童，说："你不是我的老朋友吗？"马童这时面向项王，指给王翳说："这就是项王。"项王说："我知道汉王用黄金千斤，封邑万户悬赏征求我的头颅，我把这个好处送给你！"说完，自刎而死。王翳拿下项王的头，其他骑兵互相践踏争抢项王身体，自相残杀死数十人。最后，郎中骑将杨喜，骑司马吕马童，郎中吕胜、杨武各争得一个肢体。五人将身体头颅合在一起，都确属项王的。因此汉王把原来悬赏的封地分为五份，封吕马童为中水侯，封王翳为杜衍侯，封杨喜为赤泉侯，封杨武为吴防侯，封吕胜为涅阳侯。

项王已死，楚地全都投降了汉王，独鲁不降。汉王率领天下之兵想要屠戮鲁城，后来考虑到，鲁之所以不降，是因为他们恪守礼义，为君主守节。于是便派人拿着项王的头给鲁人看，鲁地父老这才投降。当初，楚怀王封项籍为鲁公，等他死后，鲁城又最后投降，所以，按照鲁公之礼将项王安葬在穀城。汉王亲临丧祭，哭后离去。项氏的家族同姓，汉王都不加杀戮。封项伯为射阳侯。桃侯、平皋侯、玄武侯也都是项氏一族，都赐姓刘。

太史公说：我听周生说"舜的眼睛有两个瞳仁"，又听说项羽的眼睛也有两个瞳仁，项羽莫非是舜的后代吗？不然怎么会兴起得这么突然呢！秦朝统治暴虐无道，陈涉首先发难，各路英雄豪杰蜂拥而起，互争天下，数不胜数。然而项羽并没有尺寸之地可以凭借，他趁秦末大乱之势兴于民间，仅三年的时间，就率领五国诸侯灭掉秦朝，后分割天下土地，封授王侯，政令全由项羽发布，自号霸王，他的王位虽然没有持久，但近古以来未曾有过这样的人物。至于项羽舍弃关中，怀恋楚地，建都彭城，并放逐义帝，自立为王，这时候再埋怨王侯背叛自己，那就很难了。他自夸战功，逞一己之才，不肯师法古人，认为霸王的功业已成，要以武力征伐统治天下，结果五年的时间，便使国家灭亡，身死东城，到临死时仍然没有觉悟到自己的错误，不责备自己，这就错了。又说什么"是老天爷要灭亡我，不是我用兵的过错"，难道不是很荒谬吗？

陈涉世家

陈胜者，阳城人也①，字涉。吴广者，阳夏（jiǎ）人也②，字叔。陈涉少时，尝与人佣耕③，辍耕之垄上，怅恨久之，曰："苟富贵，无相忘。"庸者笑而应曰："若为庸耕④，何富贵也？"陈涉太息曰："嗟乎，燕雀安知鸿鹄（hú）之志哉！"

二世元年七月⑤，发闾左适（zhé）戍渔阳⑥，九百人屯大泽乡⑦。陈胜、吴广皆次当行，为屯长⑧。会天大雨，道不通，度（duó）已失期。失期，法皆斩。陈胜、吴广乃谋曰："今亡亦死，举大计亦死，等死，死国可乎？"陈胜曰："天下苦秦久矣。吾闻二世少子也，不当立，当立者乃公子扶苏。扶苏以数谏故，上使外将兵。今或闻无罪，二世杀之。百姓多闻其贤，未知其死也。项燕为楚将，数有功，爱士卒，楚人怜之。或以为死，或以为亡。今诚以吾众诈自称公子扶苏、项燕，为天下唱⑨，宜多应者。"吴广以为然。乃行卜⑩。卜者知其指意，曰："足下事皆成，有功。然足下卜之鬼乎！"陈胜、吴广喜，念鬼，曰："此教我先威众耳。"乃丹书帛曰"陈胜王"，置人所罾（zēng）鱼腹中⑪。卒买鱼烹食，得鱼腹中书，固以怪之矣。又间令吴广之次所旁丛祠中，夜篝火，狐鸣呼曰"大楚兴，陈胜王"⑫。卒皆夜惊恐。旦日，卒中往往语，皆指目陈胜。

注释

①阳城：县名，今河南登封县东南。②阳夏：县名，今河南太康县。③佣耕：被雇佣给人耕地。④庸：同"佣"。⑤二世元年：公元前209年。⑥闾左：住在里巷左边的平民。适戍：遣送去守边。适，同"谪"。渔阳：县名，今北京密云西南。⑦屯：驻扎。大泽乡：今安徽宿县南。⑧屯长：秦民以屯编，置屯长，至汉，屯长遂为军伍小吏。这里指戍卒的首领。⑨唱：同"倡"，倡导。⑩行卜：去占卜。卜，古代烧龟甲兽骨问凶吉的一种迷信活动。⑪罾：渔网，这里作动词，用网捕获。⑫狐鸣呼：像狐狸嗥叫般呼喊。

译文

陈胜是阳城人，字涉。吴广是阳夏人，字叔。陈涉年轻时，曾被雇佣耕田种地，做累了在田埂上休息，心里叹恨不已，说："如果将来我们谁富贵了，可不能忘记了大伙。"那些雇工们笑着对他说："你是个被雇佣耕地的人，哪来什么富贵呢？"陈胜长叹一声，说："唉，小燕雀怎么知道鸿鹄的远大志向呢！"

秦二世元年七月，朝廷遣送住在里巷左边的平民去渔阳守边，同行九百人，屯驻在大泽乡。陈胜、吴广都被编入戍边的队伍中，担任小队长。恰巧遇到天下大雨，道路不通，他们估计到达渔阳，已经过了规定的期限。误了期限，按照秦法，都要被砍头。于是陈胜、吴广商量说："现在逃亡被捉到也是死，发动起义若失败也是死，既然同样都是死，为国家天下而死不好吗？"陈胜说："天下百姓受秦朝暴政的苦已经很久了。我听说秦二世是秦始皇的小儿子，不该由他继位，应当继位的是公子扶苏。扶苏因为屡次劝谏秦始皇的缘故，始皇派他在外带兵。现在又听说扶苏没有罪，秦二世却杀了他。百姓多数知道扶苏贤明，却不知道他已经死了。项燕是楚国的将领，屡立战功，体恤士兵，楚国人很爱戴他。有的认为他死了，有的认为他逃走了。现在如果我们冒充公子扶苏、楚将项燕的队伍，向天下发出号召，应该有很多响应的人。"吴广认为有道理。于是二人去占卜。占卜的人知道他们的意图，说："你们的事情能办成，能建立功业。然而你们也向鬼神卜问一下吉凶吧！"陈胜、吴广很高兴，想到假托鬼神的事，说："这是教我们先在戍卒中取得威信罢了。"于是用朱砂在帛上写上"陈胜王"三个字，暗中放在别人用网捕获的鱼的肚子里。戍卒买鱼回来煮着吃，发现鱼肚子里面的帛书，就已经觉得很奇怪。陈胜又暗中指使吴广到驻地附近的丛林里的神祠中，晚上在竹笼里点上火，像狐狸嗥叫一样呼喊"大楚兴，陈胜王"。戍卒们夜里听到了，都很惊惧。第二天，戍卒中到处谈论着这些怪异的事，暗地里指指点点，注视着陈胜。

吴广素爱人，士卒多为用者。将尉醉，广故数言欲亡，忿(fèn)恚(huì)尉①，令辱之，以激怒其众。尉果笞(chī)广。尉剑挺，广起，夺而杀尉。陈胜佐之，并杀两尉。召令徒属曰："公等遇雨，皆已失期，失期当斩。藉弟令毋斩，而戍死者固十六七。且壮士不死即已，死即举大名耳，王侯将相宁有种乎！"徒属皆曰："敬受命。"乃诈称公子扶苏、项燕，从民欲也。袒右②，称大楚。为坛而盟，祭以尉首。陈胜自立为将军，吴广为都尉。攻大泽乡，收而攻蕲(jī)③。蕲下，乃令符离人葛婴将兵徇蕲以东④。攻铚(zhì)、酂(cuó)、苦、柘(zhè)、谯(qiáo)皆下之⑤。行收兵。比至陈⑥，车六七百乘，骑千余，卒数万人。攻陈，陈守令皆不在⑦，独守丞与战谯门中⑧。弗胜，守丞死，乃入据陈。数日,号令召三老、豪杰与皆来会计事⑨。三老、豪杰皆曰:"将军身被(pī)坚执锐,伐无道,诛暴秦,复立楚国之社稷⑩,功宜为王。"陈涉乃立为王,号为张楚⑪。

当此时,诸郡县苦秦吏者,皆刑其长吏,杀之以应陈涉。乃以吴叔为假王⑫,监诸将以西击荥(xíng)阳⑬。令陈人武臣、张耳、陈馀徇赵地⑭,令汝阴人邓宗徇九江郡⑮。当此时,楚兵数千人为聚者,不可胜数。

注释

①忿恚:恼怒,这里是使动用法,使……恼怒。②袒右:露出右臂,作为起义的标志。③蕲:县名,今安徽宿县南。④符离:县名,今安徽宿县东北。⑤铚:县名,今安徽宿县西南。酂:县名,今河南永城西。苦:县名,今河南鹿邑。柘:县名,今河南柘城西北。谯:县名,今安徽亳县。⑥陈:郡名,今河南淮阳。⑦守令:郡守和县令。当时陈是郡和县的治所,故有守有令。⑧守丞:在郡留守的郡丞,郡丞是郡守的副官。⑨三老:乡官,掌管教化。按秦制,十里一亭设亭长,十亭一乡设三老。⑩社稷:社是土地神,稷是谷神,古代君主祭祀祖先以祈求丰年,后以社稷代指国家。⑪张楚:国号,有张大楚国之意。⑫假王:未正式受封而暂行王事的人。⑬荥阳:县名,今河南荥阳县东北。⑭赵地:战国时赵国领土,相当于今河南南部一带地区。⑮汝阴:县名,今安徽阜阳。九江郡:郡治在今安徽寿县。

译文

吴广平时很爱护别人,因此戍卒们都愿意听他的使唤。押送戍卒的尉官喝醉了,吴广故意多次跟他说起要逃亡的事,惹怒他,使他当众侮辱自己,借此激其众人的不平。那尉官果然鞭打吴广，又拔出佩剑，吴广站起来，一举夺剑杀了尉官。陈胜帮助他，合力杀死了两个尉官。随即召集属下号召说："各位在这里遇上大雨，误了期限，误期按规定是要砍头的。即便不被砍头，而戍守边寨死去的人，十个里面也有六七个。况且大丈夫不死便罢，要死就得扬名后世，王侯将相岂是生来就注定的！"属下的人听了都异口同声地说："一切听凭差遣。"于是就假冒公子扶苏和楚将项燕之名发动起义，顺应民众的愿望。大家都露出右臂，作为标志，称号为"大楚"。他们又筑起高台来宣誓，用尉官的头祭告天地。陈胜任命自己做将军，吴广做都尉。首先攻打大泽乡，打下后又攻打蕲县。蕲县攻克后，就派符离人葛婴率兵攻取蕲县以东的地方。一连进攻铚、酂、苦、柘、谯几个地方，都攻下了。他们在行军中，不断招兵买马。等到了陈的时候，已拥有兵车六七百辆，骑兵一千多，步卒好几万人。攻打陈时，正好郡守、县令都不在，只有留守的郡丞领兵在城门下抵抗。结果郡丞兵败身死，于是起义军占领了陈。过了几天，陈胜下令召集各县的三老、豪杰都来开会议事。与会的人都说："将军您身披铠甲，手执利器，讨伐无道昏君，灭除秦朝暴政，重新建立了楚国的政权，论功应该称王。"陈涉于是就自立为王，国号称"张楚"。

在这个时候，各个郡县受不了秦朝官吏之苦的人，都宣判、杀死他们的官吏来响应陈涉。于是陈王就派吴广代行王事，督率各将领向西进攻荥阳。命令陈县人武臣、张耳、陈馀去攻占原属赵国的辖地，命令汝阴人邓宗攻占九江郡。这时候，楚地几千人聚合在一起起义的，真是不计其数。

葛婴至东城①，立襄强为楚王。婴后闻陈王已立，因杀襄强，还报。至陈，陈王诛杀葛婴。陈王令魏人周市北徇魏地②。吴广围荥阳。李由为三川守③，守荥阳，吴叔弗能下。

陈王征国之豪杰与计，以上蔡人房君蔡赐为上柱国④。

周文，陈之贤人也，尝为项燕军视日⑤，事春申君⑥，自言习兵，陈王与之将军印，西击秦。行收兵至关⑦，车千乘，卒数十万，至戏⑧，军焉。秦令少府章邯免郦山徒、人奴产子生⑨，悉发以击楚大军，尽败之。周文败，走出关，止次曹阳二三月⑩。章邯追败之，复走次渑池（miǎn）十余日⑪。章邯击，大破之。周文自刭（jǐng），军遂不战。

武臣到邯郸⑫，自立为赵王，陈馀为大将军，张耳、召骚为左右丞相。陈王怒，捕系武臣等家室，欲诛之。柱国曰："秦未亡而诛赵王将相家属，此生一秦也。不如因而立之。"陈王乃遣使者贺赵，而徙系武臣等家属宫中，而封耳子张敖为成都君⑬，趣（cù）赵兵亟（jí）入关⑭。赵王将相相与谋曰："王王赵，非楚意也。楚已诛秦，必加兵于赵。计莫如毋西兵，使使北徇燕地以自广也。赵南据大河，北有燕、代，楚虽胜秦，不敢制赵。若楚不胜秦，必重赵。赵乘秦之弊，可以得志于天下。"赵王以为然，因不西兵，而遣故上谷卒史韩广将兵北徇燕地⑮。

燕故贵人豪杰谓韩广曰："楚已立王，赵又已立王。燕虽小，亦万乘之国也，愿将军立为燕王。"韩广曰："广母在赵，不可。"燕人曰："赵方西忧秦，南忧楚，其力不能禁我。且以楚之强，不敢害赵王将相之家，赵独安敢害将军之家！"韩广以为然，乃自立为燕王。居数月，赵奉燕王母及家属归之燕。

注释

①东城：县名，今安徽定远县东南。②魏地：今河南开封一带地区。③李由：秦丞相李斯之子。三川：郡名，辖今河南西部黄

河、伊河、洛河三水流域地区。郡治洛阳。④上蔡：县名，今河南上蔡县西南。房君：封号。上柱国：战国时楚国官名，位极尊崇，后为虚衔。⑤视日：古时的一种迷信职业，即占测时日的吉凶。⑥春申君：名黄歇，楚国贵族，以善养士闻名，与孟尝君、平原君、信陵君并称。⑦关：即函谷关，今河南三门峡西南。⑧戏：戏亭，在今陕西临潼县东。⑨少府：即少府令，秦官，九卿之一。章邯：秦将，后降项羽。郦山徒：在郦山做苦役的刑犯。郦山，即骊山，今陕西临潼县。人奴产子生：家奴所生之子。"生"字衍文。⑩曹阳：亭名，在今河南灵宝东。⑪渑池：县名，在今河南渑池县西。⑫邯郸：邑名，今河北邯郸市西南。⑬成都：县名，今四川成都市。⑭趣：同"促"，催促。亟：迅速。⑮上谷：郡名，郡治在沮阳，即今河北怀来南。卒史：郡守的属官，位在郡丞之下。

译文

葛婴到了东城，立襄强为楚王。葛婴后来听说陈胜已自立为王，就杀了襄强向陈胜报告。等葛婴回到陈，陈胜就杀了他。陈王令魏人周市北上攻取原属魏国的地方。吴广包围了荥阳。李由任三川地方的守备，防守荥阳，吴广久攻不下。于是陈王召集国内的豪杰人士谋划对策，并任命上蔡人房君蔡赐做上柱国。

周文，陈郡有名的贤人，曾经在项燕军中占卜过时日吉凶，也在春申君手下做过事，他自称懂得兵法，陈王就授给他军印，让他带兵西去攻秦。他在行军中一路召集兵马，到达函谷关时，已有战车千辆，士兵几十万人。到了戏亭，就驻扎下来。秦朝派少府章邯赦免了在骊山做苦役的刑犯以及秦地家奴所生的儿子，将他们全部调集来攻打楚军，楚军被打败，周文也大败，逃出函谷关，在曹阳驻留了两三个月。章邯追上来，又把他打败。周文再逃到渑池驻守了十多天。章邯又来追击，周文的军队被打得一败涂地。周文自杀，他的军队也就无法再战了。

武臣到了邯郸，就自立为赵王，陈馀做大将军，张耳、召骚两人任左、右丞相。陈王知道后非常恼怒，就把武臣等人的家属逮捕了囚禁起来，打算杀死他们。上柱国蔡赐劝说道："秦王朝还没有灭亡就杀了赵王将相的家属，这等于又生出一个与您为敌的秦国来。不如就此正式封立他。"陈王于是派遣使者前往赵国去祝贺，并把武臣等人的家属迁移到宫中软禁起来，又封张耳的儿子张敖做成都君，催促赵国的军队迅速入函谷关。赵王武臣的将相们商议说："大王，您在赵国称王，并不是楚国的本意。等楚国灭秦国以后，一定会来攻打赵国。最好的办法莫过于不派兵向西，而派人向北攻取燕国的辖地以扩大我们自己的领土。这样赵国南据黄河，北又有燕、代的广大土地，楚国即使战胜了秦国，也不敢来压制赵国。如果楚国不能战胜秦国，必定会倚重赵国。到时候赵国趁着秦国疲乏，就可以号令天下了。"赵王觉得有理，因而不向西出兵，而派了原上谷郡的卒史韩广领兵北上去攻取燕地。

燕国的旧贵族和豪杰们劝韩广说："楚国已经立了王，赵国也已立了王。燕国地方虽小，过去也是个拥有万辆兵车的国家，希望将军您自立为王。"韩广回答说："我的母亲还留在赵国，这不行。"燕人说："赵国现在正西面怕秦，南面忧楚，他没有力量阻止我们自立。况且以楚国的强大，都不敢杀害赵王将相的家属，赵国又怎敢加害将军的家属呢？"韩广认为他们说的有道理，于是就自立做了燕王。过了几个月，赵国派人将燕王的母亲及家属送归燕国。

当此之时，诸将之徇（xùn）地者①，不可胜数。周市北徇地至狄②，狄人田儋（dān）杀狄令，自立为齐王，以齐反，击周市。市军散，还至魏地，欲立魏后故宁陵君咎为魏王③。时咎在陈王所，不得之魏。魏地已定，欲相与立周市为魏王，周市不肯。使者五反，陈王乃立宁陵君咎为魏王，遣之国。周市卒为相。

　　将军田臧等相与谋曰④："周章军已破矣⑤，秦兵旦暮至，我围荥阳城弗能下，秦军至，必大败。不如少遗兵，足以守荥阳，悉精兵迎秦军。今假王骄，不知兵权⑥，不可与计，非诛之，事恐败。"因相与矫王令以诛吴叔，献其首于陈王。陈王使使赐田臧楚令尹印⑦，使为上将。田臧乃使诸将李归等守荥阳城，自以精兵西迎秦军于敖仓⑧。与战，田臧死，军破。章邯进兵击李归等荥阳下，破之，李归等死。

　　阳城人邓说（yuè）将兵居郯（tán）⑨，章邯别将击破之，邓说军散走陈。铚人伍徐将兵居许⑩，章邯击破之，伍徐军皆散走陈。陈王诛邓说。

　　陈王初立时，陵人秦嘉、铚人董緤（xiè）、符离人朱鸡石、取虑人郑布、徐人丁疾等皆特起⑪，将兵围东海守庆于郯⑫。陈王闻，乃使武平君畔为将军，监郯下军。秦嘉不受命，嘉自立为大司马⑬，恶属武平君。告军吏曰："武平君年少，不知兵事，勿听！"因矫以王命杀武平君畔。

　　章邯已破伍徐，击陈，柱国房君死。章邯又进兵击陈西张贺军。陈王出监战，军破，张贺死。腊月，陈王之汝阴⑭，还至下城父⑮，其御庄贾杀以降秦。陈胜葬砀（dàng）⑯，谥（shì）曰隐王⑰。

注释

①徇：掠取地盘。②狄：县名，今山东高青县东南。③宁陵君咎：即魏咎，魏国诸公子之一，宁陵君为其封号。宁陵，在今河南宁陵南。④田臧：吴广的部将。⑤周章：即周文。⑥兵权：用兵作战的变通之术。⑦令尹：战国时楚国掌军权的最高官员，相当于后世的宰相。⑧敖仓：秦朝的大粮仓，在今河南荥阳东北敖山上。⑨邓说：陈涉的部将。郯：在今山东郯城北。张守节《史记正义》认为，"郯"应作郏。因郏在荥阳南，离陈郡较近，地理形势更相合。⑩铚：县名，今安徽宿县西南。伍徐：陈涉的部将。许：县名，今河南许昌市东。⑪陵：应作"凌"，县名，今江苏泗阳县西北。取虑：县名，今江苏睢宁县西南。徐：县名，今安徽泗县南。⑫东海守庆：秦朝的东海郡太守名庆者。东海，郡名，郡治在郯。⑬大司马：周代官名，掌军政大权。⑭汝阴：县名，今安徽阜阳。⑮下城父：邑名，今安徽蒙城西北。⑯砀：县名，今安徽砀山县。⑰谥：古代帝王、贵族大臣或其他有地位的人死后加给的带有褒贬之意的称号。隐王：陈胜起义功业未终，故谥为隐王。隐，有哀怜之意。

译文

在这个时候，到各地侵占土地的将领，数不胜数。周市北上攻城略地到了狄县，狄人田儋杀了狄县县令，自立为齐王，凭借齐的力量来反击周市。周市的军队溃散了，退回到魏国的地方，打算立魏王宗室宁陵君咎做魏王。这时咎在陈王那里，不能回到魏地去。魏地平定以后，大家想共同拥立周市做魏王，周市不肯接受。使者先后五次往返于陈王与周市之间，陈王才立宁陵君咎做魏王，遣送他回魏国。周市最终做了魏相。

将军田臧等人一起谋划说："周文的军队已被打败，秦军早晚就要到来,我们围攻荥阳,久攻不下,如果秦军到来,一定会被打得大败。不如留下一小部分兵马,足以守住荥阳就可以了,然后以其余精锐的军队迎击秦军。现在假王吴广骄横,又不懂得用兵,没法和他商议,不杀了他,我们的计划恐怕会失败。"于是就假造陈王的命令杀了吴广,把吴广的头献给陈王。陈王就派使者赐给田臧"楚令尹"的大印,任命他做上将。田臧派部将李归等人驻守荥阳,自己带了精锐的部队西进到敖仓迎战秦军。双方交战,田臧战死,军队被打败。章邯又进军到荥阳攻打李归部队,击败了他们,李归等人战死。

阳城人邓说领兵驻扎在郯城,章邯另派部将击败了他们,邓说的部队溃逃到陈郡。铚人伍徐率兵驻守在许县,章邯的军队又击败了他们。伍徐的军队也都逃到陈郡。陈王就把邓说杀了。

陈胜刚为王时,陵县人秦嘉、铚县人董缫、符离人朱鸡石、取虑人郑布、徐县人丁疾等都分别起兵反秦,他们领兵把东海郡名叫庆的郡守围困在郯。陈王听说后,就派武平君畔做将军,督率郯地的各路军队。秦嘉不接受这个命令,自立为大司马,不愿意隶属于武平君畔。便对他的军吏们说:"武平君年纪轻,不懂得军事,不要听他的!"接着就假托陈王的命令杀了武平君畔。

章邯打败伍徐以后,接着进攻陈郡,陈王的上柱国房君蔡赐战死了。章邯又领兵进驻守在陈郡西边的张贺部队。陈王亲自出来督战,结果楚军还是战败,张贺战死。腊月,陈王退到汝阴,在回到下城父时,他的车夫庄贾杀了他,投降秦军。陈胜死后安葬在砀县,被后人"谥"为隐王。

陈王故涓人将军吕臣为仓头军①,起新阳②,攻陈下之,杀庄贾,复以陈为楚。

初,陈王至陈,令铚人宋留将兵定南阳③,入武关④。留已徇南阳,闻陈王死,南阳复为秦。宋留不能入武关,乃东至新蔡⑤,遇秦军,宋留以军降秦。秦传留至咸阳,车裂留以徇⑥。

秦嘉等闻陈王军破出走,乃立景驹为楚王⑦,引兵之方与⑧,欲击秦军定陶下⑨。使公孙庆使齐王⑩,欲与并力俱进。齐王曰:"闻陈王战败,不知其死生,楚安得不请而立王!"公孙庆曰:"齐不请楚而立王,楚何故请齐而立王!且楚首事,当令于天下。"田儋诛杀公孙庆。

秦左右校复攻陈⑪,下之。吕将军走,收兵复聚。鄱(pó)盗当阳君黥(qíng)布之兵相收⑫,复击秦左右校,破之青波⑬,复以陈为楚。会项梁立怀王孙心为楚王。

陈胜王凡六月。已为王,王陈。其故人尝与庸耕者闻之,之陈,扣宫门曰:"吾欲见涉。"宫门令欲缚之⑭。自辩数,乃置,不肯为通。陈王出,遮道而呼涉。陈王闻之,乃召见,载与俱归。入宫,见殿屋帷帐,客曰:"夥(huǒ)颐⑮!涉之为王沉沉者⑯!"楚人谓多为夥,故天下传之,夥涉为王,由陈涉始。客出入愈益发舒,言陈王故情。或说陈王曰:"客愚无知,颛(zhuān)妄言⑰,轻威。"陈王斩之。诸陈王故人皆自引去,由是无亲陈王者。陈王以朱房为中正⑱,胡武为司过⑲,主司群臣⑳。诸将徇地,至,令之不是者,系而罪之,以苛察为忠。其所不善者,弗下吏,辄自治之。陈王信用之。诸将以其故不亲附。此其所以败也。

陈胜虽已死,其所置遣侯王将相竟亡秦,由涉首事也。高祖时为陈涉置守冢(zhǒng)三十家砀,至今血食㉑。

……

注释

①涓人：官名，掌管宫中洒扫、洗涤等内务。仓头军：吕臣所率士兵皆戴青巾为号，故称仓头军。仓，亦作"苍"。②新阳：在今安徽太和县西北。③南阳：郡名，郡治在宛县，即今河南南阳市。④武关：在今陕西咸阳市东。⑤新蔡：县名，今河南新蔡。⑥车裂：古时酷刑，以车马撕裂人的肢体。徇：示众。⑦景驹：楚贵族后裔，姓景名驹。⑧方与：县名，今山东鱼台北。⑨定陶：县名，今山东定陶西北。⑩公孙庆：秦嘉的部将。齐王：即田儋。⑪左右校：武官名，即左右校尉。这里指左右校尉统领的军队。⑫鄱：县名，今江西鄱阳东。当阳君：英布的封号。黥布：即英布，因受过黥（在额上刺字）刑，故有此称。英布曾在鄱为盗，故又称"鄱盗"。⑬青波：即青陂，在今河南新蔡县西南。⑭宫门令：守卫宫门的官。⑮夥颐：叹词，表示惊讶或惊羡。⑯沉沉：深邃的样子。这里形容宫殿富丽堂皇。⑰颛：同"专"。⑱中正：官名，掌考核官吏、确定官吏升贬。⑲司过：官名，掌纠查官吏过失。⑳司：同"伺"，窥探。㉑血食：指享受祭祀。因为祭祀时要宰杀牲畜做祭品，故有此称。

译文

曾做陈王侍从的将军吕臣组织了一支青巾裹头的队伍，在新阳起兵，后攻打陈郡，攻克后，杀死庄贾，又以陈郡作为楚国的根据地。

当初，陈王刚到陈郡的时候，曾令铚县人宋留领兵去平定南阳，再进军武关。宋留攻占了南阳后，却传来陈王被杀的消息，于是南阳又被秦军夺了回去。宋留没法进军武关，就往东到达新蔡，不料又遇上秦军，宋留带着部队投降了秦军。秦军押解宋留到咸阳，将他车裂示众。

秦嘉等人听说陈王的军队已经战败逃走了，就立景驹做了楚王，率兵到了方与，准备在定陶附近袭击秦军。于是派公孙庆去见齐王田儋，想联合他一同攻秦。齐王说："听说陈王战败了，至今生死不明，你们怎么能不向我请示就自立为王呢？"公孙庆说："齐不请示楚国而立王，楚国为什么要向齐请示才能立王呢？何况楚国是首先起义反秦的，理当号令天下。"田儋就杀了公孙庆。

秦的左右校尉率领部队再次攻打陈郡，攻下它。将军吕臣逃了出来，重新集结兵马。并与当年在鄱阳为盗后被封为当阳君的黥布的军队联合起来，共同攻击秦的左右校尉，在青波把他们打败了，将陈郡又夺回楚国。这时正好项梁立楚怀王的一个名叫心的孙子做了楚王。

陈胜称王总共六个月的时间。当王之后，以陈为国都。陈胜从前受雇耕田时的老伙伴听说他做了王，来到了陈，叩着宫门说："我要见陈涉。"守宫门的官员要把他捆绑起来。经他反复辩解，才放开他，但仍然不肯为他通报。等陈王出门时，他拦路呼喊着陈涉的名字。陈王听到了，才召见他，与他同乘一辆车子回宫。这个人走进宫殿，看见殿堂房屋、帷幕帐帘后，惊叹道："夥颐！你当王的宫殿可真大真深啊！"楚地人把"多"叫作"夥"，所以现在天下流传称王叫"夥涉"的俗语，就是从陈涉开始的。这个人在宫中出出进进，越来越随便放肆，常常跟人谈起陈涉的一些旧事。于是有人对陈王说："您的那位客人愚昧无知，专门胡说八道，有损于您的威严。"陈王就把这个人杀了。从此以后，陈王的故交旧知都纷纷离去，他的身边再没有可亲近的人。陈王任命朱房做中正，胡武做司过，专门监察群臣的过失。将领们攻占了地盘回到陈，稍不服从他们的命令，就抓起来治罪，以苛求群臣的过失来表示自己的忠心。凡是他们不喜欢的人,一旦犯了错,不交给负责司法的官吏去审理,而是擅自审问定罪。陈王却很信任他们。将领们因此就不再亲近依附陈王了。这是陈王所以失败的原因。

  陈胜虽然死了,但他所封立派遣的侯王将相最终灭掉了秦,这是由陈涉首先起义反秦促成的。汉高祖时,在砀县安置了三十户人家为陈涉看守坟墓,到现在仍按时杀牲祭祀他。

  ……

留侯世家

留侯张良者①,其先韩人也②。大父开地③,相韩昭侯、宣惠王、襄哀王④。父平,相釐(xī)王、悼惠王⑤。悼惠王二十三年,平卒。卒二十岁,秦灭韩。良年少,未宦事韩。韩破,良家僮三百人,弟死不葬,悉以家财求客刺秦王,为韩报仇,以大父、父五世相韩故。

良尝学礼淮阳⑥。东见仓海君⑦。得力士,为铁椎(chuí)重百二十斤。秦皇帝东游,良与客狙击秦始皇博浪沙中⑧,误中副车⑨。秦皇帝大怒,大索天下,求贼甚急,为张良故也。良乃更名姓,亡匿下邳(pī)⑩。

良尝闲从容步游下邳圯(yí)上⑪,有一老父,衣褐,至良所,直堕其履圯下,顾谓良曰:"孺子⑫,下取履!"良鄂然⑬,欲殴之。为其老,强忍,下取履。父曰:"履我!"良业为取履,因长跪履之。父以足受,笑而去。良殊大惊,随目之。父去里所⑭,复还,曰:"孺子可教矣。后五日平明,与我会此。"良因怪之,跪曰:"诺。"五日平明,良往。父已先在,怒曰:"与老人期,后,何也?"去,曰:"后五日早会。"五日鸡鸣,良往。父又先在,复怒曰:"后,何也?"去,曰:"后五日复早来。"五日,良夜未半往。有顷,父亦来,喜曰:"当如是。"出一编书,曰:"读此则为王者师矣。后十年兴。十三年孺子见我济北⑮,谷城山下黄石即我矣⑯。"遂去,无他言，不复见。旦日视其书，乃《太公兵法》也⑰。良因异之，常习诵读之。

居下邳，为任侠。项伯常杀人⑱，从良匿。

注释

①留侯：张良的封号。留，县名，今江苏沛县东南。②韩：指战国时韩国。③大父：祖父。④韩昭侯：名武，韩国第六任国君。宣惠王：韩昭侯之子，韩国国君从他开始改侯称王。襄哀王：宣惠王之子，名仓。⑤釐王：襄哀王之子，名咎。悼惠王：釐王之子。⑥淮阳：古郡国名，郡治在陈，即今河南淮阳县。⑦仓海君：颜师古曰："当时贤者之号也。"（《汉书·张良传》注）。⑧博浪沙：地名，在今河南原阳县东南。⑨副车：也称属车，为天子车驾做扈从的车辆。⑩下邳：今江苏睢宁县西北。⑪圯：桥。⑫孺子：小孩子。⑬鄂：同"愕"，惊愕。⑭里所：约一里路。⑮济北：济水之北。济水，源出河南济源县王屋山，东流入山东，与黄河并行入海。⑯谷城山：又名黄山，在今山东平阴县西南。⑰《太公兵法》：古代兵书，传说为太公姜尚所著。⑱常：同"尝"，曾经。

译文

留侯张良，他的祖先是韩国人。祖父名叫开地，做过韩昭侯、宣惠王、襄哀王三朝的相国。父亲名平，做过釐王、悼惠王两朝的相国。悼惠王二十三年，张平去世。在他父亲去世后二十年，秦国就灭了韩国。当时，张良年纪还小，没有在韩国为官做事。韩国灭亡后，张良家里还很富，有家仆三百人。当他弟弟死时，他料理弟弟的丧葬一切从俭，却以全部家财来招募刺客，想刺杀秦始皇，为韩国报仇。这是因为他的祖父和父亲在韩国相继做了五朝的相国。

张良曾经到淮阳去学礼,又到辽东去拜访仓海君,在那里物色到一位大力士,此人手持一个一百二十斤重的铁槌子。当秦始皇到东边来巡游时,张良和那位大力士在博浪沙突袭了秦始皇,结果铁锤只是击中了他旁边的副车。秦始皇大怒,下令全国搜查,限期捉到刺客,就是因为张良这一椎的缘故。于是张良改名换姓,逃到下邳躲了起来。

有一天,张良闲游,随便在下邳的桥上散步,有一位穿着粗布短衣的老人走到张良面前,故意将自己的鞋子扔到桥下,转头对张良说:"小伙子,下去把鞋给我捡上来!"张良吃了一惊,真想揍他一顿。但想到他年纪这么大了,于是强忍怒气,下去把鞋捡了上来。老人说:"给我穿上!"张良心想既然已经给他捡上来了,那就再忍耐一下给他穿上吧。于是就跪下来给老人穿好了鞋。老人伸出脚,等张良给他穿好鞋后,笑着走了。张良很吃惊,目送着老人的背影。老人走了一里多路,又转身回来了,对张良说:"小伙子,你可以调教了。五天后的黎明,跟我在这儿会面。"张良十分纳闷,跪着回答说:"好的。"第五天,天一亮,张良就到桥头去了。老人已经先在那里等着了,生气地说:"跟老人约会,你却迟到,怎么回事?"说完回身就走,并说:"再过五天早点来。"五天后,鸡刚叫,张良就到了桥头,但老人又先在那里等着了,又生气地说:"又迟到了,怎么搞的?"说完又走,说:"五天后,再早点来。"五天后,张良还不到半夜,就到了桥头。过了一会,老人来了,高兴地说:"就应当这样。"他拿出一卷竹简给张良说:"通读这部书,就可以做帝王之师了。再过十年,会有王者兴起。再过十三年,你来济北见我,那时你如果在榖城山下见到一块黄石,那就是我。"说完就走了,没有再说别的话,从此也没有再见过这个人。等到天亮,张良细看那部书,原来是《太公兵法》。张良心里十分惊异,经常研读记诵它。

张良仍然住在下邳,经常做些行侠仗义之事。项羽的叔叔项伯当时杀了人,跑来投奔张良,和他躲在一起。

后十年①,陈涉等起兵,良亦聚少年百馀人。景驹自立为楚假王,在留。良欲往从之,道遇沛公。沛公将数千人,略地下邳西,遂属焉。沛公拜良为厩将②。良数以《太公兵法》说沛公,沛公善之,常用其策。良为他人言,皆不省(xǐng)③。良曰:"沛公殆天授。"故遂从之,不去见景驹。

及沛公之薛④,见项梁。项梁立楚怀王。良乃说项梁曰:"君已立楚后,而韩诸公子横阳君成贤⑤,可立为王,益树党。"项梁使良求韩成,立以为韩王。以良为韩申徒⑥,与韩王将千馀人西略韩地,得数城,秦辄复取之,往来为游兵颍川⑦。

沛公之从雒(luò)阳南出轘(huán)辕(yuán)⑧,良引兵从沛公,下韩十余城,击破杨熊军⑨。沛公乃令韩王成留守阳翟,与良俱南,攻下宛⑩,西入武关⑪。沛公欲以兵二万人击秦峣(yáo)下军⑫,良说曰:"秦兵尚强,未可轻。臣闻其将屠者子,贾(gǔ)竖易动以利⑬。愿沛公且留壁⑭,使人先行,为五万人具食,益为张旗帜诸山上,为疑兵,令郦食(yì)其(jī)持重宝啖(dàn)秦将⑮。"秦将果畔⑯,欲连和俱西袭咸阳⑰,沛公欲听之。良曰:"此独其将欲叛耳,恐士卒不从。不从必危,不如因其解(xiè)击之⑱。"沛公乃引兵击秦军,大破之。[逐]北至蓝田⑲,再战,秦兵竟败。遂至咸阳,秦王子婴降沛公。

沛公入秦宫,宫室帷帐狗马重宝妇女以千数,意欲留居之。樊哙谏沛公出舍，沛公不听。良曰："夫秦为无道，故沛公得至此。夫为天下除残贼，宜缟素为资⑳。今始入秦，即安其乐，此所谓'助桀为虐'。且'忠言逆耳利于行，毒药苦口利于病㉑'，愿沛公听樊哙言。"沛公乃还军霸上㉒。

注释

①后十年：指秦二世元年，公元前209年。②厩将：军中掌管马匹的官。③省：领悟，明白。④薛：县名，今山东滕县南。⑤横阳君成：即韩成，横阳君是其封号。⑥申徒：即司徒，官名，其职掌略同丞相。⑦游兵：打游击。颍川：郡名，郡治在阳翟县，即今河南禹县。⑧雒：同"洛"。镮辕：山名，在今河南偃师县东南。⑨杨熊：秦将。⑩宛：县名，今河南南阳市。⑪武关：关名，今陕西商洛县西南丹江北岸。⑫峣：关名，又名蓝田关，在今陕西蓝田县东南。⑬贾竖：对商人的蔑称。竖，童仆。⑭留壁：停止前行，安营扎寨。壁，营垒。⑮郦食其：刘邦谋臣，以口才闻名，后被齐王田广所杀。啖：吃。此处是利诱、引诱的意思。⑯畔：同"叛"。⑰咸阳：秦朝国都，在今陕西西安市东北。⑱解：同"懈"，懈怠。⑲蓝田：县名，今陕西蓝田县西。⑳缟素：缟、素为白色的绢，这里喻指俭朴。㉑毒药：药性猛烈的药。毒，烈、狠。㉒霸上：地名，在今陕西西安市东。

译文

十年后，陈涉等人起兵抗秦，张良也召集了百余名青年壮士，准备起义。这时景驹自立为代理楚王，驻兵留县。张良想去投奔景驹，在途中遇到沛公，沛公带着几千人开辟地盘，来到了下邳以西，于是张良就跟了沛公。沛公让张良作厩将，负责兵马事宜。张良常跟沛公讲《太公兵法》，沛公十分欣赏，经常用他的计谋。张良也跟别人讲这些话,但那些人却都不能领会。张良说:"沛公的智慧,大概是上天赐给他的。"所以就跟着沛公,不再去找景驹。

等沛公到达薛县,见到项梁,这时项梁已经拥立了楚怀王。张良劝说项梁道:"您已经拥立了楚国的后人为王,而韩王室的公子横阳君韩成也十分贤能,可以立他为韩王,来增强同盟的势力。"于是项梁就派张良去找韩成,立他为韩王,让张良作韩国的司徒。张良和韩王率领一千多人向西开辟韩地,攻下了几个城邑,但又常常被秦军夺回去了,他们就在颍川一带往来打游击。

沛公的部队从洛阳南出辕,张良带着兵与沛公会合,一连攻下了韩地十多个城邑,又打败了秦将杨熊的队伍。沛公让韩成留守阳翟,和张良一同向南进攻,攻下宛城,向西攻入武关。沛公想派二万人的军队去攻打镇守峣关的秦军,张良劝道:"秦军的势力还很强,不可轻敌,我听说镇守峣关的将领是一个屠夫的儿子,商人唯利是图,我们可以用财宝来引诱他。希望您坚守营地,派出一部分人先行,去准备五万人的粮饷,并在四周的山头上增设旗帜,布置疑兵迷惑敌人,再派郦食其带着贵重珍宝去贿赂秦将。"秦将果然背叛了秦,想跟沛公联合向西,袭击咸阳。沛公想听从这个建议,张良说道:"这只是将领受了贿赂叛秦,恐怕部下不一定也跟着叛秦。如果部下不听从,那就很危险了。不如乘他们懈怠,我们发起突然袭击。"沛公于是领兵突袭秦军,秦军大败。沛公追逐败兵一直到蓝田,两军再战,秦兵最终溃败。于是沛公军队攻入秦都咸阳,秦王子婴向沛公投降。

沛公进入秦皇宫殿,看到宫室、帷帐、名犬、良马、奇珍异宝、美女娇娃,数以千计,沛公就想留下来住在皇宫里。樊哙劝谏沛公住到宫外去,沛公不听。张良说:"因为秦皇荒淫无道,所以您今天才能来到这里。既然我们是为天下百姓除害,那就应该以俭朴为本。今天您刚打进秦都,就想沉迷于享乐,这就叫'助桀为虐'。而且俗话说'忠言逆耳利于行,毒药苦口利于病',希望您接受樊哙的劝告。"于是沛公就回到霸上扎营。

项羽至鸿门下,欲击沛公,项伯乃夜驰入沛公军,私见张良,欲与俱去。良曰:"臣为韩王送沛公,今事有急,亡去不义。"乃具以语沛公。沛公大惊,曰:"为将奈何①?"良曰:"沛公诚欲倍项羽邪?"沛公曰:"鲰生教我距关无内诸侯,秦地可尽王,故听之。"良曰:"沛公自度能却项羽乎?"沛公默然良久,曰:"固不能也。今为奈何?"良乃固要项伯。项伯见沛公。沛公与饮为寿,结宾婚。令项伯具言沛公不敢倍项羽,所以距关者,备他盗也。及见项羽后解,语在《项羽》事中②。

汉元年正月③,沛公为汉王,王巴蜀④。汉王赐良金百溢⑤,珠二斗,良具以献项伯。汉王亦因令良厚遗项伯,使请汉中地⑥。项王乃许之,遂得汉中地。汉王之国,良送至褒中⑦,遣良归韩。良因说汉王曰:"王何不烧绝所过栈道⑧,示天下无还心,以固项王意。"乃使良还。行,烧绝栈道。

良至韩,韩王成以良从汉王故,项王不遣成之国,从与俱东。良说项王曰:"汉王烧绝栈道,无还心矣。"乃以齐王田荣反书告项王⑨。项王以此无西忧汉心,而发兵北击齐。

项王竟不肯遣韩王,乃以为侯,又杀之彭城⑩。良亡,间行归汉王,汉王亦已还定三秦矣⑪。复以良为成信侯,从东击楚。至彭城,汉败而还。至下邑⑫,汉王下马踞鞍而问曰⑬:"吾欲捐关以东等弃之,谁可与共功者?"良进曰:"九江王黥(qíng)布⑭,楚枭将,与项王有郤(xì)⑮;彭越与齐王田荣反梁地：此两人可急使。而汉王之将独韩信可属大事，当一面。即欲捐之，捐之此三人，则楚可破也。"汉王乃遣随何说九江王布⑯，而使人连彭越。及魏王豹反⑰，使韩信将兵击之，因举燕、代、齐、赵⑱。然卒破楚者，此三人力也。

张良多病，未尝特将也⑲，常为画策臣，时时从汉王。

注释

①奈：同"奈"。②语在《项羽》事中：事情经过记载在《项羽本纪》中。③汉元年：刘邦被封为汉王的第一年，即公元前206年。④巴：郡名，郡治江州县，即今重庆市嘉陵江北岸。蜀：郡名，郡治成都县，即今四川成都市。⑤溢：同"镒"，古代的重量单位，二十两为一镒。一说，二十四两为一镒。⑥汉中：郡名，郡治南郑县，即今陕西汉中市。⑦褒中：县名，今陕西汉中县西北褒城中。⑧栈道：在山岩间用竹木架成的道路。⑨田荣：齐王田氏后裔，秦末与田儋起兵于齐，田儋自立为齐王。田儋死，田荣立田儋之子田市为齐王，自为相。田市死，田荣自立为齐王。⑩彭城：地名，今江苏徐州市。⑪三秦：即关中地区，今陕西秦岭以北和甘肃东部地区。项羽入关后，曾封秦降将章邯为雍王，司马欣为塞王，董翳为翟王，三分关中，合称三秦。⑫下邑：县名，今安徽砀山县东。⑬踞鞍：坐在马鞍上。古代行军时，常解下马鞍用于坐卧休息。⑭九江：封国名，项羽封英布之地，都城六，即今安徽六安县东北。⑮郄：同"隙"，裂痕，隔阂。⑯随何：刘邦谋臣，有辩才。⑰魏王豹：战国魏王后裔，起兵反秦。入关后，项羽封之为西魏王。⑱燕：臧荼的封国，都城蓟，即今北京市西南。代：陈馀的封国，都城代，即今山西蔚县东北。齐：田荣的封国，都城临菑，即今山东淄博市东北。赵：赵歇的封国，都城襄国，即今河北邢台市。⑲特将：独自领兵。

译文

项羽来到鸿门,想攻打沛公,项伯连夜奔到沛公的军营,私下见到张良,劝张良跟他一起离开。张良说:"我是为韩王来护送沛公的,沛公如今情况危急,我若逃走就太不义了。"于是把项伯的话全部告诉了沛公。沛公吃惊地说:"这该怎么办呢?"张良说:"您是真想背叛项羽吗?"沛公说:"有个浅陋小人教我守住函谷关,不要让诸侯入关,那样,我就可以占据整个秦地称王了,所以我听从了他的话。"张良说:"您自己估计能打退项羽吗?"沛公沉默了好一会,说:"当然不可能,现在该怎么办呢?"张良于是邀请项伯与沛公见面。项伯见到沛公,沛公向他敬酒,并结成儿女亲家。沛公请项伯向项羽说明他不敢背叛项羽,之所以把住关口,是防备其他盗匪进入。等沛公见到项羽以后,问题才得以解决。这些事情的经过记载在《项羽本纪》中。

汉元年正月,沛公被封为汉王,统辖巴、蜀地区。汉王赐给张良黄金百镒、宝珠二斗,张良将其全部送给项伯。汉王也请张良厚赠项伯,请项伯帮他向项羽请求汉中一带为封地,项羽答应了,于是沛公又得到了汉中一带。汉王要到自己的封地去了,张良送他到褒中,汉王才让张良回到韩国。张良在途中劝汉王说:"大王何不烧掉您所走过的栈道,这样以示天下,您不会再回来,可以让项王放心。"于是汉王让张良在回去的路上边走边烧去栈道。

张良回到韩国,因为韩王成曾让张良跟了汉王,项王就不放韩王回到韩国,带着他一同向东走。张良劝项王说:"汉王把栈道都烧了,可见他不会再回中原了。"接着又把齐王田荣反叛的文书报告给项王。项王因此没有了西边汉王反叛之忧,因而发兵向北去攻打齐国。

项王最终还是没有放韩王回国,而是封他为侯,在彭城把他杀了。张良闻讯立刻逃走，抄小路西去，投奔了汉王。汉王这时已返回来，收复了关中。汉王封张良为成信侯，带着他向东征伐项羽。汉军到达彭城，却被项羽打败而回。到了下邑，汉王下马，坐在马鞍上休息。他问道："我打算豁出函谷关以东的地盘不要，以作封赏，谁能和我共图大事，破楚立功？"张良建议道："九江王黥布，是楚的猛将，他跟项王有隔阂；彭越和齐王田荣在梁地一带造反，这两个人可以用来救急；而您这边的将领中只有韩信可以委派重任，独当一面。如果您真要放弃关东的地盘，那就分给这三个人，这样楚军肯定可以击破。"汉王于是派随何去游说九江王黥布，派了其他人去联合彭越。等到魏王豹反叛抗汉时，汉王就派了韩信带兵去征讨，攻下了燕、代、齐、赵诸国的领地。而汉王最终能打败楚军主要是依靠这三个人的力量。

张良体弱多病，从未独自领兵，只是作为谋臣，时时跟在汉王左右。

汉三年①，项羽急围汉王荥阳②，汉王恐忧，与郦食其谋桡（náo）楚权③。食其曰："昔汤伐桀，封其后于杞④。武王伐纣，封其后于宋⑤。今秦失德弃义，侵伐诸侯社稷，灭六国之后，使无立锥之地。陛下诚能复立六国后世，毕已受印，此其君臣百姓必皆戴陛下之德，莫不乡风慕义⑥，愿为臣妾。德义已行，陛下南乡称霸，楚必敛衽而朝⑦。"汉王曰："善。趣刻印，先生因行佩之矣。"

食其未行，张良从外来谒。汉王方食，曰："子房前⑧！客有为我计桡楚权者。"具以郦生语告，曰："于子房何如？"良曰："谁为陛下画此计者？陛下事去矣！"汉王曰："何哉？"张良对曰："臣请藉前箸为大王筹之。"曰："昔者汤伐桀而封其后于杞者，度能制桀之死命也。今陛下能制项籍之死命乎?"曰:"未能也。""其不可一也。武王伐纣封其后于宋者,度能得纣之头也。今陛下能得项籍之头乎?"曰:"未能也。""其不可二也。武王入殷⑨,表商容之闾⑩,释箕子之拘⑪,封比干之墓⑫。今陛下能封圣人之墓,表贤者之闾,式智者之门乎⑬?"曰:"未能也。""其不可三也。发钜桥之粟⑭,散鹿台之钱⑮,以赐贫穷。今陛下能散府库以赐贫穷乎?"曰:"未能也。""其不可四矣。殷事已毕,偃革为轩⑯,倒置干戈,覆以虎皮,以示天下不复用兵。今陛下能偃武行文,不复用兵乎?"曰:"未能也。""其不可五矣。休马华山之阳⑰,示以无所为。今陛下能休马无所用乎?"曰:"未能也。""其不可六矣。放牛桃林之阴⑱,以示不复输积。今陛下能放牛不复输积乎?"曰:"未能也。""其不可七矣。且天下游士离其亲戚,弃坟墓,去故旧,从陛下游者,徒欲日夜望咫尺之地。今复六国,立韩、魏、燕、赵、齐、楚之后,天下游士各归事其主,从其亲戚,反其故旧坟墓,陛下与谁取天下乎?其不可八矣。且夫楚唯无强,六国立者复桡(náo)而从之⑲,陛下焉得而臣之?诚用客之谋,陛下事去矣。"汉王辍食吐哺⑳,骂曰:"竖儒,几败而公事㉑!"令趣销印。

注释

①汉三年:公元前203年。②荥阳:县名,今河南荥阳县东北。③桡:削弱,限制。④杞:古国名,今河南杞县。⑤宋:古国名,今河南商丘县南。⑥乡风:闻风。乡,同"向"。慕义:敬慕汉王德义。⑦敛衽:提起衣襟,表示敬意。⑧子房:张良的字。⑨殷:殷都朝歌,即今河南淇县。⑩商容:商时贤者,谏纣王不听,遂隐于太行山。⑪箕子:纣王之叔,谏纣王不听,佯狂

为奴,被纣王囚禁。⑫比干:纣王之叔,屡谏纣王,被剖心而死。⑬式:同"轼",车前横木。古人扶轼表示敬意。⑭钜桥:商朝粮仓名,在今河南曲周县东北。⑮鹿台:古台名,在今河南淇县,纣王曾将大量财宝储存在这里。⑯偃:废弃。革:兵车。轩:有篷的坐车。⑰华山:五岳之一,在今陕西华阴县南。阳:山的南面,水的北面。⑱桃林:即桃林塞,约今河南灵宝县以西,陕西潼关县以东地区。阴:山的北面,水的南面。⑲桡而从之:屈服于楚。桡,弯曲。⑳吐哺:吐出口中咀嚼的食物。㉑而公:你老子。

译文

汉三年,项羽把汉王围困在荥阳,形势危急,汉王十分担忧,他和郦食其商量如何削弱楚的势力。郦食其说:"从前商汤打败夏桀后,将夏的后代封于杞地。周武王灭了商纣后,将商的后代封于宋国。而今秦朝不行德义,征讨诸侯各国,灭了六国的后代,使他们无立足之地。大王如果能再封立六国的后代,授给他们印信,那么这些国家的君臣百姓,必定会感戴您的恩德,仰慕您的义行,愿作您的臣仆。当您的德义施行于天下,您如果要南面称霸,项羽一定会整理衣襟朝拜您。"汉王说:"好。赶快叫人刻印,先生出发时就可以带着去办了。"

郦食其还没出发,张良恰好从外地来拜见。汉王正在用餐,对他说:"子房过来!有人帮我策划了削弱项羽势力的办法。"于是将郦食其所说告诉了张良,问道:"子房,您的看法如何?"张良说:"谁给大王谋划这样的计策?您的大事就要完了!"汉王说:"为什么?"张良说:"臣请大王准许我用您面前的筷子替您筹算这件事。"他说:"当初商汤伐夏桀,所以把夏的后人封在杞国,是预计可以置桀王于死地。现在大王能置项籍于死地吗?"

汉王说:"不能。"张良说:"这是第一个不可以。周武王伐纣,又封商的后人于宋国,也是预料到能得到殷纣的人头。现在大王能得到项籍的人头吗?"汉王说:"不能。"张良说:"这是第二个不可以。周武王进入殷都后,在商容住过的里巷口上立表以彰显其德行,把箕子从囚牢里放出来,并且重修了比干的坟墓。现在大王能够去整修圣人的坟墓,在贤者的里巷口立表表彰,到智者的门前表示敬意吗?"汉王说:"不能。"张良说:"这是第三个不可以。周武王当时把纣王存积在钜桥仓的粮食,储积在鹿台的钱币,拿出来赐给贫苦百姓。现在大王能把您府库里的东西赐给贫苦百姓吗?"汉王说:"不能。"张良说:"这是第四个不可以。周武王在伐纣的战事结束后,把战车改为有篷的普通车,把兵器倒转头来盖上虎皮,告示天下不再动兵。现在大王可以弃武从文,不再打仗吗?"汉王说:"不能。"张良说:"这是第五个不可以。当时周武王还把战马放牧到华山的南坡下,表示以后不再用它们了。现在大王能把马放出去而不再用它们吗?"汉王说:"不能。"张良说:"这是第六个不可以。当时周武王还把运输的牛放到桃林塞的北边,表示不再运送军饷。现在大王能把牛放出去,不再运送军饷吗?"汉王说:"不能。"张良说:"这是第七个不可以。而且天下的谋士说客离开妻儿故地,告别朋友来追随您,他们日夜所盼的就是想分得一小块地盘。现在您重新建立起六国,让韩、魏、燕、赵、齐、楚六国的后人为王,而那些谋士说客一定各自回去侍奉自己的主子,回到他们的亲戚故旧那里,还有谁来帮大王打天下呢?这是第八个不可以。而且目前楚是最强的,您立的六国必会向它屈服,到时候大王如何能使他们臣服于您呢?您如果真用了那个计谋,您的大事就完了。"汉王中断了进食,吐出口中的食物,骂道:"这小子,差点把你老子的大事给搞糟了!"于是下令赶紧把那些印信毁掉。

汉四年①,韩信破齐而欲自立为齐王,汉王怒。张良说汉王,汉王使良授齐王信印,语在《淮阴》事中②。

其秋,汉王追楚至阳夏(jiǎ)南③,战不利而壁固陵④,诸侯期不至。良说汉王,汉王用其计,诸侯皆至。语在《项籍》事中。

汉六年正月⑤,封功臣。良未尝有战斗功,高帝曰:"运筹策帷帐中,决胜千里外,子房功也。自择齐三万户。"良曰:"始臣起下邳,与上会留,此天以臣授陛下。陛下用臣计,幸而时中,臣愿封留足矣,不敢当三万户。"乃封张良为留侯,与萧何等俱封。

上已封大功臣二十余人,其余日夜争功不决,未得行封。上在雒阳南宫,从复道望见诸将往往相与坐沙中语⑥。上曰:"此何语?"留侯曰:"陛下不知乎?此谋反耳。"上曰:"天下属安定,何故反乎?"留侯曰:"陛下起布衣,以此属取天下,今陛下为天子,而所封皆萧、曹故人所亲爱,而所诛者皆生平所仇怨。今军吏计功,以天下不足遍封,此属畏陛下不能尽封,恐又见疑平生过失及诛,故即相聚谋反耳。"上乃忧曰:"为之奈何?"留侯曰:"上平生所憎,群臣所共知,谁最甚者?"上曰:"雍齿与我故⑦,数尝窘辱我。我欲杀之,为其功多,故不忍。"留侯曰:"今急先封雍齿以示群臣,群臣见雍齿封,则人人自坚矣。"于是上乃置酒,封雍齿为什方侯,而急趣丞相、御史定功行封。群臣罢酒,皆喜曰:"雍齿尚为侯,我属无患矣。"

刘敬说高帝曰⑧:"都关中。"上疑之。左右大臣皆山东人⑨,多劝上都雒阳:"雒阳东有成皋(gāo)⑩,西有崤黾(miǎn)⑪,倍河,向伊雒(luò)⑫,其固亦足恃。"留侯曰:

"雒阳虽有此固,其中小,不过数百里,田地薄,四面受敌,此非用武之国也。夫关中左崤(xiáo)函⑬,右陇蜀⑭,沃野千里,南有巴蜀之饶,北有胡苑之利⑮,阻三面而守,独以一面东制诸侯。诸侯安定,河渭漕挽(wǎn)天下⑯,西给京师;诸侯有变,顺流而下,足以委输。此所谓金城千里⑰,天府之国也⑱,刘敬说是也。"于是高帝即日驾,西都关中。

留侯从入关。留侯性多病,即道引不食谷⑲,杜门不出岁余。

注释:

①汉四年:公元前203年。②《淮阴》:指《淮阴侯列传》。③阳夏:县名,今河南太康县。④固陵:县名,在今河南太康县南。⑤汉六年:公元前201年。⑥复道:又称阁道,连接宫殿楼阁的空中通道。⑦雍齿:刘邦部将,曾反叛过刘邦。故:有怨隙。⑧刘敬:本姓娄,齐人,因劝刘邦建都关中而受赏识,被赐姓刘。⑨山东:殽山(或华山)以东,一般指黄河下游平原。⑩成皋:关名,即今河南荥阳县汜水镇西,历来为交通与军事要道。⑪崤黾:崤山和渑池。黾,同"渑"。崤山,在今河南洛宁县西北。渑池,县名,今河南渑池县西。⑫倍河:背靠黄河。倍,同"背"。伊雒:伊水和洛水。伊水即今河南洛河支流。洛水即今河南洛河。雒,同"洛"。⑬崤函:指崤山和函谷关。⑭陇蜀:陇,指甘肃陇山等;蜀,指四川米仓山、大巴山等。⑮胡:北部边境的少数民族。苑:牧场。⑯河渭:黄河和渭水。漕:水运。挽:引。⑰金城:坚固的城池。⑱天府:天然的府库。颜师古曰:"财物所聚谓之'府'。言关中之地,物产富饶,可备赡给,故称'天府'也。"⑲道引:也作"导引",道家养生之术,一种类似今之深呼吸的健身运动。不食谷:又称"辟谷",不食谷物,也是道家提倡的养生法。

译文

汉四年,韩信攻破齐国,想要自立为齐王,汉王大怒。张良劝住了汉王,汉王就派张良带着印信去封韩信做了齐王。这件事情的经过记载在《淮阴侯列传》中。

同年秋天,汉王追击楚军到阳夏的南边,又被楚军打败,于是退守固陵,而各路诸侯到了约定的时间却没来。这时张良又出谋划策,汉王用了他的计谋,各路诸侯的兵马就来了。这件事情的经过记载在《项羽本纪》中。

汉六年正月,大封开国功臣,张良没有带兵打仗的战功,汉高帝说:"决策于帷帐之中,制胜于千里之外,这是子房的功劳。你自己选择齐地的三万户作封邑。"张良说:"当初臣在下邳起兵,跟陛下在留相会,这是上天把臣交给陛下的。陛下采用了臣的计策,有时侥幸料中,臣愿意封于留就够了,不敢领受三万户的厚赏。"于是封张良为留侯,和萧何等人一起受封。

高祖封了二十多个大功臣,其余的则日夜争吵谁功大谁功小,不能解决,所以高祖未能定下封赏。一天高祖在洛阳的南宫,从阁道上看到将领们三三两两地坐在沙堆上谈论什么。高祖问道:"他们在说什么?"留侯回说:"陛下不知道吗?他们在商量造反呢。"高祖说:"天下刚刚安定下来,他们为什么要造反呢?"留侯说:"陛下平民百姓出身,靠着他们夺得了天下,现在陛下您做了天子,然而所封的都是萧何、曹参这些您所亲近喜欢的人,而杀掉的都是你平时所怨恨的人。现在军吏们统计战功,恐怕把整个国家分封出去都不够。这些人怕陛下不能全部分封到,又怕平时在您面前有过什么过错,您最终会杀掉他们,所以聚在一起商量着造反。"高祖很担忧地说:"那怎么办呢?"留侯说:"您平常最痛恨而大家又都知道的是谁?"高祖说:"雍齿和我有旧仇,曾经多次使我受辱,我一直想杀了他,但因为他的功劳多，所以不忍心下手。"留侯说："现在您赶快封赏雍齿，来昭示群臣。群臣看到雍齿都被封了，他们自己也就安心了。"于是高祖大摆酒宴，封雍齿为什方侯，并催促丞相、御史们赶快给大家定功分封。群臣们赴宴归来，都高兴地说："雍齿都能够被封侯，我们这些人就不用担心了。"

　　刘敬劝高祖说："国都应该建在关中。"高祖犹豫不决。但身边这些大臣，都是崤山以东的人，他们大多劝高祖建都洛阳。他们说："洛阳东有成皋，西有崤山和渑池，背靠黄河，面对伊水和洛水，地势险要易守。"留侯说："洛阳固然险要，但它的中心地带狭小，方圆不过几百里，土地贫瘠，四面容易受到敌人的攻击，它不是一个适宜用兵打仗的地方。至于关中，左有崤山和函谷关，右有陇、蜀的大山，土壤肥美，广阔千里，它南面连着物产富饶的巴、蜀，北边靠着盛产牛马的胡地，有南、北、西三面的险要可以固守，集中力量只用于控制东方的诸侯。诸侯安定，可以通过黄河、渭水把全国的粮食运到京城；如果诸侯叛变，关中的储备可以通过渭水、黄河顺流而下，供给前线。这就是人们常说的金城千里，天府之国了，刘敬的说法是对的。"于是高祖当日起程，向西定都关中。

　　留侯也跟着进入关中。留侯一直多病，于是就学习道家的导引吐纳之术，不吃五谷杂粮，一年多都闭门不出。

　　上欲废太子①，立戚夫人子赵王如意②。大臣多谏争，未能得坚决者也。吕后恐，不知所为。人或谓吕后曰："留侯善画计策，上信用之。"吕后乃使建成侯吕泽劫留侯③，曰："君常为上谋臣，今上欲易太子，君安得高枕而卧乎？"留侯曰："始上数在困急之中，幸用臣策。今天下安定，以爱欲易太子，骨肉之间，虽臣等百馀人何益。"吕泽强要曰："为我画计。"留侯曰:"此难以口舌争也。顾上有不能致者,天下有四人。四人者年老矣,皆以为上慢侮人,故逃匿山中,义不为汉臣。然上高此四人。今公诚能无爱金玉璧帛,令太子为书,卑辞安车④,因使辩士固请,宜来。来,以为客,时时从入朝,令上见之,则必异而问之。问之,上知此四人贤,则一助也。"于是吕后令吕泽使人奉太子书,卑辞厚礼,迎此四人。四人至,客建成侯所。

汉十一年⑤,黥布反⑥,上病,欲使太子将,往击之。四人相谓曰:"凡来者,将以存太子。太子将兵,事危矣。"乃说建成侯曰:"太子将兵,有功则位不益太子;无功还,则从此受祸矣。且太子所与俱诸将,皆尝与上定天下枭将也,今使太子将之,此无异使羊将狼也,皆不肯为尽力,其无功必矣。臣闻'母爱者子抱'⑦,今戚夫人日夜侍御,赵王如意常抱居前,上曰'终不使不肖子居爱子之上',明乎其代太子位必矣。君何不急请吕后承间为上泣言:'黥布,天下猛将也,善用兵,今诸将皆陛下故等夷⑧,乃令太子将此属,无异使羊将狼,莫肯为用,且使布闻之,则鼓行而西耳⑨。上虽病,强载辎(zī)车⑩,卧而护之⑪,诸将不敢不尽力。上虽苦,为妻子自强⑫。'"于是吕泽立夜见吕后,吕后承间为上泣涕而言,如四人意。上曰:"吾惟竖子固不足遣⑬,而公自行耳。"于是上自将兵而东,群臣居守,皆送至灞上。留侯病,自强起,至曲邮⑭,见上曰:"臣宜从,病甚。楚人剽(piāo)疾⑮,愿上无与楚人争锋。"因说上曰:"令太子为将军,监关中兵。"上曰:"子房虽病,强卧而傅太子。"是时叔孙通为太傅⑯,留侯行少傅事⑰。

汉十二年⑱,上从击破布军归,疾益甚,愈欲易太子。留侯谏，不听，因疾不视事。叔孙太傅称说引古今，以死争太子。上详许之，犹欲易之。及燕⑲，置酒，太子侍。四人从太子，年皆八十有余，须眉皓白，衣冠甚伟。上怪之，问曰："彼何为者？"四人前对，各言名姓，曰东园公、角（lù）里先生、绮里季、夏黄公⑳。上乃大惊，曰："吾求公数岁，公辟逃我㉑，今公何自从吾儿游乎？"四人皆曰："陛下轻士善骂，臣等义不受辱，故恐而亡匿。窃闻太子为人仁孝，恭敬爱士，天下莫不延颈欲为太子死者，故臣等来耳。"上曰："烦公幸卒调护太子㉒。"

四人为寿已毕，趋去㉓。上目送之，召戚夫人指示四人者曰："我欲易之，彼四人辅之，羽翼已成，难动矣。吕后真而主矣㉔。"戚夫人泣，上曰："为我楚舞，吾为若楚歌。"歌曰："鸿鹄高飞，一举千里。羽翮（hé）已就㉕，横绝四海。横绝四海，当可奈何！虽有矰（zēng）缴（zhuó）㉖，尚安所施！"歌数阕，戚夫人嘘唏流涕，上起之，罢酒。竟不易太子者，留侯本招此四人之力也。

注释

①太子：指刘盈，吕后之子，后嗣位为孝惠帝。②戚夫人：刘邦宠姬，刘邦死后被吕后所杀。③建成侯吕泽：据《高祖功臣年表》，建成侯是吕释之，吕泽为周吕侯。两人皆吕后之兄。下文吕泽也应是吕释之。劫：强迫。④卑辞：谦词。安车：舒适的车子。⑤汉十一年：公元前196年。⑥黥布反：黥布当时为淮南王，因刘邦杀了韩信、彭越，他怕祸及自己，发动了叛变。⑦母爱者子抱：意谓母亲受宠，其子必受父亲爱抚。⑧等夷：身份地位相等。⑨鼓行而西：公然西来进犯京师。⑩辎车：有篷帷的车。⑪护：监护，监督。⑫自强：勉强自己。⑬惟：考虑。⑭曲

邮：地名，即今陕西临潼县南。⑮剽疾：勇猛迅捷。⑯叔孙通：薛（今山东滕县南）人，曾为秦朝博士，后归刘邦。汉朝建立后，他为朝廷制定了一整套礼法。太傅：太子太傅，以道德辅导太子的官。⑰少傅：太子少傅，位次于太傅，职同太傅。⑱汉十二年：公元前195年。⑲燕：同"宴"。⑳东园公、角里先生、绮里季、夏黄公：隐居商山（今陕西商县东）的四位贤者，史称"商山四皓"。角里，姓。㉑辟：同"避"。㉒幸：好好地。卒：始终。调护：照应，护持。㉓趋：小步疾走。㉔而主：你的主子。㉕羽翮：羽翼。翮，羽茎。㉖矰缴：系着绳线射鸟用的短箭。矰，短箭。缴，系在箭后的丝绳。

译文

高祖想要废掉太子，另立戚夫人的儿子赵王如意为太子。很多大臣都加劝阻，但没有人能使高祖作出最后的决定。吕后很恐慌，不知如何是好。有人向吕后建议说："留侯善于出谋划策，皇上一直很信任他。"于是吕后派建成侯吕释之去胁迫留侯说："您曾经是皇上的谋臣，现在皇上想要更换太子，您如何能高枕无忧置身事外呢？"留侯说："当初皇上多次处于危急之中，没有选择，幸而听从了臣的计谋。如今天下太平，皇上出于个人的喜好要换太子，这是家庭内部的私事，即使有一百个臣下也没有用。"吕释之强逼留侯道："无论如何，您都得出谋划策。"留侯说："这件事是不能用言语来争取的。皇上曾有他招揽不到的人，天下共有四位。这四个人年纪都很大了，他们认为皇上轻慢无礼，所以躲避在深山里，不愿作汉朝的臣子。然而皇上对这四位老人却很崇敬。现在您如果能够不吝惜金银财宝，让太子写上一封信，措辞谦恭，再安排舒适的车子，派能言善道的人去邀请他们，他们应该会来的。如果把他们请来了，就待为太子的宾客，时时跟随太子上朝,故意让皇上看到他们,那么皇上一定会诧异而询问是谁。问明白是他们,皇上知道这四位都是贤者,这对保住太子的地位将是很大的帮助。"于是吕后让吕释之派人带着太子的书信和厚礼,谦恭地去迎请这四位老人。四人请来后,就住在建成侯吕释之的府中。

汉十一年,黥布造反,高祖当时生病,想让太子率兵前去征讨。四位老人互相商量道:"我们之所以来到这里,是保护太子的,现在太子领兵出征,事情可就危险了。"于是就劝建成侯道:"太子去领兵打仗,如果有功,并不能对太子带来多大好处;如果无功而回,那从此太子就要遭殃了。而且太子所率领的那群将领,都是曾经跟着皇上打天下的猛将,现在叫太子来率领他们,这无异于让羊去统领狼,他们都不会替太子尽力的,那此次出征必会无功而返。臣等常听人说:'哪个母亲被宠爱,那她的儿子就多被人抱。'现在戚夫人日夜侍候着皇上,赵王如意又常被抱在皇上跟前,皇上常说:'我绝不会让那个不成器的儿子坐到我心爱的儿子的头上的。'很明显地赵王如意肯定会代替太子的位子,您为何不赶快请吕后找个机会向皇上哭诉,就说:'黥布是天下有名的猛将,很会用兵。而我们的将领都是陛下的旧部和同辈,您让太子来领导他们,无异于让羊去统领狼,他们一定不肯听指挥的。而且如果被黥布知道了这个消息,他就会公然向西长驱直入了。皇上您虽有病,但是准备一辆篷车,您勉强躺在车上,那些老将们不敢不尽力的。您虽然很辛苦,但是为了您的妻儿,您就勉为其难吧!'"于是吕释之立刻在夜里跑去见吕后。吕后找了个机会按照四人的意思对皇上哭诉了一番。皇上听了,说道:"我本来就想过这小子不中用,还是老子自己去吧!"于是皇上亲自率军东征,那些留守的大臣们,都送行到霸上。留侯正在病中,勉强起来,赶到曲邮,拜见皇上说:"这次陛下出征,臣本应该随驾同去，但因病重不能同行了。楚军勇猛迅捷，希望皇上不要和楚人正面冲突。"乘机又劝说："应该派太子作将军，让他监督关中戍守部队。"皇帝说："子房，您虽在病中，希望您仍要勉力辅助太子。"这时，叔孙通为太子太傅，留侯就兼代太子少傅的职务。

汉十二年，高祖打败了黥布，从军中回来后，病情更严重了，越来越想赶快换掉太子。留侯出面劝阻，高祖不听，留侯因而推说有病不再过问政事。太傅叔孙通引古论今，以历史上的事件来劝谏高祖，甚至以死相阻。高祖假意答应，但心中还是要换太子。这时正好宫中举行宴会，酒席排开，太子在一旁侍候。四位老人跟随在太子身后，他们的年龄都在八十开外，胡须眉毛都白了，衣帽伟丽。高祖觉得很奇怪，问道："他们几位是什么人？"四人一起向前，各人报上自己的姓名：东园公、角里先生、绮里季、夏黄公。高祖大吃一惊，说："我找了你们好几年，你们一直躲避我，现在诸位为什么跟我的儿子来往呢？"四人一起回答道："陛下傲慢轻士，又喜欢骂人，臣等不愿受您的侮辱，所以吓得躲了起来。后来我们听说太子为人仁慈忠孝，礼贤下士，天下人无不愿誓死效命，所以臣等来投奔他。"高祖说："那就烦劳诸位始终如一地好好照护太子吧。"

四人向高祖敬酒，而后一起退了出去。高祖目送着四人离去，指着四人对戚夫人说："我要换掉太子，可是那四个人辅助他，他的羽翼已经长成，很难再动了，看来吕后真是你的主子！"戚夫人听了不由得哭泣起来，高祖说："你为我跳楚舞，我替你唱楚歌伴奏。"高祖唱道："鸿鹄展翅高飞，一飞千里。它的羽翼已长成，可以横越四海。它能横越四海，谁能将它奈何？虽有强弓硬弩，还能在哪里用上呢？"高祖唱了好几遍。戚夫人抽噎不已，涕泪横流。高祖离开酒筵，宴会就此结束。高祖之所以最终没有换掉太子,就是留侯出主意请来这四人的结果啊。

留侯从上击代①,出奇计马邑下②,及立萧何相国,所与上从容言天下事甚众,非天下所以存亡,故不著。留侯乃称曰:"家世相韩,及韩灭,不爱万金之资,为韩报仇强秦,天下振动。今以三寸舌为帝者师,封万户,位列侯,此布衣之极,于良足矣。愿弃人间事,欲从赤松子游耳③。"乃学辟谷④,道引轻身。会高帝崩⑤,吕后德留侯,乃强食之,曰:"人生一世间,如白驹过隙⑥,何至自苦如此乎!"留侯不得已,强听而食。

后八年卒,谥为文成侯。子不疑代侯⑦。

子房始所见下邳圯上老父与《太公书》者,后十三年从高帝过济北,果见穀城山下黄石,取而葆祠之⑧。留侯死,并葬黄石。

每上冢(zhǒng)伏腊⑨,祠黄石⑩。留侯不疑,孝文帝五年坐不敬⑪,国除。

太史公曰:学者多言无鬼神,然言有物⑫。至如留侯所见老父予书,亦可怪矣。高祖离困者数矣⑬,而留侯常有功力焉,岂可谓非天乎?上曰:"夫运筹策帷帐之中,决胜千里外,吾不如子房。"余以为其人计魁梧奇伟⑭,至见其图,状貌如妇人好女。盖孔子曰:"以貌取人,失之子羽⑮。"留侯亦云。

注释

①击代:指代相陈豨叛汉,刘邦亲征事。代,汉初诸侯国,韩王

信为代王时，都马邑（今山西朔县），陈豨为代相时，居代县（今河北蔚县东北）。②出奇计马邑下：张良究竟出何计，书无记载。③赤松子：古代传说的仙人。④乃学辟谷：刘子翚曰："良从赤松子游，盖婉其辞以脱世网，所谓鸿飞冥冥，弋人何慕焉。"（《史记评林》引）⑤高帝崩：事在公元前195年。⑥白驹过隙：《庄子·知北游》云："人生天地之间，若白驹之过郤，忽然而已。"极言时光迅疾。隙，缝隙。⑦代侯：袭封留侯。⑧葆祠：珍爱并供奉。葆，同"宝"。祠，祭祀。⑨伏腊：指每年夏季伏日和冬季腊月的两次祭祀。⑩祠黄石：一并祭祀黄石头。⑪孝文帝：即汉文帝刘恒，高祖刘邦之子。坐不敬：犯不了敬之罪。⑫物：精怪。⑬离：同"罹"，遭遇。⑭计：估计猜测之词，大概，可能。⑮以貌取人，失之子羽：凭外貌看人，就把子羽看错了。取，论，看。失，错。

译文

留侯跟着高祖攻打代国，出奇计，攻下马邑，以及后来劝高祖立萧何为相国，他和皇上谈论了不少天下大事，但那些都与国家存亡无关，所以就不一一记录了。留侯自己说："我家几代在韩国为相，韩国被灭亡后，我不惜万金，为了替韩国报仇而对付秦国，闹得天下震动。现在我靠着三寸不烂之舌，作了帝王的老师，封赏万户，位列诸侯。这已达到平民的极点，对于我张良来说，已经满足了。我愿意抛弃人世间的一切，跟着仙人赤松子去云游四海。"于是学着不食五谷、导引吐纳等神仙之术，想要平地飞升。高祖驾崩后，吕后感激留侯的恩德，强迫他进食，说道："人活在世间，正如白马驰过墙缝一样短暂，何必要这样自讨苦吃呢？"留侯不得已，勉强听从吕后的吩咐，开始进食。

过了八年，留侯去世了，朝廷给他加了个谥号"文成侯"。

他的儿子张不疑承袭了他的爵位。

当初，留侯在下邳桥头见到的送给他《太公兵法》的那位老人，十三年后，留侯跟着汉高祖经过济北，果然看到谷城山下有块黄石，他取了回来，非常珍爱，并将其供奉。留侯死时，黄石和他一起下葬。每逢夏、冬两季，人们给留侯上坟祭扫，也祭祀那块黄石。

留侯张不疑，在孝文帝五年时因为犯了不敬之罪，封爵被废除。

太史公说：学者们多说世上没有鬼神，但却认为有物怪。像留侯所遇到的老人赠书，也可以算是一怪了。汉高祖好几次陷入困境，而留侯常帮他化险为夷，这难道说不是天意吗？汉高祖说："至于运筹于帷帐之中，决胜于千里之外，我不如子房。"我以为留侯一定是身材魁梧、相貌奇伟的人，等到看见他的画像，原来相貌如标致的弱女子一般。孔子曾说："如果以容貌取人，我就把子羽给看错了。"我看留侯也可以这样说。

伯夷列传

　　夫学者载籍极博①，犹考信于六艺②。《诗》、《书》虽缺③，然虞夏之文可知也④。尧将逊位，让于虞舜。舜、禹之间，岳牧咸荐⑤，乃试之于位，典职数十年⑥，功用既兴，然后授政。示天下重器，王者大统⑦，传天下若斯之难也。而说者曰尧让天下于许由⑧，许由不受，耻之，逃隐。及夏之时，有卞随、务光者⑨。此何以称焉⑩？

　　太史公曰：余登箕山⑪，其上盖有许由冢云。孔子序列古之仁圣、贤人⑫，如吴太伯、伯夷之伦详矣⑬。余以所闻由、光义至高⑭，其文辞不少概见⑮，何哉？

　　孔子曰："伯夷、叔齐，不念旧恶，怨是用希⑯。""求仁得仁，又何怨乎⑰？"余悲伯夷之意，睹轶诗可异焉⑱。

注释

①载籍：典籍，书籍。②考信：考证确认。六艺：指《诗》《书》《礼》《乐》《易》《春秋》六部儒家经典。③《诗》《书》虽缺：《史记·孔子世家》说古诗有三千余篇，经孔子删为三百零五篇。另有六篇，有目无词。又汉代说古时有《书》三千余篇，经孔子删为一百篇。经秦始皇焚书后，仅存二十八篇。④虞夏之文：指《尚书》中的《虞书》《夏书》，记载了尧禅位于舜、舜禅位于禹的事情。⑤岳牧：四岳十二牧的省称。传说四岳是共工后裔，为诸侯之长；十二牧为舜时十二州的长官。以上二句意谓尧将禅位

于舜、舜将禅位于禹的时候，舜和禹都是被全体诸侯大臣推荐出来的。⑥典职：任职管事。典，主管。据说舜、禹都是掌管政事二十余年后，才正式登上帝位的。⑦重器：也称大器、神器，极言政权的贵重。大统：指帝业，帝位。⑧许由：古时著名隐士。《庄子·让王》："尧让天下于许由，许由不受。" ⑨卞随、务光：也是《庄子·让王》中虚构的两个隐士。据说商汤曾向他们请教有关伐桀的问题，他们不答。汤灭桀后，想把天下让给他们，他们都气愤得投河而死。⑩此：指许由、卞随、务光之事。何以称：为什么称赞。⑪箕山：在今河南省登封县东南。⑫序列：依次论述。⑬吴太伯：吴国始祖。⑭以：认为。⑮不少：毫无。概见：概略的记载。⑯不念旧恶二句：语见《论语·公冶长》。恶，仇怨。是用，因此。希，同"稀"，少。⑰求仁得仁二句：语见《论语·述而》。⑱轶诗：指未收进《诗经》中的古代诗歌。这里即指下引《采薇歌》。异：诧异。司马贞《史记索隐》："《论语》云：'求仁得仁，又何怨乎？'今其诗曰：'我安适归矣，于嗟徂兮，命之衰矣！'是怨词也，故云'可异焉'。"

译文

学者们记载历史的典籍虽然很多，但仍然要以"六经"作为鉴别取舍的标准。《诗经》《尚书》虽然有残缺，但是关于虞、夏两代的记载还是能够看到的。尧将要退位时，准备让位给舜，以及后来舜让位于禹的时候，都是四方的诸侯盟主和各州长官提出推荐，而后先让他们代行帝王的职位，主持政事几十年，直到治理天下的功绩很显著时，才把帝位正式传给他们。由此可见，政权是最重要的宝器，帝王是天下的主宰，而传授管理天下的政权给人是多么不能掉以轻心的事啊！可是有人传说：尧把帝位让给许由，许由不接受，他认为这是一种耻辱，于是逃走并隐居起来了。到了夏朝的时候，又有卞随、务光两个不肯接受帝位的人。这些人的行为为什么受到称赞呢？

太史公说：我登上过箕山，山上有许由的坟墓。孔子提到过许多古代的仁圣贤人，如吴太伯、伯夷等，都说得很详细。据我所听到的关于许由、务光的传说，他们的节义很高啊，但儒家的经典和圣人的言辞中却从来没有提到过他们，这是为什么呢？

孔子说："伯夷、叔齐，他们不记过去的仇恨，因此他们的怨气也就少了。"又说："他们追求仁德，也得到了仁德，还有什么可以怨愤的呢？"我对于伯夷、叔齐的经历感到悲哀，当我看到他们遗留下来的诗句时又觉得很诧异。

其传曰：

伯夷、叔齐，孤竹君之二子也①。父欲立叔齐，及父卒，叔齐让伯夷。伯夷曰："父命也。"遂逃去。叔齐亦不肯立而逃之。国人立其中子②。于是伯夷、叔齐闻西伯昌善养老③，盍往归焉④。及至，西伯卒，武王载木主⑤，号为文王，东伐纣。伯夷、叔齐叩马而谏曰："父死不葬，爰及干戈⑥，可谓孝乎？以臣弑君，可谓仁乎？"左右欲兵之⑦。太公曰⑧："此义人也。"扶而去之。

武王已平殷乱，天下宗周⑨。而伯夷、叔齐耻之，义不食周粟，隐于首阳山⑩，采薇而食之⑪。及饿且死，作歌，其辞曰："登彼西山兮⑫，采其薇矣。以暴易暴兮⑬，不知其非矣。神农、虞、夏忽焉没兮⑭，我安适归矣⑮？于（xū）嗟徂（cú）兮⑯，命之衰（cuī）矣！"遂饿死于首阳山。

由此观之，怨耶非耶？

注释

①孤竹：古国名，在今河北省卢龙县南。②中子：指三兄弟中的老二。古人兄弟以伯、仲、叔、季排行，故伯夷为大哥，叔齐为三弟。③于是：在那个时候。西伯昌：即周文王姬昌。当时为西方诸侯之长，故称西伯（长）。养老：指对老而贤者按时享以酒食以礼敬之。④盍：同"盖"，乃。⑤木主：灵牌。当时文王已死，武王载其父之灵牌伐纣，表示自己是奉父之命行事。⑥爰：乃，就。干戈：两种兵器，借指战争。⑦兵：动词，用兵器杀。⑧太公：即吕尚，是西周王朝的开国元勋。事见《史记·齐太公世家》。⑨宗周：以周朝为宗主。即承认其统治权之意。⑩首阳山：其说甚多，一说即今山西省永济县西南之雷首山，一说即今河南省偃师市西北之首山。⑪薇：一种野菜，又叫巢菜或野豌豆。⑫西山：即指首阳山。⑬以暴易暴：谓以武王之暴臣取代纣王之暴君。⑭神农：远古传说中的帝王，被称为"三皇"之一。虞：指虞舜。夏：指夏禹。神农、虞、夏，借指古代的圣明帝王。⑮安：何。适：与"归"同义。⑯于嗟：叹词，表示悲叹。徂，通"殂"，死亡。

译文

他们的传记说：

伯夷、叔齐，是孤竹国国君的两个儿子。父亲在世时想立叔齐为继位的嫡子。等到父亲死后，叔齐让位给大哥伯夷。伯夷说："（让你做国君）这是父亲的遗命呢。"于是自己出逃了。叔齐也不肯继位，也跟着逃走了。国人只得拥立老二为君。当时伯夷、叔齐听说西伯昌善待敬养年老而贤达的士人，于是就去投奔他啦。等他们到达时，西伯昌已经死了，武王正载着父亲的灵牌，号称是遵循父亲的遗命，往东进发去讨伐纣王。伯夷、叔齐拦住马头劝阻说:"你父亲刚死还没有安葬,就发动战争,这能说是孝吗?做臣子的要去讨伐自己的君主,这能说是仁吗?"武王左右的人要杀了他们。太公姜尚说:"这是两位义士啊。"于是让人把他们搀扶起来送走了。等到武王灭掉了纣王后,天下人都接受周的统治,而伯夷、叔齐却以做周朝的臣民而感到耻辱,他们发誓不吃周朝的粮食,隐居在首阳山,采摘薇菜充饥。等他们饿得快要死的时候,创作了一首歌曲,歌词说:"登上那西山啊,采摘薇菜来充饥。用暴臣取代暴君啊,有谁知道这是错的!神农虞舜夏禹的时代一去不返啊,我们的归宿在哪里?啊,我们就要死了,真是命该如此!"于是双双饿死在首阳山。

由他们留下的歌词来看,伯夷、叔齐是有怨愤还是没有怨愤呢?

或曰:"天道无亲,常与善人①。"若伯夷、叔齐,可谓善人者非邪?积仁洁行如此而饿死!且七十子之徒②,仲尼独荐颜渊为好学③。然回也屡空,糟糠不厌④,而卒早夭。天之报施善人,其何如哉?盗跖(zhí)日杀不辜⑤,肝人之肉⑥,暴戾恣睢⑦,聚党数千人,横行天下,竟以寿终。是遵何德哉⑧?此其尤大彰明较著者也⑨。若至近世,操行不轨⑩,专犯忌讳⑪,而终身逸乐,富厚累世不绝。或择地而蹈之⑫,时然后出言⑬,行不由径⑭,非公正不发愤⑮,而遇祸灾者,不可胜数也。余甚惑焉,倘所谓天道,是邪非邪?

注释
①天道二句:语出《老子》第七十九章。亲,亲近,偏私。与,助。②七十子:指孔子门下弟子。《史记·孔子世家》:"弟子盖三千焉,身通六艺者七十有二人。" ③颜渊:即颜回,孔子弟

子中最好学的一个。《论语·雍也》:"哀公问弟子孰为好学,孔子对曰:'有颜回者好学,不迁怒,不贰过,不幸短命死矣。今也则亡(无),未闻好学者也。" ④厌:通"餍",饱足。⑤盗跖:相传为古代大盗,名跖。不辜:无罪之人。⑥肝:疑当作"脍"(说见《史记会注考证》)。按《庄子·盗跖》云:"盗跖方休卒徒太山之阳,脍人肝而餔之。"脍,切肉。⑦暴戾:残暴凶狠。恣睢:任意横行。⑧是遵何:司马贞《索隐》:"言盗跖无道,横行天下,竟以寿终,是其人遵行何德而致此哉?"遵何德,犹言"干了什么好事"。⑨较著:与"彰明"同义,显著,明显。⑩不轨:越出常轨,不走正道。⑪犯忌讳:指违法犯禁。⑫择地而蹈之:选好了地方才落脚迈步。与下句皆极言其谨慎小心之状。⑬时然后出言:时机看合适了才开口说话。⑭行不由径:走路不抄近道。径,小路。⑮非公正不发愤:泷川曰:"数句,史公暗自道也。'非公正不发愤'六字,尤见精神。"(《史记会注考证》)董份曰:"太史公寓言为李陵遭刑之意。"(《史记评林》引)

译文

有人说:"老天爷没有偏心眼,总是帮助好人。"像伯夷、叔齐这样的人,可以称得上是好人呢?还是不能称为好人呢?他们像这样修德行善,却被饿死!再说孔门七十余个高足弟子中,孔子唯独只称赞颜渊好学。然而颜渊却经常处于贫困之中,连糟糠都吃不饱,最后还落得一个短命而死。老天爷的帮助好人,是怎样的呢?盗跖每天杀戮无辜的人,割人肝,吃人肉,他凶狠残暴,聚集党徒数千人,横行天下,结果却寿终正寝。他这又是做了什么好事呢?这些都是非常明显的例子啊!至于近代那些品行不端、专门犯法违禁的人,却终身享乐,高官厚禄几辈子连续不断;而那些看好了地方才下脚,非到合适的时机不说话,走路从来不抄小道，不遇到该主持正义的时候不出头，行为如此谨慎而遭遇灾祸的，简直数不清啊！我很糊涂啦，如果说有什么天道的话，它究竟是对的呢，还是不对的呢？

子曰："道不同，不相为谋①。"亦各从其志也。故曰："富贵如可求，虽执鞭之士，吾亦为之；如不可求，从吾所好②。""岁寒，然后知松柏之后凋③。"举世混浊，清士乃见，岂以其重若彼，其轻若此哉④？

"君子疾没（mò）世而名不称焉⑤。"贾子曰："贪夫徇财，烈士徇名，夸者死权，众庶冯生⑥。""同明相照，同类相求。云从龙，风从虎，圣人作而万物睹⑦。"伯夷、叔齐虽贤，得夫子而名益彰。颜渊虽笃学，附骥尾而行益显⑧。岩穴之士⑨，趣舍有时若此⑩，类名埋（yīn）灭而不称⑪，悲夫！闾巷之人⑫，欲砥行立名者⑬，非附青云之士⑭，恶（wū）能施（yì）于后世哉⑮？

注释

①道不同二句：道路宗旨不同的人，不会为对方出主意。语见《论语·卫灵公》。②富贵五句：语见《论语·述而》。执鞭之士，指下级差役。③岁寒二句：语见《论语·子罕》。④岂以二句：意谓难道因为世俗的人把富贵看得如此重，清高的人才这样轻视富贵吗？（参见顾炎武《日知录》卷二七）⑤君子句：孔子语，见《论语·卫灵公》。疾，患，担心。没世，指死。称，称扬，著名。⑥贾子曰五句：贾子，即贾谊，汉代文学家。贪夫四句，见贾谊《鵩鸟赋》，意谓某种人为了获得自己追求的东西，不惜牺牲自己的生命。徇，同"殉"，舍身以求。烈士，有志节的人。夸者，好矜夸好炫耀的人。众庶，普通人。冯生，贪生。冯，同

"凭"，凭借。引申有"看重"意。⑦同明相照五句：语出《易经·乾卦》，引文与原文略有出入。大意是说明事物各从其类，圣人兴起而万物得以诠释，其义乃大明于天下。作，兴起。万物睹，即显著之意。⑧附骥尾：比喻依附于先辈或名人之后。司马贞《索隐》："苍蝇附骥尾而致千里，以譬颜回因孔子而名彰也。"⑨岩穴之士：指隐士。古时隐士多居山林，故称。⑩趣舍：出仕和退隐。趣，同"趋"，指出仕。有时：掌握得正合时机。⑪类名：美名。类，善也。堙灭：埋没。⑫闾巷之人：指普通平民百姓。闾巷，平民居住的里巷。⑬砥行：磨砺操行。⑭青云之士：此指官高位显、德高望重的人，如孔子之类。⑮恶：何，岂。施：延续。引申为流传意。

译文

孔子说："志向不同的人，不会为对方出什么主意。"也只好大家各自按照自己的意志去办了。所以孔子说："富贵如果可以凭着手段追求得到，那么即使是叫我手持鞭子替人赶车我也肯干；如果不能凭着手段追求得到，那我就只好按照我的爱好兴趣去做了。"孔子又说："到了冬天寒冷的时候，才能看出松柏是最后凋谢的。"全社会都混浊不清，高洁之士的品行才能显现出来。难道不就是因为他们把道德操行看得那样重，所以才把穷困以至于生死都看得这样轻吗？

孔子说："君子担心的是人死后名声不被后人称颂。"贾谊说："贪得无厌的人为追求财利而死，有事业心的人为建立功业而死，权势欲强的人为追求权势而死，一般的人只求平平安安地度过一生。"《周易·系辞》里说："发光的物体互相映照，同类的东西互相吸引。""云跟着龙，风跟着虎，有了圣人，万事万物才能得到说明和解释。"伯夷、叔齐虽有贤德，只有得到孔子的称誉，他们的名声才得以显扬。颜渊虽然好学，但还是因为他依附于孔子才得以使世人皆知。而那些隐居于山林岩穴的人，他们的出处大节也和伯夷、叔齐一样，（但因为没有得到孔子那样的人物表彰过，所以）他们的名字和事迹也就湮灭无闻了，可悲啊！一个讲究操行修养的普通人，如果没有一个德高望重的人来提携他，怎么可能名扬后世啊！

孙子吴起列传

孙子武者①，齐人也。以兵法见于吴王阖庐②。阖庐曰："子之十三篇③，吾尽观之矣，可以小试勒兵乎④?"对曰："可。"阖庐曰："可试以妇人乎?"曰："可。"于是许之。出宫中美女，得百八十人。孙子分为二队，以王之宠姬二人各为队长，皆令持戟⑤。令人曰："汝知而心与左右手、背乎⑥?"妇人曰："知之"。孙子曰："前，则视心；左，视左手；右，视右手；后，即视背。"妇人曰："诺。"约束既布⑦，乃设铁钺⑧，即三令五申之。于是鼓之右⑨，妇人大笑。孙子曰："约束不明，申令不熟，将之罪也。"复三令五申而鼓之左，妇人复大笑。孙子曰："约束不明，申令不熟，将之罪也；既已明而不如法者⑩，吏士之罪也⑪。"乃欲斩左右队长。吴王从台上观，见且斩爱姬，大骇，趣（cù）使使下令曰⑫："寡人已知将军能用兵矣。寡人非此二姬，食不甘味⑬，愿勿斩也。"孙子曰："臣既已受命为将，将在军，君命有所不受⑭。"遂斩队长二人以徇⑮。用其次为队长，于是复鼓之。妇人左右前后跪起皆中（zhòng）规矩绳墨⑯，无敢出声。于是孙子使使报王曰："兵既整齐，王可试下观之，唯王所欲用之，虽赴水火犹可也。"吴王曰："将军罢休就舍⑰，寡人不愿下观。"孙子曰："王徒好其言⑱，不能用其实。"于是阖庐知孙子能用兵，卒以为将。西破强楚，入郢，北威齐晋，显名诸侯，孙子与有力焉⑲。

注释

①孙子武：即孙武。春秋时杰出的军事家。子，古代对男子的尊称。②阖庐：名光，春秋末期吴国国君，公元前514年至公元前496年在位。③十三篇：指孙武所著《孙子兵法》，也称《孙子》，是我国最早、最杰出的兵书。现存《孙子》十三篇为《始计》《作战》《谋攻》《军形》《兵势》《虚实》《军争》《九变》《行军》《地形》《九地》《火攻》《用间》。④小试：以小规模的操演作试验。勒兵：用兵法统率指挥军队。勒，约束、统率。⑤戟：古代青铜制的兵器，具有戈和矛的特征，能直刺，又能横击。⑥而：你的，你们的。⑦约束：用来控制管理的号令、规定。⑧铁钺：刑戮之具，表明正式开始执法。铁，铡刀，用作腰斩的刑具。钺，古兵器，刃圆或平，持以砍斫。⑨鼓：击鼓发令。⑩不如法：不按照号令去做。⑪吏士：指两个队长。⑫趣：同"促"。催促。使使：派遣使者。⑬甘味：感觉到味道的甜美。⑭将在军二句：意思是将帅领兵打仗，应根据实地情况充分发挥自己的指挥才能，君主的命令可以不接受，以免受到牵制。⑮徇：示众。⑯中：符合。规矩：校正圆形和方形的器具。绳墨：木工用以正曲直的墨线。这里均借指军令、纪律。⑰就舍：回到宾馆。⑱徒：只。⑲与：参与。

译文

　　孙子名武，是齐国人。因为他精通兵法受到吴王阖庐的接见。阖庐说："您的十三篇兵书，我都看过了，可用来小规模地试着指挥一下军队吗？"孙子回答说："可以。"阖庐说："可以用妇女试验吗？"回答说："可以。"于是阖庐答应他试验，叫出宫中美女,总共一百八十人。孙子把她们分为两队,让吴王阖庐最宠爱的两位侍妾分别担任两队队长,让所有的美女都手拿一支戟。然后命令她们说:"你们知道自己的心、左右手和背吗?"妇女们回答说:"知道。"孙子说:"我说向前,你们就看心口所对的方向;我说向左,你们就看左手所对的方向;我说向右,你们就看右手所对的方向;我说向后,你们就看背所对的方向。"妇女们答道:"是。"号令宣布完毕,于是摆好铁钺等刑具,旋即又把已经宣布的号令多次重复地交代清楚。就击鼓发令,叫她们向右,妇女们都哈哈大笑。孙子说:"纪律还不清楚,号令不熟悉,这是将领的过错。"又多次重复地交代清楚,然后击鼓发令,让她们向左,妇人们又都哈哈大笑。孙子说:"纪律弄不清楚,号令不熟悉,这是将领的过错;现在既然讲得清清楚楚,却不遵照号令行事,那就是军官和士兵的过错了。"于是就要杀左、右两队的队长。吴王正在台上观看,见孙子将要杀自己的爱妾,大吃一惊,急忙派使臣传达命令说:"我已经知道将军善于用兵了,我要没了这两个侍妾,吃起东西来也不香甜,希望你不要杀她们吧。"孙子回答说:"我已经接受命令为将领,将领在军队里,国君的命令有的可以不接受。"于是杀了两个队长示众。然后按顺序任用两队第二人为队长,于是再击鼓发令,妇人们不论是向左向右、向前向后、跪倒站起都符合号令的要求,再没有人敢出声。于是孙子派使臣向吴王报告说:"队伍已经操练整齐,大王可以下台来视察她们的演习,任凭大王怎样使用她们,即使叫她们赴汤蹈火也可以啊。"吴王回答说:"让将军停止演练,回宾馆休息。我不愿下去察看了。"孙子感叹地说:"大王只是欣赏我的军事理论,却不能让我付诸实践。"从此,吴王阖庐知道孙子果真善于用兵,终于任命他做了将军。后来吴国向西打败了强大的楚国,攻克了郢都,向北威震齐国和晋国,在诸侯各国名声赫赫,取得这些战绩,孙子都是出了大力的。

　　孙武既死,后百余岁有孙膑。膑生阿、鄄(juàn)之间①,膑亦孙武之后世子孙也。孙膑尝与庞涓俱学兵法②。庞涓既事魏,得为惠王将军③,而自以为能不及孙膑,乃阴使召孙膑④。膑至,庞涓恐其贤于己,疾之⑤,则以法刑断其两足而黥(qíng)之⑥,欲隐勿见(xiàn)⑦。

　　齐使者如梁⑧,孙膑以刑徒阴见⑨,说(shuì)齐使⑩。齐使以为奇⑪,窃载与之齐⑫。齐将田忌善而客待之⑬。忌数与齐诸公子驰逐重射⑭。孙子见其马足不甚相远⑮,马有上、中、下辈。于是孙子谓田忌曰:"君弟重射⑯,臣能令君胜。"田忌信然之,与王及诸公子逐射千金。及临质⑰,孙子曰:"今以君之下驷与彼上驷⑱,取君上驷与彼中驷,取君中驷与彼下驷。"既驰三辈毕,而田忌一不胜而再胜⑲,卒得王千金。于是忌进孙子于威王⑳。威王问兵法,遂以为师。

注释

①阿:齐国邑名,在今山东省阳谷县东北阿城镇。鄄:齐国邑名,在今山东省鄄城县北。能:才能,本领。②庞涓:战国时魏国人。③惠王:即梁惠王,战国时魏国国君,公元前369年至公元前311年在位。④阴:暗中,秘密地。⑤疾:妒忌,忌恨。⑥法刑:假借罪名处刑。黥:即墨刑,用刀刺刻犯人的面额,再涂以墨。⑦见:同"现",出现,显现。⑧如:往,到……去。⑨刑徒:受过刑的人,即犯人。⑩说:游说,陈述己见,规劝对方。⑪奇:指难得的人才。⑫窃:暗地里,秘密地。⑬田忌:齐国王族,齐威王时任将军。善:赏识。⑭诸公子:贵族子弟。驰逐:指赛马。重射:押重金赌输赢。⑮马足:马的脚力、速度。

⑯弟：但，只管。又写作"第"。⑰临质：临场比赛。质，箭靶。这里指竞赛现场。⑱下驷：下等马。驷，本指一车四马，后来也用以指马。与：对付。⑲再胜：两次获胜。⑳进：引荐。威王，战国时齐国国君，公元前356年至公元前320年在位。

译文

　　孙子死后，隔了一百多年又出了孙膑。孙膑出生在阿城和鄄城一带，也是孙武的后代子孙。他曾经和庞涓一道学习兵法。庞涓奉事魏国以后，当上了魏惠王的将军，却知道自己的才能比不上孙膑，就秘密地把孙膑召来。孙膑到来后，庞涓害怕他比自己贤能，忌恨他，就假借罪名砍掉他的双脚，并在他脸上刺字涂墨，想让他隐藏起来不敢抛头露面。

　　齐国的使臣来到大梁，孙膑以犯人的身份秘密地会见了齐国使臣，进行游说。齐国使臣认为他是个难得的人才，就偷偷地用车把他载回齐国。齐国将军田忌不仅赏识他，而且还像对待客人一样款待他。田忌经常跟齐国贵族子弟赛马，下很大的赌注。孙膑发现他们的马的脚力都差不多，可分为上、中、下三等。于是孙膑对田忌说："你尽管下大赌注，我能让你取胜。"田忌信以为然，与齐王和贵族子弟们比赛下了千金的赌注。到临场比赛，孙膑对田忌说："现在用您的下等马对付他们的上等马，拿您的上等马对付他们的中等马，让您的中等马对付他们的下等马。"三次比赛结束，田忌输了一次，胜了两次，终于赢得了齐王的千金赌注。于是田忌就把孙子推荐给齐威王。威王向他请教兵法后，就把他当作老师。

　　其后魏伐赵，赵急，请救于齐。齐威王欲将孙膑，膑辞谢曰："刑余之人，不可。"于是乃以田忌为将军，而孙子为师①,居辎(zī)车中②,坐为计谋。田忌欲引兵之赵,孙子曰:"夫解杂乱纷纠者不控卷(quán)③,救斗者不搏撠(jǐ)④,批亢捣虚⑤,形格势禁⑥,则自为解耳。今梁赵相攻,轻兵锐卒必竭于外⑦,老弱罢于内⑧。君不若引兵疾走大梁⑨,据其街路,冲其方虚⑩,彼必释赵而自救。是我一举解赵之围而收弊于魏也⑪。"田忌从之。魏果去邯郸,与齐战于桂陵⑫,大破梁军。

注释

①师:军师。②辎车:带有帷盖的车子。③杂乱纷纠:事情好像纠缠在一起的乱丝,没有头绪。控卷:紧握拳头。控,控制,操纵,引申为握掌。卷,通"拳"。④救斗:劝架。搏撠:揪住击打。⑤批亢捣虚:撇开敌人充实的地方,冲击敌人空虚的地方。批,排除、撇开。亢,充满。⑥形格势禁:意谓(敌人)局势发生了被阻遏的变化,对原来的进攻计划必然有所顾忌。格,被阻遏。禁,顾忌。⑦竭:精疲力尽。⑧罢:通"疲"。疲劳,疲乏。⑨疾:赶快。大梁:战国时魏国国都,在今河南省商丘市。⑩方虚:正当空虚处。⑪收弊于魏:坐收魏军自行挫败的效果。弊,败。⑫桂陵:战国时魏地,在今河南省长垣县西北。

译文

后来魏国攻打赵国,赵国形势危急,向齐国求救。齐威王打算任用孙膑为主将,孙膑辞谢说:"受过刑罚的人,不能任主将。"于是就任命田忌做主将,孙膑做军师,坐在带篷帐的车里,暗中谋划。田忌想要率领救兵直奔赵国,孙膑说:"想解开乱丝的人,不能紧握双拳生拉硬扯;解救斗殴的人,不能卷进去用手打人。要扼住争斗者的要害,争斗者因形势限制,就不得不自行解开。如今魏赵两国相互攻打，魏国的精锐部队必定在国外精疲力竭，老弱残兵在国内疲惫不堪。你不如率领军队火速向大梁挺进，占据它的交通要道，冲击它正当空虚的地方，魏国肯定会放弃赵国而回兵自救。这样，我们既一举解救了赵国之围，又可坐收魏国自行挫败的效果。"田忌听从了孙膑的意见。魏军果然离开邯郸班师回国，在桂陵地方交战，魏军被打得大败。

后十三岁，魏与赵攻韩，韩告急于齐。齐使田忌将而往，直走大梁。魏将庞涓闻之，去韩而归，齐军既已过而西矣①。孙膑谓田忌曰："彼三晋之兵②，素悍勇而轻齐③，齐号为怯，善战者因其势而利导之④。兵法：百里而趣利者蹶上将，五十里而趣利者军半至⑤。使齐军入魏地为十万灶，明日为五万灶，又明日为三万灶。"庞涓行三日，大喜，曰："我固知齐军怯，入吾地三日，士卒亡者过半矣⑥。"乃弃其步军，与其轻锐倍日并行逐之⑦。孙膑度（duó）其行⑧，暮当至马陵⑨。马陵道狭，而旁多阻隘，可伏兵，乃斫大树，白而书之曰⑩："庞涓死于此树之下。"于是令齐军善射者万弩⑪，夹道而伏，期曰："暮见火举而俱发。"庞涓果夜至斫木下，见白书，乃钻火烛之⑫，读其书未毕⑬，齐军万弩俱发，魏军大乱相失⑭。庞涓自知智穷兵败，乃自刭，曰："遂成竖子之名⑮！"齐因乘胜尽破其军，虏魏太子申以归。孙膑以此名显天下，世传其《兵法》⑯。

注释

①既已过：已经越过齐国国境线。②三晋之兵：这里指魏国的士兵。春秋末年，三家分晋，成为战国时的韩、赵、魏三国，史称三晋。③素：一向，向来。④因其势而利导之：顺应魏兵认为齐

兵胆怯的思想，让齐兵伪装胆怯逃亡，诱导魏军深入。⑤百里而趣利二句：语见《孙子·军争》，意思是说，用急行军走百里去争利的，就会和后续部队脱节，可能牺牲上将军；用急行军走五十里去争利的，因为前后不能接应，部队只有一半能够赶到。引文与原文略有出入。原文是"百里而争利，则擒之将军；劲者先，疲者后，其法十一而至；五十里而争利，则蹶上将军，其法半至。"趣，同"趋"。蹶，受挫折。⑥亡：逃跑。⑦倍日并行：两天的路程一天走到。⑧度：估计，推测。⑨马陵：齐地名，在今山东省范县西南。⑩白：刮去树皮使白木露出。书：写。⑪弩：指弓箭手。⑫钻火烛之：取火照亮树干上的字。钻，古时取火方法。烛，照，照亮。⑬书：字。⑭相失：因溃散而彼此不相照应。⑮竖子：小子。对人的蔑称。⑯世传其《兵法》：《孙膑兵法》六朝以来不见于世，唯《太平御览》卷二八二引其佚文数句。1972年在山东临沂银雀山汉墓中发现了此书，现已公开出版。

译文

十三年后，魏国和赵国联合攻打韩国，韩国向齐国告急。齐王派田忌率领军队前去救援，径直进军大梁。魏将庞涓听到这个消息，率师撤离韩国回魏，而齐军已经越过边界向西挺进了。孙膑对田忌说："那些魏军向来凶悍勇猛，看不起齐兵，齐兵被称作胆小怯懦。善于指挥作战的将领，就要顺应着这样的趋势而加以引导。兵法上说：用急行军走百里和敌人争利的，有可能折损上将军；用急行军走五十里和敌人争利的，可能有一半士兵掉队。命令军队进入魏境先砌十万人做饭的灶，第二天砌五万人做饭的灶，第三天砌三万人做饭的灶。"庞涓行军三日，非常高兴地说："我本来就知道齐军胆小怯懦，进入我国境才三天，士兵开小差的就超过半数了。"于是放弃了他的步兵,只带领他轻装精锐的部队,日夜兼程地追击齐军。孙膑估计他的行程,当晚可以赶到马陵。马陵的道路狭窄,两旁又多是峻隘险阻,适合埋伏军队。孙膑就叫人砍去树皮,露出白木,写上:"庞涓死于此树之下。"于是命令一万名善于射箭的齐兵,隐伏在马陵道两边,约定说:"晚上看见树下火光亮起,就万箭齐发。"庞涓当晚果然赶到砍去树皮的大树下,看见白木上写着字,就点火照树干上的字,上边的字还没读完,齐军伏兵就万箭齐发,魏军大乱,互不接应。庞涓自知无计可施,失败已成定局,就拔剑自刎,临死说:"倒成就了这小子的名声!"齐军就乘胜追击,把魏军彻底击溃,俘虏了魏国太子申回国。孙膑也因此名扬天下,后世社会上流传着他的《兵法》。

　　吴起者,卫人也①,好用兵。尝学于曾子②,事鲁君。齐人攻鲁,鲁欲将吴起,吴起取齐女为妻③,而鲁疑之。吴起于是欲就名④,遂杀其妻,以明不与齐也⑤。鲁卒以为将,将而攻齐,大破之。

　　鲁人或恶(wù)吴起曰⑥:"起之为人,猜忍人也⑦。其少时,家累千金,游仕不遂⑧,遂破其家。乡党笑之⑨,吴起杀其谤己者三十余人,而东出卫郭门⑩。与其母诀,啮(niè)臂而盟曰⑪:'起不为卿相,不复入卫!'遂事曾子。居顷之,其母死,起终不归。曾子薄之⑫,而与起绝。起乃之鲁,学兵法以事鲁君。鲁君疑之,起杀妻以求将。夫鲁小国,而有战胜之名,则诸侯图鲁矣⑬。且鲁、卫兄弟之国也⑭,而君用起,则是弃卫。"鲁君疑之,谢吴起⑮。

　　吴起于是闻魏文侯贤⑯,欲事之。文侯问李克曰⑰:"吴起何如人哉？"李克曰："起贪而好色⑱，然用兵司马穰苴（jū）不能过也⑲。"于是魏文侯以为将，击秦，拔五城⑳。

注释

①卫：西周初年建立的诸侯国名，始封之君为武王之弟康叔，国都在朝歌（今河南滑县）。战国时期为魏国附庸。②尝：曾经。曾子：名参，春秋末期鲁国人，孔子弟子。③取：同"娶"。④就名：成就名声。就，完成。⑤与：亲附。⑥或：有的人。恶：诋毁，说坏话。⑦猜忍：猜疑而残忍。⑧游仕：外出谋求做官。遂：遂心、如愿。⑨乡党：乡里。《周礼》以二十五家为间，四间为族，五族为党，五党为州，五州为乡。⑩郭门：外城城门。⑪啮臂而盟：咬胳膊发誓。⑫薄：轻视，瞧不起。⑬图：算计，谋取。⑭鲁卫兄弟之国：鲁卫两国皆为姬姓，所以叫兄弟之国。⑮谢：辞退。⑯魏文侯：名斯，战国初期魏国国君，公元前424年至公元前387年在位，是当时最有作为的诸侯之一。⑰李克：即李悝（kuī），战国时魏国名臣，曾协助魏文侯实行了很多新的经济政策，使魏国得以富强。⑱贪：贪恋。此指贪求成就名声。⑲司马穰苴：春秋后期鲁国名将，鲁景公时人。《史记》有他的传记。⑳拔：攻克，夺取。

译文

吴起是卫国人，善于用兵。曾经向曾子问学，奉事鲁国国君。齐国的军队攻打鲁国，鲁君想任用吴起为将军，而吴起娶的妻子却是齐国人，因而鲁君怀疑他。当时吴起一心想成名，就杀了自己的妻子，以表明他不亲附齐国。鲁君终于任命他做了将军，率领军队攻打齐国，把齐军打得大败。

鲁国有人诋毁吴起说："吴起为人，是猜疑残忍的。他年轻的时候，家里积蓄足有千金，四处求官都没有成功，把家产也荡尽了。同乡邻里的人笑话他，他就杀了三十多个讥笑自己的人，然后从卫国的东门逃跑了。他和母亲诀别时，咬破自己的胳膊发誓说：'我吴起不做卿相，决不回卫国来！'于是就去拜曾子为师。不久，他母亲死了，吴起最终还是没有回去奔丧。曾子瞧不起他，与他断绝了师徒关系。吴起就到鲁国去，学习兵法来奉事鲁君。鲁君怀疑他，吴起杀了妻子表明心迹，以此来谋求将军的职位。鲁国虽然是个小国，却有着战胜国的名声，那么诸侯各国就要谋算对付鲁国了。况且鲁国和卫国是兄弟一样的国家，鲁君要是重用吴起，就等于抛弃了卫国。"鲁君对吴起有疑心，辞退了他。

这时，吴起听说魏文侯贤明，想去奉事他。文侯问李克说："吴起这个人怎么样啊？"李克回答说："吴起贪恋成名而又爱好女色，然而要带兵打仗，就是司马穰苴也超不过他。"于是魏文侯就任用吴起为主将，攻打秦国，夺取了五座城池。

起之为将，与士卒最下者同衣食。卧不设席，行不骑乘，亲裹赢粮①，与士卒分劳苦。卒有病疽（jū）者②，起为吮之。卒母闻而哭之。人曰："子卒也，而将军自吮其疽，何哭为？"母曰："非然也③。往年吴公吮其父，其父战不旋踵④，遂死于敌。吴公今又吮其子，妾不知其死所矣，是以哭之。"

文侯以吴起善用兵，廉平⑤，尽能得士心，乃以为西河守⑥，以拒秦、韩。

魏文侯既卒，起事其子武侯⑦。武侯浮西河而下⑧，中流⑨，顾而谓吴起曰："美哉乎山河之固，此魏国之宝也！"起对曰："在德不在险。昔三苗氏左洞庭⑩，右彭蠡（lǐ）⑪，德义不修，禹灭之。夏桀之居⑫，左河济⑬，右泰华⑭，伊阙在其南⑮，羊肠在其北⑯，修政不仁，汤放之⑰。殷纣之国⑱，左孟门⑲，右太行⑳，常山在其北㉑，大河经其南㉒，修政不德，武王杀之。由此观之，在德不在险。若君不修德，舟中之人尽为敌国也㉓。"武侯曰："善。"

注释

①赢粮：剩余的军粮。一说"赢"作背负讲，亦通。②病疽：患毒疮病。③非然也：不是这么说啊。意思说，不是为其子受宠而哭。④旋踵：快得看不见脚跟转动。旋，旋转。踵，脚跟。⑤廉平：廉洁不贪，待人公平。⑥西河：战国时魏国郡名，约在今陕西东部黄河西岸地区。守：太守，郡的长官。⑦武侯：名击，战国时魏国国君，公元前386年至公元前371年在位。⑧浮西河而下：从西河泛舟，顺流而下。浮，泛舟。⑨中流：水流的中央。⑩三苗氏：古代传说中的南方部族。洞庭：即洞庭湖，在今湖南省北部。⑪彭蠡：彭蠡泽，即鄱阳湖，在今江西省北部。⑫夏桀：夏代的末代帝王，被商汤打败，流放而死。⑬河济：古地名，在今河南省温县东部，其地为黄河与济水的分流处，故名。⑭泰华：泰山和华山。一说即华山。⑮伊阙：山名，又名龙门山，在今河南省洛阳市南。⑯羊肠：指羊肠坂，太行山上的通道，以其萦曲如羊肠，故名。⑰放：放逐。汤打败桀后，将桀放逐到鸣条。⑱殷纣：商朝的末代帝王，后被周武王打败，自焚而死。⑲孟门：山名，在今河南省辉县西。⑳太行：山名，在今山西东南部与河南、河北交界处。㉑常山：即恒山，在今河北省曲阳西北与山西省接壤处。㉒大河：即黄河。㉓舟中之人尽为敌国也：意谓同舟共济的人，也会都变成敌人。敌国，仇敌。

译文

吴起做主将，跟最下等的士兵穿一样的衣服，吃一样的伙食，睡觉不铺垫褥，行军不乘车马，亲自背负着捆扎好的粮食和士兵们同甘共苦。有个士兵生了恶性毒疮，吴起替他吸吮脓液。这个士兵的母亲听说后，就放声大哭。有人说："你儿子是个小士兵，将军亲自替他吸吮脓汁，你怎么还哭呢？"那位母亲回答说："不是这样啊，往年吴将军替儿他爸吸吮毒疮，他爸在战场上勇往直前，就死在敌人手里。如今吴将军又给我儿子吸吮毒疮，我不知道他又会在什么时候死在什么地方，因此我才哭他啊。"

魏文侯因为吴起善于用兵打仗，廉洁不贪，待人公平，能取得所有将士的欢心，就任命他担任西河郡的太守，来抵御秦国和韩国。

魏文侯死后，吴起奉事他的儿子魏武侯。武侯泛舟黄河顺流而下，船到半途，回过头来对吴起说："山川是如此的险要、壮美哟，这是魏国的瑰宝啊！"吴起回答说："国家政权的稳固，在于施德于民，而不在于地理形势的险要。从前三苗氏左临洞庭湖，右濒彭蠡泽，因为他不修德行，不讲信义，所以夏禹诛灭了他。夏桀的领土，左临黄河、济水，右靠泰山、华山，伊阙山在它的南边，羊肠坂在它的北面。因为他不施仁政，所以商汤放逐了他。殷纣的领土，左边有孟门山，右边有太行山，常山在它的北边，黄河流经它的南面，因为他不施仁德，周武王杀了他。由此看来，政权稳固在于给百姓施以恩德，不在于地理形势的险要。如果您不施恩德，即便同乘一条船的人也会变成您的仇敌啊！"武侯回答说："讲得好。"

吴起为西河守，甚有声名。魏置相，相田文①。吴起不悦，谓田文曰："请与子论功，可乎？"田文曰："可。"起曰："将三军，使士卒乐死，敌国不敢谋，子孰与起②？"文曰："不如子。"起曰："治百官，亲万民，实府库，子孰与起？"文曰："不如子。"起曰："守西河而秦兵不敢东乡③，韩赵宾从④，子孰与起？"文曰："不如子。"起曰："此三者，子皆出吾下，而位加吾上⑤，何也？"文曰："主少国疑⑥，大臣未附，百姓不信，方是之时，属之于子乎⑦？属之于我乎？"起默然良久，曰："属之子矣。"文曰："此乃吾所以居子之上也。"吴起乃自知弗如田文。

注释

①田文：战国时魏国贵族，《吕氏春秋》作商文，与齐国卿相孟尝君田文不是一人。②子孰与起：您跟我比，哪一个优秀。孰与，与……比，哪一个……　③不敢东乡：不敢向东侵犯。乡，同"向"。④宾从：服从、归顺。即结成同盟。⑤加：任，居其位。⑥主少国疑：国君年轻，国人疑虑。⑦属：同"嘱"。委托、托付。

译文

吴起做西河郡守，取得了很高的声望。魏国设置相位，任命田文为国相。吴起很不高兴，对田文说："请让我与您比一比功劳，可以吗？"田文说："可以。"吴起说："统率三军，让士兵乐意为国去死战，敌国不敢图谋魏国，您和我比，谁强？"田文说："不如您。"吴起说："管理文武百官，让百姓亲附，充实府库的储备，您和我比，谁好？"田文说："不如您。"吴起说："扼守西河而秦国的军队不敢向东侵犯，韩国、赵国服从归顺，您和我比，谁能？"田文说："不如您。"吴起说："这三方面您都不如我，可是您的职位却在我之上，是什么道理呢？"田文说："国君还年轻，国人疑虑不安，大臣不亲附，百姓不信任，国家正处在这个时候，是把政事托付给您呢，还是应当托付给我？"吴起沉默了许久，然后说："应该托付给您啊。"田文说："这就是我的职位比您高的原因啊。"吴起这才明白自己（在辅佐国君管理国家方面）不如田文。

田文既死，公叔为相①，尚魏公主②，而害吴起③。公叔之仆曰："起易去也。"公叔曰："奈何？"其仆曰："吴起为人节廉而自喜名也④。君因先与武侯言曰：'夫吴起，贤人也，而侯之国小，又与强秦壤界⑤，臣窃恐起之无留心也。'武侯即曰：'奈何？'君因谓武侯曰：'试延以公主⑥，起有留心，则必受之；无留心，则必辞矣。以此卜之⑦。'君因召吴起而与归，即令公主怒而轻君⑧。吴起见公主之贱君也，则必辞。"于是吴起见公主之贱魏相，果辞魏武侯。武侯疑之而弗信也。吴起惧得罪，遂去，即之楚。

注释

①公叔：韩国贵族，时居魏国为相。一说即魏国的将领公叔座。②尚：匹配。古代臣娶君之女叫尚。③害：畏忌，忌恨。④节廉而自喜名：有骨气而又好名誉声望。节，气节、节操。廉，有棱角，正直。⑤壤界：国土相连。⑥延：聘请、邀请。这句的意思是说，用请吴起娶魏公主的办法探试。⑦卜：测试，推断。⑧轻：鄙薄，轻视。

译文

田文死后，公叔出任国相，娶了魏君的女儿，却畏忌吴起。公叔的仆人说："吴起是不难赶走的。"公叔问："怎么办？"那个仆人说："吴起为人有骨气而又喜好名誉声望。您可找机会先对武侯说：'吴起是个贤能的人，而您的国土太小了，又和强大的秦国接壤，我私下担心吴起没有长期留在魏国的打算。'武侯就会说：'那可怎么办呢？'您就趁机对武侯说：'请用下嫁公主的办法试探他，如果吴起有长期留在魏国的心意，就一定会答应娶公主；如果没有长期留下来的心意，就一定会推辞。用这个办法就能试探推断他的心志。'您找个机会请吴起一道回家，故意让公主发怒而当面鄙视您，吴起见公主这样轻视您，就一定不会娶公主了。"当时，吴起见到公主如此轻视国相，果然婉言谢绝了魏武侯。武侯怀疑吴起，也就不再信任他。吴起怕招来灾祸，于是离开了魏国，随即就到楚国去了。

楚悼王素闻吴起贤①，至则相楚。明法审令②，捐不急之官③，废公族疏远者④，以抚养战斗之士。要在强兵⑤，破驰说之言纵横者⑥。于是南平百越⑦；北并陈蔡⑧，却三晋⑨；西伐秦。诸侯患楚之强。

故楚之贵戚尽欲害吴起⑩。及悼王死，宗室大臣作乱而攻吴起，吴起走之王尸而伏之。击起之徒因射刺吴起，并中悼王。悼王既葬，太子立⑪，乃使令尹尽诛射吴起而并中王尸者。坐射起而夷宗者七十余家⑫。

注释

①楚悼王：名疑，战国时楚国国君，公元前401至公元前381年在位。②明法：使法规明确，依法办事。审令：令出必行。审，

察。③捐不急之官：裁减无关紧要的冗员。捐，弃置。④废公族疏远者：把疏远的王族成员的按例供给停止。⑤要：致力于。⑥破：揭穿，剖析。驰说：往来奔走游说。纵横：指合纵、连横。齐、楚、赵、韩、魏、燕六国形成南北关系的纵线联合，用以抵抗秦国，叫合纵；六国分别与秦国形成东西关系的联盟，叫连横。⑦百越：居住在今福建、广东、广西一带的少数民族。⑧陈、蔡：均为西周初建立的诸侯国名，先后于公元前478至公元前477年被楚国所灭。⑨却：打退，打败。三晋：指韩、赵、魏三国，因为它们都是分裂晋国而建立的国家，故称。⑩故楚之贵戚：指以往被吴起停止供给的疏远贵族。⑪太子：名戚，即后来的楚甫王。⑫走之王尸而伏之：逃跑过去俯伏在悼王的尸体上。⑬坐：因犯……罪。夷宗：灭族。夷，灭尽，杀绝。

译文

楚悼王一向就听说吴起贤能，刚到楚国就任命他为国相。他使法令明确，依法办事，令出必行，裁减无关紧要的冗员，停止疏远王族的按例供给，来抚养前线作战的士卒。致力于加强军事力量，揭穿往来奔走游说谈论合纵连横的人。于是向南平定了百越；向北吞并了陈国和蔡国，打退韩、赵、魏三国的进攻；向西又讨伐了秦国。诸侯各国对楚国的强大感到忧虑。

以往被吴起停止供给的疏远王族都想谋害吴起。等悼王一死，王室大臣发动骚乱，攻打吴起，吴起逃到楚王停尸的地方，俯伏在悼王的尸体上。攻打吴起的那帮人趁机用箭射吴起，同时也射中了悼王的尸体。等把悼王安葬停当后，太子即位，就让令尹把射杀吴起同时射中悼王尸体的人全部处死，由于射杀吴起而被灭族的有七十多家。

太史公曰：世俗所称师旅①，皆道《孙子》十三篇，吴起《兵法》，世多有，故弗论，论其行事所施设者②。语曰③："能行之者未必能言，能言之者未必能行。"孙子筹策庞涓明矣④，然不能蚤救患于被刑⑤。吴起说武侯以形势不如德⑥，然行之于楚，以刻暴少恩亡其躯⑦。悲夫！

注释

①称：称道，称誉。师旅：指军队。古代军制以二千五百人为师，五百人为旅，因以师旅作为军队的通称。②施设：设施、安排。③语曰：常言道，俗话说。④筹策：谋划。⑤蚤：通"早"。被刑：受刑。⑥形势：地形险要。⑦刻暴少恩：指前文所说的"捐不急之官，废公族疏远者"。刻，刻薄。少恩，少施恩惠。亡：葬送。

译文

太史公说：社会上称道军旅战法的人，无不称道《孙子》十三篇和吴起的《兵法》，这两部书，社会上流传很广，所以我不加论述，只评论他们生平行事所涉及的情况。俗话说："能做的未必能说，能说的未必能做。"孙膑算计庞涓的军事行动是英明的，但是他自己却不能预先避免刖足的酷刑。吴起向魏武侯讲凭借地理形势的险要，不如给人民施以恩德的道理，然而一到楚国执政却因为刻薄少恩而葬送了自己的生命。可叹啊！

平原君虞卿列传

平原君赵胜者①,赵之诸公子也。诸子中胜最贤,喜宾客,宾客盖至者数千人。平原君相赵惠文王及孝成王②,三去相,三复位,封于东武城③。

平原君家楼临民家。民家有躄(bì)者④,槃散行汲⑤。平原君美人居楼上,临见,大笑之。明日,躄者至平原君门,请曰:"臣闻君之喜士,士不远千里而至者,以君能贵士而贱妾也。臣不幸有罢(pí)癃(lóng)之病⑥,而君之后宫临而笑臣,臣愿得笑臣者头。"平原君笑应曰:"诺。"躄者去,平原君笑曰:"观此竖子,乃欲以一笑之故杀吾美人,不亦甚乎!"终不杀。居岁余,宾客门下舍人稍稍引去者过半⑦。平原君怪之,曰:"胜所以待诸君者未尝敢失礼,而去者何多也?"门下一人前对曰:"以君之不杀笑躄者,以君为爱色而贱士,士即去耳。"于是平原君乃斩笑躄者美人头,自造门进躄者,因谢焉。其后门下乃复稍稍来。是时齐有孟尝⑧,魏有信陵⑨,楚有春申⑩,故争相倾以待士。

注释

①赵胜:赵武灵王之子,赵惠文王之弟,初封于平原(今山东平原县南),故称之为平原君。②赵惠文王:名何,赵武灵王之子,公元前298年至公元前266年在位。孝成王:名丹,赵惠文王之子,公元前265年至公元前245年在位。③东武城:赵邑名,今

山东武城县西。因当时赵国的西北部还有一个武城，故加"东"字以区别。④躄：跛，腿瘸。⑤槃散：义同"蹒跚"行路一拐一拐的样子。汲：从井里打水。⑥罢癃：残疾，残废。罢，同"疲"。⑦门下舍人：宾客中派有差使的人。稍稍：逐渐。⑧孟尝：指孟尝君田文。⑨信陵：指信陵君魏公子无忌。⑩春申：指春申君黄歇。

译文

平原君赵胜，是赵武灵王的儿子。在赵武灵王诸多儿子中，赵胜最为贤德，他喜欢结交宾客，投奔到他门下的宾客大约有几千人。平原君但任过赵惠文王和赵孝成王的宰相，曾经三次被罢相，又三次官复原职，他的封地在东武城。

平原君家的高楼下临一家百姓的房子。那家有个跛子，总是一拐一拐地到井边去打水。平原君的一位美人住在楼上，有一天她在楼上看到这种情景，不由地大笑起来。第二天，这个跛子来到平原君的家里，请求说："我听说您喜欢养士，士人们之所以不顾路途遥远来投奔您，就是因为您看重士人而不重女色。我不幸得了这种残疾，可是您的美人却在高楼上耻笑我，我希望得到耻笑我的那个人的头。"平原君笑着答应说："好吧。"跛子离开后，平原君又笑着说："看这小子，竟然因为笑了他几声就要杀我的美人，这不也太过分了吗？"终归没杀美人。过了一年多，门下的宾客以及侍役的人渐渐走掉了一多半。平原君对此感到很奇怪，说："我赵胜对待他们不曾敢有失礼的地方，可是离开的人为什么这么多呢？"一个门客走上前去回答说："因为您没有杀掉那个嘲笑跛子的美人，大家认为您重美色而轻士人，所以士人们都走了。"于是平原君就斩下耻笑跛子的美人的头，亲自登门献给跛子，并向他道歉。这以后，原来门下的宾客又都渐渐回来了。当时，齐国有孟尝君，魏国有信陵君，楚国有春申君，他们都以招揽门客而互相竞争。

秦之围邯郸①，赵使平原君求救，合从（zòng）于楚②，约与食客门下有勇力文武备具者二十人偕。平原君曰："使文能取胜，则善矣。文不能取胜，则歃（shà）血于华屋之下③，必得定从而还。士不外索，取于食客门下足矣。"得十九人，馀无可取者，无以满二十人。门下有毛遂者，前，自赞于平原君曰④："遂闻君将合从于楚，约与食客门下二十人偕，不外索。今少一人，愿君即以遂备员而行矣。"平原君曰："先生处胜之门下几年于此矣？"毛遂曰："三年于此矣。"平原君曰："夫贤士之处世也，譬若锥之处囊中，其末立见（xiàn）⑤。今先生处胜之门下三年于此矣，左右未有所称诵，胜未有所闻，是先生无所有也。先生不能，先生留。"毛遂曰："臣乃今日请处囊中耳。使遂蚤得处囊中⑥，乃颖脱而出⑦，非特其末见而已。"平原君竟与毛遂偕。十九人相与目笑之而未废也⑧。

毛遂比至楚，与十九人论议，十九人皆服。平原君与楚合从，言其利害，日出而言之，日中不决。十九人谓毛遂曰："先生上。"毛遂按剑历阶而上⑨，谓平原君曰："从之利害，两言而决耳。今日出而言从，日中不决，何也？"楚王谓平原君曰⑩："客何为者也？"平原君曰："是胜之舍人也。"楚王叱曰："胡不下！吾乃与而君言，汝何为者也！"毛遂按剑而前曰："王之所以叱遂者，以楚国之众也。今十步之内，王不得恃楚国之众也，王之命县于遂手⑪。吾君在前，叱者何也？且遂闻汤以七十里之地王天下，文王以百里之壤而臣诸侯，岂其士卒众多哉,诚能据其势而奋其威。今楚地方五千里,持戟百万,此霸王之资也。以楚之强,天下弗能当。白起⑫,小竖子耳,率数万之众,兴师以与楚战,一战而举鄢郢⑬,再战而烧夷陵⑭,三战而辱王之先人。此百世之怨而赵之所羞,而王弗知恶焉。合从者为楚,非为赵也。吾君在前,叱者何也?"楚王曰:"唯唯,诚若先生之言,谨奉社稷而以从。"毛遂曰:"从定乎?"楚王曰:"定矣。"毛遂谓楚王之左右曰:"取鸡狗马之血来⑮。"毛遂奉铜槃而跪进之楚王曰:"王当歃血而定从,次者吾君,次者遂。"遂定从于殿上。毛遂左手持槃血而右手招十九人曰:"公相与歃此血于堂下。公等录录⑯,所谓因人成事者也。"

平原君已定从而归,归至于赵,曰:"胜不敢复相士。胜相士多者千人,寡者百数,自以为不失天下之士,今乃于毛先生而失之也。毛先生一至楚,而使赵重于九鼎大吕⑰。毛先生以三寸之舌,强于百万之师。胜不敢复相士。"遂以为上客。

注释

①秦之围邯郸:事在赵孝成王九年(公元前257年)。秦将白起大败赵军于长平,后围邯郸。邯郸,今河北邯郸市西南,当时为赵国都城。②合从:指东方六国联合抗秦。从,同"纵"。③歃血:古代订盟誓时的一种仪式,宰杀牲畜,以盘盛其血,盟誓者以口微吮。歃,吮吸。华屋:指殿堂,朝会之所。④自赞:自荐。⑤其末立见:锥子尖立刻就会露出来。见,同"现"。⑥蚤:同"早"。⑦颖:原指禾穗的芒尖,这里指锥子尖。⑧废:应作"发"。⑨历阶:一步一磴台阶。⑩楚王:即楚考烈王,名熊完,公元前262年至公元前238年在位。⑪县:"悬"的古字。⑫白

起:秦国名将,屡破强楚。⑬鄢:楚邑名,今湖北宜城县东南。郢:楚国都城,在今湖北江陵县西北。⑭夷陵:楚国先王之墓,在今湖北宜昌市东。⑮鸡狗马之血:古代歃血为盟所用牲血有别,天子用牛及马,诸侯用犬及猪,大夫以下用鸡。⑯录录:无所作为的样子。录,同"碌"。⑰九鼎大吕:指传国的宝器。九鼎,相传为夏禹所铸,经夏、商、周三代,一直被奉为传国之宝。大吕,周庙大钟。

译文

秦国围攻邯郸时,赵王派平原君去求救,与楚国订立合纵盟约,共同抗秦。平原君打算从门客中挑选二十个文武兼备的人一同前往。平原君说:"如果能以和平的方式取得成功,那就最好了。如果不能以和平的方式取得成功,那就要强迫楚王在殿堂上把盟约签订下来,一定要完成任务后才回国。同去之士不必到外面去寻找,从我门下的宾客中选取就足够了。"结果选得十九人,剩下的人没有可再挑选的了,无法凑齐二十人。这时门客中有个叫毛遂的人,走上前向平原君自荐说:"我听说您要去和楚国签订合纵盟约,并且想挑选门下宾客二十人一同前往,不再到外面寻找,现在还少一个人,希望您就拿我充个数一起去吧。"平原君问道:"先生在我的门下有几年了?"毛遂回答道:"到现在三年了。"平原君说:"有才能的贤士活在世上,就如同锥子放在口袋里,它的锋尖立即就会显露出来。如今先生在我的门下已三年了,我的左右侍从都没有称赞过你,我也从来没听说过你,这是先生的确没什么本领。先生不能去,先生还是留下来吧。"毛遂说:"我是今天才请求把我这个锥子放在口袋里。假使我早就被放在口袋里,整个锥子头都会露出来的,不只是露出一点锥尖而已。"平原君终于同意让毛遂一同去。那十九个人互相使眼色,暗暗嘲笑毛遂，只是没有笑出声来。

等毛遂到达楚国，一路上跟那十九个人谈论天下局势，十九个人都很佩服他。平原君与楚王谈判签订盟约的事，再三陈述利害关系，从早晨就开始谈判，直到中午还没决定下来。那十九个人就对毛遂说："先生上吧。"于是毛遂紧握剑柄，一步一拾级而上，到了殿堂上，向平原君说："合纵抗秦的利害，两句话就可以说清楚。今天从早晨就开始谈，到了中午还未决定，这是为什么呢？"楚王对平原君说："这个人是干什么的？"平原君回答说："这是我的一个门客。"楚王呵斥道："怎么还不给我下去！我是跟你的主人谈判，你来干什么？"毛遂紧握剑柄走上前去说："大王敢呵斥我，不过是依仗楚国人多势众。现在我与您相距只有十步，十步之内大王是依仗不了楚国的人多的，大王的性命掌握在我手中。我的主人就在面前，当着他的面您怎么这样呵斥我呢？况且我听说商汤曾凭着七十里的地盘就统治了天下，周文王凭着百里的地盘使天下诸侯臣服，难道是因为他们的士兵多吗？实际上是由于他们善于掌握形势而趁机发挥了他们的威力。如今楚国领土纵横五千里，士兵百万，这是争王称霸的资本。凭着楚国如此强大，天下谁也不能抵挡它的威势。秦国的白起，不过是个无知小子，他领着几万人的部队与楚国交战，一战就攻克了鄢城、郢都，再战又烧毁了夷陵，三战便使大王的先祖受到侮辱。这是楚国百世的怨仇，连我们赵国都感到羞耻，可是大王却不知道痛恨。合纵抗秦是为了楚国，不是为了赵国。我的主人就在面前，您怎么这样呵斥我呢？"楚王说："是，是，的确像先生所说的那样，我愿意带着我们整个国家和你们签订合纵盟约。"毛遂说："签订盟约确定了吗？"楚王说："确定了。"于是毛遂招呼楚王的左右侍从说："把鸡、狗、马的血取来。"毛遂双手捧着铜盘跪下把它进献到楚王面前，说："大王应先歃血为盟，其次是我的主人，再次是我。"于是在楚国的殿堂上定下了合纵盟约。毛遂左手端着铜盘，右手招呼那十九个人说："你们也在堂下歃血。你们这些人庸碌无为，这就是所说的依靠别人的力量做事的人。"

平原君签订了合纵盟约，回到赵国后，说："我不敢再观察识别人才了。我观察识别人才多说上千，少说几百，自认为不会遗漏天下的贤能之士，现在竟然把毛先生给漏掉了。毛先生一到楚国，就使赵国的地位比九鼎、大吕等传国之宝还尊贵。毛先生那三寸不烂之舌，比百万大军还要厉害。我不敢再观察识别人才了。"从此毛遂就成了平原君门下的上等宾客。

平原君既返赵，楚使春申君将兵赴救赵，魏信陵君亦矫夺晋鄙军往救赵，皆未至。秦急围邯郸，邯郸急，且降，平原君甚患之。邯郸传（zhuàn）舍吏子李同说平原君曰①："君不忧赵亡邪？"平原君曰："赵亡则胜为虏，何为不忧乎？"李同曰："邯郸之民，炊骨易子而食②，可谓急矣，而君之后宫以百数，婢妾被绮縠（hú）③，馀粱肉，而民褐衣不完，糟糠不厌④。民困兵尽，或剡（yǎn）木为矛矢⑤，而君器物钟磬自若。使秦破赵，君安得有此？使赵得全，君何患无有？今君诚能令夫人以下编于士卒之间，分功而作，家之所有尽散以飨士⑥，士方其危苦之时，易德耳⑦。"于是平原君从之，得敢死之士三千人。李同遂与三千人赴秦军，秦军为之却三十里。亦会楚、魏救至，秦兵遂罢，邯郸复存。李同战死，封其父为李侯⑧。

虞卿欲以信陵君之存邯郸为平原君请封。公孙龙闻之⑨，夜驾见平原君曰："龙闻虞卿欲以信陵君之存邯郸为君请封，有之乎？"平原君曰："然。"龙曰："此甚不可。且王举君而相赵者，非以君之智能为赵国无有也。割东武城而封君者，非以君为有功也，而以国人无勋，乃以君为亲戚故也。君受相印不辞无能，割地不言无功者，亦自以为亲戚故也。今信陵君存邯郸而请封，是亲戚受城而国人计功也。此甚不可。且虞卿操其两权，事成，操右券以责⑩；事不成，以虚名德君。君必勿听也。"平原君遂不听虞卿。

平原君以赵孝成王十五年卒⑪。子孙代，后竟与赵俱亡。

平原君厚待公孙龙。公孙龙善为坚白之辩⑫，及邹衍过赵言至道⑬，乃绌公孙龙⑭。

注释

①传舍：驿站，为过往官吏歇宿而准备的馆舍。李同：即李谈。此为作者司马迁避父讳而改字。②炊骨：以人骨为柴。易子而食：人不忍自食其子，故与他人交换而食之。③被：同"披"，穿。绮：平纹底上起花的丝织物。縠：绉纱一类的丝织品。④厌：同"餍"，饱，足。⑤剡木：削尖木棍。⑥飨：同"饷"，犒赏，慰劳。⑦易德：容易感激别人对自己的恩惠。⑧李：地名，在今河南温县西南故李城。⑨公孙龙：赵人，战国时期名家学派代表人物，以讲形式逻辑与诡辩著称的学者。⑩券：契约。古代的契约都是一分两半，债权人持其右半，称为右券，可以此为凭向借贷者索债。⑪赵孝成王十五年：公元前251年。⑫坚白之辩：分辨"坚"与"白"的区别。公孙龙认为一块白石头，用眼来看，只能得到"白"的概念；用手来摸，只能得到"坚"的概念，所以"坚"和"白"是两个概念，不能合而为一。⑬邹衍：齐人，战国时期著名的阴阳学家，长于辩论。至道：大道，真正的道理。⑭绌：同"黜"，黜退，疏远。

译文

平原君回到赵国后，楚国派春申君带兵援救赵国，魏国的信陵君也假托君命夺了晋鄙军权带兵来救助赵国，可是都还没有赶到。这时秦国加急围攻邯郸，邯郸告急，将要投降，平原君很担忧。邯郸驿站小吏的儿子李同对平原君说："您不担心赵国灭亡吗？"平原君说："赵国灭亡，我就要成为俘虏，我怎么不担心呢？"李同说："邯郸的百姓，拿人骨当柴烧，互相交换孩子作食物吃，可以说危急至极了，而您的后宫姬妾数以百计，侍婢们都穿着绫罗绸缎，精美饭食吃不完，而百姓却粗布短衣难以遮体，连吃糟糠都吃不饱。百姓困乏，兵器用尽，有的士兵削尖木头当长矛箭矢，而您的珍玩乐器和平常一样不少。如果秦军攻破赵国，您怎么能拥有这些东西呢？假若赵国得以保全，您又何忧没有这些东西？现在您如果能将夫人以下的人员编到士卒队伍中，和士卒一样劳作，把家里所有的财物全都分发下去犒劳士卒，士卒正当危急困苦之时，是最容易感恩戴德的。"于是平原君听从了李同的意见，得到敢于冒死的士兵三千人。李同带着这三千人奔赴战场，与秦军决一死战，秦军因此被击退了三十里。正好这时楚、魏两国的救兵到达，秦军只好撤走，邯郸得以保全。李同作战时牺牲了，他的父亲被赐封为李侯。

虞卿想要以信陵君出兵救赵这件事替平原君向赵王请求封赏。公孙龙听说后，就连夜乘车去见平原君说："我听说虞卿想要以信陵君出兵救赵这件事替您请求封赏，有这回事吗？"平原君回答说："有。"公孙龙说："这是绝对不行的。赵王任用您做宰相，并不是因为您的才智在赵国独一无二。把东武城封赏给您，也不是因为您有什么别人所没有的功劳，只是因为您是赵王的亲戚。您接受相印时并不说自己无能而推辞，取得封邑时也不说自己无功而不受，也是因为您自己认为是赵王的亲戚。如今信陵君出兵保存了邯郸而您请求封赏，这是无功时作为亲戚接受了封赏，而有功时又要求作为普通人来论功行赏。这是绝对不行的。况且虞卿掌握着两头的权柄。事情成功了，就要像拿着索债的契约一样来索取报酬；事情不成功，又能获得为您争功求封的虚名，让您感激他。您一定不要听他的。"于是平原君拒绝了虞卿的建议。

平原君死于赵孝成王十五年。他的子孙世代承袭了他的封号，一直到赵国灭亡时，平原君的封地才被取消。

平原君很优待公孙龙。公孙龙善于进行"坚"、"白"之辩，后来邹衍经过赵国，纵论"大道"，驳斥公孙龙，此后平原君就疏远了公孙龙。

虞卿者，游说之士也。蹑蹻（jué）檐簦（dēng）说赵孝成王①。一见，赐黄金百镒，白璧一双；再见，为赵上卿②，故号为虞卿。

秦赵战于长平③，赵不胜，亡一都尉④。赵王召楼昌与虞卿曰⑤："军战不胜，尉复死，寡人使束甲而趋之，何如？"楼昌曰："无益也，不如发重使为媾（gòu）⑥。"虞卿曰："昌言媾者，以为不媾军必破也。而制媾者在秦。且王之论秦也，欲破赵之军乎，不邪？"王曰："秦不遗馀力矣，必且欲破赵军。"虞卿曰："王听臣，发使出重宝以附楚、魏，楚、魏欲得王之重宝，必内吾使⑦。赵使入楚、魏，秦必疑天下之合从，且必恐。如此，则媾乃可为也。"赵王不听，与平阳君为媾⑧，发郑朱入秦。秦内之。赵王召虞卿曰："寡人使平阳君为媾于秦，秦已内郑朱矣，卿以为奚如？"虞卿对曰："王不得媾，军必破矣。天下贺战胜者皆在秦矣。郑朱，贵人也，入秦,秦王与应侯必显重以示天下⑨。楚、魏以赵为媾,必不救王。秦知天下不救王,则媾不可得成也。"应侯果显郑朱以示天下贺战胜者,终不肯媾。长平大败,遂围邯郸,为天下笑。

秦既解邯郸围,而赵王入朝,使赵郝约事于秦,割六县而媾。虞卿谓赵王曰:"秦之攻王也,倦而归乎?王以其力尚能进,爱王而弗攻乎?"王曰:"秦之攻我也,不遗馀力矣,必以倦而归也。"虞卿曰:"秦以其力攻其所不能取,倦而归,王又以其力之所不能取以送之,是助秦自攻也。来年秦复攻王,王无救矣。"王以虞卿之言告赵郝。赵郝曰:"虞卿诚能尽秦力之所至乎?诚知秦力之所不能进,此弹丸之地弗予,令秦来年复攻王,王得无割其内而媾乎?"王曰:"请听子割矣,子能必使来年秦之不复攻我乎?"赵郝对曰:"此非臣之所敢任也⑩。他日三晋之交于秦,相善也。今秦善韩、魏而攻王,王之所以事秦必不如韩、魏也。今臣为足下解负亲之攻,开关通币⑪,齐交韩、魏,至来年而王独取攻于秦,此王之所以事秦必在韩、魏之后也。此非臣之所敢任也。"

注释

①蹑蹻:穿着草鞋。檐簦:打着雨伞。檐,同"担",扛。簦,长柄笠,一种雨具。②上卿:官名,相当于相国。③战于长平:事在赵孝成王六年(公元前260年)。长平,地名,今山西高平县西北。④都尉:军官名,略低于将军。⑤楼昌:赵将。⑥重使:重要的使臣。媾:讲和。⑦内:同"纳",接纳。⑧平阳君:即赵豹,赵惠文王之弟,封于平阳(今河北临漳县西)。⑨秦王:指秦昭王,名则,公元前306年至公元前251年在位。应侯:指范雎,当时为秦相,因其封地在应(今河南鲁山东),故称应侯。

⑩任：承担，担保。⑪开关通币：开放边关，使者互相往来。币，币帛，使者往来时所持的礼物。

译文

　　虞卿，是个善于游说的辩士，他穿着草鞋，打着雨伞来游说赵孝成王。第一次拜见赵王，赵王便赐给他黄金百镒，白璧一对；第二次拜见，赵王就封他做了赵国的上卿，所以人们称他为虞卿。

　　秦、赵两国在长平交战，赵国初战不利，死了一位都尉。赵王召来楼昌和虞卿商议说："我军初战不利，还死了一位都尉，我打算集中长平的军队赴敌与秦军决战，你们看怎么样？"楼昌说："没有什么用处，不如派重要的使臣去求和。"虞卿说："楼昌主张求和，是因为他认为不求和我军必败。可是控制和谈主动权就在秦国人一方了。而且大王您分析一下秦国的意图，他们是想击败赵国军队呢，还是不想呢？"赵王回答说："秦国已经全力以赴了，必定将要击败赵军。"虞卿接着说："大王听从我的话，派出使臣带上贵重的珍宝去联合楚、魏两国，楚、魏两国想得到大王的贵重珍宝，一定会接纳我们的使臣。赵国使臣进入楚、魏两国，秦国必定怀疑诸侯各国联合抗秦，而且肯定恐慌。这样，和谈才能进行。"赵王没有听从虞卿的意见，与平阳君赵豹商议派郑朱到秦国求和。秦国接纳了郑朱。赵王又召见虞卿说："我让平阳君派人到秦国求和，秦国已经接纳了郑朱，您认为怎么样？"虞卿回答说："大王的和谈不能成功，赵军必定被击败。天下诸侯祝贺秦国胜利的使臣都已在秦国了。郑朱是个显贵人物，他进入秦国，秦王和应侯一定会装出尊重郑朱的样子，让天下诸侯知道赵国求和之事。楚、魏两国认为赵国到秦国求和，必定不会救援大王。秦国知道天下诸侯不救援大王，那么和谈是不可能成功的。"应侯果然很尊重郑朱,并把他介绍给诸侯各国向秦国贺胜的人们,最终不肯和谈。赵军在长平大败,邯郸被秦军包围,赵王也被天下人所耻笑。

秦国解除了对邯郸的包围后,赵王准备到秦国朝见秦王,就派赵郝到秦国去谈判,愿意割出六个县与秦国讲和。虞卿对赵王说:"秦国进攻大王,是因为打得疲惫了才撤回呢?还是它有力量再战,由于怜惜大王而不再进攻呢?"赵王回答说:"秦国进攻我们,是竭尽全力了,一定是因为打得疲惫了才撤回的。"虞卿说:"秦国用它的全部力量进攻它所不能夺取的土地,结果疲惫而回,可是大王又把秦国兵力所不能夺取的土地送给秦国,这等于是帮助秦国进攻自己。明年秦国再进攻大王,大王就无法自救了。"赵王把虞卿的话告诉了赵郝。赵郝说:"虞卿真能摸清秦国兵力已用尽了吗?果真知道秦国兵力不能再进攻了吗?这么一块弹丸之地不给它,秦国明年再来进攻大王,那时大王岂不是要割让腹地给它来求和吗?"赵王说:"我听从你的意见割让六县,你就能保证秦国明年不再进攻我们吗?"赵郝回答说:"这不是我敢担保的事情。过去韩、赵、魏三国与秦国交往,关系很好。现在秦国和韩、魏两国友好而进攻大王,这说明大王对秦国恭敬侍奉的程度不如韩、魏两国。现在我替您解除因背弃秦国而招致的进攻,开放边关,互通贸易,使赵国与秦国的关系同韩、魏两国与秦国的关系一样。若到了明年大王又招致秦国的进攻,这肯定是大王对秦国恭敬侍奉的程度又落在韩、魏两国的后面了。所以这不是我敢担保的事情。"

王以告虞卿。虞卿对曰:"郝言'不媾,来年秦复攻王,王得无割其内而媾乎'。今媾,郝又以不能必秦之不复攻也。今虽割六城,何益!来年复攻,又割其力之所不能取而媾,此自尽之术也，不如无媾。秦虽善攻，不能取六县；赵虽不能守，终不失六城。秦倦而归，兵必罢①。我以六城收天下以攻罢秦，是我失之于天下而取偿于秦也。吾国尚利，孰与坐而割地，自弱以强秦哉？今郝曰'秦善韩、魏而攻赵者，必王之事秦不如韩、魏也'，是使王岁以六城事秦也，即坐而城尽。来年秦复求割地，王将与之乎？弗与，是弃前功而挑秦祸也；与之，则无地而给之。语曰'强者善攻，弱者不能守'。今坐而听秦，秦兵不毙而多得地，是强秦而弱赵也。以益强之秦而割愈弱之赵，其计故不止矣。且王之地有尽而秦之求无已，以有尽之地而给无已之求，其势必无赵矣。"

赵王计未定，楼缓从秦来②，赵王与楼缓计之，曰："予秦地如毋予，孰吉？"缓辞让曰："此非臣之所能知也。"王曰："虽然，试言公之私。"楼缓对曰："王亦闻夫公甫文伯母乎③？公甫文伯仕于鲁，病死，女子为自杀于房中者二人④。其母闻之，弗哭也。其相室曰⑤：'焉有子死而弗哭者乎？'其母曰：'孔子，贤人也，逐于鲁，而是人不随也。今死而妇人为之自杀者二人，若是者必其于长者薄而于妇人厚也。'故从母言之，是为贤母；从妻言之，是必不免为妒妻。故其言一也，言者异则人心变矣。今臣新从秦来而言勿予，则非计也；言予之，恐王以臣为为秦也：故不敢对。使臣得为大王计，不如予之。"王曰："诺。"

注释

①罢：同"疲"，疲惫。②楼缓：赵臣，也是当时有名的辩士。③公甫文伯：名公文歜（chù），春秋时鲁国大夫。④女子：指姬妾之类。⑤相室：帮助处理家务的人，如保姆之类。

译文

赵王把赵郝的话告诉了虞卿。虞卿回答说:"赵郝说'不讲和,明年秦国再来进攻大王,大王岂不是要割让腹地给它来求和吗?'现在讲和,赵郝又认为不能保证秦国不再进攻。那么现在即使割让六个县,又有什么用!明年秦国再来进攻,我们又割给它一些用战争所不能夺取的土地来求和,这是自取灭亡之路,所以不如不讲和。秦国即使善战,也不能轻易地夺取我们的六个县;赵国即使不善守,终归也不会轻易丧失六个城。秦国疲惫而撤兵,军队必然疲软。我用六个城来收拢天下诸侯去进攻疲软的秦军,这是我在天下诸侯那里失去六个城而在秦国那里得到补偿。我国还可得到好处,这与平白地割让土地,削弱自己而使秦国强大相比,哪个更好呢?现在赵郝说'秦国与韩、魏两国友好而进攻赵国,一定是大王恭敬侍奉秦国的程度不如韩、魏两国',这是让大王每年拿出六个城来侍奉秦国,这样就平白地把城邑割送完了。明年秦国再要求割地,大王将给它吗?不给,这是前功尽弃,又挑起秦国进攻的兵祸;给它,也无地可给了。俗话说'强者善于进攻,弱者无法防守'。现在平白地听任秦国摆布,秦国军队毫不费力便可得到越来越多的土地,这是使秦国更加强大而使赵国更加弱小。让越来越强大的秦国来宰割越来越弱小的赵国,秦国谋取赵国土地的打算必定就不会停止了。况且大王的土地有限而秦国的欲望无限,以有限的土地去满足无限的欲望,那势必不会再有赵国了。"

赵王的主意还没拿定,楼缓正好从秦国归来,赵王与楼缓商议这个问题,说:"给秦国土地与不给秦国土地,哪个好?"楼缓推让说:"这不是我所能知道的。"赵王说:"虽然如此,你不妨谈谈你个人的意见。"楼缓回答说:"大王听说过公甫文伯母亲的事吗?公甫文伯在鲁国做官,病死了,随即他的两个姬妾为其在卧房中自杀了。他的母亲听说后,并没有哭。公甫文伯家的保姆说:'哪里有儿子死了而母亲不哭的呢?'他的母亲说:'孔子是个大贤人,被鲁国驱逐了,我的儿子没有跟随孔子一起流亡。现在他死了而为他自杀的姬妾有两人,像这种情况一定是他对贤人情义淡薄而对姬妾情义深厚。'所以由母亲说出这样的话,可以说是个贤良的母亲,若由妻子说出这样的话,这一定被人说成是个嫉妒的妻子。所以说的话虽然都一样,但由于说话人的身份不同,别人的看法也就不一样了。现在我刚刚从秦国归来,如果说不给,那不是上策;如果说给它,恐怕大王会认为我是替秦国说话,所以我不敢回答。如果真是替大王考虑,不如给它为好。"赵王说:"好。"

虞卿闻之,入见王曰:"此饰说也①,王眘(shèn)勿予②!"楼缓闻之,往见王。王又以虞卿之言告楼缓。楼缓对曰:"不然。虞卿得其一,不得其二。夫秦赵构难而天下皆说,何也?曰'吾且因强而乘弱矣'。今赵兵困于秦,天下之贺战胜者则必尽在于秦矣。故不如亟割地为和,以疑天下而慰秦之心。不然,天下将因秦之怒,乘赵之毙,瓜分之。赵且亡,何秦之图乎?故曰虞卿得其一,不得其二。愿王以此决之,勿复计也。"

虞卿闻之,往见王曰:"危哉楼子之所以为秦者,是愈疑天下,而何慰秦之心哉?独不言其示天下弱乎?且臣言勿予者,非固勿予而已也。秦索六城于王,而王以六城赂齐。齐,秦之深仇也,得王之六城,并力西击秦,齐之听王,不待辞之毕也。则是王失之于齐而取偿于秦也。而齐、赵之深仇可以报矣,而示天下有能为也。王以此发声③,兵未窥于境,臣见秦之重赂至赵而反媾于王也。从秦为媾，韩、魏闻之，必尽重王；重王，必出重宝以先于王。则是王一举而结三国之亲④，而与秦易道也。"赵王曰："善。"则使虞卿东见齐王⑤，与之谋秦。虞卿未返，秦使者已在赵矣。楼缓闻之，亡去。赵于是封虞卿以一城。

居顷之，而魏请为从。赵孝成王召虞卿谋。过平原君，平原君曰："愿卿之论从也。"虞卿入见王。王曰："魏请为从。"对曰："魏过。"王曰："寡人固未之许。"对曰："王过。"王曰："魏请从，卿曰魏过，寡人未之许，又曰寡人过，然则从终不可乎？"对曰："臣闻小国之与大国从事也，有利则大国受其福，有败则小国受其祸。今魏以小国请其祸，而王以大国辞其福，臣故曰王过，魏亦过。窃以为从便。"王曰："善。"乃合魏为从。

虞卿既以魏齐之故⑥，不重万户侯卿相之印，与魏齐间行，卒去赵，困于梁。魏齐已死，不得意，乃著书，上采《春秋》，下观近世，曰《节义》《称号》《揣摩》《政谋》，凡八篇，以刺讥国家得失，世传之曰《虞氏春秋》。

太史公曰：平原君，翩翩浊世之佳公子也⑦，然未睹大体⑧。鄙语曰"利令智昏"⑨，平原君贪冯亭邪说⑩，使赵陷长平兵四十余万众，邯郸几亡。虞卿料事揣情，为赵画策，何其工也！及不忍魏齐，卒困于大梁，庸夫且知其不可，况贤人乎？然虞卿非穷愁，亦不能著书以自见于后世云。

注释

①饰说：诈伪巧辩之辞。饰，装点，造作。②眘：同"慎"。

③发声：宣扬。④三国：指齐、韩、魏。⑤齐王：指齐王建，公元前264年至公元前221年在位。⑥魏齐：魏齐原是魏相，曾毒打过范雎。范雎后为秦相，恃秦国之强，向魏国索取魏齐。魏齐逃到赵国投靠平原君。秦国又向赵国索取。赵王惧，欲捕之。虞卿时为赵相，谏赵王不听，于是弃相印和魏齐一同投奔魏公子信陵君。魏公子犹豫不定，未立即接见，魏齐怒而自刎，虞卿困于大梁。⑦翩翩：鸟飞轻疾的样子，这里比喻平原君的行事如鸟之高举，出于一般的贵族子弟之上。浊世：乱世，指战国时代。⑧大体：大局。⑨鄙语：俗话。⑩贪冯亭邪说：赵孝成王四年（前262），秦国攻韩国，韩王欲割让上党地区（今山西省东南部）归秦。上党守冯亭不愿降秦，而以上党地区降赵，遂派使者致意赵王，时平阳君赵豹反对，而平原君赵胜贪其利，遂劝赵王接受了冯亭的投降，从而导致了长平之战。

译文

虞卿听说这件事，入宫拜见赵王说："这是诈伪巧辩之辞，大王千万不要向秦国割地！"楼缓听说了，就去拜见赵王。赵王把虞卿的话告诉了楼缓。楼缓说："不对，虞卿只知其一，不知其二。秦、赵两国结下怨仇引起兵祸而天下诸侯都很高兴，这是为什么？他们说'我们可以趁机凭借强国来欺凌弱国'。如今赵国军队被秦国围困，天下诸侯祝贺胜利的人必定都在秦国了。所以不如赶快割让土地求和，这样可使天下诸侯怀疑秦、赵已经交好而又能宽慰秦国。不然的话，诸侯各国将趁着秦国怨怒，赵国疲软之时，瓜分赵国。赵国将要灭亡，还算计什么秦国呢？所以说虞卿只知其一，不知其二。希望大王就这么决定了，不要再考虑。"

虞卿听说后，又去拜见赵王说："危险啊，楼缓是为秦国打算的,这样做会更加让诸侯各国怀疑赵国,又怎么能宽慰秦国呢?为什么不说这么做就是向天下诸侯暴露赵国的弱点呢?再说我主张不给秦国土地,并不是不给土地就完事了。秦国向大王索要六个城邑,大王可以拿这六个城邑贿赂齐国。齐国,是秦国的死对头,得到大王的六个城邑,就可以与我们合力抗击秦国,齐王听到大王的要求,不用等话说完,就会同意。这就是大王虽然在齐国方面失去六个城邑却在秦国方面得到补偿。而齐国、赵国的深仇大恨也都可以报了,而且又向天下诸侯显示赵王是有作为的。大王把此事宣扬出去,我们的军队还未到秦国的边境,我就会看到秦国的重礼送到赵国,秦国反过来向大王求和了。一旦跟秦国讲和,韩、魏两国听说后,必定会看重大王;看重大王,就必定拿出珍贵的宝物争先向大王交好。这样大王的一个举动就可以与韩、魏、齐三国交好,从而与秦国的关系地位变换了位置。"赵王说:"好。"于是派虞卿向东去拜见齐王,与齐王商议共同抗击秦国之事。虞卿还没返回赵国,秦国的使臣就已经在赵国了。楼缓听说后,赶紧逃跑了。赵王于是把一座城赏给了虞卿。

过了不久,魏国请求与赵国联合。赵孝成王就召虞卿来商议。虞卿先去拜访平原君,平原君说:"希望您论述合纵的作用。"虞卿入宫拜见赵王。赵王说:"魏国请求和我们联合。"虞卿说:"魏国错了。"赵王说:"我本来没答应他。"虞卿说:"大王错了。"赵王说:"魏国请求联合,您说魏国错了;我没有答应他,您又说我错了。既然这样,那么合纵是终归不可以了吗?"虞卿回答说:"我听说小国跟大国打交道,有好处就由大国享福,有坏处就由小国受祸。现在魏国以一个小国来与我们联合而甘愿受祸,而您以一个大国之君拒绝联合而不愿享福。所以我说大王错了,魏国也错了。我私下认为合纵有利。"赵王说:"好。"于是就同魏国联合。

虞卿因为魏国宰相魏齐的缘故，竟然抛弃万户侯的封赏和宰相大印，与魏齐一起偷偷地离开赵国，后困于魏国大梁。魏齐死后，虞卿亦不得志，于是著书立说，上采《春秋》史实，下考近代世情，写了《节义》《称号》《揣摩》《政谋》等八篇文章，用来讥刺国家政治的得失，流传后世，人们称之为《虞氏春秋》。

太史公说：平原君，乱世中超群出众的贵族子弟，但是不能识大局。俗话说"贪图私利令智者冲昏头脑"，平原君相信冯亭的邪说，贪图他献出的上党地区，致使赵国兵败长平，赵军四十多万人被坑杀，邯郸几乎不能保存。虞卿分析形势，揣度敌情，为赵国出谋划策，是多么周到巧妙啊！后来他不忍心看着魏齐落难，最终困于大梁，一般人尚且知道不能这么做，何况贤能的人呢？但是虞卿若不是穷困潦倒，也就不能著书立说而使自己的名字流传后世了。

魏公子列传

魏公子无忌者，魏昭王少子而魏安釐（xī）王异母弟也①。昭王薨，安釐（xī）王即位，封公子为信陵君②。是时范雎（jū）亡魏相秦③，以怨魏齐故，秦兵围大梁，破魏华阳下军④，走芒卯⑤。魏王及公子患之。

公子为人仁而下士，士无贤不肖皆谦而礼交之，不敢以其富贵骄士。士以此方数千里争往归之，致食客三千人。当是时，诸侯以公子贤，多客，不敢加兵谋魏十余年。

公子与魏王博⑥，而北境传举烽，言"赵寇至，且入界"。魏王释博，欲召大臣谋。公子止王曰："赵王田猎耳，非为寇也。"复博如故。王恐，心不在博。居顷，复从北方来传言曰："赵王猎耳，非为寇也。"魏王大惊，曰："公子何以知之？"公子曰："臣之客有能深得赵王阴事者，赵王所为，客辄以报臣，臣以此知之。"是后魏王畏公子之贤能，不敢任公子以国政。

魏有隐士曰侯嬴，年七十，家贫，为大梁夷门监者⑦。公子闻之，往请，欲厚遗之。不肯受，曰："臣脩身絜行数十年，终不以监门困故而受公子财。"公子于是乃置酒大会宾客。坐定，公子从车骑，虚左⑧，自迎夷门侯生。侯生摄敝衣冠⑨，直上载公子上坐，不让，欲以观公子。公子执辔愈恭。侯生又谓公子曰："臣有客在市屠中，愿枉车骑过之⑩。"公子引车入市,侯生下见其客朱亥,俾(bì)倪(nì)⑪,故久立与其客语,微察公子。公子颜色愈和。当是时,魏将相宗室宾客满堂,待公子举酒。市人皆观公子执辔。从骑皆窃骂侯生。侯生视公子色终不变,乃谢客就车。至家,公子引侯生坐上坐,遍赞宾客⑫,宾客皆惊。酒酣,公子起,为寿侯生前。侯生因谓公子曰:"今日嬴之为公子亦足矣。嬴乃夷门抱关者也⑬,而公子亲枉车骑,自迎嬴于众人广坐之中,不宜有所过⑭,今公子故过之。然嬴欲就公子之名,故久立公子车骑市中,过客以观公子,公子愈恭。市人皆以嬴为小人,而以公子为长者能下士也。"于是罢酒,侯生遂为上客。

侯生谓公子曰:"臣所过屠者朱亥,此子贤者,世莫能知,故隐屠间耳。"公子往数请之,朱亥故不复谢,公子怪之。

注释

①魏昭王:名遫,公元前295年至公元前277年在位。魏安釐王:名圉(yǔ),公元前276年至公元前243年在位。②信陵:古邑名,今河南宁陵县西。③范雎:字叔,魏人,因被告与齐国私通,几乎被魏相魏齐打死。后来逃到秦国,为秦昭王相。④华阳:地名,今河南密县境内。⑤芒卯:魏将。⑥博:下棋。⑦大梁:今河南开封市。夷门监者:大梁东门的守门人。⑧虚左:空出左边的座位,以示尊敬。古代以左边为尊位。⑨摄:整理。⑩枉:谦词,有委屈、屈就之意。⑪俾倪:同"睥睨",斜视。⑫赞:说明,介绍。⑬抱关:守门。⑭过:超出常规的礼数。

译文

魏公子无忌,是魏昭王的小儿子,魏安釐王的异母兄弟。魏昭王去世后,魏安釐王继位,魏封公子为信陵君。当时范雎从魏国逃出，到了秦国任国相，因为怨恨魏相魏齐，就派秦兵围攻大梁，击败了驻扎在华阳的魏军，魏将芒卯战败而逃。魏王和魏公子对此很担忧。

魏公子为人仁厚，礼贤下士，士人无论有无才能，他都对其谦恭有礼，从来不因为自己地位高贵而轻慢士人。因此方圆几千里的士人都争相归附于他，归到他门下的食客有三千人。当时，诸侯各国因公子贤明，门客众多，十多年都不敢发兵进犯魏国。

有一次，魏公子和魏王正在下棋，这时北部边境传来烽火警报，说：“赵国向我们进攻了，很快将进入边境。”魏王立即放下棋子，就要召集大臣们商议对策。公子劝阻魏王说：“那是赵王打猎罢了，不是侵犯我国。”说完又接着跟魏王下棋。可是魏王很惊恐，心思全没放在棋上。过了一会儿，又从北边传来消息说：“原来是赵王打猎罢了，不是侵犯我国。”魏王听后很惊讶，问道：“公子是怎么知道的？”公子回答说：“臣的食客中有人能探到赵王的秘密，赵王有什么行动，他就会及时报告臣，臣因此知道这件事。”从此以后，魏王害怕魏公子的才能，就不敢把国家大事交给魏公子处理了。

魏国有个隐士叫侯嬴，已经七十岁了，家境贫寒，是大梁东门的看门人。魏公子听说这个人后，就去拜访他，并想送给他厚礼。但是侯嬴不肯接受，说：“我几十年来修养品德，坚持操守，终不能因为看门贫困而接受公子的财物。”魏公子于是大摆酒席，宴请宾客。客人就坐后，魏公子就带着车马随从，空出车子左边的上位，亲自到东门去迎接侯嬴。侯嬴整理了一下破旧的衣帽，就径直上了车，坐在车子左边的尊位，一点也不谦让，想借此看看魏公子的态度如何。只见魏公子手握缰绳，更加恭敬。侯嬴又对魏公子说：“我有个朋友在街市的屠宰场，希望屈就一下公子的车马，载我去看看他。”公子立即驾车前往街市。侯嬴下车去见他的朋友朱亥,他斜着眼睛看魏公子,故意久久地站在那里,同他的朋友说话,并暗暗地观察魏公子。魏公子的面色更加平和。当时,魏国的将相贵宾们满坐于堂,正等着魏公子举杯开宴。而街市上的人都看到魏公子手握缰绳替人驾车。魏公子的随从都暗自责骂侯嬴。侯嬴看到公子面色始终不变,才辞别朋友,上了车。来到府上,魏公子领着侯嬴坐到上座,把宾客们逐一地向侯嬴作了介绍,满堂宾客都很惊异。大家酒兴正浓时,魏公子站起身来,走到侯嬴面前向他敬酒。侯嬴趁机对魏公子说:"今天我侯嬴也够难为公子了。我只是东门的一个守门人,可是公子屈驾,把我接到了这大庭广众里来,有些地方本不是公子该去的,而今公子竟屈尊陪我去了。可我也想成就公子的名声,故意让公子车马久久地停在街市中,过往的人都看到公子,而公子更加谦恭。街市上的人都以为我是小人,而认为公子为人宽厚,能礼贤下士。"于是宴会散后,侯嬴便成了魏公子家的上宾。

　　侯嬴对魏公子说:"我拜访的那个屠夫朱亥,是个贤人,因为世人都不了解他,所以隐居在屠宰场里。"魏公子曾多次前往拜访朱亥,朱亥故意不回拜答谢,魏公子很奇怪。

　　魏安釐王二十年①,秦昭王已破赵长平军②,又进兵围邯郸。公子姊为赵惠文王弟平原君夫人③,数遗魏王及公子书,请救于魏。魏王使将军晋鄙将十万众救赵。秦王使使者告魏王曰:"吾攻赵旦暮且下,而诸侯敢救者,已拔赵,必移兵先击之。"魏王恐,使人止晋鄙,留军壁邺④,名为救赵,实持两端以观望。平原君使者冠盖相属于魏,让魏公子曰:"胜所以自附为婚姻者,以公子之高义,为能急人之困。今邯郸旦暮降秦而魏救不至,安在公子能急人之困也!且公子纵轻胜,弃之降秦,独不怜公子姊邪?"公子患之,数请魏王,及宾客辩士说王万端。魏王畏秦，终不听公子。公子自度终不能得之于王，计不独生而令赵亡，乃请宾客，约车骑百余乘⑤，欲以客往赴秦军，与赵俱死。

行过夷门，见侯生，具告所以欲死秦军状。辞决而行⑥，侯生曰："公子勉之矣，老臣不能从。"公子行数里，心不快，曰："吾所以待侯生者备矣，天下莫不闻，今吾且死而侯生曾无一言半辞送我，我岂有所失哉？"复引车还，问侯生。侯生笑曰："臣固知公子之还也。"曰："公子喜士，名闻天下。今有难，无他端而欲赴秦军⑦，譬若以肉投馁（něi）虎，何功之有哉？尚安事客？然公子遇臣厚，公子往而臣不送，以是知公子恨之复返也。"公子再拜，因问。侯生乃屏人间语⑧，曰："嬴闻晋鄙之兵符常在王卧内⑨，而如姬最幸，出入王卧内，力能窃之。嬴闻如姬父为人所杀，如姬资之三年⑩，自王以下欲求报其父仇，莫能得。如姬为公子泣，公子使客斩其仇头，敬进如姬。如姬之欲为公子死，无所辞，顾未有路耳。公子诚一开口请如姬，如姬必许诺，则得虎符夺晋鄙军，北救赵而西却秦，此五霸之伐也⑪。"公子从其计，请如姬。如姬果盗晋鄙兵符与公子。

注释

①魏安釐王二十年：公元前257年。②长平：在今山西高平县西北。③赵惠文王：名何，公元前298年至公元前266年在位。平原君：即赵胜，时为赵国国相。平原：在今山东德州市西南。④壁：营垒，这里用作动词，驻扎。邺：古邑名，今河北临漳县西南。⑤约：凑集。⑥辞决：辞别。决，同"诀"。⑦他端：其他办法。⑧屏人：排退众人。屏，同"摒"。间语：私语。⑨兵

符：古代调兵所用的凭证，一半为大将所持，一半存于国君。国君有令，则命使者持符前往，以合符为凭。⑩资：存积，存在心里。一说，购求。⑪五霸之伐："春秋五霸"一样的功业。"春秋五霸"说法不一，一般指齐桓公、晋文公、宋襄公、秦穆公、楚庄王。

译文

魏安釐王二十年，秦昭王已在长平大败赵军，接着进兵包围了邯郸。魏公子的姐姐是赵惠文王弟弟平原君的夫人，多次给魏王和公子写信来，向魏国请求救兵。魏王派将军晋鄙率兵十万去援救赵国。后来秦王就派使臣告诫魏王说："我们就要攻下赵国了，这只是早晚的事，哪个国家敢援救赵国的，等拿下赵国后，一定调兵先攻打它。"魏王很害怕，就派人阻止晋鄙不再进军，让军队在邺城扎营驻守，名义上是救赵国，实际上是犹豫不定，对双方采取观望态度。平原君的使臣连续不断，前来求救，平原君责备魏公子说："我赵胜之所以跟魏国联姻结亲，就是因为魏公子为人高尚，在关键时刻能帮助别人摆脱危难。如今邯郸危在旦夕，早晚就要投降秦国，而魏国救兵迟迟不来，公子能帮助别人摆脱危难又表现在哪里呢？再说，公子即使不把我赵胜看在眼里，舍弃我，让我投降秦国，难道你就不可怜你的姐姐吗？"魏公子为此十分忧虑，多次请求魏王出兵，他的宾客辩士们也千方百计地劝说魏王。魏王由于害怕秦国，始终不肯听从魏公子的意见。魏公子估计最终都不能得到魏王的同意了，就决定不能自己活着而让赵国灭亡，于是邀集宾客，凑集了战车一百多辆，准备率领他们同秦军决一死战，与赵国共存亡。

魏公子带着车队走过东门时，去见侯嬴，把打算同秦军决一死战的想法全都告诉了侯嬴。然后向他诀别，准备上路，行前侯嬴说:"公子努力去做吧,老臣不能随您而行了。"魏公子走了几里路,心里不痛快,自语道:"我对待侯嬴应该是很周到了,天下无人不晓,如今我将要拼死一搏了,可是侯嬴竟没有一言半语送我,我难道有什么地方做得不对吗?"于是又赶着车子返回来,想问问侯嬴。侯嬴笑着说:"臣就知道公子会回来的。"他说:"公子好客爱士,闻名天下。如今有了危难,想不出别的办法却要赶到战场上同秦军拼命,这就如同把肥肉扔给饿虎,有什么作用呢?如果这样的话,还养客干什么呢?公子待我情深义厚,公子前往,可是我不送行,因为知道公子恼恨我,一定会返回来的。"公子向侯嬴拜了又拜,进而问对策。侯嬴支开旁人,和魏公子悄悄地说道:"我听说晋鄙的兵符常放在魏王的寝宫内,在魏王的妻妾中如姬最受宠爱,能自由地出入魏王的寝宫,她是能偷出兵符来的。我还听说如姬的父亲被人杀害,如姬积恨三年之久,魏王以下的群臣左右都想为她报仇,但没能如愿。为此,如姬曾对公子哭诉,公子派门客斩了那个仇人的头,恭敬地献给如姬。如姬要报公子的恩情,即使一死,也在所不辞,只是没有机会罢了。公子果真开口请求如姬帮忙,她必定答应,这样我们就能拿到虎符,夺得晋鄙的军权,在北边能救赵,西边能御秦,这是春秋五霸一样的功业啊。"魏公子听从了侯嬴的计策,请求如姬帮忙。如姬果然偷出晋鄙的兵符,交给了魏公子。

公子行,侯生曰:"将在外,主令有所不受,以便国家。公子即合符,而晋鄙不授公子兵而复请之,事必危矣。臣客屠者朱亥可与俱,此人力士。晋鄙听,大善;不听,可使击之。"于是公子泣。侯生曰:"公子畏死邪?何泣也?"公子曰:"晋鄙嚄(huò)唶(zè)宿将[①],往恐不听,必当杀之,是以泣耳,岂畏死哉?"于是公子请朱亥。朱亥笑曰:"臣乃市井鼓刀屠者，而公子亲数存之②，所以不报谢者，以为小礼无所用。今公子有急，此乃臣效命之秋也。"遂与公子俱。公子过谢侯生。侯生曰："臣宜从，老不能。请数公子行日，以至晋鄙军之日，北乡自刭③，以送公子。"公子遂行。

至邺，矫魏王令代晋鄙。晋鄙合符，疑之，举手视公子曰："今吾拥十万之众，屯于境上，国之重任，今单车来代之，何如哉？"欲无听。朱亥袖四十斤铁椎，椎杀晋鄙，公子遂将晋鄙军。勒兵下令军中曰④："父子俱在军中，父归；兄弟俱在军中，兄归；独子无兄弟，归养。"得选兵八万人，进兵击秦军。秦军解去，遂救邯郸，存赵。赵王及平原君自迎公子于界，平原君负韊（lán）矢为公子先引⑤。赵王再拜曰："自古贤人未有及公子者也。"当此之时，平原君不敢自比于人。公子与侯生决，至军，侯生果北乡自刭。

魏王怒公子之盗其兵符，矫杀晋鄙，公子亦自知也。已却秦存赵，使将将其军归魏，而公子独与客留赵。赵孝成王德公子之矫夺晋鄙兵而存赵⑥，乃与平原君计，以五城封公子。公子闻之，意骄矜而有自功之色。客有说公子曰："物有不可忘，或有不可不忘。夫人有德于公子，公子不可忘也；公子有德于人，愿公子忘之也。且矫魏王令，夺晋鄙兵以救赵，于赵则有功矣，于魏则未为忠臣也。公子乃自骄而功之，窃为公子不取也。"于是公子立自责，似若无所容者。赵王埽（sǎo）除自迎⑦，执主人之礼，引公子就西阶⑧。公子侧行辞让，从东阶上。自言罪过，以负于魏，无功于赵。赵王侍酒至暮，口不忍献五城，以公子退让也。公子竟留赵。赵王以鄗（hào）为公子汤沐邑⑨，魏亦复以信陵奉公子。公子留赵。

注释

①嚄唶：大声呼叫，形容威武勇猛。宿将：老将。②存：问候。③乡：同"向"。④勒兵：整顿部队。勒，整饬，约束。⑤韣：革制的装箭之器。⑥德：感激，感谢。⑦埽：同"扫"。⑧西阶：一般为客人所登之阶。《礼记·曲礼上》："主人就东阶，客就西阶，客若降等，则就主人之阶。"⑨鄗：地名，今河北柏乡县北。汤沐邑：古代诸侯因要按时往朝天子，故天子赐给诸侯京郊附近之地，以供他们"斋戒沐浴"。这里指供给生活所需的封地。

译文

公子拿到了兵符准备上路，侯嬴说："将帅在外作战，君主的命令有时可以不接受，以有利于国家。公子到那里，即使兵符相合，可是晋鄙仍不交给您兵权，反而再请示魏王，那么事情就危险了。我的朋友屠夫朱亥可以跟您一同前往，此人是个大力士。如果晋鄙听从，那很好；如果他不听从，可以让朱亥杀了他。"公子听了这番话，便哭了。侯嬴说："公子是怕死吗？为什么哭呢？"公子回答说："晋鄙是魏国威武勇猛的老将，我去他那里，恐怕他不会听从命令，我们必定要杀死他，所以我哭了，哪里是怕死呢？"于是魏公子去请求朱亥一同前往。朱亥笑着说："我只是个市场上杀生的屠夫，可是公子多次登门问候我，我之所以不回拜答谢您，是因为我认为这些小礼节没什么用处。如今公子有了危难，正是我为公子献身效命的时候了。"于是和魏公子一同上路。魏公子最后向侯嬴辞行。侯嬴说："我本应随您一起去的，可是老了，不能同行。请允许我计算着您的行程，您到达晋鄙军队的那一天，我就向北而自刎，以此报答公子。"魏公子于是出发了。

到了邺城，魏公子假传魏王的命令，要代替晋鄙担任将领。

晋鄙合了兵符，但还是怀疑这件事，就举着手直视公子说："我统率着十万之众的大军，驻扎在边境上，这是关系到国家命运的重任，如今你单身一人来接替我，这是怎么回事呢？"正要拒绝接受命令。这时朱亥的衣袖里正藏有四十斤重的大铁椎，他一椎击死了晋鄙，公子于是统率了晋鄙的军队。然后进行整顿，向军中下令说："父子都在军队里的，父亲回去；兄弟同在军队里的，长兄回去；没有兄弟的独生子，则回去奉养双亲。"经过整饬，得到精兵八万人，于是前进攻击秦军。秦军撤离而去，于是邯郸得救，赵国也得以保全。赵王和平原君亲自到国界来迎接魏公子。平原君替魏公子背着箭袋，在前面引路。赵王对魏公子拜了又拜，说："自古以来的贤人没有一个能比得上公子的。"在这个时候，平原君也再不敢拿自己跟别人相比了。魏公子与侯嬴诀别后，在他到达邺城军营的那一天，侯嬴果然向北自刎而死。

魏王恼怒魏公子盗出了他的兵符，假传君令杀了晋鄙，这一点魏公子也是明知的。所以在打退秦军，保存赵国之后，就让别的将领带着军队返回魏国，而魏公子自己和他的门客们留在了赵国。赵孝成王感激魏公子假托君令夺了晋鄙军队保住了赵国，就与平原君商量，想把五座城邑封赏给魏公子。魏公子听说后，不禁骄傲得意，居功自满。有位门客劝说魏公子道："事情有不可以忘掉的，也有不可以不忘掉的。别人对公子有恩德，公子不可以忘记；公子对别人有恩德，希望公子忘掉它。况且假托魏王命令，夺取晋鄙兵权去救赵国，这对于赵国当然是有功劳了，但对于魏国那就不能算是忠臣了。公子却因此骄傲，自以为有功，我私下认为公子不应如此。"公子听后，立刻责备自己，好像无地自容一样。当赵王洒扫殿堂台阶，亲自到门口迎接魏公子，并行主人之礼，领着魏公子从西边台阶上殿。魏公子则侧着身子，推辞谦让，从东边的台阶走了上去。魏公子称说自己有罪，既有负于魏国，对赵国也无功劳可言。赵王陪着公子饮酒直到晚上，始终没法开口谈封赏五座城邑的事，因为公子总是谦让自责。公子最终留在了赵国。赵王把鄗邑赏给了魏公子，供给其生活所需，而魏王也把信陵又给了魏公子。魏公子仍留在了赵国。

公子闻赵有处士毛公藏于博徒①，薛公藏于卖浆家，公子欲见两人，两人自匿不肯见公子。公子闻所在，乃间步往从此两人游②，甚欢。平原君闻之，谓其夫人曰："始吾闻夫人弟公子天下无双，今吾闻之，乃妄从博徒卖浆者游，公子妄人耳。"夫人以告公子。公子乃谢夫人去，曰："始吾闻平原君贤，故负魏王而救赵，以称平原君③。平原君之游，徒豪举耳④，不求士也。无忌自在大梁时，常闻此两人贤，至赵，恐不得见。以无忌从之游，尚恐其不我欲也，今平原君乃以为羞，其不足从游。"乃装为去。夫人具以语平原君。平原君乃免冠谢，固留公子。平原君门下闻之，半去平原君归公子，天下士复往归公子，公子倾平原君客。

公子留赵十年不归。秦闻公子在赵，日夜出兵东伐魏。魏王患之，使使往请公子。公子恐其怒之，乃诫门下："有敢为魏王使通者，死。"宾客皆背魏之赵，莫敢劝公子归。毛公、薛公两人往见公子曰："公子所以重于赵，名闻诸侯者，徒以有魏也。今秦攻魏，魏急而公子不恤，使秦破大梁而夷先王之宗庙，公子当何面目立天下乎？"语未及卒，公子立变色，告车趣驾归救魏。

魏王见公子，相与泣，而以上将军印授公子，公子遂将。魏安釐王三十年，公子使使遍告诸侯。诸侯闻公子将，各遣将将兵救魏。公子率五国之兵破秦军于河外⑤，走蒙骜⑥。遂乘胜逐秦军至函谷关，抑秦兵，秦兵不敢出。当是时，公子威振天下，诸侯之客进兵法，公子皆名之⑦，故世俗称《魏公子兵法》。

秦王患之，乃行金万斤于魏，求晋鄙客，令毁公子于魏王曰："公子亡在外十年矣，今为魏将，诸侯将皆属，诸侯徒闻魏公子，不闻魏王。公子亦欲因此时定南面而王，诸侯畏公子之威，方欲共立之。"秦数使反间，伪贺公子得立为魏王未也。魏王日闻其毁，不能不信，后果使人代公子将。公子自知再以毁废，乃谢病不朝，与宾客为长夜饮，饮醇酒，多近妇女。日夜为乐饮者四岁，竟病酒而卒。其岁⑧，魏安釐王亦薨。

秦闻公子死，使蒙骜攻魏，拔二十城，初置东郡⑨。其后秦稍蚕食魏，十八岁而虏魏王⑩，屠大梁。

高祖始微少时，数闻公子贤。及即天子位，每过大梁，常祠公子。高祖十二年，从击黥布还，为公子置守冢五家，世世岁以四时奉祠公子。

太史公曰：吾过大梁之墟，求问其所谓夷门。夷门者，城之东门也。天下诸公子亦有喜士者矣，然信陵君之接岩穴隐者⑪，不耻下交，有以也。名冠诸侯，不虚耳。高祖每过之而令民奉祠不绝也。

注释

①处士：有才德而隐居不仕的人。博徒：赌徒。浆：酒浆。②间步：悄悄地步行。③称：称心，合意。④徒豪举：只图虚名，装门面。⑤五国：指韩、赵、楚、齐、燕。河外：今河南荥阳、渑

池一带地区。赵国定都邯郸,地处黄河之北,故称今河南西部的黄河以南地区为河外。⑥蒙骜:秦将,蒙恬的祖父,为秦上卿。⑦名:署名。⑧其岁:指公元前243年。⑨东郡:约为今河北东南和山东西部一带地区,郡治在今河南濮阳西南。⑩十八岁:指信陵君死后十八年,即公元前225年。魏王:安釐王的儿子,名假。⑪岩穴:隐士所居之处。

译文

魏公子听说赵国有位有才德而隐居不仕的毛公混迹于赌徒中,还有一位薛公藏身于酒肆里,魏公子很想见这两个人,可是这两人躲了起来不肯见魏公子。魏公子打听到他们的住处后,换了装束,悄悄地步行去找他们,魏公子和他们在一起交往甚是开心。平原君听说了这件事,就对他的夫人说:"当初我听说夫人的弟弟魏公子是个举世无双的贤人,如今我听说他竟然妄为,跟一些赌徒卖酒的交往,公子原来是个无知荒唐的人。"平原君的夫人把这些话告诉了魏公子。魏公子听后就向夫人告辞准备离开赵国,说:"以前我听说平原君贤德,所以背弃魏王而救赵国,为的是满足平原君的要求。现在才知道平原君与人交往,只图虚名,不是真正地求取贤才。我早在大梁时,就常常听说这两个人贤德有才,到了赵国,我唯恐见不到他们。我跟他们交往,还怕他们不愿意,如今平原君竟然认为这是羞辱的,看来平原君这个人不值得结交。"于是就整理行装准备离开。平原君夫人把魏公子的话全都告诉了平原君,平原君听了后,便向魏公子脱帽谢罪,坚决挽留魏公子。平原君门下的宾客们听到这件事后,有一半人离开了平原君而归附魏公子,天下的士人也都来投靠魏公子。这样魏公子的门客人数远远地超过了平原君。

魏公子留在赵国十年,都未回魏国。秦国听说魏公子留在赵国,就不断地发兵东攻魏国。魏王为此事很担忧,就派使臣去请魏公子回国。魏公子担心魏王仍恼恨自己,就告诫门下宾客说:"有谁敢替魏王使臣通报传达的,一律处死。"由于门客们都是背弃魏国来到赵国的,所以没人敢劝魏公子回国。这时,毛公、薛公两人去见魏公子说:"公子之所以在赵国受到尊重,名扬诸侯,只是因为有魏国的存在。现在秦国进攻魏国,魏国危急而公子毫不顾惜,假使秦国攻破大梁而夷平了魏王先祖的宗庙,公子还有什么脸面立于天地之间呢?"话还没说完,魏公子的脸色立即变了,嘱咐车夫赶快驾车启程,回去救魏国。

魏王见到魏公子,两人不禁相对落泪,魏王把上将军大印授给魏公子,魏公子又统率了魏国的军队。魏安釐王三十年,魏公子派使臣把自己为将的消息通报给各诸侯国。各诸侯国得知魏公子担任了上将军,都调兵遣将救援魏国。魏公子率领五国的军队在黄河以南地区大破秦军,使秦将蒙骜败逃。进而乘胜追击,一直追到函谷关,并把秦军堵于此,使他们不敢再出关。当时,魏公子的名声威震天下,各国的宾客都来进献兵法之书,魏公子将其搜集整理,并署上自己的名字,这就是世人所说的《魏公子兵法》。

秦王担忧魏公子将进一步威胁秦国,就用黄金万斤到魏国行贿,找到晋鄙的门客,让他们在魏王面前谗毁魏公子说:"公子在外逃亡了十年,如今担任魏国统帅,诸侯国的将领都归属于他,诸侯们只知道魏国有个魏公子,不知道还有个魏王。而公子也正要乘这个时机南面称王。诸侯们害怕公子的声威,也正准备共同拥立他为王。"秦国又多次实行反间计,他们假装听说魏公子已立为王,故来祝贺,来后才知并未立。这样魏王天天听到这些毁谤魏公子的话,不能不信了,后来果然派人代替魏公子担任上将军。魏公子自知这是又一次因遭谗而被废黜,于是就推托有病不上朝了,与宾客们通宵达旦地饮酒作乐,沉迷女色。就这样日夜寻欢作乐了四年,终因饮酒过度而死。这一年,魏安釐王也去世了。

秦国听说魏公子死了,就派蒙骜进攻魏国,攻占了二十座城池,建立了东郡。其后,秦国像蚕食桑叶般逐渐地侵占了魏国领土,到魏公子死后十八年,秦国俘虏了魏王假,屠杀大梁城中的军民。

汉高祖当初位卑年少时,就多次听说魏公子贤德有才。等到他即位做了皇帝,每次经过大梁,都要去祭祀魏公子。汉高祖十二年,他击败黥布从前线归来经过大梁时,就安置了五户人家,专门为魏公子守坟,让他们世世代代在四季按时祭祀魏公子。

太史公说:我经过大梁废址时,曾寻访那个人们所说的夷门。夷门原来就是大梁城的东门。天下贵公子中也多有好客养士的,但只有信陵君能够结交那些隐没在社会各角落的人,他不以结交下层平民为耻,可谓掌握了待士的道理。他的身名能够在当时诸侯之上,的确不是虚传。因此,高祖每次经过大梁便命令百姓祭祀他,不能断绝。

廉颇蔺相如列传

廉颇者，赵之良将也。赵惠文王十六年①，廉颇为赵将伐齐，大破之，取阳晋②，拜为上卿，以勇气闻于诸侯。蔺相如者，赵人也。为赵宦者令缪（miào）贤舍人③。

赵惠文王时，得楚和氏璧④。秦昭王闻之⑤，使人遗（wèi）赵王书，愿以十五城请易璧。赵王与大将军廉颇诸大臣谋：欲予秦，秦城恐不可得，徒见欺；欲勿予，即患秦兵之来。计未定，求人可使报秦者，未得。宦者令缪贤曰："臣舍人蔺相如可使。"王问："何以知之？"对曰："臣尝有罪，窃计欲亡走燕，臣舍人相如止臣，曰：'君何以知燕王？'臣语曰：'臣尝从大王与燕王会境上，燕王私握臣手，曰'愿结友'。以此知之，故欲往。'相如谓臣曰：'夫赵强而燕弱，而君幸于赵王，故燕王欲结于君。今君乃亡赵走燕，燕畏赵，其势必不敢留君，而束君归赵矣。君不如肉袒伏斧质请罪⑥，则幸得脱矣。'臣从其计，大王亦幸赦臣。臣窃以为其人勇士，有智谋，宜可使。"于是王召见，问蔺相如曰："秦王以十五城请易寡人之璧，可予不⑦？"相如曰："秦强而赵弱，不可不许。"王曰："取吾璧，不予我城，奈何？"相如曰："秦以城求璧而赵不许，曲在赵。赵予璧而秦不予赵城，曲在秦。均之二策，宁许以负秦曲⑧。"王曰："谁可使者？"相如曰："王必无人⑨，臣愿奉璧往使。城入赵而璧留秦；城不入，臣请完璧归赵。"赵王于是遂遣相如奉璧西入秦。

注释

①赵惠文王：名珂，武灵王之子，公元前298年至公元前266年在位。②阳晋：古邑名，今山东菏泽西北。③宦者令：宦官的头领。舍人：战国时期在贵族门下任事的食客。④和氏璧：由楚人卞和所得的玉璞中理出的玉璧。《韩非子·和氏》云："楚人和氏得玉璞山中，奉而献之厉王，厉王使玉人相之，玉人曰：'石也。'王以和为诳，而刖其左足。及厉王薨，武王即位，和又奉其璞而献之武王，武王使玉人相之，又曰：'石也。'王又以和为诳，而刖其右足。武王薨，文王即位，和乃抱其璞而哭于楚山之下，三日三夜，泣尽而继之以血。王闻之，乃使玉人理其璞而得宝焉，遂命曰'和氏之璧'。" ⑤秦昭王：名则，秦始皇的曾祖，公元前306年至公元前251年在位。⑥肉袒：解衣露着臂膊。斧质：刀斧和砧板。质，同"锧"，铁砧板。⑦不：同"否"。⑧负：背，承担。⑨必：确实。

译文

廉颇是赵国杰出的将领。赵惠文王十六年，廉颇为赵国率兵征讨齐国，大破齐军，夺取了阳晋，被封为上卿，他以勇敢闻名于诸侯各国。蔺相如是赵国人，是赵国宦官总管缪贤家的门客。

赵惠文王在位时，得到了楚国的和氏璧。秦昭王听说了这件事，就派人给赵王一封书信，表示愿意用十五座城交换这块璧。赵王与大将军廉颇及大臣们商量：如果给了秦国，秦国的城邑恐怕不能得到，白白地受骗；如果不给，又怕秦兵来攻打。主意定不下来，想找一个出使秦国的人，也没能找到。宦官总管缪贤说："我的门客蔺相如可以派去。"赵王问："你怎么知道呢？"缪贤回答说:"臣曾犯过罪,私下打算逃亡到燕国去,我的门客相如阻拦我,说:'您怎么会了解燕王呢?'我对他说:'我曾跟随大王与燕王在边境上会晤,燕王私下握住我的手,说"愿意跟您结交朋友"。由此我就了解了他,所以想往他那里去。'相如对我说:'当时赵国强,燕国弱,而您受宠于赵王,所以燕王想要和您结交。现在您是从赵国逃奔到燕国,燕国怕赵国,这种形势下燕王必定不敢收留您,而且还会把您捆绑起来送回赵国。您不如脱掉上衣,露出肩背,背着斧板去向大王请罪,这样也许会被幸免。'臣听从了他的意见,大王也开恩赦免了臣。臣私下认为这人是个勇士,有智谋,适宜出使秦国。"于是赵王立即召见蔺相如,问他说:"秦王请求用十五座城换我的和氏璧,可不可以给他?"相如说:"秦国强,赵国弱,不能不答应它。"赵王说:"得到了我的和氏璧,而不给我城邑,那怎么办?"相如说:"秦国请求用城换璧,赵国如不答应,赵国理亏;赵国给了璧而秦国不给赵国城邑,秦国理亏。衡量这两种对策,宁可答应,让秦国来承担理亏的责任。"赵王说:"谁可以去出使呢?"相如说:"大王确实无人可派,臣愿奉璧前往出使。城邑归属赵国了,就把和氏璧留给秦国;城邑不能归属赵国,我一定把和氏璧完好地带回赵国。"赵王于是就派遣蔺相如带着和氏璧,西行入秦。

秦王坐章台见相如①,相如奉璧奏秦王②。秦王大喜,传以示美人及左右,左右皆呼万岁。相如视秦王无意偿赵城,乃前曰:"璧有瑕③,请指示王。"王授璧,相如因持璧却立,倚柱,怒发上冲冠,谓秦王曰:"大王欲得璧,使人发书至赵王,赵王悉召群臣议,皆曰:'秦贪,负其强,以空言求璧,偿城恐不可得'。议不欲予秦璧。臣以为布衣之交尚不相欺,况大国乎!且以一璧之故逆强秦之欢,不可。于是赵王乃斋戒五日④,使臣奉璧,拜送书于庭。何者?严大国之威以修敬也⑤。今臣至,大王见臣列观⑥,礼节甚倨⑦;得璧,传之美人,以戏弄臣。臣观大王无意偿赵王城邑,故臣复取璧。大王必欲急臣,臣头今与璧俱碎于柱矣!"相如持其璧睨(nì)柱⑧,欲以击柱。秦王恐其破璧,乃辞谢固请,召有司案图⑨,指从此以往十五都予赵。相如度秦王特以诈详为予赵城,实不可得,乃谓秦王曰:"和氏璧,天下所共传宝也,赵王恐,不敢不献。赵王送璧时,斋戒五日,今大王亦宜斋戒五日,设九宾于廷⑩,臣乃敢上璧。"秦王度之,终不可强夺,遂许斋五日,舍相如广成传(zhuàng)⑪。相如度秦王虽斋,决负约不偿城,乃使其从者衣褐,怀其璧,从径道亡,归璧于赵。

秦王斋五日后,乃设九宾礼于廷,引赵使者蔺相如。相如至,谓秦王曰:"秦自缪(mù)公以来二十余君⑫,未尝有坚明约束者也⑬。臣诚恐见欺于王而负赵,故令人持璧归,间至赵矣。且秦强而赵弱,大王遣一介之使至赵⑭,赵立奉璧来。今以秦之强而先割十五都予赵,赵岂敢留璧而得罪于大王乎?臣知欺大王之罪当诛,臣请就汤镬(huò)⑮,唯大王与群臣孰计议之。"秦王与群臣相视而嘻⑯。左右或欲引相如去,秦王因曰:"今杀相如,终不能得璧也,而绝秦赵之欢,不如因而厚遇之,使归赵,赵王岂以一璧之故欺秦邪!"卒廷见相如,毕礼而归之。

相如既归,赵王以为贤大夫使不辱于诸侯,拜相如为上大夫⑰。秦亦不以城予赵,赵亦终不予秦璧。

注释

①章台：秦离宫中的台观名，在今陕西长安县故城。不在朝廷，而在离宫中接见来使，有对该国轻蔑之意。②奉：进献。③瑕：玉上的小斑点。④斋戒：古人在祭祀或进行重大活动前，沐浴更衣，戒酒荤，洁净身心，表示虔诚。⑤严：敬重，敬畏。修：奉行，表示。⑥列观：一般的台观，与"朝廷"相对而言。⑦倨：傲慢。⑧睨：斜视，瞥视。⑨有司：泛指官吏，这里指负责该项事务的官吏。案图：查看地图。⑩设九宾于廷：在朝廷上设立九个傧相，依次地传呼使者上殿。宾：同"傧"，赞礼官。⑪广成：传舍名。传：传舍，宾馆。⑫缪公：即秦穆公。缪，同"穆"。⑬坚明：这里用如动词，即坚守，信守。⑭一介之使：一个使臣。⑮汤镬：古代酷刑，即把人投入烧着开水的锅中烹煮。⑯嘻：惊怪之声。⑰上大夫：爵位名，大夫中的最高一级，次于卿。

译文

秦王在章台接见蔺相如，蔺相如捧璧进献给秦王。秦王大喜，把和氏璧给妻妾和左右侍从传看，左右都高呼万岁。蔺相如看出秦王没有给赵国城邑的意思，便走上前说："璧上有个小斑点，请让臣指给大王看。"秦王把璧递给蔺相如，蔺相如手持玉璧后退了几步，背靠着柱子，怒发冲冠，对秦王说："大王想得到和氏璧，派人送信给赵王，赵王召集全体大臣商议，大家都说：'秦国贪得无厌，倚仗着自己强大，想用空话得到和氏璧，补偿给我们的城邑恐怕是不能得到的。'商议的结果是不想把和氏璧给秦国。臣认为平民百姓的交往尚且不互相欺骗，何况是大国呢！而且因为一块玉璧使强大的秦国不高兴，这是不好的。于是赵王斋戒了五天，派我捧璧前来，临行时在殿堂上行叩拜礼，送出国书。为什么要这样呢？是尊重大国的威望以表示敬重。如今臣来到贵国，大王却在一般的台观接见，礼节非常傲慢；得到和氏璧后，传给姬妾们观看，以此戏弄臣。臣看出大王没有给赵国十五城的意思，所以又收回了和氏璧。大王如果一定要逼迫臣，臣的头今天就同和氏璧一起撞碎在柱子上！"相如手持和氏璧，斜视着柱子，就要向柱上撞去。秦王怕他真把和氏璧撞碎，便向他道歉，坚决请求他不要如此，并召来主管的官员查看地图，指明从某地到某地的十五座城邑划给赵国。相如估计秦王不过用欺诈手段假装给赵国城邑，实际上赵国是不可能得到的，于是就对秦王说："和氏璧是天下公认的宝物，赵王惧怕贵国，不敢不进献。赵王送璧之前，斋戒了五天，如今大王也应斋戒五天，在朝廷设立九个傧相，依次传呼，臣才敢献上和氏璧。"秦王估量此事，毕竟不可强力夺取，于是就答应斋戒五天，安置蔺相如住在广成传舍。蔺相如估计秦王虽然答应斋戒，但必定违背盟约，不给赵国城邑，于是便派他的随从穿上粗布衣服，怀藏和氏璧，从小路逃走，把和氏璧送回了赵国。

秦王斋戒五天后，就在朝廷上设立九个傧相，依次传呼，延请赵国使者蔺相如。相如来到后，对秦王说："秦国从穆公以来的二十几位君主，从没有一个坚守盟约的。臣实在是怕被大王欺骗而辜负了赵国，所以派人带着和氏璧从小路走，已到赵国了。况且秦强赵弱，大王派一位使臣到赵国，赵国立即就把和氏璧送来。如今凭着您秦国的强大，先把十五座城邑割让给赵国，赵国怎么敢留下和氏璧而得罪大王呢？臣知道欺骗大王之罪应被诛杀，我甘愿下油锅被烹，只希望大王和各位大臣仔细考虑此事。"秦王和群臣面面相觑，发出惊怪之声。侍从们想把蔺相如拉下去行刑，秦王趁机说："如今杀了相如，终归还是得不到和氏璧，反而破坏了秦赵两国的交情，不如趁此好好款待他，放他回到赵国,赵王难道会为了一块和氏璧而欺骗秦国吗?"最终还是在朝廷上接见了蔺相如,典礼结束后,就让他回国了。

蔺相如回国后,赵王认为他贤能,出使秦国而不受欺辱,于是封蔺相如为上大夫。秦国没有把城邑给赵国,赵国最终也没把和氏璧给秦国。

其后秦伐赵,拔石城①。明年,复攻赵,杀二万人。

秦王使使者告赵王,欲与王为好会于西河外渑(miǎn)池②。赵王畏秦,欲毋(wú)行。廉颇、蔺相如计曰:"王不行,示赵弱且怯也。"赵王遂行,相如从。廉颇送至境,与王诀曰:"王行,度道里会遇之礼毕,还,不过三十日。三十日不还,则请立太子为王,以绝秦望。"王许之,遂与秦王会渑池。秦王饮酒酣,曰:"寡人窃闻赵王好音,请奏瑟。"赵王鼓瑟。秦御史前书曰"某年月日,秦王与赵王会饮,令赵王鼓瑟"③。蔺相如前曰:"赵王窃闻秦王善为秦声,请奏盆缻(fǒu)秦王④,以相娱乐。"秦王怒,不许。于是相如前进缻,因跪请秦王。秦王不肯击缻。相如曰:"五步之内,相如请得以颈血溅大王矣!"左右欲刃相如,相如张目叱之,左右皆靡。于是秦王不怿(yì)⑤,为一击缻。相如顾召赵御史书曰"某年月日,秦王为赵王击缻"⑥。秦之群臣曰:"请以赵十五城为秦王寿"。蔺相如亦曰:"请以秦之咸阳为赵王寿。"秦王竟酒,终不能加胜于赵。赵亦盛设兵以待秦,秦不敢动。

既罢归国,以相如功大,拜为上卿,位在廉颇之右⑦。廉颇曰:"我为赵将,有攻城野战之大功,而蔺相如徒以口舌为劳,而位居我上,且相如素贱人,吾羞,不忍为之下。"宣言曰:"我见相如,必辱之。"相如闻,不肯与会。相如每朝时,常称病，不欲与廉颇争列。已而相如出，望见廉颇，相如引车避匿。于是舍人相与谏曰："臣所以去亲戚而事君者，徒慕君之高义也。今君与廉颇同列，廉君宣恶言而君畏匿之，恐惧殊甚，且庸人尚羞之，况于将相乎！臣等不肖，请辞去。"蔺相如固止之，曰："公之视廉将军孰与秦王？"曰："不若也。"相如曰："夫以秦王之威，而相如廷叱之，辱其群臣，相如虽驽⑧，独畏廉将军哉？顾吾念之，强秦之所以不敢加兵于赵者，徒以吾两人在也。今两虎共斗，其势不俱生。吾所以为此者，以先国家之急而后私仇也。"廉颇闻之，肉袒负荆⑨，因宾客至蔺相如门谢罪⑩。曰："鄙贱之人，不知将军宽之至此也。"卒相与欢，为刎颈之交⑪。

是岁，廉颇东攻齐，破其一军。居二年⑫，廉颇复伐齐几（qí）⑬，拔之。后三年⑭，廉颇攻魏之防陵、安阳⑮，拔之。后四年，蔺相如将而攻齐，至平邑而罢⑯。其明年，赵奢破秦军阏（yù）与下⑰。

注释

①石城：地名，今河南林县西南。②西河：黄河以西，今陕西、山西、河南交界处的一带地区。渑池：地名，今河南渑池县西。③御史：战国时掌管图书文籍，位同后世史官，不同于秦朝以后职掌纠弹的御史。④奏：有的版本作"奉"。盆缻：盛水的盆罐之类。缻：同"缶"，瓦器，用来盛酒，也可以用来汲水，这里指瓦制的打击乐器。⑤怿：高兴，快乐。⑥顾召：回头招呼。⑦右：这里指上位。先秦时期究竟以左为上，还是以右为上，各国各时期并不一致。⑧驽：劣马，这里比喻人的才智拙劣。⑨肉袒负荆：裸露肩背，背着荆条，表示承认错误，愿意受责罚。⑩因宾客：让宾客领着。⑪刎颈之交：以生死相托的交情。⑫居

二年：即赵惠文王二十三年（前276）。⑬几：古邑名，今河北大名县东南。⑭后三年：梁玉绳曰："当作后一年，乃惠文王二十四年也。"（《史记志疑》） ⑮防陵：古邑名，今河南安阳市西南，因防水而得名。安阳：古邑名，今河南安阳市东南。⑯平邑：古邑名，今河南南乐县东北。⑰阏与：古邑名，今山西和顺县西北。

译文

后来秦国攻打赵国，夺取了石城。第二年，秦国再次攻赵，杀了赵国两万人。

秦王派使者通告赵王，想和赵王在西河外的渑池举行和平会谈。赵王害怕秦国，想不去。廉颇、蔺相如商议道："大王如果不去，就显得赵国弱小且怯懦。"赵王于是前往赴会，相如随行。廉颇送到边境，和赵王分别时说："大王此行，估计去渑池的路程直到会谈结束，返回赵国，不超过三十天。如果三十天还没回来，就请您允许我们立太子为王，以断绝秦国的妄想。"赵王同意了，便去渑池与秦王会晤。秦王饮到酒兴正浓时，说："寡人私下里听说赵王爱好音乐，请您弹瑟一曲吧！"赵王于是弹瑟。秦国的史官上前来写道："某年某月某日，秦王与赵王一起饮酒，令赵王弹瑟。"蔺相如上前说："赵王私下里听说秦王擅长秦国音乐，请让我给秦王捧上盆缶，以此互相娱乐。"秦王发怒，不答应。这时相如向前递上瓦缶，并跪下请秦王演奏。秦王不肯击缶，相如说："在这五步之内，我蔺相如要把脖子里的血溅在大王身上了！"侍从们想要杀相如，相如圆睁双眼，大喝一声，侍从们都吓得倒退。当时秦王不高兴，也只好敲了一下缶。相如回头招呼赵国史官写道："某年某月某日，秦王为赵王敲缶。"秦国的大臣们说："请你们用赵国的十五座城向秦王作进贺之礼。"蔺相如也说："请你们用秦国的咸阳向赵王进贺。"直到酒宴结束，秦王始终也未能压倒赵王。赵国也部署了大批军队来防备秦国，因而秦国也不敢有什么举动。

从渑池回国后，由于相如功劳大，被封为上卿，位在廉颇之上。廉颇说："我是赵国将军，有攻城野战的大功，而蔺相如只不过靠耍嘴皮子立了点功，而他的位置却在我之上，况且蔺相如出身卑贱，我感到羞耻，位居其下，我难以忍受。"于是公开对人宣扬说："我遇见相如，一定要侮辱他。"相如听到后，不肯和他相会。相如每到上朝时，常常推说有病，不愿和廉颇去争位次的先后。没过多久，相如外出，远远看到廉颇，相如就掉转车子躲开了。于是相如的门客就一起来直言进谏说："我们所以离开亲人来侍奉您，就是仰慕您高尚的品德。如今您与廉颇官位相同，廉颇扬言要侮辱您，而您却害怕地躲避他，您怕得也太过分了，普通人尚且感到羞耻，更何况是位居将相的人呢！我们没有出息，请让我们告辞离开吧！"蔺相如坚决地拦阻他们，说："诸位认为廉将军和秦王相比，谁厉害？"回答说："廉将军比不上秦王。"相如说："以秦王的威势，而我却敢在朝廷上呵斥他，羞辱他的群臣，我蔺相如虽然无能，难道会独独怕廉将军吗？我考虑的是，强秦之所以不敢对赵国用兵，就是因为有我们两人在，如今两虎相斗，势必不能共存。我之所以这样忍让，就是把国家的危难摆在前面，而把个人的私怨放在其后。"廉颇听说了这些话，就裸露肩背，背着荆条，由门客领着，来到蔺相如的门前请罪。他说："我是个狭隘浅陋的人，想不到将军您是如此的宽厚啊！"二人终于相互交欢和好，成为生死之交。

这一年，廉颇向东进攻齐国，打败了它的一支军队。过了两年，廉颇又攻打齐国的几邑，几邑被攻占。又过了三年，廉颇率军进攻魏国的防陵、安阳，二城都被攻克了。又过了四年，蔺相如领兵攻齐，一直打到平邑。第二年，赵奢在阏与大败秦军。

赵奢者，赵之田部吏也①。收租税而平原君家不肯出租，奢以法治之，杀平原君用事者九人②。平原君怒，将杀奢。奢因说曰："君于赵为贵公子，今纵君家而不奉公则法削，法削则国弱，国弱则诸侯加兵，诸侯加兵是无赵也，君安得有此富乎？以君之贵，奉公如法则上下平，上下平则国强，国强则赵固，而君为贵戚，岂轻于天下邪？"平原君以为贤，言之于王。王用之治国赋③，国赋大平，民富而府库实。

秦伐韩，军于阏与。王召廉颇而问曰："可救不？"对曰："道远险狭，难救。"又召乐乘而问焉④，乐乘对如廉颇言。又召问赵奢，奢对曰："其道远险狭，譬之犹两鼠斗于穴中，将勇者胜。"王乃令赵奢将，救之。

兵去邯郸三十里，而令军中曰："有以军事谏者死。"秦军军武安西⑤，秦军鼓噪勒兵，武安屋瓦尽振。军中候有一人言急救武安⑥，赵奢立斩之。坚壁，留二十八日不行，复益增垒。秦间来入，赵奢善食而遣之。间以报秦将，秦将大喜曰："夫去国三十里而军不行，乃增垒，阏与非赵地也。"赵奢既已遣秦间，乃卷甲而趋之，二日一夜至，令善射者去阏与五十里而军。军垒成，秦人闻之，悉甲而至。军士许历请以军事谏，赵奢曰："内之。"许历曰："秦人不意赵师至此，其来气盛，将军必厚集其阵以待之。不然，必败。"赵奢曰："请受令。"许历曰："请就铁（fū）质之诛⑦。"赵奢曰："胥后令邯郸⑧。"许历复请谏，曰："先据北山上者胜，后至者败。"赵奢许诺，即发万人趋之。秦兵后至，争山不得上，赵奢纵兵击之，大破秦军。秦军解而走，遂解阏与之围而归。

赵惠文王赐奢号为马服君⑨,以许历为国尉⑩。赵奢于是与廉颇、蔺相如同位。

> **注释**
>
> ①田部吏:征收田赋的官吏。②用事者:管事的人。③治国赋:主管全国的赋税。④乐乘:燕将乐毅的族人,伐赵,被廉颇所擒,后为赵将,因功封为武襄君。⑤武安:赵邑,今河北武安县西南。⑥候:刺探敌人情报的军吏。⑦铁锧:即铁锧,古代斩人的刑具。⑧胥后令邯郸:等待日后邯郸的命令,意思是不要杀了。⑨马服君:封号。马服,山名,在邯郸西北。⑩国尉:武官名,低于将军的军官,相当于后世的都尉、校尉。

> **译文**
>
> 赵奢,原是赵国征收田赋的官吏。在征收租税的时候,平原君的家里不肯交租,赵奢依法处治,杀了平原君家九个当权管事的人。平原君大怒,想要杀赵奢。赵奢劝说道:"您是赵国的贵公子,现在要是纵容您家而不遵奉国家的法令,就会使法令削弱,法令削弱了就会使国家衰弱,国家衰弱了诸侯就要出兵侵犯,诸侯出兵侵犯赵国就会灭亡,您还怎能保住您家的富贵呢?以您的地位和尊贵,能奉公守法就会使国家上下公平,上下公平就能使国家强盛,国家强盛了,赵王的政权就会稳固,而您身为赵国贵戚,难道还会被天下人轻视吗?"平原君认为他很有才干,把他推荐给赵王。赵王任用他掌管全国的赋税,全国赋税非常公平合理,百姓也很富足,国库充实。
>
> 秦国进攻韩国,军队驻扎在阏与。赵王召见廉颇问道:"可以去援救吗?"廉颇回答说:"道路远,而且又狭窄,很难援救。"又召见乐乘问这件事,乐乘的回答和廉颇的一样。又召见赵奢来

问,赵奢回答说:"路远道狭,在这种地方作战就如同两只老鼠在洞里争斗,哪方将领勇猛哪方就得胜。"赵王便派赵奢领兵,去救援阏与。

军队离开邯郸三十里,赵奢就在军中下令说:"有谁来为作战之事进谏的处以死刑。"秦军驻扎在武安西边,秦军击鼓呐喊的练兵声之大,以至于武安城中的屋瓦都随之震动。赵军中的一个侦察敌情的军士请求急速援救武安,赵奢立即把他斩首。赵军坚守营垒,停留二十八天不向前进发,反而又加筑营垒。秦军的奸细潜入赵军营地,赵奢好好款待后把他放了回去。奸细把情况向秦将报告,秦将大喜,说:"赵奢的军队离开国都三十里,就不敢前进了,而且还增修营垒,阏与不会为赵国所有了。"赵奢遣送秦军奸细之后,就令士兵卸下铁甲,快速向阏与进发。两天一夜就到达前线,下令善射的骑兵在离阏与五十里处扎营。军营筑成后,秦军知道了这一情况,束甲轻装,快速赶来。一个叫许历的军士请求就作战之事提出意见,赵奢说:"让他进来。"许历说:"秦军本没想到赵军会来到这里,现在他们赶来对敌,士气很盛,将军一定要集中兵力坚守阵地。不然的话,必定要失败。"赵奢说:"愿意接受你的意见。"许历说:"请按军令处我以死刑。"赵奢说:"等待回邯郸后的命令吧。"许历请求再提个建议,说:"先占据北山的就会得胜,后到的失败。"赵奢同意,立即派出一万人迅速抢占北山。秦兵后到,与赵军争夺北山但攻不上去,赵奢指挥士兵猛攻,大破秦军。秦军四散败退,赵奢于是解除了阏与之围,凯旋回国。

赵惠文王封赵奢为马服君,命许历为国尉。赵奢于是与廉颇、蔺相如职级相当。

后四年①，赵惠文王卒，子孝成王立。七年②，秦与赵兵相距长平③，时赵奢已死，而蔺相如病笃，赵使廉颇将攻秦，秦数败赵军，赵军固壁不战。秦数挑战，廉颇不肯。赵王信秦之间。秦之间言曰："秦之所恶，独畏马服君赵奢之子赵括为将耳。"赵王因以括为将，代廉颇。蔺相如曰："王以名使括，若胶柱而鼓瑟耳④。括徒能读其父书传，不知合变也。"赵王不听，遂将之。

赵括自少时学兵法，言兵事，以天下莫能当。尝与其父奢言兵事，奢不能难，然不谓善。括母问奢其故，奢曰："兵，死地也⑤，而括易言之。使赵不将括即已，若必将之，破赵军者必括也。"及括将行，其母上书言于王曰："括不可使将。"王曰："何以？"对曰："始妾事其父，时为将，身所奉饭饮而进食者以十数，所友者以百数，大王及宗室所赏赐者尽以予军吏士大夫，受命之日，不问家事。今括一旦为将，东向而朝⑥，军吏无敢仰视之者，王所赐金帛，归藏于家，而日视便利田宅可买者买之。王以为何如其父？父子异心，愿王勿遣。"王曰："母置之，吾已决矣。"括母因曰："王终遣之，即有如不称，妾得无随坐乎⑦？"王许诺。

赵括既代廉颇，悉更约束，易置军吏。秦将白起闻之，纵奇兵，详败走，而绝其粮道，分断其军为二，士卒离心。四十余日，军饿，赵括出锐卒自搏战，秦军射杀赵括。括军败，数十万之众遂降秦，秦悉坑之。赵前后所亡凡四十五万。明年，秦兵遂围邯郸，岁余，几不得脱。赖楚、魏诸侯来救，乃得解邯郸之围。赵王亦以括母先言，竟不诛也。

注释

①后四年：即赵惠文王三十三年（前266）。②七年：应作六年（前260）。③长平：赵邑，今山西高平县西北。④胶柱而鼓瑟：用胶把弦柱粘牢再去弹瑟，比喻人死守教条，遇事不知变通。⑤死地：危险的场合，危险的事情。⑥东向而朝：面向东坐着接受部下的参拜。古代帝王坐北朝南，公侯将相坐西向东，以示尊贵。⑦随坐：连坐，因别人犯罪而受牵连。

译文

　　过了四年，赵惠文王去世，太子孝成王即位。孝成王七年，秦军与赵军在长平对阵，那时赵奢已死，蔺相如正病危，赵王派廉颇率兵抗秦，秦军几次打败赵军，赵军坚守营垒不出战。秦军屡次挑战，廉颇不做回应。赵王听信秦军奸细散布的谣言。秦军奸细说："秦军所厌恶的，就是怕马服君赵奢的儿子赵括来做将军。"赵王因此就以赵括为将军，取代了廉颇。蔺相如说："大王只凭名声来任用赵括，就好像用胶把弦柱粘牢再去弹瑟那样不知变通。赵括只会读他父亲留下的书，不懂得随机应变。"赵王不听，还是命赵括为将。

　　赵括从小就学习兵法，谈论军事，以为天下没人能抵得过他。他曾与父亲赵奢谈论用兵之事，赵奢也难不倒他，可是并不说他好。赵括的母亲问赵奢这是什么缘故，赵奢说："用兵打仗是关乎生死的事，然而他却把这事说得那么随意。如果赵国不用赵括为将还好，假如一定让他为将，使赵军失败的一定就是他。"等到赵括将要起程的时候，他母亲上书给赵王说："不可以任用赵括做将军。"赵王说："为什么？"回答说："当初我侍奉他父亲，那时他父亲是将军，由他亲自捧着饮食恭敬对待的有几十人，被他当作朋友对待的有上百个，大王和王室贵族们赏赐给他的财物,他都全部分给军吏和僚属,接受命令的那天起,就不再过问家事。现在赵括刚做了将军,就面向东坐着接受部下的参拜,军吏没有一个敢抬头看他的,大王赏赐的金帛,他都带回家藏起来,还天天访查良田美宅,可买的就把它买下来。大王认为他和他父亲比起来,怎么样?父子二人完全不同,请大王不要派他领兵。"赵王说:"您就把这事放下别管了,我已经决定了。"赵括的母亲接着说:"您一定要派他领兵,如果他不称职打败仗,我能不受牵连吗?"赵王答应了。

赵括代替廉颇后,更改原有的全部章程制度,撤换了大批军吏。秦将白起听说这些情况后,便调遣奇兵,假装败逃,又去截断赵军运粮的道路,把赵军截成两段,于是赵军士卒人心涣散。过了四十多天,赵军粮尽,饥饿不已,赵括调动精兵亲自与秦军搏斗,秦军射死了赵括。赵括军队战败,几十万大军投降了秦国,秦军把他们全部活埋了。赵国前后损失共四十五万人。第二年,秦军就包围了邯郸,邯郸被围困一年多,赵国几乎不能保全,全靠楚国、魏国派军援救,才得以解除邯郸之围。赵王也由于赵括的母亲有言在先,最终没有杀她。

自邯郸围解五年,而燕用栗腹之谋①,曰"赵壮者尽于长平,其孤未壮",举兵击赵。赵使廉颇将,击,大破燕军于鄗(hào)②,杀栗腹,遂围燕。燕割五城请和,乃听之。赵以尉文封廉颇为信平君③,为假相国④。

廉颇之免长平归也,失势之时,故客尽去。及复用为将,客又复至。廉颇曰:"客退矣!"客曰:"吁!君何见之晚也?夫天下以市道交⑤,君有势,我则从君,君无势则去,此固其理也,有何怨乎?"居六年⑥,赵使廉颇伐魏之繁阳⑦,拔之。

赵孝成王卒,子悼襄王立⑧,使乐乘代廉颇。廉颇怒,攻乐乘，乐乘走。廉颇遂奔魏之大梁⑨。其明年，赵乃以李牧为将而攻燕，拔武遂、方城⑩。

廉颇居梁久之，魏不能信用。赵以数困于秦兵，赵王思复得廉颇，廉颇亦思复用于赵。赵王使使者视廉颇尚可用否。廉颇之仇郭开多与使者金⑪，令毁之。赵使者既见廉颇，廉颇为之一饭斗米，肉十斤，被甲上马，以示尚可用。赵使还报王曰："廉将军虽老，尚善饭，然与臣坐，顷之三遗矢矣⑫。"赵王以为老，遂不召。

楚闻廉颇在魏，阴使人迎之。廉颇一为楚将⑬，无功，曰："我思用赵人。"廉颇卒死于寿春⑭。

注释

①栗腹：时为燕相。②鄗：赵邑，今河北柏乡县北。③尉文：地名，所在不详。④假：代理。⑤以市道交：以市场上做交易之理来互相交往，随利害而聚散。⑥居六年：赵孝成王二十一年（前245）。⑦繁阳：古邑名，今河南内黄县东北。⑧悼襄王：名偃，孝成王之子，公元前244年至公元前236年在位。⑨大梁：魏国都城，今河南开封市。⑩武遂：古邑名，今河北徐水县西南的遂城镇。方城：古邑名，今河北固安县南。⑪郭开：赵王宠臣。⑫矢：同"屎"。⑬一：既已。⑭寿春：楚邑，今安徽寿县。

译文

邯郸解围后的第五年，燕国采纳栗腹的计谋，栗腹说"赵国的青壮年全都死在长平了，他们的遗孤尚未成人"，燕王便发兵攻赵。赵王派廉颇领兵反击，在鄗邑大败燕军，杀死栗腹，于是包围燕国都城。燕国割让五座城请求讲和，赵王才答应停战。赵王把尉文封给了廉颇作领地，封号为信平君，并让他任代理相国。

当初廉颇在长平被免职回来,失去权势的时候,他原来的门客都离开了他。等到重新被任用为将军,那些门客又回来了。廉颇说:"你们还是都走吧!"门客们说:"唉!您的见解怎么这样落后?天下人都是以市场交易的方法而结交,您有权势,我们就跟随着您,您没有权势了,我们就离开,这本是很自然的道理,又有什么可抱怨的呢?"又过了六年,赵国派廉颇进攻魏国的繁阳,将其攻克了。

赵孝成王去世,太子悼襄王即位,派乐乘代替廉颇。廉颇大怒,攻打乐乘,乐乘被赶跑了。廉颇于是也逃奔魏国的大梁。第二年,赵国便以李牧为将进攻燕国,攻下了武遂、方城二地。

廉颇在大梁住了很久,魏国对他不能信任重用。赵国由于屡次被秦兵围困,赵王就想重新起用廉颇,而廉颇也想被赵国所用。赵王派了使臣去探望廉颇,看看他还能不能任用。廉颇的仇人郭开用重金贿赂使者,让他破坏这件事。赵国使臣见到廉颇后,廉颇当他的面一顿饭吃了一斗米,十斤肉,又披上铁甲跨上战马,表示自己还可以被任用。赵国使者回去向赵王报告说:"廉将军虽然已老,饭量还很好,可是他和我坐在一起时,一会儿就排了三次大便。"赵王认为廉颇老了,就不再把他召回了。

楚国听说廉颇在魏国,就暗中派人接他到楚国。廉颇既已做了楚国的将军,没有什么战功,他说:"我愿意统率指挥赵国的士兵。"廉颇最终死在寿春。

李牧者,赵之北边良将也。常居代雁门①,备匈奴。以便宜置吏②,市租皆输入莫府③,为士卒费。日击数牛飨士,习射骑,谨烽火,多间谍,厚遇战士。为约曰:"匈奴即入盗,急入收保,有敢捕虏者斩。"匈奴每入,烽火谨,辄入收保,不敢战。如是数岁,亦不亡失。然匈奴以李牧为怯,虽赵边兵亦以为吾将怯。赵王让李牧,李牧如故。赵王怒,召之,使他人代将。

岁余,匈奴每来,出战。出战,数不利,失亡多,边不得田畜。复请李牧。牧杜门不出,固称疾。赵王乃复强起使将兵。牧曰:"王必用臣,臣如前,乃敢奉令。"王许之。

李牧至,如故约。匈奴数岁无所得。终以为怯。边士日得赏赐而不用,皆愿一战。于是乃具选车得千三百乘,选骑得万三千四,百金之士五万人,彀(gòu)者十万人④,悉勒习战⑤。大纵畜牧,人民满野。匈奴小入,详北不胜,以数千人委之⑥。单于闻之,大率众来入。李牧多为奇陈⑦,张左右翼击之,大破杀匈奴十余万骑。灭襜(dān)褴(lán)⑧,破东胡⑨,降林胡⑩,单(chán)于奔走。其后十余岁,匈奴不敢近赵边城。

赵悼襄王元年,廉颇既亡入魏,赵使李牧攻燕,拔武遂、方城。居二年,庞煖(xuān)破燕军⑪,杀剧辛⑫。后七年,秦破杀赵将扈辄于武遂⑬,斩首十万。赵乃以李牧为大将军,击秦军于宜安⑭,大破秦军,走秦将桓齮(yǐ)。封李牧为武安君。居三年,秦攻番吾⑮,李牧击破秦军,南距韩、魏。

赵王迁七年⑯,秦使王翦攻赵⑰,赵使李牧、司马尚御之。秦多与赵王宠臣郭开金,为反间,言李牧、司马尚欲反。赵王乃使赵葱及齐将颜聚代李牧⑱。李牧不受命,赵使人微捕得李牧,斩之。废司马尚。后三月,王翦因急击赵,大破杀赵葱,虏赵王迁及其将颜聚,遂灭赵。

太史公曰:知死必勇,非死者难也,处死者难⑲。方蔺相如引璧睨柱,及叱秦王左右,势不过诛,然士或怯懦而不敢发。相如一奋其气，威信敌国⑳，退而让颇，名重太山，其处智勇㉑，可谓兼之矣！

注释

①代：古代的一个小国，后被赵所灭，赵在其地设雁门郡，故称"代雁门"，在今山西西北部宁武以北一带地区。②以便宜置吏：根据实际需要，自行任命属下的官员。③市租：指从市场上所收之税。莫府：同"幕府"，将军在外临时设置作为府署的营帐，后用以代指将军的办事机构。④彀者：射手。彀，拉满弓。⑤勒：部署，组织。⑥委之：扔给他们，以此诱敌。⑦陈：同"阵"。⑧襜褴：当时活动在代郡以北的少数民族。⑨东胡：当时活动在今辽宁西部、内蒙东部一带地区的少数民族。⑩林胡：当时活动在今内蒙东胜一带地区的少数民族。⑪庞煖：赵将。⑫剧辛：赵人，后为燕将。⑬武遂：应作"武城"，在今河北磁县西南。⑭宜安：赵邑，今河北藁城县西南。⑮番吾：赵邑，今河北平山县南。⑯赵王迁：悼襄王之子，公元前235年至公元前228年在位。⑰王翦：秦国名将。⑱颜聚：原为齐将，后归赵国。⑲处死：如何处理、如何对待死这件事情。⑳信：同"伸"，伸张。这里有威压、震慑之意。㉑处：运用。

译文

李牧是赵国防守北部边境的杰出将领。长期驻守代地的雁门郡，防备匈奴。他在军队里常根据实际需要自行设置官吏，从市场收来的租税，全归军部所有，作为士卒的经费。他每天宰杀几头牛犒劳士兵，训练士兵射箭骑马，小心把守烽火台，多派侦察敌情的人员，对战士优待爱护。李牧发布命令说："匈奴如果入侵，要赶快收拾人马物资退入堡垒固守，有胆敢去捕捉敌人的斩首。"匈奴每次入侵,烽火传来警报,军队立即收拾人马物资退入堡垒固守,不敢出战。像这样过了好几年,人马物资也没有什么损失。可是匈奴却认为李牧是胆小,就连赵国守边的官兵也认为自己的主将胆小怯战。赵王责备李牧,李牧依然如故。赵王发怒,把他召回,派别人代他领兵。

此后一年里,匈奴每次来侵犯,赵军都出兵交战。出兵交战,则屡次失利,损失伤亡很大,使得边境地区不能耕田放牧。赵王只好再请李牧出任。李牧闭门不出,推说有病。赵王就一再勉强李牧出来,让他领兵。李牧说:"大王一定要用我,我还是像以前那样做,才敢奉命。"赵王答应他的要求。

李牧来到边境,还是按照原来的制度行事。匈奴好几年都一无所获,但又始终认为李牧胆怯。边境的士卒每天得到赏赐,可是无用武之地,都愿意打一仗。于是李牧就准备了精选的战车一千三百辆,精选的战马一万三千匹,曾获百金之赏的勇士五万人,善射的士兵十万人,全部组织起来训练作战。同时放出大批牲畜,放牧的人民漫山遍野。这时匈奴小股人马入侵,李牧就假装失败,故意把几千人扔给匈奴。单于听到这种情况,就率领大批人马入侵。李牧布下许多奇阵以迷惑敌人,而后派出两支部队从左右两翼包抄反击敌军,大败匈奴,杀死匈奴十多万人。灭了襜褴,打败了东胡,收降了林胡,单于也逃跑了。此后十多年,匈奴不敢接近赵国边境。

赵悼襄王元年,廉颇已经逃到魏国之后,赵国派李牧进攻燕国,夺取了武遂、方城二地。过了两年,赵将庞煖打败燕军,杀死燕将剧辛。又过了七年,秦军在武城大破赵军,并杀死赵将扈辄,斩杀赵军十万。赵国便派李牧为大将军,在宜安进攻秦军,大败秦军,赶走秦将桓齮。李牧因此被封为武安君。三年后,秦军进攻番吾,李牧将其击败,又向南抵御了韩国和魏国。

赵王迁七年，秦国派王翦进攻赵国，赵国派李牧、司马尚抵御秦军。秦国派人给赵王的宠臣郭开送去了大量黄金，让他施行反间计，散布谣言，说李牧、司马尚要谋反。赵王便派赵葱和齐将颜聚接替李牧。李牧不接受命令，赵王就派人暗中捉住了李牧，把他杀了。同时撤了司马尚的官职。三个月后，王翦趁机出兵猛攻赵国，大败赵军，杀死赵葱，俘虏了赵王迁和他的将军颜聚，终于灭了赵国。

太史公说：一个人知道将死而不害怕，必定很勇敢，死并非难事，而如何处理、对待死才是难事。当蔺相如手举和氏璧斜视庭柱，以及呵斥秦王侍从的时候，就眼前形势来说，最多不过是被杀，然而一般士人往往因为胆小懦弱而不敢这样做。蔺相如的一股正气勃然而发，其威势完全压倒敌国。后来又对廉颇谦逊退让，他的名声比泰山还重，他在运用智谋和勇武方面，可谓智勇双全了！

田单列传

　　田单者，齐诸田疏属也。湣（mǐn）王时①，单为临菑（zī）市掾（yuàn）②，不见知。及燕使乐毅伐破齐，齐湣王出奔，已而保莒（jǔ）城③。燕师长驱平齐，而田单走安平④，令其宗人尽断其车轴末而傅铁笼⑤。已而燕军攻安平，城坏，齐人走，争涂⑥，以轊（wèi）折车败⑦，为燕所虏，唯田单宗人以铁笼故得脱，东保即墨⑧。燕既尽降齐城，唯独莒、即墨不下。燕军闻齐王在莒，并兵攻之。淖（nào）齿既杀湣王于莒⑨，因坚守，距燕军⑩，数年不下。燕引兵东围即墨，即墨大夫出与战⑪，败死。城中相与推田单，曰："安平之战，田单宗人以铁笼得全，习兵。"立以为将军，以即墨距燕。

　　顷之，燕昭王卒⑫，惠王立⑬，与乐毅有隙。田单闻之，乃纵反间于燕，宣言曰："齐王已死，城之不拔者二耳⑭。乐毅畏诛而不敢归，以伐齐为名，实欲连兵南面而王齐。齐人未附，故且缓攻即墨以待其事。齐人所惧，唯恐他将之来，即墨残矣⑮。"燕王以为然，使骑劫代乐毅。

注释

①湣王：田氏，名地，谥湣（一作闵、愍），齐宣王子，公元前323年至公元前284年在位。②临菑：齐国都城，今山东临淄东北。菑，同"淄"。掾：属吏的通称。③莒城：齐邑，今山东莒县。④安平：齐邑，今山东临淄东。⑤傅：包，裹。铁笼：铁

箍。⑥涂：同"途"。⑦辖：车轴头。⑧即墨：齐邑，今山东平度东南。⑨淖齿：楚国将领。⑩距：同"拒"，抗拒，抵御。⑪大夫：行政长官，约相当于后来的县令。⑫燕昭王：战国时期燕国最有作为的国君，公元前311年至公元前279年在位。⑬惠王：燕昭王之子，公元前278年至公元前272年在位。⑭二：指莒和即墨。⑮残：破。

译文

田单是齐国田姓王室的远房亲族。齐湣王时，田单在都城临淄做管理市场的属吏，并不为人所重视。等到燕国派遣大将乐毅攻破齐国，齐湣王逃出临淄，随后退守莒城。燕国军队长驱直入，扫平了齐国许多城池，田单也逃到安平，让他的族人把车轴两端的突出部位全部锯下，包上铁箍。不久，燕军攻打安平，城池被攻破，齐国人出城逃难，争相抢道，而被撞得轴断车毁，被燕军所俘虏。只有田单和族人因用铁箍包住了车轴，得以逃脱，向东退守即墨。这时，燕军降服了齐国大小城池，只有莒和即墨二城未被攻下。燕军听说齐湣王在莒城，就调集兵力，全力攻打。楚国派来的援军将领淖齿杀死了齐湣王，坚守城池，抗击燕军，燕军几年都不能攻破该城。于是燕军带兵东行，围攻即墨。即墨的行政长官出城应战，战败身死。即墨城中军民都推举田单当首领，说："安平一仗，田单和族人因用铁箍包住车轴才得以安然脱险，可见他很会用兵。"于是，大家就拥立田单为将军，据守即墨，抗击燕军。

过了不久，燕昭王逝世，燕惠王继位，他和乐毅有些矛盾。田单听到这个消息，就派人到燕国去施行反间计，他们散布谣言说："齐湣王已被杀死，齐国城池没被攻下的只有两座。乐毅害怕被杀掉而不敢回燕国，他以讨伐齐国为名，实际上是想联合齐国兵力，在齐国称王。现在齐国人心还未归附，因此放慢了进攻即墨，以等待时机成熟再称王。齐国人害怕的是，唯恐其他将领来带兵，即墨城就必破无疑了。"燕惠王听着有道理，就派大将骑劫去代替乐毅。

乐毅因归赵，燕人士卒忿。而田单乃令城中人食必祭其先祖于庭，飞鸟悉翔舞城中下食。燕人怪之。田单因宣言曰："神来下教我。"乃令城中人曰："当有神人为我师。"有一卒曰："臣可以为师乎？"因反走。田单乃起，引还，东乡坐①，师事之。卒曰："臣欺君，诚无能也。"田单曰："子勿言也！"因师之。每出约束②，必称神师。乃宣言曰："吾唯惧燕军之劓（yì）所得齐卒③，置之前行，与我战，即墨败矣。"燕人闻之，如其言。城中人见齐诸降者尽劓，皆怒，坚守，惟恐见得。单又纵反间曰："吾惧燕人掘吾城外冢墓，僇（lù）先人④，可为寒心。"燕军尽掘垄墓，烧死人。即墨人从城上望见，皆涕泣，俱欲出战，怒自十倍。

田单知士卒之可用，乃身操版插⑤，与士卒分功⑥，妻妾编于行伍之间⑦，尽散饮食飨士。令甲卒皆伏，使老弱女子乘城，遣使约降于燕，燕军皆呼万岁。田单又收民金，得千溢，令即墨富豪遗燕将，曰："即墨即降，愿无虏掠吾族家妻妾，令安堵⑧。"燕将大喜，许之。燕军由此益懈。

田单乃收城中得千余牛，为绛缯衣⑨，画以五彩龙文，束兵刃于其角，而灌脂束苇于尾，烧其端。凿城数十穴，夜纵牛，壮士五千人随其后。牛尾热，怒而奔燕军，燕军夜大惊。牛尾炬火光明炫耀，燕军视之皆龙文，所触尽死伤。五千人因衔枚击之⑩，而城中鼓噪从之，老弱皆击铜器为声，声动天地。燕军大骇，败走。齐人遂夷杀其将骑劫。燕军扰乱奔走，齐人追亡逐北，所过城邑皆畔燕而归田单，兵日益多，乘胜，燕日败亡，卒至河上⑪，而齐七十余城皆复为齐。乃迎襄王于莒，入临菑而听政。

襄王封田单，号曰安平君。

太史公曰：兵以正合⑫，以奇胜⑬。善之者，出奇无穷。奇正还相生，如环之无端。夫始如处女，适人开户；后如脱兔，适不及距：其田单之谓邪！

注释

①东乡坐：向东而坐。乡，同"向"。②约束：指章程、条规之类。③劓：古代五刑之一，割鼻。④僇：侮辱，羞辱。⑤版插：挡板和铁锹，战争中用来防御箭石与毁坏城堡。插，同"锸"，铁锹。⑥功：工程，工作。⑦行伍：古代兵制，五人为行，二十五人为伍，后以"行伍"代指军队。⑧安堵：安定，安居。也作"案堵"、"按堵"。⑨绛缯：深红色的丝织品。缯，绢、帛等丝织品的总称。⑩衔枚：行军时衔枚于口中，以禁止喧哗。枚，其形如筷子，两端有带，可以系在颈上。⑪卒：最终。河上：黄河边上，时为齐国的西北边界。⑫合：合战，正面交锋。⑬奇：出人意外，变幻莫测。

译文

乐毅被免职之后逃到了赵国，燕国官兵都为此很气愤。田单又命城中居民在吃饭前必须在庭院中祭祀祖先，使得众多的飞鸟因争食祭祀的食物，在即墨上空盘旋飞舞。城外的燕军看着都觉得奇怪。田单又扬言说："这是神人要下界来帮助我们。"又对城里人说："一定会有神人下界来做我的老师。"有一个士兵说：

"我可以当您的老师吗？"说完转身就走。田单连忙站起来，把他拉回来，请他面向东坐下，以侍奉老师的礼节来侍奉他。士兵说："我骗了您，我真是一点本事也没有。"田单说："您不要再说了。"于是拜他为师。每次发号施令，一定称是神师的旨意。他又派人散布谣言说："我最怕燕军割掉齐国俘虏的鼻子，把他们放在队伍的前列，再和我们交战，那即墨就会被打败了。"燕军信以为真，就照此施行。即墨城里的人看到齐国的降兵都被割去了鼻子，都非常愤怒，就全力坚守城池，只怕被敌人捉住。田单又派人施反间计说："我很害怕燕国人挖了我们城外的祖坟，侮辱我们的祖先，这可真是让人惧怕担心。"燕军听说后，又把齐国人的祖坟全部挖出，并焚烧尸骨。即墨人从城上看到这种情景，都痛哭流涕，要求出城同燕军死战，愤怒的情绪高涨了十倍。

田单知道士兵们能够听从指挥了，于是亲自手持板锸，和士兵们一起修筑防御工事，并把自己的妻妾都编入军队中，还把全部的食物拿出来犒劳士卒。并命令精锐部队都埋伏起来，让老弱妇女登城防守，又派使者去和燕军约定投降事宜，燕军官兵都欢呼万岁。田单又从民众手中搜集了黄金千镒，让即墨城中的富豪送给燕军，说："即墨投降后，请求你们不要掳掠我们家族的妻妾，让她们过安定的日子。"燕军将领非常高兴，满口答应。燕军的戒备因此更加松懈。

田单于是从城里搜集了一千多头牛，给它们披上大红绸绢，上面画着五彩的龙纹，在它们的角上绑好锋利的尖刀，把灌透油脂的芦苇扎在牛尾上，点燃其末端。又把城墙凿开几十个洞穴，趁黑夜把牛放了出去，派精壮士兵五千人跟在火牛的后面。因牛尾被烧得发热，火牛都狂怒地冲向城外的燕军，使燕军在夜间惊慌失措。牛尾上的火把将夜间照得通明耀眼，燕军看到它们身上都是龙纹,所触及到的人非死即伤。跟在牛后面的五千壮士口中衔枚悄然无声地攻击燕军,而城中的百姓乘机擂鼓呐喊,紧随其后,老弱妇孺都手持铜器,敲得震天动地。燕军非常害怕,大败而逃。齐国人顺势杀死了燕军的主将骑劫。燕军纷乱,溃散逃命,齐军一路紧追,所经过的城池都背叛燕军,归顺田单。田单的兵力日益增多,于是乘胜追击,燕军一天天溃退,一直退到了黄河岸边,齐国的七十多座城池都被收复了。于是田单到莒城迎回了齐襄王,齐襄王回到都城临淄主持国政。

齐襄王封赏田单,封号为安平君。

太史公说:用兵作战要和敌人正面交锋,用奇兵突袭制胜。善于用兵的人,总是能够奇计迭出而变化无穷。正面交锋和出奇制胜交错使用,相互转化,就如同圆环没有起止一般使人捉摸不定。用兵之初要像处女柔弱,诱使敌人放松戒备,然后要像逃脱的兔子一般快速敏捷,使敌人来不及防御。这大概说的就是田单这种情况吧!

初,淖齿之杀湣王也,莒人求湣王子法章,得之太史嫩(jiǎo)之家①,为人灌园。嫩女怜而善遇之。后法章私以情告女,女遂与通。及莒人共立法章为齐王,以莒距燕,而太史氏女遂为后,所谓"君王后"也。

燕之初入齐,闻画邑人王蠋(zhú)贤②,令军中曰"环画邑三十里无入",以王蠋之故。已而使人谓蠋曰:"齐人多高子之义,吾以子为将,封子万家。"蠋固谢。燕人曰:"子不听,吾引三军而屠画邑。"王蠋曰:"忠臣不事二君,贞女不更二夫。齐王不听吾谏,故退而耕于野。国既破亡,吾不能存③;今又劫之以兵为君将④,是助桀为暴也。与其生而无义,固不如烹⑤!"遂经其颈于树枝⑥,自奋绝脰(dòu)而死⑦。齐亡大夫闻之⑧，曰："王蠋，布衣也，义不北面于燕⑨，况在位食禄者乎！"乃相聚如莒，求诸子，立为襄王。

注释

①太史嫩：姓太史，名嫩。②画邑：邑名，今山东临淄西北。③存：使齐国得以保全。④劫：强制，威胁。⑤烹：古代酷刑，即用鼎镬煮人。⑥经：系。⑦奋：猛然用力。绝脰：勒断脖子。脰，颈，脖子。⑧亡大夫：逃亡的齐国官员。⑨北面：面向北，指臣服于人。古代君主面南而坐，群臣则向北叩拜。

译文

当初，在淖齿杀死齐湣王的时候，莒城人到处寻找齐湣王的儿子法章，在太史嫩的家里找到了他，他正在帮人家浇园。太史嫩的女儿可怜他而待他很好。后来法章私底下把自己的真正身世告诉了她，她就和法章私通了。等到莒城人共同拥立法章为齐王，在莒城坚守抗击燕军，太史嫩的女儿就被立为王后，这就是人们所说的"君王后"。

燕军开始攻入齐国的时候，听说画邑人王蠋贤明，就命令军队说："环绕画邑方圆三十里大家不许进入。"这是因为王蠋的缘故。不久，燕将派人对王蠋说："齐国人都称颂您的高尚品德，我任命您为将军，还封赏给您一万户人家。"王蠋坚决推辞，不肯接受。燕国人说："您若不听，我们就要带领大军，屠平画邑！"王蠋说："忠臣不侍奉两个君主，烈女不嫁二夫。齐王不听从我的劝谏，所以我才退隐乡间种田。齐国已经败亡，我不能保全它，现在你们又用武力威胁我做你们的将军，我若是答应了，就是助纣为虐。与其活着干这不义之事，还不如受烹刑死了的好！"然后他就把自己的脖子吊在树枝上，勒断脖子死去。齐国那些四散奔逃的大夫们听到这件事,说:"王蠋是一个平民百姓,尚且能坚守节操,不向燕人屈服称臣,更何况我们这些享受齐国俸禄的官员呢!"于是他们就聚集在一起,赶赴莒城,寻找齐湣王的儿子,拥立他为齐襄王。

屈原贾生列传

屈原者,名平,楚之同姓也①。为楚怀王左徒②。博闻强志③,明于治乱,娴于辞令④。入则与王图议国事,以出号令;出则接遇宾客,应对诸侯。王甚任之。

上官大夫与之同列⑤,争宠而心害其能。怀王使屈原造为宪令,屈原属(zhǔ)草稿未定⑥。上官大夫见而欲夺之,屈平不与,因谗之曰:"王使屈平为令,众莫不知,每一令出,平伐其功,以为'非我莫能为'也。"王怒而疏屈平。

屈平疾王听之不聪也,谗谄之蔽明也,邪曲之害公也,方正之不容也,故忧愁幽思而作《离骚》。离骚者,犹离忧也⑦。夫天者,人之始也;父母者,人之本也。人穷则反本⑧,故劳苦倦极,未尝不呼天也;疾痛惨怛(dá)⑨,未尝不呼父母也。屈平正道直行,竭忠尽智以事其君,谗人间之,可谓穷矣。信而见疑,忠而被谤,能无怨乎?屈平之作《离骚》,盖自怨生也。《国风》好色而不淫⑩,《小雅》怨诽而不乱,若《离骚》者,可谓兼之矣。上称帝喾(kù)⑪,下道齐桓⑫,中述汤武,以刺世事。明道德之广崇,治乱之条贯,靡不毕见。其文约,其辞微,其志洁,其行廉,其称文小而其指极大,举类迩而见义远⑬。其志洁,故其称物芳。其行廉,故死而不容自疏。濯(zhuó)淖(nào)污泥之中⑭,蝉蜕于浊秽⑮,以浮游尘埃之外,不获世之滋垢⑯,皭(jiào)然泥而不滓(zǐ)者也⑰。推此志也,虽与日月争光可也。

注释

①楚之同姓:楚国王族姓芈(mi)。屈原为楚国先王之苗裔,其祖先瑕受封于屈地,故以屈为氏,屈、昭、景等氏都是楚之同姓。②楚怀王:名熊槐,公元前328年至公元前299年在位。左徒:楚官名,其职位仅次于令尹,相当于上大夫。③志:记。④娴:熟习,擅长。⑤上官:复姓。大夫:官名。⑥属:写作。⑦离:同"罹",遭受。⑧反:同"返"。⑨怛:悲痛,悲伤。⑩《国风》好色而不淫:语出《论语·八佾》:"《关雎》乐而不淫,哀而不伤。"好色,好写男女恋情。⑪帝喾:传说中的上古五帝之一,为黄帝曾孙,号高辛氏。⑫齐桓:即齐桓公,春秋五霸之一,公元前685年至公元前643年在位。⑬迩:近。⑭濯淖:浊水污泥。⑮蜕:摆脱。⑯获:被辱。⑰皭然:洁白干净的样子。滓:污浊,污染。

译文

屈原名平,是楚王的同姓。他担任楚怀王的左徒,学识渊博,记忆力很强,通晓国家治乱兴衰的道理,并熟习外交辞令。他在内和楚王商议国家大事,发布政令;对外则接待各国使节,应酬诸侯。楚怀王很信任他。

上官大夫和屈原官位相同,他想得到楚怀王的宠信,嫉妒屈原的才能。有一次,怀王派屈原制定国家法令,屈原刚写完草稿,还没最后修定完成。上官大夫见到后想夺为己有,屈原不给他。于是上官大夫便在楚怀王面前诽谤屈原:"大王您让屈原制定法令,大家没有不知道的,每颁布一项法令,屈原就夸耀自己的功劳,认为'除了我,谁也不能做到'。"楚怀王很生气,就疏远了屈原。

屈原痛心于楚怀王偏听偏信，不辨是非，被谗佞小人蒙蔽而所见不明，痛恨奸邪的人陷害公正的人，正直的人不为世所容，所以忧愁苦闷而写下《离骚》。所谓"离骚"，就是遭受忧患之意。天是人的原始，父母是人的根本。人处境窘困就会追本溯源，所以劳苦困倦时，没有不叫天的；疾病悲痛时，没有不叫父母的。屈原正直无私，竭尽才智为君主效力，但却受到谗佞小人的挑拨离间，其处境可以说是很困窘了。诚信而被怀疑，忠直而被诽谤，怎能没有怨恨呢？屈原写作《离骚》，正是由内心的怨愤引起的。《国风》虽多写男女恋情，但不过分；《小雅》虽多抒愤怨之情，但不宣扬作乱。像《离骚》这样，可以说是兼有二者的特点。屈原在《离骚》中，向上追述帝喾，向下讲到齐桓公，中间说到商汤、周武王，以此讥刺时政。其中阐明了道德的广大崇高，国家治乱兴衰的因果必然，这些全都充分地表现出来。它的文字简练，含义深远，志趣高洁，行为廉正，它的文句所写虽细小，但其意旨却极其宏大，文章所举的事例虽然都是近在眼前的，但寄托的思想却极其深远。屈原志趣高洁，所以在文章多用香草作比。他的行为廉正，所以至死也不容许自己离开楚国。身处污泥浊水之中，却能像蝉蜕皮般摆脱污秽，超脱于尘世之外，不为世俗的污浊所辱，保持清白高洁的品德，出淤泥而不染。由此推想，屈原的志向，即使与日月争辉，也是可以的。

屈平既绌（chù）①，其后秦欲伐齐，齐与楚从亲②，惠王患之③，乃令张仪详去秦④，厚币委质事楚⑤，曰："秦甚憎齐，齐与楚从亲，楚诚能绝齐，秦愿献商、於（wū）之地六百里⑥。"楚怀王贪而信张仪，遂绝齐，使使如秦受地。张仪诈之曰："仪与王约六里，不闻六百里。"楚使怒去，归告怀王。怀王怒，大兴师伐秦。秦发兵击之，大破楚师于丹、浙⑦，斩首八万，虏楚将屈匄（gài），遂取楚之汉中地⑧。怀王乃悉发国中兵以深入击秦，战于蓝田。魏闻之，袭楚至邓⑨。楚兵惧，自秦归。而齐竟怒不救楚，楚大困。

明年，秦割汉中地与楚以和。楚王曰："不愿得地，愿得张仪而甘心焉⑩。"张仪闻，乃曰："以一仪而当汉中地，臣请往如楚。"如楚，又因厚币用事者臣靳尚⑪，而设诡辩于怀王之宠姬郑袖。怀王竟听郑袖，复释去张仪⑫。是时屈平既疏，不复在位，使于齐，顾反⑬，谏怀王曰："何不杀张仪？"怀王悔，追张仪不及。

其后诸侯共击楚，大破之，杀其将唐眛（mò）⑭。

时秦昭王与楚婚⑮，欲与怀王会。怀王欲行，屈平曰："秦虎狼之国，不可信，不如毋行。"怀王稚子子兰劝王行："奈何绝秦欢！"怀王卒行。入武关⑯，秦伏兵绝其后，因留怀王，以求割地。怀王怒，不听。亡走赵，赵不内⑰。复之秦，竟死于秦而归葬。

长子顷襄王立⑱，以其弟子兰为令尹⑲。楚人既咎子兰以劝怀王入秦而不反也。

屈平既嫉之，虽放流，睠（juàn）顾楚国⑳，系心怀王，不忘欲反，冀幸君之一悟，俗之一改也。其存君兴国而欲反覆之㉑，一篇之中三致志焉。然终无可奈何，故不可以反，卒以此见怀王之终不悟也。人君无愚智贤不肖，莫不欲求忠以自为，举贤以自佐，然亡国破家相随属（zhǔ）㉒，而圣君治国累世而不见者，其所谓忠者不忠，而所谓贤者不贤也。怀王以不知忠臣之分㉓，故内惑于郑袖，外欺于张仪，疏屈平而信上官大夫、令尹子兰。兵挫地削，亡其六郡㉔，身客死于秦，为天下笑。此不知人之祸也。易曰："井泄（xiè）不食㉕，为我心恻㉖,可以汲(jí)㉗。王明,并受其福。"王之不明,岂足福哉!

令尹子兰闻之大怒,卒使上官大夫短屈原于顷襄王,顷襄王怒而迁之。

注释

①绌:同"黜",罢免或降职。②从:同"纵",合纵。③惠王:即秦惠文王,名驷,公元前337年至公元前311年在位。④张仪:魏国人,战国时著名的纵横家,以连横学说事秦,当时为秦相。⑤质:同"贽",信物。⑥商、於:地名,约相当于今陕西商县至河南内乡一带地区。⑦丹、淅:二水名,即丹江和淅水。⑧汉中:地区名,约相当于今陕西汉中市周围一带地区。⑨邓:邑名,即今河南邓县,当时属秦国。⑩甘心:快意,解恨。⑪靳尚:楚国大夫,与张仪有私交。⑫"怀王"二句:其所述之事,详见《史记·张仪列传》。⑬顾反:返回,回来。反,同"返"。⑭唐眛:楚将名。《吕氏春秋》及《汉书古今人表》作"唐蔑"。⑮秦昭王:名则,公元前306年至公元前251年在位。⑯武关:关名,在今陕西商县东。⑰内:同"纳",接纳。⑱顷襄王:名横,公元前298年至公元前263年在位。⑲令尹:楚官名,为楚国的最高行政长官,职同宰相。⑳睠顾:牵挂,怀恋。睠,同"眷"。㉑反覆:拨乱反正。㉒随属:接连不断。属,连。㉓分:职责本分。㉔六郡:指汉中一带地区。㉕泄:又作渫,淘去污泥。㉖恻:忧伤,悲痛。㉗汲:从下往上打水。

译文

屈原被罢了官,后来秦国想攻打齐国,可是齐国与楚国有联盟,秦惠王对此很担忧,于是就派张仪假装离开秦国,带着厚礼和信物去侍奉楚怀王，说："秦国非常憎恨齐国，但齐国和楚国有联盟，若是楚国真的能和齐国断交，那么秦国愿意献出商、於一带六百里土地。"楚怀王很贪心，相信了张仪的话，就和齐国断绝了关系，并派使者到秦国接受土地。张仪欺骗使者说："我和楚怀王约定的是六里，没听说有六百里。"楚国使者愤怒地离去，回到楚国报告了楚怀王。楚怀王大怒，发动大批兵马攻打秦国。秦国也派兵迎击，在丹水、淅水一带大破楚军，杀死楚兵八万人，俘虏了楚将屈匄，随后又夺取了楚国汉中一带的地域。于是楚怀王发派了全国的兵力，深入秦地，攻打秦国，在蓝田与秦军大战。魏国得知此事，派兵偷袭楚国，一直打到邓邑。楚军很害怕，从秦国撤军回国。而齐国因恼怒楚怀王背弃盟约，不肯派兵救助楚国，这使楚国陷入极大的困境中。

第二年，秦国提出让回汉中地区同楚国讲和。楚怀王说："我不愿得到土地，只想得到张仪以解恨。"张仪听到这话，就说："用我一个张仪能抵汉中之地，我请求到楚国去。"张仪到了楚国，又用厚礼贿赂楚国当权的大臣靳尚，让靳尚以巧言骗楚怀王的宠姬郑袖去劝说怀王，怀王竟然听信了郑袖的话，又把张仪释放回国了。这时屈原已被怀王疏远，不再在朝中任职，奉命到齐国去了。屈原从齐国回来后，向怀王进谏说："为什么不杀了张仪？"怀王很后悔，派人去追赶，但已经追不上了。

后来，各诸侯国联合攻打楚国，大败楚军，杀死了楚将唐昧。

这时秦昭王和楚国结为姻亲，想与楚怀王会面。楚怀王想要前往，屈原劝谏说："秦国是虎狼一般残暴的国家，不能轻信，不如不去。"楚怀王的小儿子子兰劝怀王前往，他说："为什么要断绝与秦国的良好关系呢？"楚怀王最终还是去了。进入武关后，秦国的伏兵就断了楚怀王的后路，把怀王扣留起来，要挟他割让土地。怀王大怒，不肯应允。后来楚怀王逃到赵国，但赵国不敢接纳。怀王只得又回到秦国，最终死在秦国，尸体被运回楚国安葬。

怀王的大儿子顷襄王继位，任命他的弟弟子兰为令尹。楚国人都因子兰劝怀王入秦最终死在秦国而抱怨子兰。

屈原也因此怨恨子兰，虽然放逐在外，却仍然眷恋楚国，挂念怀王，时刻惦记着能重返朝廷，总是希望怀王能够醒悟，世俗能够改变。屈原关心君王，想振兴楚国，扭转局势，在他的作品中，多次表达这种意愿。然而终究无可奈何，所以也不能再返朝廷，于此也可见怀王最终都没有醒悟。君王无论愚笨还是明智，贤明还是昏庸，没有不想寻求忠臣来帮助自己治理国家，选拔贤士来辅佐自己的，然而国亡家破之事接连发生，而圣君治理好国家的事多少世代都没有出现，是因为君主所谓的忠臣并不忠，所谓的贤臣并不贤。怀王因不知晓忠臣应尽的职责本分，所以在内被郑袖所迷惑，在外被张仪所欺骗，疏远屈原而信任上官大夫和令尹子兰。结果军队惨败，领土被侵占，丢掉了六个郡，自己客死于秦国，被天下人所耻笑。这是由于不知人所造成的祸害。《易经》说："井已经疏浚干净，却无人饮用，让我心里很难过。这井水本是可以汲取饮用的。君王若是圣明，那天下人将共同得到福佑。"君王若不圣明，哪里能得到福佑呢！

令尹子兰听说屈原怨恨自己，非常恼怒，最终让上官大夫在顷襄王面前诋毁屈原。顷襄王大怒，就把屈原放逐了。

屈原至于江滨，被发行吟泽畔①。颜色憔悴，形容枯槁。渔父见而问之曰："子非三闾大夫欤②？何故而至此？"屈原曰："举世混浊而我独清，众人皆醉而我独醒，是以见放。"渔父曰："夫圣人者，不凝滞于物而能与世推移③。举世混浊，何不随其流而扬其波？众人皆醉，何不餔其糟而啜（chuó）其醨（lí）④？何故怀瑾握瑜而自令见放⑤？"屈原曰："吾闻之，新沐者必弹冠，新浴者必振衣，人又谁能以身之察察⑥，受物之汶汶（mén）者乎⑦！宁赴常流而葬乎江鱼腹中耳，又安能以皓皓之白而蒙世俗之温蠖（huò）乎⑧！"

乃作《怀沙》之赋⑨。其辞曰：

陶陶孟夏兮，草木莽莽。伤怀永哀兮，汩（yù）徂（cú）南土⑩。眴（shùn）兮窈窈⑪，孔静幽墨⑫。冤结纡（yū）轸（zhěn）兮⑬，离愍（mǐn）之长鞠⑭；抚情效志兮⑮，俛（fǔ）诎（qū）以自抑⑯。刓（wán）方以为圜（yuán）兮⑰，常度未替；易初本由兮，君子所鄙。章画职墨兮⑱，前度未改；内直质重兮，大人所盛⑲。巧匠不斲（zhuó）兮⑳，孰察其揆（kuí）正㉑？玄文幽处兮㉒，蒙谓之不章㉓；离娄微睇（dì）兮㉔，瞽以为无明㉕。变白而为黑兮，倒上以为下。凤皇在笯（nú）兮㉖，鸡雉翔舞。同糅玉石兮，一概而相量㉗。夫党人之鄙妒兮，羌不知吾所臧㉘。任重载盛兮，陷滞而不济；怀瑾握瑜兮，穷不得余所示。邑犬群吠兮，吠所怪也；诽骏疑桀兮㉙，固庸态也。文质疏内兮㉚，众不知吾之异采；材朴委积兮㉛，莫知余之所有。重仁袭义兮，谨厚以为丰；重华不可牾兮㉜，孰知余之从容！古固有不并兮，岂知其故也？汤禹久远兮，邈不可慕也。惩违改忿兮，抑心而自强；离湣（mǐn）而不迁兮，愿志之有象。进路北次兮㉝，日昧昧其将暮；含忧虞哀兮，限之以大故㉞。乱曰㉟：浩浩沅、湘兮㊱，分流汩（gǔ）兮㊲。修路幽拂兮，道远忽兮。曾唫（yín）恒悲兮㊳，永叹慨兮。世既莫吾知兮，人心不可谓兮。怀情抱质兮，独无匹兮。伯乐既殁兮，骥将焉程兮？人生禀命兮，各有所错兮。定心广志，余何畏惧兮？曾伤爰哀，永叹喟兮。世溷（hùn）不吾知㊳，心不可谓兮。知死不可让兮，愿勿爱兮。明以告君子兮，吾将以为类兮。

于是怀石遂自〔沈〕汨（mì）罗以死㊵。

屈原既死之后，楚有宋玉、唐勒、景差之徒者㊶，皆好辞而以赋见称；然皆祖屈原之从容辞令，终莫敢直谏。其后楚日以削，数十年竟为秦所灭㊷。

自屈原沈汨罗后百有馀年，汉有贾生㊸，为长沙王太傅㊹，过湘水，投书以吊屈原㊺。

注释

①被：同"披"。②三闾大夫：楚官名，掌管楚国贵族昭、屈、景三姓事务，约相当于汉代之宗正。③凝滞：拘泥，固执。④餔：同"哺"，吃。糟：酒滓。歠：喝。醨：淡酒。⑤瑾、瑜：都是美玉，这里借喻人的美德。⑥察察：清白的样子。比喻品德节操的高洁。⑦汶汶：污浊的样子。比喻社会世道的黑暗污浊。⑧皓皓：同"皓皓"，洁白，比喻品质的高贵纯洁。温蠖：尘滓重积的样子。⑨《怀沙》：屈原《九章》中的一篇，相传为屈原投江前的绝笔。怀沙，怀抱沙石，与下文的"怀石"同义。一说，怀念长沙，长沙是楚国的始封之地。⑩汩：迅疾。徂：往。⑪眴：同"瞬"，转目四顾。窈窈：幽深的样子。⑫孔：很。⑬冤结：愤郁聚结。纡轸：隐痛，郁结不解。⑭离：同"罹"，遭受。愍：忧伤。鞠：窘困。⑮抚情效志：抚心自问。效，检查，验证。⑯俛诎：同"俯屈"，使自己受委屈。俛，同"俯"。⑰刓：削，磨。圜：同"圆"。⑱章：同"彰"，显明。职：同"志"，记。墨：绳墨，准则。⑲盛：赞扬。⑳斲：砍。㉑揆正：估量得准确。揆，揣度，度量。㉒玄：黑色。文：同"纹"。

㉓蒙：盲人。㉔离娄：古代传说中的明眼人，据说能在百步之外看到秋毫之末。睇：斜视。㉕瞽：盲人。㉖笯：鸟笼。㉗概：量粮食时刮平斗斛用的木板。㉘羌：楚地常用的发语词，无实义。臧：善。㉙骏：同"俊"。桀：特立，杰出。㉚文质疏内：文质彬彬，内心通达。㉛材朴：各种木材，比喻人的德能。材，木中可用者。朴，未经加工的木材。委：聚集。㉜重华：即虞舜。重华是名，舜是谥。牾：遇，逢。㉝北次：郭沫若曰："错过了宿地。"北，背。㉞大故：死亡。㉟乱：王逸曰："理也，所以发理词指，总撮其要也。"洪兴祖曰："乱者，总理一赋之终。"㊱沅、湘：二水名，沅水源出今贵州云雾山，流经湖南，入洞庭湖。湘水源出湖南零陵县南，北流入洞庭湖。㊲汩：水疾流的样子。㊳曾唫：不尽地吟叹。曾，同"层"。唫，同"吟"。㊴溷：混浊、污浊。㊵汨罗：水名，源出今湖南平江县东，流入洞庭湖。㊶宋玉：相传为楚顷襄王时人，是屈原的弟子，辞赋家。唐勒：与宋玉同时的辞赋家，曾为楚大夫。景差：与宋玉同时的辞赋家。㊷为秦所灭：公元前223年秦灭楚。㊸贾生：即贾谊（公元前200年—公元前168年），洛阳（今河南洛阳市）人，西汉政论家、文学家。㊹长沙王：即吴差，汉高祖功臣吴芮的后代，袭其祖爵为王。㊺书：指贾谊所作的《吊屈原赋》。

译文

屈原来到江边，披头散发地在水边一边走，一边吟咏。他脸色憔悴，形体干瘦。一位渔翁看到他，就问道："您不是三闾大夫吗？为什么来到这里呢？"屈原说："整个社会都是浑浊的，只有我是清白的，大家都昏醉了，只有我是清醒的，所以被放逐。"渔翁说："聪明的人都能不拘泥于客观事物而随着世俗而变化。整个社会都是浑浊的，你为什么不随波逐流呢？大家都昏醉，你为什么不跟着吃点残羹剩酒呢？为什么要保持美玉般的节操，而使自己被放逐呢？"屈原说："我听说过，刚洗过头的人一定要弹去帽子上的灰尘，刚洗过澡的人一定要抖掉衣服上的尘土，谁愿意以洁净之身蒙受外界污垢的沾染呢？我宁愿跳入江水，葬身于鱼腹之中，又怎能让自己高洁的品格蒙受世俗的污染呢！"

于是，屈原写下了《怀沙》赋，文章写道：

骄阳似火的孟夏啊，草木茂盛。心怀无尽的悲伤，匆匆地奔向南方。转目四顾，辽远而幽深，死一般地沉寂。我的内心郁结着痛楚，长久地遭受忧伤与窘困。抚心自问，抑制自己而强忍委屈。把方木削成圆木，但规矩法度是不可变易的。改变自己本来的道路，是君子所鄙夷的。牢记旧有的规划准则，过去的法度是不能改变的。内心淳厚，品德端正，是君子所赞美的。巧匠不动手砍削，谁能看出是否估量准确。黑色的花纹放在暗处，盲人会说它没有文采；离娄微微斜视，盲人会认为他也是瞎子。把白的变成黑的，把上颠倒为下。凤凰被关进笼子里，家鸡和野鸡却在那里飞翔舞蹈。美玉和石头被掺杂在一起，都用升斗来衡量。结党营私的小人是那么鄙劣，怎么能了解我的美善。身负重任，却沉陷阻滞不能向前。身怀美玉，但处境困窘不知向谁献。乡村里的狗一起叫起来，叫的是它们认为奇怪的。诋毁疑忌人中的俊杰，这本是庸人的常态。文质彬彬，内心通达，众人不知我独具异禀。才德聚集，却没人知道我具有的才能。我以仁义来修养自己，以恭谨忠厚来丰富自己。舜帝重华已不可再遇了，又有谁知道我的从容气度呢？古代的圣君贤臣不同世而生，谁能知道其中缘由？商汤夏禹距今是何其久远，悠远渺茫不可追慕。抑制怨恨，改变忿怒，压抑内心而努力自强。遭受忧患而不改初衷，只希望我的志向成为后人效法的榜样。我一直前行，错过了宿头，日光昏暗，天色将暮。我舒解哀思，把悲变成乐，可是死亡来临,心何以舒。尾声:浩浩荡荡的沅江、湘水,汹涌奔腾,水势湍急。道路漫长,草木掩蔽,路途辽远渺茫。无尽地吟叹心中恒久的悲哀,永抒内心的感慨。世上没人了解我,人心本来就不可言说。坚守自己的节操,没有志同道合的人。伯乐已经死去,谁又能识别千里马?人生一世秉命于天,各自有所安排。坚定内心,扩展志向,还有什么可以畏惧的?无尽地吟叹心中恒久的悲哀,永抒内心的感慨。世道混浊没人了解我,人心本来就不可言说。知道死是不可避免的,对生命就不要吝惜了。明确地告知世君子,我愿为后人的榜样。

于是,屈原就抱着石头,投入汨罗江自杀而死。

屈原死后,楚国有宋玉、唐勒、景差等人,他们都爱好文学而以善作辞赋为人所称赏。但他们都只是效仿屈原辞令委婉含蓄的一面,而不像屈原那样敢于直言劝谏。此后楚国一天比一天弱小,几十年后终于被秦国所灭。

自从屈原投江死后一百多年,汉朝有位贾谊,往任长沙王太傅时,经过湘水,写了一篇辞赋投入江中,以此祭悼屈原。

贾生名谊,雒阳人也①。年十八,以能诵诗属(zhǔ)书闻于郡中②。吴廷尉为河南守③,闻其秀才④,召置门下,甚幸爱。孝文皇帝初立,闻河南守吴公治平为天下第一,故与李斯同邑而常学事焉⑤,乃征为廷尉。廷尉乃言贾生年少,颇通诸子百家之书。文帝召以为博士⑥。

是时贾生年二十余,最为少。每诏令议下,诸老先生不能言,贾生尽为之对,人人各如其意所欲出。诸生于是乃以为能,不及也。孝文帝说之,超迁⑦,一岁中至太中大夫⑧。

贾生以为汉兴至孝文二十余年,天下和洽,而固当改正朔⑨,易服色,法制度,定官名,兴礼乐,乃悉草具其事仪法,色尚黄⑩,数用五⑪,为官名,悉更秦之法。孝文帝初即位,谦让未遑也。诸律令所更定,及列侯悉就国,其说皆自贾生发之。于是天子议以为贾生任公卿之位。绛、灌、东阳侯、冯敬之属尽害之⑫,乃短贾生曰:"雒阳之人,年少初学,专欲擅权,纷乱诸事。"于是天子后亦疏之,不用其议,乃以贾生为长沙王太傅。

注释

①雒阳:地名,今河南洛阳市东北。雒,同"洛"。②属书:写文章。郡:即河南郡,其郡治为雒阳。③吴廷尉:史无其名,因其后来官至廷尉,故称之。廷尉,汉代九卿之一,相当于今之最高法院院长。④秀才:才能优异。⑤同邑:同县,指吴公与李斯都为上蔡(今河南上蔡县西南)人。⑥博士:官名,在太学教授生徒,兼在皇帝周围充当顾问陪从,可议论政事。⑦超迁:越级提拔。⑧太中大夫:官名,职掌议论。⑨改正朔:改用新的历法。正朔,正月初一。夏、商、周以来,朝代更替,历法也相应改变。刘邦建汉以来,各项制度大体沿用秦朝,历法亦然。⑩色尚黄:衣服颜色以黄色为贵。当时阴阳家认为,汉朝代秦为帝,秦是水德,故色尚黑,汉是土德,故色应尚黄。⑪数用五:士在五行中位次居五,故贾谊主张汉世印文都以五字为例。⑫绛、灌:绛侯周勃,颖阴侯灌婴。东阳侯:张相如。冯敬:时为御史大夫。害:患,担心对己不利。

译文

贾生名谊,是洛阳人。他在十八岁时就因诵读诗书、会写文章而闻名于郡中。吴廷尉任河南太守时,听说贾谊才能优异,就把他招揽到门下,非常欣赏、喜欢他。孝文帝刚继位时,听说河南太守吴公治理政绩为全国第一,过去和李斯是同乡,并且曾经向他学习,于是就征召他做了廷尉。吴廷尉向文帝说贾谊年轻有才,又很精通诸子百家的学问。孝文帝就征召贾谊做了博士。

当时贾谊二十多岁,年纪最小。每次文帝下令让臣下议论某事,那些年长的老先生都无话可说,而贾谊全能对答出来,人人都觉得说出了自己想说的话。诸生于是认为贾谊才能杰出,自己都不如他。汉文帝很高兴,破格提拔他,一年之内贾谊就升任太中大夫。

贾谊认为汉兴至文帝二十多年,天下太平融洽,就应该改变历法、变易服色、定立制度、确定官名、大兴礼乐,于是他草拟了各种仪法,崇尚黄色,遵用五行之说,定官名,完全改变了秦朝的法度。孝文帝初继位,谦虚退让而没有实行。至于各项法令的更改,以及诸侯必须到封地去上任等,这些都是贾谊提出来的。于是孝文帝和大臣们商议,想让贾谊担任公卿之职。而绛侯周勃、淮阴侯灌婴、东阳侯张相如、御史大夫冯敬这些人都担心贾谊对自己不利,就中伤贾谊说:"这个洛阳人,年纪轻而学识浅,只想独揽大权,扰乱政事。"此后,孝文帝于是疏远了贾谊,不再采纳他的提议,让他做了长沙王太傅。

贾生既辞往行,闻长沙卑湿,自以寿不得长,又以适去,意不自得。及渡湘水,为赋以吊屈原。其辞曰:

共承嘉惠兮①,俟罪长沙。侧闻屈原兮,自沈汨罗。造托湘流兮,敬吊先生。遭世罔极兮,乃陨厥身。呜呼哀哉,逢时不祥!鸾凤伏窜兮,鸱(chī)枭翱翔②。闒(tà)茸尊显兮③,谗谀得志;贤圣逆曳兮,方正倒植。世谓伯夷贪兮④,谓盗跖廉⑤;莫邪为顿兮⑥,铅刀为铦(xiān)。于嗟嚜嚜兮⑦,生之无故!斡(wò)弃周鼎兮宝康瓠⑧,腾驾罢牛兮骖骞驴⑨，骥垂两耳兮服盐车。章甫荐屦兮⑩，渐不可久；嗟苦先生兮，独离此咎！

讯曰⑪：已矣，国其莫我知，独堙（yīn）郁兮其谁语⑫？凤漂漂其高遰（shì）兮⑬，夫固自缩而远去。袭九渊之神龙兮⑭，沕（mì）深潜以自珍⑮。弥融爚（yuè）以隐处兮⑯，夫岂从蚁与蛭螾（yǐn）⑰？所贵圣人之神德兮，远浊世而自藏。使骐骥可得系羁兮，岂云异夫犬羊！般纷纷其离此尤兮⑱，亦夫子之辜也！瞝（chī）九州而相君兮⑲，何必怀此都也？凤皇翔于千仞之上兮，览德煇而下之⑳；见细德之险征兮㉑，摇增翮（hé）逝而去之㉒。彼寻常之污渎（dú）兮㉓，岂能容吞舟之鱼！横江湖之鳣（zhān）鲟（xún）兮㉔，固将制于蚁蝼。

贾生为长沙王太傅三年，有鸮（xiāo）飞入贾生舍㉕，止于坐隅。楚人命鸮曰"服"㉖。贾生既以適居长沙，长沙卑湿，自以为寿不得长，伤悼之，乃为赋以自广㉗。

……

注释

①嘉惠：指皇帝的差遣。②鸱枭：恶鸟名。③阘茸：卑贱之人。④伯夷：商末孤竹君的长子。其父死后，他和弟弟叔齐隐于首阳山。周朝建立后，耻不食周粟，后饿死于首阳山上。后世视其为忠义之士的典范。⑤盗跖：相传为春秋时人，古籍中用作大盗的代表。⑥莫邪：春秋时吴大夫，善制剑，后以莫邪为宝剑之名。⑦嘿嘿：默默无闻，不得志。嘿，同"默"。⑧斡弃：抛弃。周鼎：指九鼎。相传为夏禹所铸，夏、商、周三朝都视之为传国之宝。康瓠：薄脆无用的大瓠。康，大。⑨罢牛：疲惫的牛。罢，同"疲"。骖：驾车时位于两旁的马，这里用作动词，即使之拉

边套。蹇驴：瘸驴。⑩章甫：成年男子戴的一种礼帽。荐：藉，垫。⑪讯：辞赋的结束语。⑫堙郁：不舒畅，憋闷。⑬遭：同"逝"，往。⑭袭：深藏。⑮汩：潜伏，深藏。⑯弥：远离。爝：火光。⑰蛭蟥：水蛭与蚯蚓。蟥，同"蚓"，蚯蚓。⑱般：同"斑"，杂乱。尤：咎，灾害。⑲瞵：四顾，环视。⑳煇：同"辉"。㉑险征：危险的征兆。㉒摇增翮：振长翼。增，同"层"。翮，鸟翼，翅膀。㉓渎：沟渠，小水沟。㉔鱣鲟：两种大鱼。㉕鸮：猫头鹰。㉖服：同"鹏"。㉗自广：自我慰藉，宽心。

译文

贾谊向文帝告辞，前往长沙赴任，他听说长沙地势低洼，气候潮湿，自认为寿命不会很长，又是因为被贬谪至此，内心很不痛快。在渡过湘水的时候，他写下一篇辞赋来凭吊屈原，赋文是这样的：

我敬奉王命，去长沙任职。曾听说过屈原啊，就自沉于汨罗江。今天我来到了湘江，托江水带去我的敬意与哀悼。身遭谗言之害，失掉性命。真是悲哀啊，你恰逢不祥之时。鸾鸟和凤凰潜伏隐藏，恶鸟却自在翱翔。卑贱之人显贵啊，谄谀之辈得志；圣贤颠倒啊，方正倒置。世人竟称伯夷贪婪啊，盗跖廉洁；称莫邪剑钝啊，铅刀锋利。不得志啊，先生竟如此地无辜受害！抛弃了珍贵的周鼎啊，反把破瓠当作宝物，驾着疲惫的牛和瘸驴，却让骏马垂着两耳拉盐车。把礼帽踩在脚底下啊，这种情形不可长久；先生命苦啊，独独您遭受这样的灾祸。

尾声：算了吧，国人不了解我，我独自抑郁啊又能和谁诉说？凤凰飘飘高飞远逝啊，本是自行引退。效法神龙隐渊底，深潜水底自我爱惜。远离亮光而隐处，岂能与蚂蚁、水蛭、蚯蚓等相随？我看重的是圣人的品德啊，远离浊世而自藏。若是千里马可拴系，与狗羊又有什么不同！世态纷乱遭此祸患啊，也是先生自己的过错啊！环顾九州观察君主啊，何必对故都恋恋不舍？凤凰翱翔于千仞之上的高空啊，看到道德的光辉才飞下来；见到道德的危险征兆，就振翅高飞远离而去。一般的小污水沟啊，怎能容得下吞舟的大鱼？横绝江湖的大鱼啊，必将受制于蝼蚁。

贾谊做长沙王太傅三年，有猫头鹰飞进他的住宅，停在座位旁。楚国人把猫头鹰叫作"鵩"。贾谊本是因被贬来到长沙，而长沙又地势低洼，气候潮湿，所以自认为寿命不长，悲痛伤感，就写下了一篇赋来自我慰藉。

……

后岁余①，贾生征见。孝文帝方受釐（xī）②，坐宣室。上因感鬼神事，而问鬼神之本。贾生因具道所以然之狀。至夜半，文帝前席③。既罢，曰："吾久不见贾生，自以为过之，今不及也。"居顷之，拜贾生为梁怀王太傅④。梁怀王，文帝之少子，爱，而好书，故令贾生傅之。

文帝复封淮南厉王子四人皆为列侯⑤。贾生谏，以为患之兴自此起矣。贾生数上疏，言诸侯或连数郡，非古之制，可稍削之。文帝不听。

居数年，怀王骑，堕马而死⑥，无后。贾生自伤为傅无狀⑦，哭泣岁余，亦死。贾生之死时年三十三矣。及孝文崩，孝武皇帝立，举贾生之孙二人至郡守，而贾嘉最好学，世其家⑧，与余通书。至孝昭时，列为九卿。

太史公曰：余读《离骚》《天问》《招魂》《哀郢》⑨，悲其志。適长沙，观屈原所自沈渊，未尝不垂涕，想见其为人。

及见贾生吊之，又怪屈原以彼其材，游诸侯，何国不容，而自令若是。读《鵩赋》，同死生，轻去就⑩，又爽然自失矣⑪。

注释：

①后岁余：孝文帝七年（前173）。②受釐：接受用过祭祀的肉，以求得到鬼神的福佑。③前席：移坐向前。④梁怀王：名揖。⑤淮南厉王：名刘长，高祖子，孝文帝之异母弟。文帝六年（前174），因谋反被流放，死于途中。封号也被废除。至文帝八年（前172），复封刘长之子刘安为阜陵君，刘勃为安阳侯，刘赐为阳周侯，刘良为东成侯。⑥怀王骑，堕马而死：此事发生在文帝十一年（前169）。⑦无状：无功绩，未尽到责任。⑧世：继承。⑨《离骚》《天问》《招魂》《哀郢》：皆屈原作品，《哀郢》是《九章》中的一篇。⑩去：不做官，在野。就：做官，在朝。⑪爽然：茫然若失的样子。

译文：

　　此后一年多，贾谊被征召入京。孝文帝刚接受祭祀用过的肉，坐在宣室。因有感于鬼神之事，就向贾谊询问鬼神的本原。贾谊因而详细地讲述了所以会有鬼神之事的情形。到了半夜，文帝不知不觉地在坐席上向贾谊身边移动。贾谊讲完后，文帝说："我很长时间没见贾谊了，自以为超过了他，现在看来还是不如他。"不久，文帝拜贾谊为梁怀王太傅。梁怀王是文帝的小儿子，文帝喜爱他，他又喜好读书，因此让贾谊做他的老师。

　　文帝又封淮南厉王的四个儿子都为列侯。贾谊劝谏，认为国家祸患的兴起就要从这里开始了。贾谊多次上疏，说诸侯有的拥有好几个郡，不合古时的制度，可以逐渐削弱他们的势力。文帝不肯听从。

几年之后，梁怀王骑马，从马上掉下来摔死了，没有留下后代。贾谊认为这是自己作老师没有尽到责任，很伤心，哭了一年多，也死了。贾谊死时年仅三十三岁。后来孝文帝去世，孝武帝继位，提拔贾谊的两个孙子任郡守，其中贾嘉最好学，继承了贾谊的家学传统，和我有过书信往来。到孝昭帝时，他位列九卿。

太史公说：当我读《离骚》《天问》《招魂》《哀郢》等赋时，为其情志所悲伤。到了长沙，看到屈原自沉的地方，未尝不落泪，追怀他的为人。后来我读了贾谊祭悼屈原的文章，又怪屈原，以他那样的才华，若去游说诸侯，哪个国家会不接纳他呢？却把自己弄到这般地步。读了贾谊的《鵩鸟赋》，作品中把生与死同等看待，把在朝与在野都看得很淡薄，我又感到茫然若失了。

刺客列传

曹沫者①,鲁人也,以勇力事鲁庄公②。庄公好力。曹沫为鲁将,与齐战,三败北。鲁庄公惧,乃献遂邑之地以和③。犹复以为将。

齐桓公许与鲁会于柯而盟④。桓公与庄公既盟于坛上,曹沫执匕首劫齐桓公,桓公左右莫敢动,而问曰:"子将何欲?"曹沫曰:"齐强鲁弱,而大国侵鲁亦甚矣。今鲁城坏即压齐境,君其图之。"桓公乃许尽归鲁之侵地。既已言,曹沫投其匕首,下坛,北面就群臣之位,颜色不变,辞令如故。桓公怒,欲倍其约⑤。管仲曰⑥:"不可。夫贪小利以自快,弃信于诸侯,失天下之援,不如与之。"于是桓公乃遂割鲁侵地,曹沫三战所亡地尽复予鲁。

其后百六十有七年而吴有专诸之事⑦。

注释

①曹沫:春秋末鲁人。②鲁庄公:姓姬,名周,鲁国国君。③遂邑:古国名,在今山东肥城县东。④齐桓公:姓姜,名小白,齐国国君,春秋五霸之一。柯:地名,今山东东阳谷县东北。⑤倍:通"背"。⑥管仲:名夷吾,齐桓公的国相,辅佐齐桓公成就霸业。⑦有:又。

译文

曹沫是鲁国人,凭勇敢和力气侍奉鲁庄公。庄公喜欢有力气的人,所以曹沫当上了鲁国的将军,和齐国作战,多次战败逃跑。鲁庄公害怕了,就献出遂邑地区的土地求和。但还继续让曹沫任将军。

齐桓公答应和鲁庄公在柯地会见,订立盟约。桓公和庄公在盟坛上订立盟约以后,曹沫却手拿匕首胁迫齐桓公,桓公的侍卫人员没有谁敢轻举妄动,桓公问:"您想要干什么?"曹沫回答说:"齐国强大,鲁国弱小,而大国侵略鲁国也太过分了。如今鲁国都城一倒塌就会压到齐国的边境,您要考虑考虑这个问题。"于是齐桓公答应全部归还鲁国被侵占的土地。说完以后,曹沫放下短剑,走下盟坛,回到面向北边的臣子的位置上,面不改色,谈吐从容如常。桓公很生气,打算背弃盟约。管仲说:"不可以。贪图小的利益以求得一时的快意,就会在诸侯面前丧失信用,失去天下人对您的支持,不如归还他们的失地。"于是,齐桓公就归还占领的鲁国的土地,曹沫多次打仗所丢失的土地全部回归鲁国。

此后一百六十七年,吴国有专诸的事情发生。

专诸者,吴堂邑人也。伍子胥之亡楚而如吴也①,知专诸之能。伍子胥既见吴王僚,说以伐楚之利②。吴公子光曰③:"彼伍员父兄皆死于楚而员言伐楚,欲自为报私仇也,非能为吴。"吴王乃止。伍子胥知公子光之欲杀吴王僚,乃曰:"彼光将有内志④,未可说以外事。"乃进专诸于公子光⑤。

光之父曰吴王诸樊⑥。诸樊弟三人:次曰余祭,次曰夷眜(mò),次曰季子札。诸樊知季子札贤而不立太子,以次传三弟,欲卒致国于季子札。诸樊既死,传余祭(zhài)。余祭死,传夷眛。夷眛死,当传季子札;季子札逃不肯立,吴人乃立夷眛之子僚为王。公子光曰:"使以兄弟次邪,季子当立;必以子乎,则光真適(dí)嗣⑦,当立。"故尝阴养谋臣以求立⑧。

注释

①伍子胥:楚人,名员(yún),父奢、兄尚为楚平王杀害,他逃往吴国,后借助吴国力量打败了楚国,复了父兄之仇。②吴王僚:吴王余眛之子。③光:吴王僚堂兄,即后来的吴王阖闾。④内志:在国内夺取王位。志,志向,意图。⑤进:推荐。⑥诸樊:名遏,吴王寿梦之子。⑦適嗣:正妻所生的长子。適,通"嫡"。旧时正妻为"嫡"。⑧尝:通"常"。

译文

专诸,是吴国堂邑人。伍子胥逃离楚国前往吴国时,发现专诸有本领。伍子胥进见吴王僚后,用攻打楚国的好处劝说吴王。吴公子光却向吴王说:"那个伍员,父亲、哥哥都是被楚国杀死的,伍员劝您攻打楚国,他这是为了报自己的私仇,并不是替吴国打算。"于是吴王就不再议伐楚的事。伍子胥知道公子光打算杀掉吴王僚,因此自言自语地说:"那个公子光有在国内夺取王位的企图,现在还不能劝说他向国外出兵。"于是就把专诸推荐给公子光。

公子光的父亲是吴王诸樊。诸樊有三个弟弟:按兄弟次序排,大弟弟叫余祭,二弟弟叫夷眛,最小的弟弟叫季子札。诸樊知道季子札贤明,所以不扶立自己的太子,想依照兄弟的次序把王位传递下去,最后好把国君的位子传给季子札。诸樊死去以后王位传给了余祭。余祭死后,传给夷眛。夷眛死后本当传给季子札，季子札却逃避不肯即位，吴国人就拥立夷眜的儿子僚为国君。公子光说："如果按兄弟的次序，季子当立；如果一定要传给儿子的话，那么我才是真正的嫡长子，应当立我为君。"所以他常秘密地供养一些有智谋的人，以便靠他们的帮助取得王位。

  光既得专诸，善客待之。九年而楚平王死①。春，吴王僚欲因楚丧，使其二弟公子盖余、属庸将兵围楚之灊（qián）②；使延陵季子于晋③，以观诸侯之变。楚发兵绝吴将盖余、属庸路，吴兵不得还。于是公子光谓专诸曰："此时不可失，不求何获！且光真王嗣，当立，季子虽来，不吾废也。"专诸曰："王僚可杀也。母老子弱，而两弟将兵伐楚，楚绝其后。方今吴外困于楚，而内空无骨鲠之臣④，是无如我何。"公子光顿首曰⑤："光之身，子之身也。"

  四月丙子，光伏甲士于窟室中⑥，而具酒请王僚⑦。王僚使兵陈自宫至光之家，门户阶陛左右⑧，皆王僚之亲戚也⑨。夹立侍，皆持长铍（pī）⑩。酒既酣，公子光详为足疾⑪，入窟室中，使专诸置匕首鱼炙之腹中而进之⑫。既至王前，专诸擘（bò）鱼⑬，因以匕首刺王僚，王僚立死。左右亦杀专诸，王人扰乱。公子光出其伏甲以攻王僚之徒，尽灭之，遂自立为王，是为阖闾，阖闾乃封专诸之子以为上卿⑭。

  其后七十余年而晋有豫让之事。

注释

①九年：指得专诸后九年。楚平王：楚国国君，名弃疾，后改名居。②灊：县名，在今安徽霍山县东北。③延陵季子：即季子札，因其封地为延陵（今江苏常州市南淹城遗址），故称。④骨鲠之臣：正直敢言的忠臣。鲠，通"骾"。⑤顿首：以头叩地。

⑥甲士：身穿铠甲的武士。窟室：地下室。⑦具：备办。⑧阶陛：台阶。⑨亲戚：此指亲信。⑩铍：长矛。一说两刃刀。⑪详为足疾：假装脚有毛病。详，通"佯"，假装。⑫鱼炙：烤熟的整条鱼。进：献上。⑬擘：拆。掰开。⑭上卿：官名，春秋战国时天子、诸侯所属的高级长官称"卿"，分上、中、下三种，上卿品位最高。

译文

公子光得到专诸以后，像对待宾客一样地好好待他。吴王僚九年，楚平王死了。这年春天，吴王僚想趁着楚国办丧事的时候，派他的两个弟弟公子盖余、属庸率领军队包围楚国的灊城，又派延陵季子到晋国，用以观察各诸侯国的动静。楚国出动军队，断绝了吴将盖余、属庸的后路，吴国军队不能退还。这时公子光对专诸说："这个机会不能失掉，现在不求即位，还要等到何时呢！况且我是真正的继承人，应当立为国君，季子即使回来，他也不会废除我的王位呀。"专诸说："王僚是可以杀掉的。他的母亲老孩子小，两个弟弟又带着军队攻打楚国，被楚国军队断绝了他们的后路。当前吴军在外被楚国围困，而国内没有正直敢言的忠臣。这样王僚还能把我们怎么样呢。"公子光以头叩地说："我公子光的身体，也就是您的身体，您身后的事都由我负责了。"

这年四月丙子日，公子光预先在地下室埋伏身穿铠甲的武士，一面备办酒席宴请吴王僚。吴王僚派出卫队，从王宫一直排列到公子光的家里，门户、台阶两旁，都是王僚的亲信。夹道站立的侍卫，都举着长矛。喝酒喝到畅快的时候，公子光假装脚疼，进入地下室，让专诸把匕首放到烤鱼的肚子里，然后把鱼进献上去。到王僚跟前，专诸掰开鱼，趁势用匕首刺杀王僚，王僚当时就死了。侍卫人员也杀死了专诸,王僚手下的人一时混乱不堪。公子光放出埋伏的武士攻击王僚的部下,全部消灭了他们,于是自立为国君,这就是吴王阖闾。阖闾于是封专诸的儿子为上卿。

此后七十多年,晋国有豫让的事情发生。

豫让者,晋人也,故尝事范氏及中行(háng)氏①,而无所知名。去而事智伯,智伯甚尊宠之②。及智伯伐赵襄子③,赵襄子与韩、魏合谋灭智伯,灭智伯之后而三分其地。赵襄子最怨智伯,漆其头以为饮器④。豫让遁逃山中,曰:"嗟乎!士为知己者死,女为说(yuè)己者容⑤。今智伯知我,我必为报仇而死,以报智伯,则吾魂魄不愧矣。"乃变名姓为刑人,入宫涂厕,中挟匕首⑥,欲以刺襄子。襄子如厕,心动,执问涂厕之刑人,则豫让,内持刀兵,曰:"欲为智伯报仇!"左右欲诛之。襄子曰:"彼义人也,吾谨避之耳。且智伯亡无后,而其臣欲为报仇,此天下之贤人也。"卒释去之。

居顷之,豫让又漆身为厉(lài)⑦,吞炭为哑,使形状不可知,行乞于市。其妻不识也。行见其友,其友识之,曰:"汝非豫让邪?"曰:"我是也。"其友为泣曰:"以子之才,委质而臣事襄子⑧,襄子必近幸子⑨。近幸子,乃为所欲,顾不易邪⑩?何乃残身苦形,欲以求报襄子,不亦难乎!"豫让曰:"既已委质臣事人,而求杀之,是怀二心以事其君也。且吾所为者极难耳!然所以为此者,将以愧天下后世之为人臣怀二心以事其君者也。"

注释

①范：指范吉射，晋大夫士会的后代。中行氏：指荀寅，晋大夫荀林父的后代。②智伯：荀瑶，晋大夫荀首的后代，称智氏。③赵襄子：晋大夫赵衰（cuī）后代。④漆其头以为饮器：把他的头盖骨涂以漆做为饮具。⑤士为二句：为古成语。说，通"悦"。喜欢、爱慕。容，梳妆打扮。⑥中：衣内。⑦漆身为厉：以漆涂身，使肌肤肿烂，像患癞病。厉，通"癞"。癞疮。⑧委质：初次拜见尊长时致送礼物。这里有托身的意思。⑨近幸：亲近宠爱。⑩顾：难道。

译文

豫让，是晋国人，以前曾经侍奉范氏和中行氏两家大臣，没什么名声。他离开那里去奉事智伯，智伯特别尊重信任他。等到智伯攻打赵襄子时，赵襄子和韩、魏合谋灭了智伯。消灭智伯以后，三家分割了他的国土。赵襄子最恨智伯，就把他的头盖骨漆成饮具。豫让潜逃到山中，说："哎呀！好男儿可以为了解自己的人去死，好女子应该为爱慕自己的人梳妆打扮。现在智伯是我的知己，我一定要替他报仇而献出生命，用以报答智伯。那么，就算我死了，魂魄也没有什么可惭愧的了。"于是他更名改姓，伪装成受过刑的人，进入赵襄子宫中修整厕所，身上藏着短剑，想要用它刺杀赵襄子。赵襄子到厕所去，突然心惊肉跳，就命左右捉住审问修整厕所的刑人，才知道是豫让，衣服里面还别着利刃。豫让说："我要替智伯报仇！"侍卫要杀掉他。襄子说："他是义士，我谨慎小心地回避他就是了。况且智伯死后没有继承人，而他的家臣想替他报仇，这是天下的贤人啊。"最后还是把他放走了。

过了不久，豫让又把漆涂在身上，使肌肤肿烂，像得了癞疮，吞炭使声音变得嘶哑，使自己的形体相貌不可辨认，沿街讨饭。就连他的妻子也不认识他了。路上遇见他的朋友，辨认出来，说："你不是豫让吗？"回答说："是我。"朋友为他流着眼泪说："凭着您的才能，委身侍奉赵襄子，襄子一定会亲近宠爱您。亲近宠爱您，您再干您所想干的事，难道不是很容易的吗？何苦自己摧残身体，丑化形貌，想要用这样的办法达到向赵襄子报仇的目的，不是更困难吗？"豫让说："托身侍奉人家以后，又要杀掉他，这是怀着异心侍奉他的君主啊。我知道选择这样的做法是非常困难的，可是我之所以选择这样的做法，就是要使天下后世的那些怀着异心侍奉国君的臣子感到惭愧！"

既去，顷之，襄子当出，豫让伏于所当过之桥下。襄子至桥，马惊，襄子曰："此必是豫让也。"使人问之，果豫让也。于是襄子乃数豫让曰①："子不尝事范、中行氏乎？智伯尽灭之，而子不为报仇，而反委质臣于智伯。智伯亦已死矣，而子独何以为之报仇之深也？"豫让曰："臣事范、中行氏，范、中行氏皆众人遇我②，我故众人报之。至于智伯，国士遇我③，我故国士报之。"襄子喟然叹息而泣曰："嗟乎豫子！子之为智伯，名既成矣，而寡人赦子，亦已足矣。子其自为计④，寡人不复释子！"使兵围之。豫让曰："臣闻明主不掩人之美，而忠臣有死名之义。前君已宽赦臣，天下莫不称君之贤，今日之事，臣固伏诛⑤，然愿请君之衣而击之焉，以致报仇之意，则虽死不恨。非所敢望也，敢布腹心⑥！"于是襄子大义之，乃使使持衣与豫让⑦。豫让拔剑三跃而击之，曰："吾可以下报智伯矣！"遂伏剑自杀。死之日，赵国志士闻之，皆为涕泣。

其后四十余年而轵（zhǐ）有聂政之事⑧。

注释

①数：列举罪过而责之。②众人遇我：把我当成一般人对待。③国士：国内杰出人物。④计：考虑。⑤伏诛：受到应得的死罪。诛，杀死。⑥敢布腹心：敢于披露心里话。⑦使使：派使者。⑧轵：魏邑，在今河南济源东南。

译文

豫让说完就走了，不久，襄子正赶上外出，豫让潜藏在他必定经过的桥下。襄子来到桥上，马受惊，襄子说："这一定是豫让想刺杀我。"派人去查问，果然是豫让。于是襄子就列举罪过指责他说："您不是曾经侍奉过范氏、中行氏吗？智伯把他们消灭了，而你不替他们报仇，反而托身为智伯的家臣。智伯已经死了，您为什么单单如此急切地为他报仇呢？"豫让说："我侍奉范氏、中行氏，他们都把我当作一般人看待，所以我像一般人那样报答他们。至于智伯，他把我当作国士看待，所以我就像国士那样报答他。"襄子喟然长叹，流下同情的泪说："哎呀，豫让！你为智伯报仇，已算成名了；而我宽恕你，也足够了。您该自己作个打算，我不能再放过您了！"命令士兵团团围住他。豫让说："我听说贤明的君主不埋没别人的美名，而忠臣有为美名去死的道理。以前您宽恕了我，普天下没有谁不称道您的贤明。今天的事，我本当受死罪，但我希望能得到您的衣服刺它几下，这样也就表达了我报仇的意愿，那么，即使死了也没有遗恨了。我不敢指望您答应我的要求，我还是冒昧地说出我的心意！"于是襄子非常赞赏他的侠义，就派人拿着自己的衣裳给豫让。豫让拔出宝剑多次跳起来击刺它，说："我可用以报答智伯于九泉之下了！"于是以剑自杀。豫让死的那天，赵国有志之士听到这个消息，都为他哭泣。

此后四十多年,轵邑有聂政的事情发生。

聂政者,轵(zhǐ)①深井里人也。杀人避仇,与母、姊如齐,以屠为事。

久之,濮阳严仲子事韩哀侯②,与韩相侠累有郤(xì)③。严仲子恐诛,亡去,游求人可以报侠累者。至齐,齐人或言聂政勇敢士也,避仇隐于屠者之间。严仲子至门请,数反④,然后具酒自畅聂政母前⑤。酒酣,严仲子奉黄金百溢⑥,前为聂政母寿。聂政惊怪其厚,固谢严仲子。严仲子固进,而聂政谢曰:"臣幸有老母,家贫,客游以为狗屠,可以旦夕得甘毳(cuì)以养亲⑦。亲供养备,不敢当仲子之赐。"严仲子辟人⑧,因为聂政言曰:"臣有仇,而行游诸侯众矣;然至齐,窃闻足下义甚高,故进百金者,将用为大人粗粝之费⑨,得以交足下之欢,岂敢以有求望邪!"聂政曰:"臣所以降志辱身居市井屠者,徒幸以养老母;老母在,政身未敢以许人也。"严仲子固让,聂政竟不肯受也。然严仲子卒备宾主之礼而去。

注释

①轵:县名,今河南济源县南。②濮阳:卫地,在今河南濮阳南。严仲子:名遂。韩哀侯:韩国国君。③有郤:有仇怨。郤,通"隙",空隙,裂缝。比喻感情上产生裂痕。④数反:多次往返拜访。反,同"返",返回。⑤畅:敬酒。《战国策》作"觞"。是。⑥溢:即"镒"。古代重量单位。一镒为二十两。一说二十四两。⑦甘毳:甜脆食物。毳,通"脆"。⑧辟:同"避"。⑨粗粝:粗糙的粮食。谦词。

译文

聂政是轵邑深井里人。他为杀人躲避仇家,和母亲、姐姐逃往齐国,以屠宰牲畜为职业。

过了很久,濮阳严仲子奉事韩哀侯,和韩国国相侠累结下仇怨。严仲子怕遭杀害,逃走了。他四处游历,寻访能替他向侠累报仇的人。到了齐国,齐国有人说聂政是个勇敢之士,因为回避仇人躲藏在屠夫中间。严仲子登门拜访,多次往返,然后备办了宴席,亲自捧杯给聂政的母亲敬酒。喝到畅快兴浓时,严仲子献上黄金一百镒,到聂政老母跟前祝寿。聂政面对厚礼感到奇怪,坚决谢绝严仲子。严仲子却执意要送,聂政辞谢说:"我幸有老母健在,家里虽贫穷,客居在此,以杀猪宰狗为业,早晚之间买些甘甜松脆的东西奉养老母,老母的供养还算齐备,可不敢接受仲子的赏赐。"严仲子避开别人,趁机对聂政说:"我有仇人,我周游好多诸侯国,都没找到为我报仇的人;但来到齐国,私下听说您很重义气,所以献上百金,将作为你母亲大人一点粗粮的费用,也能够跟您交个朋友,哪里敢有别的索求和指望!"聂政说:"我所以使心志卑下,屈辱身份,在这市场上做个屠夫,只是希望借此奉养老母;老母在世,我不敢对别人以身相许。"严仲子执意赠送,聂政却始终不肯接受。但是严仲子终于尽到了宾主相见的礼节,告辞离去。

久之,聂政母死。既已葬,除服①,聂政曰:"嗟乎!政乃市井之人,鼓刀以屠;而严仲子乃诸侯之卿相也,不远千里,枉车骑而交臣②。臣之所以待之,至浅鲜矣③,未有大功可以称者④,而严仲子奉百金为亲寿,我虽不受,然是者徒深知政也。夫贤者以感忿睚眦(yá zì)之意而亲信穷僻之人⑤,而政独安得嘿然而已乎⑥!且前日要政⑦,政徒以老母!老母今以天年终，政将为知己者用。"乃遂西至濮阳见严仲子，曰："前日所以不许仲子者，徒以亲在；今不幸而母以天年终。仲子所欲报仇者为谁？请得从事焉！"严仲子具告曰："臣之仇韩相侠累，侠累又韩君之季父也，宗族盛多，居处兵卫甚设⑧，臣欲使人刺之，（众）终莫能就。今足下幸而不弃，请益其车骑壮士可为足下辅翼者⑨。"聂政曰："韩之与卫，相去中间不甚远，今杀人之相，相又国君之亲，此其势不可以多人，多人不能无生得失，生得失则语泄，语泄是韩举国而与仲子为仇，岂不殆哉⑩！"遂谢车骑人徒，聂政乃辞独行。

注释

①除服：丧服期满。②枉：屈，委屈。③鲜：少，稀少。④称：相比，相抵。⑤睚眦：发怒时瞪眼睛。借指小的仇恨。⑥嘿：通"默"，沉默。⑦要：同"邀"，邀请。⑧甚设：戒备森严。⑨辅翼：助手，辅助。⑩殆：危险。

译文

过了很久，聂政的母亲去世，安葬后，直到丧服期满，聂政说："哎呀！我不过是平民百姓，拿着刀杀猪宰狗，而严仲子是诸侯的卿相，却不远千里，委屈身份和我结交。我待人家的情谊是太浅薄太微不足道了，没有什么大的功劳可以和他对我的恩情相抵，而严仲子献上百金为老母祝寿，我虽然没有接受，可是这件事说明他是特别了解我啊。贤德的人因感愤于一点小的仇恨，把我这个处于偏僻的穷困屠夫视为亲信，我怎么能一味地默不作声，就此完事了呢！况且以前来邀请我，我只是因为老母在世，才没有答应。而今老母享尽天年，我该要为了解我的人出力了。"于是就向西到濮阳，见到严仲子说："以前所以没答应仲子的邀请,仅仅是因为老母在世;如今不幸老母已享尽天年。仲子要报复的仇人是谁?请让我办这件事吧!"严仲子原原本本地告诉他说:"我的仇人是韩国宰相侠累,侠累又是韩国国君的叔父,宗族旺盛,人丁众多,居住的地方士兵防卫严密,我要派人刺杀他,始终没法得手。如今承蒙您不嫌弃我,应允下来,请增加车骑壮士作为您的助手。"聂政说:"韩国与卫国,中间距离不太远,如今刺杀人家的宰相,宰相又是国君的亲属,在这种情势下不能去很多人,人多了难免发生意外,发生意外就会走漏消息,走漏消息,那就等于整个韩国的人与您为仇,这难道不是太危险了吗!"于是谢绝车骑人众,辞别严仲子只身去了。

杖剑至韩①,韩相侠累方坐府上,持兵戟而卫侍者甚众。聂政直入,上阶刺杀侠累,左右大乱。聂政大呼,所击杀者数十人,因自皮面决眼②,自屠出肠,遂以死。

韩取聂政尸暴(pù)于市③,购问莫知谁子④。于是韩(购)县(xuán)〔购〕之⑤,有能言杀相侠累者予千金。久之莫知也。

注释

①杖:持,携带。②皮面决眼:割破面皮,挖出眼珠。③暴于市:暴露在大街上。④购问:悬赏询问。⑤县:通"悬"。悬挂。

译文

他带着宝剑到韩国都城,韩国宰相侠累正好坐在堂上,持刀荷戟的护卫很多。聂政径直而入,走上台阶刺杀侠累,侍从人员大乱。聂政高声大叫,被他击杀的有几十个人,他趁势毁坏自己的面容,挖出眼睛,剖开肚皮,流出肠子,就这样死了。

韩国把聂政的尸体陈列在街市上，出赏金查问凶手是谁家的人，没有谁知道。于是韩国悬赏征求，有人能说出杀死宰相侠累的人，赏给千金。过了很久，仍没有人知道。

政姊荣闻人有刺杀韩相者，贼不得①，国不知其名姓，暴其尸而县之千金，乃於（wū）邑（yè）曰②："其是吾弟与？嗟乎，严仲子知吾弟！"立起，如韩，之市，而死者果政也，伏尸哭极哀，曰："是轵深井里所谓聂政者也。"市行者诸众人皆曰："此人暴虐吾国相，王县购其名姓千金，夫人不闻与？何敢来识之也？"荣应之曰："闻之。然政所以蒙污辱自弃于市贩之间者，为老母幸无恙，妾未嫁也。亲既以天年下世，妾已嫁夫，严仲子乃察举吾弟困污之中而交之，泽厚矣，可奈何！士固为知己者死，今乃以妾尚在之故，重自刑以绝从③，妾其奈何畏殁身之诛④，终灭贤弟之名！"大惊韩市人。乃大呼天者三，卒於邑悲哀而死政之旁。

晋、楚、齐、卫闻之，皆曰："非独政能也，乃其姊亦烈女也。乡（xiàng）使政诚知其姊无濡忍之志⑤，不重暴骸之难⑥，必绝险千里以列其名⑦，姊弟俱僇于韩市者⑧，亦未必敢以身许严仲子也。严仲子亦可谓知人能得士矣！"

其后二百二十余年，秦有荆轲之事。

注释

①贼不得：指不知道凶手的姓名。②於邑：同"呜咽"，哭泣。③重自刑以绝从：深深地毁坏自己的面容肢体，使人不能辨认，以免牵连别人。从，连带治罪。一说通"踪"，踪迹线索。④殁：死。⑤乡使：从前假使。乡，通"向"。从前，过去。濡忍：含忍，忍耐。⑥不重：不顾惜。暴骸：露尸于外。⑦绝险：度越艰

难险阻。列：显露，布陈。⑧僇：通"戮"。杀戮。

译文

聂政的姐姐聂荣听说有人刺杀了韩国的宰相，却不知道凶手到底是谁，整个韩国的人都不知道他的姓名，正在陈列着他的尸体，并且悬赏千金，叫人们辨认。聂政的姐姐抽泣着说："大概是我弟弟吧？哎呀，严仲子了解我弟弟！"于是她马上动身，前往韩国的都城，来到街市，死者果然是聂政，就趴在尸体上痛哭，极为哀伤，说："这就是所谓轵邑深井里的聂政啊。"街上的行人们都说："这个人残酷地杀害我国宰相，君王悬赏千金询查他的姓名，夫人没听说吗？怎么敢来认尸啊？"聂荣回答他们说："我听说了。可是聂政所以承受羞辱不惜混在屠猪贩肉的人中间，是因为老母健在，我还没有出嫁。老母享尽天年去世后，我已嫁人，严仲子从穷困低贱的处境中把我弟弟挑选出来结交他，恩情深厚，我弟弟还能怎么办呢！勇士本来应该替知己牺牲性命，如今因为我还活在世上的缘故，他严重地自行毁坏面容躯体，使人不能辨认，以免牵连他人，我怎么能害怕杀身之祸，永远埋没弟弟的名声呢！"整个街市上的人都大为震惊。聂荣于是高喊三声"天哪"，终于因为过度哀伤而死在聂政身旁。

晋、楚、齐、卫等国的人听到这个消息，都说："不单是聂政有能力，就是他姐姐也是烈性女子。假使聂政知道他姐姐没有含忍的性格，不顾露尸于外的苦难，一定要越过千里的艰难险阻来公开他的姓名，以致姐弟二人一起死在韩国的街市，那他也未必敢对严仲子以身相许。严仲子也可以说是识人，才能够赢得贤士啊！"

从此以后二百二十多年，秦国有荆轲的事情发生。

荆轲者，卫人也。其先乃齐人，徙于卫，卫人谓之庆卿①。而之燕，燕人谓之荆卿。

荆轲好读书击剑，以术说卫元君②，卫元君不用。其后秦伐魏，置东郡，徙卫元君之支属于野王③。

荆轲尝游过榆次④，与盖（gě）聂论剑⑤，盖聂怒而目之。荆轲出，人或言复召荆卿。盖聂曰："曩者吾与论剑有不称者⑥，吾目之；试往，是宜去，不敢留。"使使往之主人，荆卿则已驾而去榆次矣。使者还报，盖聂曰："固去也，吾曩者目摄之⑦！"

荆轲游于邯郸，鲁句践与荆轲博⑧，争道⑨，鲁句践怒而叱之，荆轲嘿而逃去，遂不复会。

注释

①庆卿：庆是齐国大族，荆轲先祖是齐人，可能本姓庆。卿：当时对男子的美称。②说：劝说，说服。③支属：旁支亲属。野王：县名，即今河南沁阳县。④榆次：战国时赵邑，汉置县，即今山西榆次县。⑤论剑：谈论剑术，有较量的意思。⑥曩者：过去。这里指刚才。不称：不相宜，不合适。⑦摄：通"慑"。威慑，震慑。一说降服。⑧博：古代一种博戏。⑨争道：争执博局的招数，道，技艺，方法。

译文

荆轲是卫国人，他的祖先是齐国人，后来迁移到卫国，卫国人称他为庆卿。到燕国后，燕国人称他为荆卿。

荆卿喜爱读书、击剑。他凭借着剑术游说卫元君，卫元君没有任用他。此后秦国攻打魏国，设置了东郡，把卫元君的旁支亲属迁移到了野王县。

荆轲漫游曾路经榆次,与盖聂谈论剑术,盖聂对他怒目而视。荆轲出去以后,有人劝盖聂再把荆轲叫回来。盖聂说:"刚才我和他谈论剑术,他谈的有不甚得当的地方,我用眼瞪了他。去找找看吧,我用眼瞪了他,他应该走了,不敢再留在这里了。"于是派人到荆轲住处询问房东,荆轲已乘车离开榆次了。派去的人回来报告此事,盖聂说:"本来就该走了,刚才我用眼睛瞪他,他害怕了。"

荆轲漫游邯郸,鲁句践跟荆轲玩博戏,争执博局的路数,鲁句践发怒呵斥他,荆轲又默无声息地逃走了,于是不再见面。

荆轲既至燕,爱燕之狗屠及善击筑者高渐离①。荆轲嗜酒,日与狗屠及高渐离饮于燕市,酒酣以往,高渐离击筑,荆轲和而歌于市中,相乐也,已而相泣,旁若无人者。荆轲虽游于酒人乎,然其为人沉深好书②;其所游诸侯,尽与其贤豪长者相结。其之燕,燕之处士田光先生亦善待之③,知其非庸人也。

居顷之,会燕太子丹质秦亡归燕④。燕太子丹者,故尝质于赵,而秦王政生于赵,其少时与丹欢。及政立为秦王,而丹质于秦。秦王之遇燕太子丹不善,故丹怨而亡归。归而求为报秦王者,国小,力不能。其后秦日出兵山东以伐齐、楚、三晋⑤,稍蚕食诸侯⑥,且至于燕,燕君臣皆恐祸之至。太子丹患之,问其傅鞠武⑦。武对曰:"秦地遍天下,威胁韩、魏、赵氏,北有甘泉、谷口之固⑧,南有泾、渭之沃,擅巴、汉之饶,右陇、蜀之山,左关、殽之险⑨,民众而士厉⑩,兵革有余⑪。意有所出,则长城之南,易水以北,未有所定也。奈何以见陵之怨⑫,欲批其逆鳞哉⑬!"丹曰:"然则何由?"对曰:

"请入图之⑭。"

注释

①筑：古代弦乐器，像琴，属于打击乐。②沉深：深沉稳重。③处士：有才有德不愿为官的隐居者。④会：适逢，正赶上。质：人质。⑤三晋：指韩、赵、魏三国。以其国君原来都是晋国的执政大夫，后各自立国，将晋一分为三，故称。⑥稍：逐渐，一点一点地。蚕食：像蚕吃桑叶一样地逐渐侵吞。⑦傅：官名，即太傅，辅导太子的官。⑧甘泉：山名，今陕西淳化县西北。谷口：地名，今陕西泾阳西北。⑨擅：拥有，据有。巴：今四川东南部一带。汉：今陕西汉中地区。陇：今甘肃陇山。蜀：今四川米仓山、大巴山等地区。关、殽：函谷关和殽山。⑩厉：磨炼训练。⑪兵革：武器装备。兵，武器。革，皮制铠甲。⑫见陵：被欺凌。见，被。陵，侵犯，欺侮。⑬批：触动，触犯。逆鳞：传说中龙颈部生的倒鳞。触及倒鳞，龙即发怒。用以比喻暴君凶残。⑭入：深入，进一步。

译文

　　荆轲到燕国以后，喜欢上一个以宰狗为业的人和擅长击筑的高渐离。荆轲特别好饮酒，天天和那个宰狗的屠夫及高渐离在燕市上喝酒，喝得似醉非醉以后，高渐离击筑，荆轲就和着节拍在街市上唱歌，相互娱乐，不一会儿又相互哭泣，身旁像没有人的样子。荆轲虽说混在酒徒中，可是他的为人却深沉稳重，喜欢读书。他游历过的诸侯各国，都是与当地贤士豪杰德高望重的人相结交。他到燕国后，燕国隐士田光先生也友好地对待他，知道他不是平庸的人。

　　过了不久，适逢在秦国作人质的燕太子丹逃回燕国。燕太子丹,过去曾在赵国做人质,而秦王嬴政出生在赵国,他少年时和太子丹要好。等到嬴政被立为秦王,太子丹又到秦国做人质。秦王对待燕太子不友好,所以太子丹因怨恨而逃归。归来就寻求报复秦王的办法,燕国弱小,力不能及。此后秦国天天出兵山东,攻打齐、楚和三晋,像蚕吃桑叶一样,逐渐地侵吞各国。战火将波及燕国,燕国君臣唯恐大祸临头。太子丹为此忧虑,请教他的老师鞠武。鞠武回答说:"秦国的土地遍天下,威胁到韩国、魏国、赵国。它北面有甘泉、谷口坚固险要的地势,南面有泾河、渭水流域肥沃的土地,据有富饶的巴郡、汉中地区,右边有陇、蜀崇山峻岭为屏障,左边有殽山、函谷关做要塞,人口众多而士兵训练有素,武器装备绰绰有余。秦国若有意图向外扩张,那么长城以南,易水以北就没有安稳的地方了。为什么您还因为被欺侮的怨恨,要去触动秦王的逆鳞呢!"太子丹说:"既然如此,那么我们怎么办呢?"鞠武回答说:"让我进一步考虑考虑。"

居有间,秦将樊於(wū)期得罪于秦王,亡之燕,太子丹受而舍之①。鞠武谏曰:"不可。夫以秦王之暴而积怒于燕,足为寒心②,又况闻樊将军之所在乎?是谓'委肉当饿虎之蹊'也,祸必不振矣③!虽有管、晏④,不能为之谋也。愿太子疾遣樊将军入匈奴以灭口⑤。请西约三晋,南连齐、楚,北购于单(chán)于⑥,其后乃可图也。"太子曰:"太傅之计,旷日弥久,心惛然⑦,恐不能须臾。且非独于此也,夫樊将军穷困于天下,归身于丹,丹终不以迫于强秦而弃所哀怜之交,置之匈奴,是固丹命卒之时也。愿太傅更虑之。"鞠武曰:"夫行危欲求安,造祸而求福,计浅而怨深,连结一人之后交⑧,不顾国家之大害,此所谓'资怨而助祸'矣。夫以鸿毛燎于炉炭之上,必无事矣。且以雕鸷之秦,行怨暴之怒,岂足道哉！燕有田光先生，其为人智深而勇沉，可与谋。"太子曰："愿因太傅而得交于田先生，可乎?"鞫武曰："敬诺。"出见田先生道："太子愿图国事于先生也。"田光曰："敬奉教。"乃造焉⑨。

注释

①舍：使……住下来。②寒心：提心吊胆。③不振：不可拯救。振，救，挽救。④虽：即使。管、晏：管仲和晏婴，都是春秋时齐国谋臣。⑤灭口：消除……借口。⑥购：通"媾"，媾和，讲和。⑦悁然：忧闷，烦乱。悁，糊涂。⑧后交：新交，晚交。⑨造：拜访。

译文

过了一些时候，秦国将军樊於期得罪了秦王，逃到燕国，太子接纳了他，并让他住下来。鞫武规劝说："不行。秦王本来就很凶暴，一直不满燕国，这就足以叫人心惊胆战了；更何况他听到樊将军住在这里呢？这叫作'把肉放置在饿虎经过的小路上'啊，祸患一定不可挽救！即使有管仲、晏婴，也不能为您出谋划策了。希望您赶快送樊将军到匈奴去，以消除秦国攻打我们的借口。并且请您向西与三晋结盟，向南联络齐、楚，向北与单于和好，然后就可以想办法对付秦国了。"太子丹说："老师的计划，需要的时间太长了，我的心里忧闷烦乱，恐怕连片刻也等不及了。况且并非单单因为这个缘故，樊将军在天下已是穷途末路，投奔于我，我总不能因为迫于强暴的秦国而抛弃我所同情的朋友，把他送到匈奴去。这应当是我现在需要人做事的时候呀，希望老师另考虑别的办法。"鞫武说："选择危险的行动想求得安全，制造祸患而祈请幸福，计谋浅薄而怨恨深重，为了结交一个新朋友，而不顾国家的大祸患，这就是所说的'积蓄仇怨而助祸患'了。把大雁的羽毛放在炉炭上，一下子就烧光了。何况是雕鸷一样凶猛的秦国，一旦对燕国发泄仇恨残暴的怒气，那后果难道还用得着说吗？燕国有位田光先生，他这个人智谋深邃而勇敢沉着，可以和他商量。"太子说："希望通过老师而得以结交田先生，可以吗？"鞠武说："遵命。"鞠武便出去拜会田先生，说："太子希望跟田先生一同谋划国事。"田光说："谨领教。"就前去拜访太子。

太子逢迎，却行为导①，跪而蔽席②。田光坐定，左右无人，太子避席而请曰③："燕秦不两立，愿先生留意也。"田光曰："臣闻骐骥盛壮之时，一日而驰千里；至其衰老，驽马先之④。今太子闻光盛壮之时，不知臣精已消亡矣。虽然，光不敢以图国事，所善荆卿可使也。"太子曰："愿因先生得结交于荆卿，可乎？"田光曰："敬诺。"即起，趋出⑤。太子送至门，戒曰⑥："丹所报，先生所言者，国之大事也，愿先生勿泄也！"田光俯而笑曰："诺。"偻（lǚ）行见荆卿，曰："光与子相善，燕国莫不知。今太子闻光壮盛之时，不知吾形已不逮也，幸而教之曰：'燕秦不两立，愿先生留意也'。光窃不自外，言足下于太子也，愿足下过太子于宫。"荆轲曰："谨奉教。"田光曰："吾闻之，长者为行，不使人疑之。今太子告光曰'所言者，国之大事也，愿先生勿泄'，是太子疑光也。夫为行而使人疑之，非节侠也⑦。"欲自杀以激荆卿，曰："愿足下急过太子，言光已死，明不言也⑧。"因遂自刎而死。

注释

①却行为导：倒退着走，为（田光）引路。②蔽席：拂拭座位让

坐。蔽，拂拭，掸。③避席而请：离开自己的座席向田光请教。避席，离开座席，以示敬意。④驽马：劣等马。⑤趋：小步快走，以示礼敬。⑥戒：通"诫"，嘱咐。⑦节侠：有节操、讲义气的人。⑧明：表明，显示。

译文

太子上前迎接，倒退着走在前面为田光引路，又跪下来拂拭座位给田光让座。田光坐稳后，左右没别人，太子离开自己的座位，向田光请教说："燕国与秦国势不两立，希望先生留意。"田光说："我听说骐骥盛壮的时候，一日可奔驰千里；等到它衰老了，就是劣等马也能跑到它的前边。如今太子光听说我盛壮之年的情景，却不知道我精力已经衰竭了。不过，我虽然不能冒昧地谋划国事，我的好朋友荆卿却是可以承担这个使命的。"太子说："希望能通过先生和荆卿结交，可以吗？"田光说："遵命。"于是立刻起身，急忙出去了。太子送到门口，告诫说："我所讲的，先生所说的，是国家的大事，希望先生不要泄露！"田光俯下身去笑着说："是。"田光弯腰驼背地走着去见荆卿，说："我和您彼此要好，燕国没有谁不知道，如今太子听说我盛壮之年时的情景，却不知道我的身体已力不从心了，我荣幸地听他说：'燕国、秦国势不两立，希望先生留意。'我自以为和您不是外人，已经把您推荐给太子了，希望您前往宫中拜访太子。"荆轲说："谨领教。"田光说："我听说，年长老成的人行事，是不能让别人怀疑他的。如今太子告诫我说：'所说的是国家大事，希望先生不要泄露'，这是太子怀疑我呀。一个人做了事却让别人怀疑他，他就不算是有节操、讲义气的人。"田光要用自杀来激励荆卿，说："希望您立即去见太子，就说我已经死了，表明我不会泄露机密。"于是就刎颈自杀了。

荆轲遂见太子，言田光已死，致光之言。太子再拜而跪，膝行流涕①，有顷而后言曰："丹所以诫田先生毋言者，欲以成大事之谋也。今田先生以死明不言，岂丹之心哉！"荆轲坐定，太子避席顿首曰："田先生不知丹之不肖②，使得至前，敢有所道，此天之所以哀燕而不弃其孤也③。今秦有贪利之心，而欲不可足也，非尽天下之地，臣海内之王者④，其意不厌⑤。今秦已虏韩王⑥，尽纳其地。又举兵南伐楚，北临赵；王翦将数十万之众距漳、邺⑦，而李信出太原、云中⑧。赵不能支秦，必入臣⑨，入臣则祸至燕。燕小弱，数困于兵，今计举国不足以当秦。诸侯服秦，莫敢合从⑩。丹之私计愚，以为诚得天下之勇士使于秦，窥以重利⑪；秦王贪，其势必得所愿矣。诚得劫秦王，使悉反诸侯侵地⑫，若曹沫之与齐桓公，则大善矣；则不可⑬，因而刺杀之。彼秦大将擅兵于外而内有乱，则君臣相疑，以其间诸侯得合从，其破秦必矣。此丹之上愿，而不知所委命，唯荆卿留意焉。"久之，荆轲曰："此国之大事也，臣驽下⑭，恐不足任使。"太子前顿首，固请毋让⑮，然后许诺。于是尊荆卿为上卿，舍上舍。太子日造门下，供太牢具⑯，异物间进，车骑美女，恣荆轲所欲，以顺适其意。

注释

①膝行：跪行，双膝着地向前。②不肖：不成才，没出息。此谦词。③孤：太子丹自称。按当时燕王尚在，太子丹不该称孤。④臣：使……臣服，称臣。⑤厌：满足。又写作"餍"。⑥韩王：名安，战国时韩国末代君主。⑦王翦：秦名将。漳、邺：漳河和邺县，在今河北临漳、安阳一带，当时为赵国的南境。⑧李信：

秦将。云中：郡名。治所在今内蒙古托克托东北。⑨入臣：前往秦国称臣。⑩合从：即"合纵"。东方六国南北联合，结成一体共同对抗秦国的政策。⑪窥：示，引诱。⑫反：通"返"。⑬则：假如，如果。⑭驽下：谦词，才智低下。⑮让：推辞。⑯太牢：牛、羊、猪三种牲畜各一头，是古代祭祀的重礼。借指贵重美食。

译文

于是荆轲去会见太子，告诉他田光已死，转达了田光的话。太子拜了两拜跪下去，跪着前进，痛哭流涕，过了一会说："我所以嘱咐田先生不要讲，是想使大事的谋划得以成功。如今田先生用死来表明他不会说出去，难道是我的初衷吗！"荆轲坐稳，太子离开座位以头叩地说："田先生不知道我不成器，使我能够到您面前，敢冒昧地有所陈述，这是上天哀怜燕国，不抛弃我啊。如今秦王有贪利的野心，而他的欲望是不会满足的，不把天下的土地完全吞并，不使各国的君王向他臣服，他的野心是不会满足的。如今秦国已俘虏了韩王，占领了他的全部领土。他又出动军队向南攻打楚国，向北逼近赵国；秦将王翦率领几十万大军抵达漳水、邺县一带，而李信出兵太原、云中。赵国抵挡不住秦军，一定会向秦国臣服；赵国臣服，那么灾祸就降临到燕国。燕国弱小，多次被战争所困扰，如今估计就是调动全国的力量也不能够抵挡秦军。诸侯各国都臣服了秦国，没有谁敢提倡联合抗秦了。我私下有个不成熟的计策，认为果真能得到天下的勇士，派往秦国，用重利诱惑秦王，秦王贪婪，在那种情形下，一定能达到劫持他的目的。果真能够劫持秦王，让他全部归还侵占各国的土地，像曹沫劫持齐桓公那样，那就太好了；万一不行，就趁势杀死他。他们秦国的大将在国外独揽兵权，而国内又出了乱子，那么君臣彼此猜疑。趁此机会，诸侯各国就能够联合起来，一定能够打败秦国。这是我最大的愿望，却不知道把这使命委托给谁，希望荆卿仔细地考虑这件事。"过了好一会儿，荆轲说："这是国家的大事，我的才能低劣，恐怕不能胜任。"太子上前以头叩地，坚决请求不要推托，而后荆轲答应了。当时太子就尊奉荆卿为上卿，住进上等的馆舍。太子天天到荆轲的住所拜望。供给贵重的饮食，时不时地还献上奇珍异物，车马美女，任荆轲随心所欲，以便满足他的心意。

久之，荆轲未有行意。秦将王翦破赵，虏赵王，尽收入其地，进兵北略地至燕南界①。太子丹恐惧，乃请荆轲曰："秦兵旦暮渡易水②，则虽欲长侍足下，岂可得哉！"荆轲曰："微太子言③，臣愿谒之④。今行而毋信，则秦未可亲也。夫樊将军，秦王购之金千斤，邑万家。诚得樊将军首与燕督亢之地图⑤，奉献秦王，秦王必说见臣，臣乃得有以报。"太子曰："樊将军穷困来归丹，丹不忍以己之私而伤长者之意，愿足下更虑之！"

荆轲知太子不忍，乃遂私见樊於期曰："秦之遇将军可谓深矣⑥，父母宗族皆为戮没。今闻购将军首金千斤，邑万家，将奈何？"樊於期仰天太息流涕曰："於期每念之，常痛于骨髓，顾计不知所出耳！"荆轲曰："今有一言可以解燕国之患，报将军之仇者，何如？"樊於期乃前曰："为之奈何？"荆轲曰："愿得将军之首以献秦王，秦王必喜而见臣，臣左手把其袖，右手揕（zhèn）其匈⑦，然则将军之仇报而燕见陵之愧除矣。将军岂有意乎？"樊於期偏袒搤（è）捥而进曰⑧："此臣之日夜切齿腐心也，乃今得闻教！"遂自刭。太子闻之，驰往，伏尸而哭，极哀。既已不可奈何，乃遂盛樊於期首函封之⑨。

注释

①略：夺取，侵占。②旦暮：早晚。极言时间短暂。③微：无，没有。④谒：请求，禀告。⑤督亢：燕国南部的富饶之地，约今河北涿县、定兴县、新城县、固安县一带。⑥深：残酷，刻毒。⑦揕：直刺。匈：通"胸"。胸膛。⑧搤：通"扼"，掐住，捉住。捥：通"腕"。⑨函封：装入匣子，封起来。

译文

　　过了很长一段时间，荆轲仍没有行动的表示。这时，秦将王翦已经攻破赵国的都城，俘虏了赵王，把赵国的领土全部纳入秦国的版图。大军挺进，向北夺取土地，直到燕国南部边界。太子丹害怕了，于是请求荆轲说："秦国军队早晚之间就要横渡易水，那时即使我想要长久地侍奉您，怎么能办得到呢！"荆轲说："太子就是不说，我也要请求行动了。现在到秦国去，没有让秦王相信我的东西，那就不可能接近秦王。那位樊将军，秦王悬赏黄金千斤、封邑万户来购买他的脑袋。果真得到樊将军的脑袋和燕国督亢地方的地图献给秦王，秦王一定高兴接见我，这样我才能够有机会报效您。"太子说："樊将军到了穷途末路才来投奔我，我不忍心为自己私利而伤害这位长者的心，希望您考虑别的办法吧！"

　　荆轲明白太子不忍心，于是就私下会见樊於期说："秦国对待将军可以说是太残酷了，父母、家族都被杀尽。如今听说用黄金千斤、封邑万户，购买将军的首级，您打算怎么办呢？"於期仰望苍天，叹息流泪说："我每每想到这些，就痛入骨髓，却想不出办法来！"荆轲说："现在我有一个办法想说出来，可以解除燕国的祸患，洗雪将军的仇恨，怎么样？"於期凑向前说："怎么办？"荆轲说："希望得到将军的首级献给秦王，秦王一定会高兴地召见我。那时候我左手抓住他的衣袖，右手用匕首直刺他的胸膛，那么将军的仇恨可以洗雪，而燕国被欺凌的耻辱可以洗除了，将军是否有这个心意呢？"樊於期脱掉一边衣袖，露出臂膀，一只手紧紧握住另一只手腕，走近荆轲说："这是我日日夜夜咬牙切齿的仇恨，今天才听到您的这个办法！"于是就自刎了。

太子听到这个消息，驾车奔驰前往，趴在尸体上痛哭，极其悲哀。已经没法挽回，于是就把樊於期的首级装到匣子里密封起来。

　　于是太子豫求天下之利匕首，得赵人徐夫人匕首，取之百金，使工以药焠之①，以试人，血濡缕②，人无不立死者。乃装为遣荆卿。燕国有勇士秦舞阳，年十三，杀人，人不敢忤视③。乃令秦舞阳为副。荆轲有所待，欲与俱，其人居远未来，而为治行④。顷之，未发，太子迟之，疑其改悔，乃复请曰："日已尽矣！荆卿岂有意哉？丹请得先遣秦舞阳。"荆轲怒，叱太子曰："何太子之遣？往而不返者，竖子也⑤！且提一匕首入不测之强秦，仆所以留者，待吾客与俱。今太子迟之，请辞决矣⑥！"遂发。

　　太子及宾客知其事者，皆白衣冠以送之。至易水之上，既祖⑦，取道，高渐离击筑，荆轲和而歌，为变徵之声⑧，士皆垂泪涕泣。又前而为歌曰："风萧萧兮易水寒，壮士一去兮不复还！"复为羽声忼慨⑨，士皆瞋目⑩，发尽上指冠⑪。于是荆轲就车而去，终已不顾。

注释

①以药焠之：把烧红的匕首放到带有毒性液体里蘸。②血濡缕：只渗出一点血丝。③忤视：用恶意的眼光看人。忤，逆，抵触。④治行：准备行装。⑤竖子：小子。对人的蔑称。⑥辞决：长别。⑦既祖：饯行之后。祖，古人出远门时祭祀路神的活动。这里指饯行的一种隆重仪式，即祭神后，在路上设宴为人送行。⑧为变徵之声：发出变徵的音调。古代乐律，分宫、商、角、变徵、徵、羽、变宫七调，大体相当今西乐的C、D、E、F、G、A、B七调。变徵即F调，此调苍凉、凄惋，宜放悲声。⑨羽声：相当西乐A调，音调高亢，声音慷慨激昂。⑩瞋目：瞪大眼睛。⑪发尽上指冠：因怒而头发竖起，把帽子顶起来。此为夸张说法。

译文

于是，太子预备寻找天下最锋利的短剑，找到了赵国人徐夫人的短剑，花了百金买下了它。让工匠用毒水淬短剑，先用人试验，只要划破流下一丝儿血，没有不立刻死的。于是便准备行装，送荆轲出发。燕国有位勇士叫秦舞阳，十三岁时就杀了人，别人都不敢正面对着看他。于是就派秦舞阳作副使。荆轲等待一个人，打算一道出发，但那个人住得很远，还没赶到。而荆轲已替那个人准备好了行装。又过了些日子，荆轲还没有出发，太子认为他拖延时间，怀疑他反悔，就再次催请说："日子不多了，荆卿有动身的打算吗？请允许我派遣秦舞阳先行。"荆轲发怒，斥责太子说："太子这样派遣是什么意思？只顾去而不顾完成使命回来，那是没出息的小子！况且是拿一把匕首进入难以测度的强暴的秦国。我所以暂留的原因，是等待另一位朋友一起去。眼下太子认为我拖延时间，那就告辞诀别吧！"于是就出发了。

太子和知道这件事的宾客，都穿着白衣戴着白帽为荆轲送行。到易水岸边，饯行以后，荆轲就要上路入秦了。这时高渐离击着筑，荆轲和着节拍唱歌，发出苍凉凄惋的声调，送行的人都流泪哭泣。荆轲一边向前走一边唱道："风萧萧兮易水寒，壮士一去兮不复还！"复又发出慷慨激昂的声调，送行的人们怒目圆睁，头发直竖，把帽子都顶起来了。于是荆轲就上车走了，始终连头也不回。

遂至秦，持千金之资币物①，厚遗秦王宠臣中庶子蒙嘉②。嘉为先言于秦王曰："燕王诚振怖大王之威③，不敢举兵以逆军吏，愿举国为内臣，比诸侯之列④，给贡职如郡县，而得奉守先王之宗庙⑤。恐惧不敢自陈，谨斩樊於期之头，及献燕督亢之地图，函封，燕王拜送于庭，使使以闻大王，唯大王命之。"秦王闻之，大喜，乃朝服，设九宾⑥，见燕使者咸阳宫。

荆轲奉樊於期头函，而秦舞阳奉地图柙，以次进。至陛，秦舞阳色变振恐⑦，群臣怪之。荆轲顾笑舞阳⑧，前谢曰："北蕃蛮夷之鄙人，未尝见天子，故振慑。愿大王少假借之⑨，使得毕使于前。"秦王谓轲曰："取舞阳所持地图。"轲既取图奏之。秦王发图⑩，图穷而匕首见（xiàn）⑪。因左手把秦王之袖，而右手持匕首揕之。未至身，秦王惊，自引而起，袖绝。拔剑，剑长，操其室⑫。时惶急，剑坚，故不可立拔。荆轲逐秦王，秦王环柱而走。群臣皆愕，卒起不意⑬，尽失其度⑭。而秦法，群臣侍殿上者不得持尺寸之兵；诸郎中执兵皆陈殿下，非有诏召不得上。方急时，不及召下兵，以故荆轲乃逐秦王。而卒惶急，无以击轲，而以手共搏之。是时侍医夏无且（jū）以其所奉药囊提荆轲也⑮，秦王方环柱走，卒惶急，不知所为，左右乃曰："王负剑！"负剑，遂拔以击荆轲，断其左股⑯。荆轲废，乃引其匕首以擿秦王⑰，不中，中桐柱。秦王复击轲，轲被八创。轲自知事不就，倚柱而笑，箕踞以骂曰⑱："事所以不成者，以欲生劫之，必得约契以报太子也。"

于是左右既前杀轲，秦王不怡者良久。已而论功，赏群臣及当坐者各有差⑲，而赐夏无且黄金二百溢，曰："无且爱我，乃以药囊提荆轲也。"

注释

①资：价值。资财。币：古代用作礼物的丝织品，泛指用作礼物的玉帛等物。②遗：赠送。③振怖：内心惊悸，害怕。怖，惊慌、害怕。④比：排列、比照。⑤宗庙：帝王或诸侯祭祀祖宗的地方。⑥九宾：外交上极其隆重的礼仪。说法不一。一说九个接待宾客的礼宾人员；一说九种规格不同的礼节；一说九种地位不同的礼宾人员。⑦色变：变了脸色。⑧顾笑：指回头向舞阳笑。⑨假借：宽容。⑩发图：展开地图。⑪穷：尽。见：通"现"。出现。⑫室：指剑鞘。⑬卒：通"猝"，突然。⑭度：常态。⑮提：打，投掷。⑯股：大腿。⑰擿：通"掷"。投掷。⑱箕踞：两脚张开，蹲坐于地，如同簸箕。以示轻蔑对方。⑲坐：治罪，办罪。

译文

一到秦国，荆轲带着价值千金的礼物，厚赠秦王的宠臣中庶子蒙嘉。蒙嘉替荆轲先在秦王面前汇报："燕王确实因大王的威严震慑得心惊胆战，不敢出动军队抗拒大王的将士，情愿全国上下做秦国的臣子，比照其他诸侯国排列其中，像郡县一样地纳贡应差，以便能够奉守先王的宗庙。因为惊恐畏惧不敢亲自前来陈述，特地砍下樊於期的首级并献上燕国督亢地区的地图，装匣密封。燕王还在朝廷上举行了拜送仪式，派出使臣把这种情况禀明大王，敬请大王指示。"秦王听到这个消息，非常高兴，就穿上了礼服，安排了外交上极为隆重的九宾仪式，在咸阳宫召见燕国的使者。荆轲捧着樊於期的首级，秦舞阳捧着地图匣子，按照正、副使的次序前进。走到殿前台阶下，秦舞阳脸色突变，害怕得发抖，大臣们都感到奇怪。荆轲回头朝秦舞阳笑笑，才上前谢罪说："北方藩属蛮夷之地的粗野人，没有见过天子，所以心惊胆战。希望大王稍微宽容他，让他能够在大王面前完成使命。"秦王对荆轲说："递上舞阳拿的地图。"荆轲取过地图献上，秦王展开地图，图卷展到尽头，匕首露出来。荆轲趁机左手抓住秦王的衣袖，右手拿匕首直刺。没有刺到身上，秦王大惊，自己抽身跳起，衣袖挣断。秦王慌忙抽剑，剑很长，只是抓住剑鞘。一时惊慌急迫，剑又套得很紧，所以不能立刻拔出。荆轲追赶秦王，秦王绕柱奔跑。大臣们吓得发呆，突然发生意外事变，大家都失去常态。而秦国的法律规定，殿上侍从大臣不允许携带任何兵器，各位侍卫武官也只能拿着武器都依序守卫在殿外，没有君王的命令，不准进殿。正当危急时刻，来不及传唤下边的侍卫官兵，因此荆轲才能够追赶上秦王。仓促之间，惊慌急迫，没有用来攻击荆轲的武器，只能赤手空拳和荆轲搏击。这时，侍从医官夏无且，用他所捧的药袋投击荆轲。正当秦王围着柱子跑，仓猝慌急，不知如何是好的时候，侍从们喊道："大王，把剑推到背后！"秦王把剑推到背后，才拔出宝剑攻击荆轲，砍断他的左腿。荆轲残废，就举起他的匕首直接投刺秦王，没有击中，却击中了铜柱。秦王接连攻击荆轲，荆轲被刺伤八处。荆轲自知大事不能成功了，就倚在柱子上大笑，张开两腿像簸箕一样坐在地上骂道："大事之所以没能成功，是因为我想活捉你，迫使你订立归还诸侯们土地的契约回报太子。"

这时侍卫们冲上前来杀死荆轲，而秦王也不愉快了好一会儿。过后评论功过，赏赐群臣，并处置失职有罪的人。赐给夏无且黄金二百镒，说："无且爱我，才用药袋投击荆轲啊。"

于是秦王大怒，益发兵诣赵①，诏王翦军以伐燕。十月而拔蓟城②。燕王喜、太子丹等尽率其精兵东保于辽东③。秦将李信追击燕王急，代王嘉乃遗燕王喜书曰④："秦所以尤追燕急者，以太子丹故也。今王诚杀丹献之秦王，秦王必解⑤，而社稷幸得血食⑥。"其后李信追丹，丹匿衍水中⑦，燕王乃使使斩太子丹，欲献之秦。秦复进兵攻之。后五年，秦卒灭燕，虏燕王喜。

其明年，秦并天下，立号为皇帝。于是秦逐太子丹、荆轲之客，皆亡。高渐离变名姓为人庸保⑧，匿作于宋子⑨。久之，作苦，闻其家堂上客击筑，彷徨不能去。每出言曰："彼有善有不善。"从者以告其主，曰："彼庸乃知音，窃言是非。"家丈人召使前击筑，一坐称善，赐酒。而高渐离念久隐畏约无穷时，乃退，出其装匣中筑与其善衣，更容貌而前。举坐客皆惊，下与抗礼⑩，以为上客。使击筑而歌，客无不流涕而去者。宋子传客之，闻于秦始皇。秦始皇召见，人有识者，乃曰："高渐离也。"秦皇帝惜其善击筑，重赦之，乃矐（huò）其目⑪。使击筑，未尝不称善。稍益近之，高渐离乃以铅置筑中，复进得近，举筑朴秦皇帝⑫，不中。于是遂诛高渐离，终身不复近诸侯之人⑬。

注释

①益：增加。诣：往，到……去。②拔：攻克，占领。③辽东：在今辽宁东南一带。④代王嘉：即赵公子嘉，悼襄子嫡子。赵王迁被掳后，嘉自立为代王，后被秦所虏。⑤解：缓解、宽释。⑥社稷幸得血食：国家或许得到保存。社稷，土神和谷神，以古代君主都祭祀社稷，故成为国家政权的象征。血食，享受祭祀。因为祭祀时要杀牛、羊、豕三牲，所以叫血食。⑦衍水：即今太子河，在辽宁省东南。⑧庸保：帮工，伙计。庸，通"佣"，被雇用的人。⑨宋子：地名，今河北赵县北。⑩抗礼：用平等的礼节接待。⑪矐其目：弄瞎他的眼睛。矐，熏瞎。⑫朴：通"扑"，撞击。⑬诸侯之人：此前东方六国的人。

译文

于是，秦王大发雷霆，增派军队前往赵国。命令王翦的军队去攻打燕国，十月攻克了燕都蓟城。燕王喜、太子丹等率领着全部精锐部队向东退守辽东。秦将李信紧紧地追击燕王，代王嘉就写信给燕王喜说："秦军之所以追击燕军特别急迫，是因为太子丹的缘故。现在您如果杀掉太子丹，把他的人头献给秦王，一定会得到秦王宽恕，而社稷或许也侥幸不至于灭亡。"此后，李信率军追赶太子丹，太子丹隐藏在衍水河中，燕王就派使者杀了太子丹，准备把他的人头献给秦王。秦王又进军攻打燕国。此后五年，秦国终于灭掉了燕国，俘虏了燕王喜。

第二年，秦王吞并了天下，建立了皇帝的尊号。于是通缉太子丹和荆轲的门客，门客们都潜逃了。高渐离更名改姓，给人家当酒保，隐藏在宋子这个地方做工。时间长了，觉得做工很劳累，听到主人家堂上有客人击筑，便走来走去舍不得离开。常常张口就说："他这里击得好，这里击得不好。"侍候的人把高渐离的话告诉主人，说："那个佣工懂得音乐，私下说是道非的。"那家主人便叫高渐离到堂前击筑，满座宾客都说他击得好，赏给他酒喝。高渐离想到长久以来他隐姓埋名，担惊受怕地躲藏下去没有尽头，便退下堂来，把自己的筑和衣裳从行装匣子里拿出来，改装整容来到堂前。满座宾客大吃一惊，离开座位用平等的礼节接待他，把他尊为上宾。请他击筑唱歌，宾客们听了，没有不被感动得流着泪而离去的。宋子城里的人轮流请他去做客，这消息被秦始皇听到。秦始皇召令进见。人们有认识他的人，就说："这是高渐离。"秦始皇怜惜他擅长击筑，特别赦免了他的死罪。于是熏瞎了他的眼睛，让他击筑，没有一次不说他好。他渐渐地更加接近秦始皇。高渐离便把铅放进筑中，再进宫击筑靠近时，举筑撞击秦始皇，却没有击中。于是秦始皇就杀了高渐离，从此终身不敢再接近从前东方六国的人了。

  鲁句践已闻荆轲之刺秦王，私曰："嗟乎，惜哉其不讲于刺剑之术也①！甚矣吾不知人也！曩者吾叱之，彼乃以我为非人也②！"

  太史公曰：世言荆轲，其称太子丹之命，"天雨粟，马生角"也③，太过。又言荆轲伤秦王，皆非也。始公孙季功④、董生与夏无且游⑤，具知其事，为余道之如是。自曹沫至荆轲五人，此其义或成或不成⑥，然其立意较然⑦，不欺其志⑧，名垂后世，岂妄也哉！

注释

①讲：讲究，精通。②非人：不是同类人。③天雨粟，马生角：据《燕丹子》记载，"丹求归，秦王曰：'乌头白，马生角，乃许耳。'丹乃仰天长叹，乌头即白，马亦生角。"这里比喻不可能之

事。雨,动词,下雨。④公孙季功:司马迁的朋友。⑤董生:指西汉著名儒家学者董仲舒。⑥义:义举,指行刺活动。⑦较:清楚,明白。⑧欺:违背。

译文

鲁句践听到荆轲行刺秦王的事,私下说:"唉!太可惜啦,他不讲究刺剑的技术啊,我太不了解这个人了!过去我呵斥他,他就以为我不是同道人了。"

太史公说:世上的人们谈论荆轲,当说到太子丹的命运时,说什么"天上像下雨一样落下粮食来,马头长出角来"的话,这太过分了。又说荆轲刺伤了秦王,这都不是事实。当初,公孙季功、董生和夏无且交往,都知道这件事的经过,他们告诉我的就是这样。从曹沫到荆轲五个人,他们的侠义之举有的成功,有的不成功,但他们的志向意图都很清楚明朗,都没有违背自己的良心,名声流传到后代,这难道是平白得来的吗!

淮阴侯列传

淮阴侯韩信者①，淮阴人也。始为布衣时②，贫无行③，不得推择为吏④，又不能治生商贾⑤，常从人寄食饮，人多厌之者。常数从其下乡南昌亭长寄食，数月，亭长妻患之，乃晨炊蓐（rù）食⑥。食时信往，不为具食⑦。信亦知其意，怒，竟绝去。

信钓于城下，诸母漂⑧，有一母见信饥，饭信，竟漂数十日⑨。信喜，谓漂母曰："吾必有以重报母。"母怒曰："大丈夫不能自食，吾哀王孙而进食⑩，岂望报乎！"

淮阴屠中少年有侮信者⑪，曰："若虽长大，好带刀剑，中情怯耳⑫。"众辱之曰⑬："信能死⑭，刺我；不能死，出我袴下⑮。"于是信孰视之⑯，俯出袴下，蒲伏⑰。一市人皆笑信，以为怯。

及项梁渡淮⑱，信杖剑从之，居戏（huī）下⑲，无所知名。项梁败，又属项羽，羽以为郎中⑳。数以策干项羽㉑，羽不用。汉王之入蜀，信亡楚归汉，未得知名，为连敖㉒。坐法当斩㉓，其辈十三人皆已斩，次至信，信乃仰视，适见滕公，曰："上不欲就天下乎㉔？何为斩壮士？"滕公奇其言，壮其貌，释而不斩。与语，大说之㉕。言于上，上拜以为治粟都尉㉖，上未之奇也。

注释

①淮阴：县名。治所在今江苏淮阴市西南。②布衣：平民百姓。以古代平民穿麻布衣服，因此以"布衣"指代平民。③无行：品行不好。④推择：推举选用。⑤治生商贾：以做生意维持生计。⑥晨炊蓐食：提前做好早饭，端到室内床上吃掉。蓐，同"褥"，草席。引申为床铺。⑦具食：准备饭菜。⑧母：对老年妇女尊称。漂：在水里冲洗丝棉之类。⑨竟：到底，完毕。⑩王孙：公子，少年。对年轻人敬称。⑪屠：以宰杀牲畜为业的人。⑫中情：内心。⑬众辱：当众污辱。⑭能死：不怕死。⑮袴：通"胯"，两腿间。⑯孰视之：仔细看着他。孰，通"熟"，仔细。⑰蒲伏：同"匍匐"，跪在地上爬行。⑱淮：即淮河。⑲戏下：帅旗之下，即部下。戏，同"麾"，军中指挥作战的旗子。⑳郎中：近侍人员。㉑干：求取。㉒滕公：即夏侯婴。因曾为滕令，故称。㉓坐法：因犯法而获罪。㉔上：皇上。此实指汉王刘邦。此时刘邦尚未一统天下，不该称"上"，应改为"王"。以下多处如此。㉕说：同"悦"。喜欢、高兴。㉖治粟都尉：官名。掌管粮饷。

译文

　　淮阴侯韩信，是淮阴人。当初为平民百姓时，贫穷，没有好品行，不能够被推选去做官，又不能做买卖维持生活，经常寄居在别人家吃闲饭，人们大多厌恶他。曾经多次前往下乡南昌亭亭长处吃闲饭，接连数月，亭长的妻子嫌恶他，就提前做好早饭，端到内室床上去吃。开饭的时候，韩信去了，却不给他准备饭食。韩信也明白他们的用意，一怒之下，居然离去不再回来。

　　韩信在城下钓鱼，有几位老大娘漂洗丝棉，其中一位大娘看见韩信饿了，就拿出饭给韩信吃。几十天都如此，直到漂洗完毕。韩信很高兴，对那位大娘说："我一定重重地报答老人家。"大娘生气地说："大丈夫不能养活自己，我是可怜你这位公子才给你饭吃，难道是希望你报答吗？"

淮阴屠户中有个年轻人侮辱韩信说："你虽然长得高大，喜欢带刀佩剑，其实是个胆小鬼罢了。"又当众侮辱他说："你要不怕死，就拿剑刺我；如果怕死，就从我胯下爬过去。"于是韩信仔细地打量了他一番，低下身去，趴在地上，从他的胯下爬了过去。满街的人都笑话韩信，认为他胆小。

等到项梁率军渡过了淮河，韩信持剑追随他，在项梁部下，却没有名声。项梁战败，又隶属项羽，项羽让他做了郎中。他屡次向项羽献策，以求重用，但项羽没有采纳。汉王刘邦入蜀，韩信脱离楚军归顺了汉王。因为没有什么名声，只做了接待宾客的小官。后来犯法判处斩刑，同伙十三人都被杀了，轮到韩信，他抬头仰视，正好看见滕公，说："汉王不想成就统一天下的功业吗？为什么要斩壮士！"滕公感到他的话不同凡响，见他相貌堂堂，就放了他。和韩信交谈，很欣赏他，把这事报告汉王，汉王任命韩信为治粟都尉，汉王并没有察觉他有什么出奇超众的才能。

信数与萧何语，何奇之。至南郑①，诸将行道亡者数十人②，信度（duó）何等已数言上③，上不我用，即亡。何闻信亡，不及以闻④，自追之。人有言上曰："丞相何亡。"上大怒，如失左右手。居一二日，何来谒上⑤，上且怒且喜，骂何曰："若亡，何也？"何曰："臣不敢亡也，臣追亡者。"上曰："若所追者谁何？"曰："韩信也。"上复骂曰："诸将亡者以十数，公无所追；追信，诈也。"何曰："诸将易得耳。至如信者，国士无双⑥。王必欲长王汉中，无所事信；必欲争天下，非信无所与计事者。顾王策安所决耳⑦。"王曰："吾亦欲东耳，安能郁郁久居此乎？"何曰："王计必欲东，能用信，信即留；不能用，信终亡耳。"王曰："吾为公以为将。"何曰："虽为将，信必不留。"王曰："以为大将。"何曰："幸甚。"于是王欲召信拜之。何曰："王素慢无礼⑧，今拜大将如呼小儿耳，此乃信所以去也。王必欲拜之，择良日，斋戒⑨，设坛场⑩，具礼，乃可耳。"王许之。诸将皆喜，人人各自以为得大将。至拜大将，乃韩信也，一军皆惊。

注释

①南郑：县名。即今陕西汉中市。②行：等，辈。一说行(xíng)，走（在半途）。③度：揣测，估计。④不及以闻：来不及奏告。闻，奏告。⑤谒：进见，拜见。⑥国士：国内杰出的人物。⑦顾：但。策：指"长王汉中"和"争天下"两种策略。⑧素慢：一向傲慢。素，向来。⑨斋戒：古人祭祀等大典前，先行沐浴、更衣、独宿、素餐以清心洁身，表示敬重。⑩坛场：指拜将场所。坛，土台。

译文

韩信多次跟萧何谈话，萧何认为他是位奇才。到达南郑，各路将领在半路上逃跑的有几十人。韩信揣测萧何等人已多次向汉王推荐自己，汉王不任用，也就逃走了。萧何听说韩信逃跑了，来不及报告汉王，亲自追赶他。有人报告汉王说："丞相萧何逃跑了。"汉王大怒，如同失去了左右手。过了一两天，萧何来拜见汉王，汉王又是恼怒又是高兴，骂萧何道："你逃跑，为什么？"萧何说："我不敢逃跑，我去追赶逃跑的人。"汉王说："你追赶的人是谁呢？"回答说："是韩信。"汉王又骂道："各路将领逃跑了几十人，您没去追一个；却去追韩信，是骗人。"萧何说："那些将领容易得到。至于像韩信这样的杰出人物，普天之下找不出第二个。大王果真要长期在汉中称王，自然用不着韩信；如果一定要争夺天下，除了韩信就再没有可以和您计议大事的人了。但看大王怎么决策了。"汉王说："我是要向东发展啊，怎么能郁闷地长期待在这里呢？"萧何说："大王决意向东发展，能够重用韩信，韩信就会留下来；不能重用，韩信终究要逃跑的。"汉王说："我为了您的缘由，让他做个将军。"萧何说："即使是做将军，韩信一定不肯留下。"汉王说："任命他做大将军。"萧何说："太好了。"于是汉王就要把韩信召来任命他。萧何说："大王向来对人轻慢，不讲礼节，如今任命大将军就像呼喊小孩儿一样。这就是韩信要离去的原因啊。大王决心要任命他，要选择良辰吉日，亲自斋戒，设置高坛和广场，礼仪要完备才可以呀。"汉王答应了萧何的要求。众将听到要拜大将，都很高兴，人人都以为自己要做大将军了。等到任命大将时，被任命的竟然是韩信，全军都感到惊讶。

信拜礼毕，上坐。王曰："丞相数言将军，将军何以教寡人计策？"信谢①，因问王曰："今东乡争权天下②，岂非项王邪？"汉王曰："然。"曰："大王自料勇悍仁强孰与项王？"汉王默然良久，曰："不如也。"信再拜贺曰③："惟信亦为大王不如也。然臣尝事之，请言项王之为人也。项王喑噁（yìn wù）叱咤④，千人皆废⑤，然不能任属贤将，此特匹夫之勇耳。项王见人恭敬慈爱，言语呕（xū）呕⑥，人有疾病，涕泣分食饮，至使人有功当封爵者，印刓（wán）敝⑦，忍不能予，此所谓妇人之仁也。项王虽霸天下而臣诸侯⑧，不居关中而都彭城⑨，有背义帝之约⑩，而以亲爱王⑪，诸侯不平。诸侯之见项王迁逐义帝置江南⑫,亦皆归逐其主而自王善地。项王所过无不残灭者,天下多怨,百姓不亲附,特劫于威强耳。名虽为霸,实失天下心。故曰其强易弱。今大王诚能反其道,任天下武勇,何所不诛!以天下城邑封功臣,何所不服!以义兵从思东归之士,何所不散!且三秦王为秦将⑬,将秦子弟数岁矣,所杀亡不可胜计,又欺其众降诸侯⑭,至新安⑮,项王诈坑秦降卒二十余万⑯,唯独邯、欣、翳得脱,秦父兄怨此三人,痛入骨髓。今楚强以威王此三人,秦民莫爱也。大王之入武关⑰,秋豪无所害⑱,除秦苛法,与秦民约,法三章耳⑲,秦民无不欲得大王王秦者。于诸侯之约,大王当王关中,关中民咸知之。大王失职入汉中⑳,秦民无不恨者。今大王举而东,三秦可传檄而定也㉑。"于是汉王大喜,自以为得信晚。遂听信计,部署诸将所击。

注释

①谢:谦让。②乡:同"向",面向,面对着。③贺:赞同,嘉许。④喑噁:满怀怒气。叱咤:呼喊,咆哮。⑤废:伏,偃伏,不敢动。⑥呕呕:温和的样子。⑦刓敝:在手里玩弄,磨损。⑧霸:称霸。臣:使……臣服。⑨都:建都。⑩有背句:这一句的意思是说,没有按"先入关者王之"的约定办事。有,又。⑪以亲爱王:把同自己亲近的和所喜爱的人都封上。⑫迁逐义帝置江南:灭秦后,项羽假尊义帝,而自己立为西楚霸王,派人迁义帝从盱眙至郴,并暗地令九江王等击杀之。江南,秦汉时一般指今湖北的江南部分和湖南江西一带。⑬三秦王:指雍王章邯、塞王司马欣、翟王董翳。⑭诸侯:指项羽。⑮新安:县名。治所在今河南渑池县东。⑯项王句:指章邯等投降项羽时,有秦军二十万,投降后被虐待,有怨言,项羽把他们全部活埋在新安城

南。坑，挖坑活埋。⑰武关：地名，在今陕西商南县西北。⑱秋豪：秋天鸟兽新生细毛。喻微细。豪，同毫。⑲法三章：即约法为"杀人者死，伤人及盗抵罪"。⑳失职：指失去应得的封地和关中王的职权。㉑传檄：发布文书、文告。

译文

任命韩信的仪式结束后，汉王就座。汉王说："丞相多次称道将军，将军用什么计策指教我呢？"韩信谦让了一番，趁势问汉王说："如今向东争夺天下，难道敌人不是项王吗？"汉王说："是。"韩信说："大王自己估计在勇敢、强悍、仁厚、兵力方面与项王相比，谁强？"汉王沉默了好长时间，说："不如项王。"韩信拜了两拜，赞成地说："我也认为大王比不上他呀。然而，我曾经侍奉过他，请让我说说项王的为人吧。项王震怒咆哮时，吓得千百人不敢稍动，但不能放手任用有才能的将领，这只不过是匹夫之勇罢了。项王待人恭敬慈爱，言语温和，有生病的人，心疼得流泪，将自己的饮食分给他，等到有的人立下战功，该加封晋爵时，把刻好的大印放在手里玩磨得失去了棱角，舍不得给人，这就是所说的妇人的仁慈啊。项王即使是称霸天下，使诸侯臣服，但他放弃了关中的有利地形，而建都彭城。又违背了义帝的约定，将自己的亲信分封为王，诸侯们愤愤不平。诸侯们看到项王把义帝迁移到江南僻远的地方，也都回去驱逐自己的国君，占据了好的地方自立为王。项王军队所经过的地方，没有不横遭摧残毁灭的，天下的人大都怨恨，百姓不愿归附，只不过迫于威势，勉强服从罢了。虽然名义上是霸主，实际上却失去了天下的民心。所以说他的优势很容易转化为劣势。如今大王果真能够与他反其道而行，任用天下英勇善战的人才，有什么不可以被诛灭的呢？用天下的城邑分封给有功之臣，有什么人不心服口服呢？

以正义之师，顺从将士东归的心愿，有什么样的敌人不能击溃呢？况且项羽分封的三个王，原来都是秦朝的将领，率领秦地的子弟打了好几年仗，被杀死和逃跑的多到没法计算，又欺骗他们的部下向诸侯投降。到达新安，项王狡诈地活埋了已投降的秦军二十多万人，唯独章邯、司马欣和董翳得以留存，秦地的父老兄弟把这三个人恨入骨髓。而今项羽凭恃着威势，强行封立这三个人为王，秦地的百姓没有谁爱戴他们。而大王进入武关，秋毫无犯，废除了秦朝的苛酷法令，与秦地百姓约法三章，秦地百姓没有不想要大王在秦地做王的。根据诸侯的成约，大王理当在关中做王，关中的百姓都知道这件事，大王失掉了应得的爵位进入汉中，秦地百姓没有不怨恨的。如今大王发动军队向东挺进，只要一道文书，三秦封地就可以平定了。"于是汉王特别高兴，自认为得到韩信太晚了。就听从韩信的谋划，部署各路将领攻击的目标。

　　八月，汉王举兵东出陈仓①，定三秦②。汉二年，出关③，收魏、河南④，韩、殷王皆降⑤。合齐、赵共击楚⑥。四月，至彭城，汉兵败散而还。信复收兵与汉王会荥阳，复击破楚京、索之间⑦，以故楚兵卒不能西。

　　汉之败却彭城，塞王欣、翟王翳亡汉降楚，齐、赵亦反汉与楚和。六月，魏王豹谒归视亲疾，至国，即绝河关反汉⑧，与楚约和。汉王使郦生说豹⑨，不下。其八月，以信为左丞相，击魏。魏王盛兵蒲坂⑩，塞临晋。信乃益为疑兵，陈船欲渡临晋，而伏兵从夏阳以木罂（yīng）缻（fǒu）渡军⑪，袭安邑⑫。魏王豹惊，引兵迎信，信遂虏豹，定魏为河东郡。汉王遣张耳与信俱，引兵东，北击赵、代。后九月，破代兵，禽夏说阏（yù）与⑬。信之下魏破代，汉辄使人收其精兵，诣荥阳以距楚⑭。

注释

①陈仓：县名。治所在今陕西宝鸡市东。②定三秦：公元前206年，刘邦用韩信计，暗度陈仓，打败雍王章邯入咸阳，塞王司马欣、翟王董翳投降。③关：指函谷关。④魏、河南：指西魏王豹和河南王申阳。⑤韩、殷王：指项羽所封的韩王郑昌、殷王司马卬。⑥齐、赵：指齐王田荣和赵王歇。⑦京、索：京，县名。治所在今河南荥阳县东南。索，索亭，即今荥阳县治。⑧绝：断绝通路。河关：即临晋关。在今陕西大荔东的黄河西岸。⑨说：规劝。⑩蒲坂：地名。即今山西运城县西南蒲州镇。⑪夏阳：县名。治所在今陕西韩城西南。木罂缻：木制盆瓮。⑫安邑：县名。治所在今山西闻喜县东南。⑬禽：同"擒"。捉，捕捉。夏说：代国国相。阏与：地名。在今山西和顺县西。⑭距：通"拒"。

译文

八月，汉王出兵经过陈仓向东挺进，平定了三秦。汉二年（前205），兵出函谷关，收服了魏王、河南王，韩王、殷王也相继投降。汉王又联合齐王、赵王共同攻击楚军。四月，到彭城，汉军兵败，溃散而回。韩信又收集溃散的人马与汉王在荥阳会合，在京县、索亭之间又摧垮楚军，因此楚军始终不能西进。

汉军在彭城败退之后，塞王司马欣、翟王董翳叛汉降楚，齐国和赵国也背叛汉王跟楚国和解。六月，魏王豹以探望老母疾病为由请假回乡，一到封国，立即切断黄河渡口临晋关的交通要道，反叛汉王，与楚军订约讲和。汉王派郦生游说魏豹，没有成功。这年八月，汉王任命韩信为左丞相，攻打魏王豹。魏王把主力部队驻扎在蒲坂，堵塞了黄河渡口临晋关。韩信就增设疑兵，故意排列开战船，假装要在临晋渡河，而隐蔽的部队却从夏阳用木制的盆瓮浮水渡河，偷袭安邑。魏王豹惊慌失措，带领军队迎击韩信，韩信就俘虏了魏豹，平定了魏地，改制为河东郡。汉王派张耳和韩信一起，领兵向东进发，向北攻击赵国和代国。这年闰九月打垮了代国军队，在阏与生擒了夏说。韩信攻克魏国，摧毁代国后，汉王就立刻派人调走韩信的精锐部队，开往荥阳去抵御楚军。

信与张耳以兵数万，欲东下井陉（xíng）击赵。赵王、成安君陈馀闻汉且袭之也①，聚兵井陉口，号称二十万。广武君李左车说成安君曰②："闻汉将韩信涉西河③，虏魏王，禽夏说，新喋（dié）血阏与④，今乃辅以张耳，议欲下赵，此乘胜而去国远斗，其锋不可当。臣闻千里馈粮，士有饥色，樵苏后爨（cuàn）⑤，师不宿饱。今井陉之道，车不得方轨，骑不得成列，行数百里，其势粮食必在其后。愿足下假臣奇兵三万人⑥，从间（jiàn）道绝其辎（zī）重⑦。足下深沟高垒⑧，坚营勿与战。彼前不得斗，退不得还，吾奇兵绝其后，使野无所掠，不至十日，而两将之头可致于戏下。愿君留意臣之计。否，必为二子所禽矣。"成安君，儒者也，常称义兵不用诈谋奇计，曰："吾闻兵法十则围之，倍则战⑨。今韩信兵号数万，其实不过数千。能千里而袭我，亦已罢（pí）极⑩。今如此避而不击，后有大者，何以加之！则诸侯谓吾怯，而轻来伐我。"不听广武君策，广武君策不用。

注释

①成安君陈馀：陈馀这时为代王，号称成安君。②广武君李左

车:赵国的谋士,广安君是他的封号。③涉:渡。西河:指陕西、山西两省间的一段黄河。④喋血:形容激战而流血很多。⑤樵苏后爨,师不宿饱:意思是说临时打柴割草,烧火做饭,士兵们很难安饱。樵,砍柴。苏,割草。爨,烧火做饭。⑥假:借。⑦间道:隐蔽小道。辎重:军需物资,此指粮草。⑧深沟高垒:深挖战壕,加高营垒。⑨十则围之,倍则战:语出《孙子·谋攻》:"故用兵之法,十则围之……倍则分之。"意思是说兵力十倍于敌人,就可以包围它;一倍于敌人,就可以和他对阵。⑩罢:通"疲"。

译文

韩信和张耳率领几十万人马,想要突破井陉口,攻击赵国。赵王、成安君陈馀听说汉军将要来袭击赵国,在井陉口聚集兵力,号称二十万大军。广武君李左车向成安君献计说:"听说汉将韩信渡过西河,俘虏魏豹,生擒夏说,新近血洗阏与,如今又以张耳辅助,计议要夺取赵国。这是乘胜利的锐气离开本国远征,其锋芒不可阻挡。可是,我听说千里运送粮饷,士兵们就会面带饥色,临时砍柴割草烧火做饭,军队就不能经常吃饱。眼下井陉这条道路,两辆战车不能并行,骑兵不能排成行列,行进的军队迤逦数百里,运粮食的队伍势必远远地落到后边,希望您临时拨给我奇兵三万人,从隐蔽小路拦截他们的粮草,您就深挖战壕,高筑营垒,坚守军营,不与交战。他们向前不得战斗,向后无法退却,我出奇兵截断他们的后路,使他们在荒野什么东西也抢掠不到,用不了十天,两将的人头就可送到将军帐下。希望您仔细考虑我的计策。否则,一定会被他二人俘虏。"成安君是信奉儒家学说的刻板书生,经常宣称正义的军队不用欺骗诡计,说:"我听说兵书上讲,兵力十倍于敌人,就可以包围它,超过敌人一倍就可以交战。现在韩信的军队号称数万,实际上不过数千。竟然跋涉千里来袭击我们,已经极其疲惫。如今像这样回避不出击,强大的后续部队到来,又怎么对付呢?诸侯们会认为我胆小,就会轻易地来攻打我们。"不采纳广武君的计谋。

　　韩信使人间视①,知其不用,还报,则大喜,乃敢引兵遂下。未至井陉口三十里,止舍。夜半传发,选轻骑二千人,人持一赤帜,从间道萆(bì)山而望赵军②,诫曰:"赵见我走,必空壁逐我③,若疾入赵壁,拔赵帜,立汉赤帜。"令其裨将传飧(sūn)④,曰:"今日破赵会食!"诸将皆莫信,详应曰⑤:"诺。"谓军吏曰:"赵已先据便地为壁⑥,且彼未见吾大将旗鼓⑦,未肯击前行,恐吾至阻险而还。"信乃使万人先行,出,背水陈⑧。赵军望见而大笑。平旦⑨,信建大将之旗鼓,鼓行出井陉口,赵开壁击之,大战良久。于是信、张耳详弃鼓旗,走水上军。水上军开入之,复疾战⑩。赵果空壁争汉旗鼓,逐韩信、张耳。韩信、张耳已入水上军,军皆殊死战,不可败。信所出奇兵二千骑,共候赵空壁逐利⑪,则驰入赵壁,皆拔赵旗,立汉赤帜二千。赵军已不胜,不能得信等,欲还归壁,壁皆汉赤帜,而大惊,以为汉皆已得赵王将矣,兵遂乱,遁走⑫,赵将虽斩之,不能禁也。于是汉兵夹击,大破虏赵军,斩成安君泜(chí)水上,禽赵王歇。

注释

①间视:暗中探听,窥伺。②萆:通"蔽",隐蔽。③空壁:全军离营。④裨将:偏将,副将。飧:通"餐",熟食。⑤详:通"佯",假装。⑥便地:形势便利之地。⑦大将旗鼓:主将的旗帜和仪仗。⑧陈:同"阵",打仗时的战斗队列。⑨平旦:天刚

亮。⑩复疾战：此三字疑衍。⑪逐利：追夺战利品。⑫遁走：潜逃。

译文

韩信派人暗中打探，了解到没有采纳广武君的计谋，回来报告，韩信大喜，才敢领兵进入井陉狭道。离井陉口还有三十里，停下来宿营。半夜传令出发，挑选了两千名轻装骑兵，每人拿一面红旗，从隐蔽小道上山，在山上隐蔽着观察赵国的军队。韩信告诫说："交战时，赵军见我军败逃，一定会倾巢出动追赶我军，你们火速冲进赵军的营垒，拔掉赵军的旗帜，竖起汉军的红旗。"又让副将传达开饭的命令。说："今天打垮了赵军就会餐！"将领们都不相信，假意回答道："好。"韩信对手下军官说："赵军已先占据了有利地形筑造了营垒，他们看不到我们大将旗帜、仪仗，就不肯攻击我军的先头部队，怕我们到了险要的地方退回去。"韩信就派出万人为先头部队，出了井陉口，背靠河水摆开战斗队列。赵军远远望见，大笑不止。天刚蒙蒙亮，韩信设置起大将的旗帜和仪仗，大吹大擂地开出井陉口。赵军打开营垒攻击汉军，激战了很长时间。这时，韩信、张耳假装抛旗弃鼓，逃回河边的阵地。河边阵地的部队打开营门放他们进去，然后再和赵军激战。赵军果然倾巢出动，争夺汉军的旗鼓，追逐韩信、张耳。韩信、张耳已进入河边阵地，全军殊死奋战，赵军无法把他们打败。韩信预先派出去的两千轻骑兵，等到赵军倾巢出动去追逐战利品的时候，就火速冲进赵军空虚的营垒，把赵军的旗帜全部拔掉，树立起汉军的两千面红旗。这时，赵军已不能取胜，又不能俘获韩信等人，想要退回营垒，营垒插满了汉军的红旗，大为震惊，以为汉军已经全部俘获了赵王的将领，于是军队大乱，纷纷落荒潜逃，赵将即使诛杀逃兵，也不能禁止。于是汉兵前后夹击，彻底摧垮了赵军，俘虏了大批人马，在泜水岸边生擒了赵王歇。

　　信乃令军中毋杀广武君，有能生得者购千金①。于是有缚广武君而致戏下者，信乃解其缚，东乡坐②，西乡对，师事之。

　　诸将效首虏③，（休）毕贺，因问信曰："兵法右倍山陵，前左水泽④，今者将军令臣等反背水陈，曰破赵会食，臣等不服。然竟以胜，此何术也？"信曰："此在兵法，顾诸君不察耳。兵法不曰'陷之死地而后生，置之亡地而后存'⑤？且信非得素拊循士大夫也⑥，此所谓'驱市人而战之'，其势非置之死地，使人人自为战；今予之生地，皆走，宁尚可得而用之乎！"诸将皆服曰："善。非臣所及也。"

注释

①购：悬赏征求。②东乡坐：面朝东而坐。乡，同"向"。③效：呈献，贡献。首虏：首级和俘虏。④右倍二句：语见《孙子·行军篇》："丘陵堤防，必处其阳面而背之。"意思是说，行军布阵应该右面和背后靠山，前面和左面临水。倍，背靠，背向。⑤陷之二句：语出《孙子·九地篇》："投之亡地然后存，陷之死地然后生，夫众陷于害，然后能为胜败。"意思是说，把士兵置之死地，就没有其他选择，只有拼死战斗，死中求生而获胜。⑥素：一向，平素。拊循：抚慰，顺从。引申为受过训练，听从指挥。士大夫：指一般将士。

译文

　　韩信传令全军，不要杀害广武君，有能活捉他的赏给千金。

于是就有人捆着广武君送到军营,韩信亲自给他解开绳索,请他面向东坐,自己面向西对坐着,像对待老师那样对待他。

众将献上首级和俘虏,向韩信祝贺,趁机向韩信说:"兵法上说:行军布阵应该右边和背后靠山,前边和左边临水。这次将军反而令我们背水列阵,说打垮了赵军就会餐,我等并不信服,然而竟真取得了胜利,这是什么战术啊?"韩信回答说:"这也在兵法上,只是诸位没留心罢了。兵法上不是说'陷之死地而后生,置之亡地而后存'吗?况且我平素没有得到机会训练诸位将士,这就是所说的'赶着街市上的百姓去打仗',在这种形势下不把将士们置之死地,使人人为保全自己而战不可;如果给他们留有生路,就都跑了,怎么还能用他们取胜呢?"将领们都佩服地说:"好。将军的谋略不是我们所能赶得上的呀。"

于是信问广武君曰:"仆欲北攻燕①,东伐齐,何若而有功②?"广武君辞谢曰:"臣闻'败军之将,不可以言勇;亡国之大夫,不可以图存'③。今臣败亡之虏,何足以权大事乎④!"信曰:"仆闻之,百里奚居虞而虞亡,在秦而秦霸⑤,非愚于虞而智于秦也,用与不用,听与不听也。诚令成安君听足下计,若信者亦已为禽矣。以不用足下,故信得侍耳。"因固问曰:"仆委心归计⑥,愿足下勿辞。"广武君曰:"臣闻'智者千虑,必有一失;愚者千虑,必有一得'⑦。故曰'狂夫之言,圣人择焉'。顾恐臣计未必足用,愿效愚忠。夫成安君有百战百胜之计,一旦而失之,军败鄗(hào)下⑧,身死泜上。今将军涉西河,虏魏王,禽夏说阏与,一举而下井陉,不终朝破赵二十万众,诛成安君。名闻海内,威震天下,农夫莫不辍耕释耒(lěi)⑨,褕(yú)衣甘食⑩,倾耳以待命者。

若此,将军之所长也。然而众劳卒罢,其实难用。今将军欲举倦獘之兵,顿之燕坚城之下⑪,欲战恐久力不能拔,情见势屈⑫,旷日粮竭,而弱燕不服,齐必距境以自强也。燕、齐相持而不下,则刘、项之权未有所分也。若此者,将军所短也。臣愚,窃以为亦过矣。故善用兵者不以短击长,而以长击短。"韩信曰:"然则何由?"广武君对曰:"方今为将军计,莫如案甲休兵⑬,镇赵抚其孤⑭,百里之内,牛酒日至,以飨士大夫醳(yì)兵⑮,北首燕路⑯,而后遣辩士奉咫尺之书⑰,暴(pù)其所长于燕,燕必不敢不听从。燕已从,使喧言者东告齐⑱,齐必从风而服,虽有智者,亦不知为齐计矣。如是,则天下事皆可图也。兵固有先声而后实者,此之谓也。"韩信曰:"善。"从其策,发使使燕,燕从风而靡⑲。乃遣使报汉,因请立张耳为赵王,以镇抚其国。汉王许之,乃立张耳为赵王。

注释

①仆:用于自己的谦称。②何若:即若何,如何。③败军之将二句:为当时流行俗语。图存,谋划国家生存大计。④权:权衡。引申为计议。⑤百里奚二句:百里奚原为虞国大夫,虞被晋所灭,百里奚被晋所俘,作为陪嫁臣随秦穆公夫人入秦,逃走后被楚国人在宛地捉住,秦穆公闻其贤,用五张黑公羊皮赎回,"授之国政",秦穆公遂霸。见《史记·秦本纪》。⑥委心归计:倾心听从你的计策。⑦以上四句为当时流行俗语。⑧鄗下:鄗城之下。鄗,地名,在今河北柏乡县北。⑨辍耕:停止耕作。释耒:放下农具。耒,犁上木柄,指代农具。⑩褕衣:好衣裳。褕,美。⑪顿:屯,驻扎。⑫情见势屈:真情暴露,威势要受到挫减。见,同"现"。出现。⑬案甲休兵:停止战争。甲,铠甲。

兵，武器。⑭孤：战死者的遗孤。⑮飨：宴请。醉兵：用酒食慰劳士兵。⑯首：向，向着。⑰咫：八寸为咫。⑱喧言者：指辩士。⑲靡：草随风倒。引申为降服。

译文

于是韩信问广武君说："我要向北攻打燕国，向东讨伐齐国，怎么办才能成功呢？"广武君推辞说："我听说'打了败仗的将领，没资格谈论勇敢；亡了国的大夫，没有资格谋划国家的生存'。而今我是兵败国亡的俘虏，有什么资格计议大事呢？"韩信说："我听说，百里奚在虞国而虞国灭亡了，在秦国而秦国却能称霸，这并不是因为他在虞国愚蠢，而到了秦国就聪明了，而在于国君任用不任用他，采纳不采纳他的意见。果真让成安君采纳了你的计谋，像我韩信也早被生擒了。因为没采纳您的计谋，所以我才能够侍奉您啊。"韩信坚决请教说："我倾心听从你的计谋，希望您不要推辞。"广武君说："我听说，'智者千虑，必有一失；愚者千虑，必有一得'。所以俗话说：'狂人的话，圣人也可以选择。'只恐怕我的计谋不足以采用，但我愿献愚诚，忠心效力。成安君本来有百战百胜的计谋，然而一旦失掉它，军队在鄗城之下战败，自己在泜水之上身亡。而今将军横渡西河，俘虏魏王，在阏与生擒夏说，一举攻克井陉，不到一早晨的时间就打垮了赵军二十万，诛杀了成安君。名声传扬四海，声威震动天下，农民们预感到兵灾临头，没有不放下农具，停止耕作，穿好的，吃好的，打发日子，专心倾听战争的消息，等待命运的安排。像这些，都是将军在策略上的长处。然而，眼下百姓劳苦，士卒疲惫，很难用以作战。如果将军发动疲惫的军队，停留在燕国坚固的城池之下，要作战恐怕时间过长，力量不足不能攻克。实情暴露，威势就会减弱，旷日持久，粮食耗尽，而弱小的燕国不肯降服，齐国一定会拒守边境，以图自强。燕、齐两国坚持不肯降服，那么，刘项双方的胜负就不能断定。像这样，就是将军战略上的短处。我的见识浅薄，但我私下认为攻燕伐齐是失策啊。所以，善于带兵打仗的人不拿自己的短处攻击敌人的长处，而是拿自己的长处去攻击敌人的短处。"韩信说："虽然如此，那么应该怎么办呢？"广武君回答说："如今为将军打算，不如按兵不动，安定赵国的社会秩序，抚恤阵亡将士的遗孤。方圆百里之内，每天送来的牛肉美酒，用以犒劳将士。摆出向北进攻燕国的姿态，而后派出说客，拿着书信，在燕国显示自己战略上的长处，燕国必不敢不听从。燕国顺从之后，再派说客往东劝降齐国。齐国就会闻风而降服。即使有聪明睿智的人，也不知该怎样替齐国谋划了。如果这样，那么，夺取天下的大事都可以谋求了。用兵本来就有先虚张声势，而后采取实际行动的，我说的就是这种情况。"韩信说："讲得好。"听从了他的计策，派遣使者出使燕国，燕国听到消息果然立刻降服。于是派人报告汉王，并请求立张耳为赵王，用以镇抚赵国。汉王答应他的请求，就封张耳为赵王。

　　楚数使奇兵渡河击赵，赵王耳、韩信往来救赵，因行定赵城邑①，发兵诣汉②。楚方急围汉王于荥阳，汉王南出，之宛（yuān）、叶间，得黥布，走入成皋，楚又复急围之。六月，汉王出成皋，东渡河，独与滕公俱，从张耳军修武③。至，宿传（zhuàn）舍④。晨，自称汉使，驰入赵壁。张耳、韩信未起，即其卧内上夺其印符，以麾召诸将⑤，易置之⑥。信、耳起，乃知汉王来，大惊。汉王夺两人军，即令张耳备守赵地，拜韩信为相国，收赵兵未发者击齐。

　　信引兵东，未渡平原⑦，闻汉王使郦食（yì）其（jī）已说下齐，韩信欲止。范阳辩士蒯通说信曰："将军受诏击齐，而汉独发间使下齐⑧，宁有诏止将军乎？何以得毋行也！且郦生一士，伏轼掉三寸之舌⑨，下齐七十余城，将军将数万众，岁余乃下赵五十余城，为将数岁，反不如一竖儒之功乎⑩？"于是信然之，从其计，遂渡河。齐已听郦生，即留纵酒，罢备汉守御⑪。信因袭齐历下军，遂至临菑（zī）。齐王田广以郦生卖己，乃亨（pēng）之⑫，而走高密⑬，使使之楚请救。韩信已定临菑，遂东追广至高密西。楚亦使龙且（jū）将，号称二十万，救齐。

注释

①行定：往来救赵途中，安定百姓。②诣汉：增援汉王。③修武：县名。治所在今河南获嘉县。④传舍：客舍，宾馆。⑤麾：军中指挥作战的旗子。⑥易置：更换，改换职位。⑦平原：县名。治所在今山东平原县南。⑧独：只，只不过。间使：密使，暗中派去的使臣。⑨伏轼：乘车人把身子俯在车前横木上。⑩竖儒：蔑视读书人的称呼。⑪罢：撤除。⑫亨：同"烹"，煮。⑬高密：县名。治所在今山东高密县西南。

译文

楚国多次派出奇兵渡过黄河攻击赵国，赵王张耳和韩信往来救援，在行军中安定赵国的城邑，调兵支援汉王。楚军正把汉王紧紧地围困在荥阳，汉王从南面突围，到宛县、叶县一带，接纳了黥布，奔入成皋，楚军又急忙包围了成皋。六月间，汉王逃出成皋，向东渡过黄河，只有滕公相随，去张耳军队在修武的驻地。一到那里，就住进客馆里。第二天早晨，他自称是汉王的使臣，骑马奔入赵军的营垒。韩信、张耳还没有起床，汉王就在他们的卧室里夺取了他们的印信和兵符，用军旗召集众将，更换了他们的职务。韩信、张耳起床后，才知道汉王来了，大为震惊。汉王夺取了他二人统率的军队，命令张耳防守赵地，任命韩信为国相，让他收集赵国还没有发往荥阳的部队，去攻打齐国。

　　韩信领兵向东进发，还没渡过平原津，听说汉王派郦食其已经说服齐王归顺了。韩信打算停止进军，范阳说客蒯通规劝韩信说："将军是奉诏攻打齐国，汉王只不过暗中派遣一个密使游说齐国投降，难道有诏令停止将军进攻吗？为什么不进军呢？况且郦生不过是个读书人，坐着车子，鼓动三寸之舌，就收服齐国七十多座城邑。将军率领数万大军，一年多的时间才攻克赵国五十多座城邑。为将多年，反不如一个读书小子的功劳吗？"于是韩信认为他说得对，听从他的计策，就率军渡过黄河。齐王听从郦生的规劝以后，挽留郦生开怀畅饮，撤除了防备汉军的设施。韩信乘机突袭齐国属下的军队，很快就打到国都临菑。齐王田广认为被郦生出卖了，就把他煮死，而后逃往高密，派出使者前往楚国求救。韩信平定临菑以后，就向东追赶田广，一直追到高密城西。楚国也派龙且率领兵马，号称二十万，前来救援齐国。

　　齐王广、龙且并军与信战，未合①。人或说龙且曰："汉兵远斗穷战②，其锋不可当。齐、楚自居其地战③，兵易败散。不如深壁，令齐王使其信臣招所亡城④，亡城闻其王在，楚来救，必反汉。汉兵二千里客居，齐城皆反之，其势无所得食，可无战而降也。"龙且曰："吾平生知韩信为人，易与耳。且夫救齐不战而降之，吾何功？今战而胜之，齐之半可得，何为止！"遂战，与信夹潍水陈⑤。韩信乃夜令人为万余囊，满盛沙，壅水上流，引军半渡，击龙且，详不胜，还走。龙且果喜曰："固知信怯也。"遂追信渡水。信使人决壅囊，水大至。龙且军大半不得渡，即急击，杀龙且。龙且水东军散走，齐王广亡去。信遂追北至城阳⑥，皆虏楚卒。

汉四年，遂皆降平齐。使人言汉王曰："齐伪诈多变，反复之国也，南边楚，不为假王以镇之⑦，其势不定。愿为假王便。"当是时，楚方急围汉王于荥阳，韩信使者至，发书⑧，汉王大怒，骂曰："吾困于此，旦暮望若来佐我⑨，乃欲自立为王！"张良、陈平蹑（niè）汉王足，因附耳语曰："汉方不利，宁能禁信之王乎？不如因而立，善遇之，使自为守。不然，变生⑩。"汉王亦悟，因复骂曰："大丈夫定诸侯，即为真王耳，何以假为！"乃遣张良往立信为齐王，征其兵击楚。

注释

①未合：尚未交战。②穷战：全力以赴地作战。穷，尽，极。③地战：在本（国）土作战。④信臣：亲信之臣。⑤潍水：今称潍河。源出五莲县西南，北流经诸城、高密等县，至昌邑县入莱州湾。⑥追北：追赶败逃的敌军。北，打败仗后往回逃跑。⑦假王：王的暂时代理人。⑧发书：打开书信。⑨佐：辅佐。⑩变生：发生变故。指可能引起韩信背汉。

译文

齐王田广和司马龙且两支部队合兵一起与韩信作战，还没交锋，有人规劝龙且说："汉军远离国土，拼死作战，其锋芒锐不可当。齐楚两军在本乡本土作战，士兵容易逃散。不如深沟高垒，坚守不出。让齐王派他的亲信大臣，去安抚已经沦陷的城邑，这些城邑的官吏和百姓知道他们的国王还在，楚军又来援救，一定会反叛汉军。汉军客居两千里之外，齐国城邑的人都纷纷起来反叛他们，那势必得不到粮食，这就可以迫使他们不战而降。"龙且说:"我一向了解韩信的为人,容易对付他。而且援救齐国,不战而使韩信投降,我还有什么功劳?如今战胜他,齐国一半土地可以分封给我,为什么不打?"于是决定开战,与韩信隔着潍水摆开阵势。韩信下令连夜赶做一万多口袋,装满沙土,堵住潍水上游,带领一半军队渡过河去,攻击龙且,假装战败,往回跑。龙且果然高兴地说:"本来我就知道韩信胆小害怕。"于是就渡过潍水追赶韩信。韩信下令挖开堵塞潍水的沙袋,河水汹涌而来,龙且的军队一多半还没渡过河去,韩信立即回师猛烈反击,杀死了龙且。龙且在潍水东岸尚未渡河的部队,见势四散逃跑,齐王田广也逃跑了。韩信追赶败兵直到城阳,把楚军士兵全部俘虏了。

汉四年,韩信降服且平定了整个齐国。派人向汉王上书,说:"齐国狡诈多变,反复无常,南面的边境与楚国交界,不设立一个暂时代理的王来镇抚,局势一定不能稳定。为有利于当前的局势,希望允许我暂时代理齐王。"正当这时,楚军在荥阳紧紧地围困着汉王,韩信的使者到了,汉王打开书信一看,勃然大怒,骂道:"我在这儿被围困,日夜盼着你来援助我,你却想自立为王!"张良、陈平暗中踩汉王的脚,凑近汉王的耳朵说:"目前汉军处境不利,怎么能禁止韩信称王呢?不如趁机册立他为王,很好地待他,让他自己镇守齐国。不然可能发生变乱。"汉王醒悟,又故意骂道:"大丈夫平定了诸侯,就做真王罢了,何必做个暂时代理的王呢?"就派遣张良前往,册立韩信为齐王,征调他的军队攻打楚军。

楚已亡龙且,项王恐,使盱眙(xū yí)人武涉往说齐王信曰:"天下共苦秦久矣,相与戮力击秦①。秦已破,计功割地,分土而王之,以休士卒。今汉王复兴兵而东,侵人之分,夺人之地。已破三秦，引兵出关，收诸侯之兵以东击楚，其意非尽吞天下者不休，其不知厌足如是甚也！且汉王不可必②，身居项王掌握中数（shuò）矣，项王怜而活之。然得脱，辄倍约③，复击项王，其不可亲信如此。今足下虽自以与汉王为厚交，为之尽力用兵，终为之所禽矣。足下所以得须臾至今者④，以项王尚存也。当今二王之事，权在足下⑤。足下右投则汉王胜，左投则项王胜。项王今日亡，则次取足下。足下与项王有故，何不反汉与楚连合，参（sān）分天下王之⑥？今释此时，而自必于汉以击楚，且为智者固若此乎？"韩信谢曰："臣事项王，官不过郎中，位不过执戟，言不听，画不用⑦，故倍楚而归汉。汉王授我上将军印，予我数万众，解衣衣我，推食食（sì）我，言听计用，故吾得以至于此。夫人深亲信我，我倍之，不祥。虽死不易。幸为信谢项王⑧。"

注释

①戮力：合力。②必：相信，信任。③倍：背弃。④须臾：片刻。引申为延续，拖延。⑤权：秤砣。比喻决定轻重的关键、作用。⑥参：三。⑦画：计策，谋略。⑧幸：希望。

译文

楚军失去龙且后，项王害怕了，派盱眙人武涉前往规劝齐王韩信说："天下人对秦朝的统治痛恨已久了，大家才合力攻打它。秦朝破灭后，按照功劳裂土分封，各自为王，以便休兵罢战。如今汉王又兴师东进，侵犯他人的境界，掠夺他人的封地，已经攻破三秦，率领军队开出函谷关，收集各路诸侯的军队向东进击楚国，他的意图是不吞并整个天下，不肯罢休，他贪心不足到这步田地，太过分了。况且汉王不可信任，自身落到项王的掌握之中多次了，是项王的怜悯使他活下来，然而一经脱身，就背弃盟约，再次进攻项王。他是这样地不可亲近，不可信任。如今您即使自认为和汉王交情深厚，替他竭尽全力作战，最终还得被他所擒。您所以能够延续到今天，是因为项王还存在啊。当前刘、项争夺天下的胜败，举足轻重的是您。您向右边站，那么汉王胜；您向左边站，那么项王胜。假若项王今天被消灭，下一个就该消灭您了。您和项王有旧交情，为什么不反汉与楚联和，三分天下自立为王呢？如今，放过这个时机，必然要站到汉王一边攻打项王，一个聪明睿智的人，难道应该这样做吗？"韩信辞谢说："我侍奉项王，官不过郎中，职位不过是个持戟的卫士，言不听，计不用，所以我背楚归汉。汉王授予我上将军的印信，给我几万人马，脱下他身上的衣服给我穿，把好食物让给我吃，言听计用，所以我才能够到今天这个样子。人家对我亲近、信赖，我背叛他，不吉祥。即使死也不变心。希望您替我辞谢项王的盛情。"

武涉已去，齐人蒯通知天下权在韩信，欲为奇策而感动之，以相（xiàng）人说韩信曰①："仆尝受相人之术。"韩信曰："先生相人何如？"对曰："贵贱在于骨法②，忧喜在于容色，成败在于决断，以此参之③，万不失一。"韩信曰："善。先生相寡人何如？"对曰："愿少间④。"信曰："左右去矣。"通曰："相君之面⑤，不过封侯，又危不安。相君之背，贵乃不可言。"韩信曰："何谓也？"蒯通曰："天下初发难也，俊雄豪桀建号壹呼⑥，天下之士云合雾集，鱼鳞杂遝（tà）⑦，熛（biāo）至风起⑧。当此之时，忧在亡秦而已。今楚汉分争，使天下无罪之人肝胆涂地，父子暴骸骨于中野，不可胜数。楚人起彭城，转斗逐北，至于荥阳，乘利席卷，威震天下。然兵困于京、索之间，迫西山而不能进者，三年于此矣。

汉王将数十万之众，距巩、雒（luò）⑨，阻山河之险，一日数战，无尺寸之功，折北不救⑩，败荥阳，伤成皋，遂走宛、叶之间，此所谓智勇俱困者也。夫锐气挫于险塞，而粮食竭于内府⑪，百姓罢极怨望，容容无所倚⑫。以臣料之，其势非天下之贤圣，固不能息天下之祸。当今两主之命县于足下⑬。足下为汉则汉胜，与楚则楚胜。臣愿披腹心，输肝胆⑭，效愚计，恐足下不能用也。诚能听臣之计，莫若两利而俱存之，参分天下，鼎足而居⑮，其势莫敢先动。夫以足下之贤圣，有甲兵之众，据强齐，从燕、赵，出空虚之地而制其后，因民之欲，西乡为百姓请命⑯，则天下风走而响应矣，孰敢不听！割大弱强，以立诸侯，诸侯已立，天下服听而归德于齐。案齐之故⑰，有胶、泗之地⑱，怀诸侯以德，深拱揖让⑲，则天下之君王相率而朝于齐矣。盖闻天与弗取，反受其咎；时至不行，反受其殃⑳。愿足下孰虑之。"

注释

①相人：给人看相。②骨法：骨相，骨骼。③参：参验，考察。④愿少间：希望周围的人暂时回避。间，间隙。⑤"相君之面"与下文"相君之背"都是双关语。面，向着汉王。背，是背叛汉王。暗示背叛汉王好。⑥桀：杰出，高出。⑦鱼鳞杂遝：像鱼鳞一样密集地排列。杂遝，众多的样子。⑧熛：迸飞的火焰。⑨巩：县名。即今河南巩县。⑩折北不救：屡战屡败，不能自救。折，挫折。⑪内府：府库。⑫容容：摇摇，动荡不安的样子。⑬县：同"悬"悬挂。⑭输：献纳。⑮鼎足：因为鼎足是三只脚，以此借喻上文"三分天下"的局势。⑯乡：同"向"，面向，面对着。⑰案：同"安"，安定。⑱胶：即大沽河。泗：指泗水。⑲深拱揖让：高拱双手，以示谦让。⑳天与四句：为当时

俗语。《国语·越语》有"天与不取，反受其咎"句。《史记》卷八十九《张耳陈馀列传》亦引之。咎，祸害。

译文

武涉走后，齐国人蒯通知道天下胜负的关键在于韩信，想出奇计打动他，就用看相的身份规劝韩信，说："我曾经学过看相技艺。"韩信说："先生给人看相用什么方法？"蒯通回答说："人的高贵卑贱在于骨骼，忧愁、喜悦在于面色，成功失败在于决断。用这三项验证人相，万无一失。"韩信说："好。先生看看我的相怎么样？"蒯通回答说："希望随从人员暂时回避一下。"韩信说："周围的人离开吧。"蒯通说："看您的面相，只不过封侯，而且还有危险不安全。看您的背相，显贵而不可言。"韩信说："这话是什么意思呢？"蒯通说："当初，天下举兵起事的时候，英雄豪杰纷纷建立名号，一声呼喊，天下有志之士像云雾那样聚集，像鱼鳞那样杂沓，如同火焰迸飞，狂风骤起。正当这时，关心的只是灭亡秦朝罢了。而今，楚汉分争，使天下无辜的百姓肝胆涂地，父子的尸骨暴露在荒郊野外，数不胜数。楚国人从彭城起事，转战四方，追逐败兵，直到荥阳，乘着胜利，像卷席子一样向前挺进，声势震动天下。然后军队被困在京、索之间，被阻于成皋以西的山岳地带不能再前进，已经三年了。汉王统领几十万人马在巩县、洛阳一带抗拒楚军，凭借着山河的险要，虽然一日数战，却无尺寸之功，以至遭受挫折失败，几乎不能自救。在荥阳战败，在成皋受伤，于是逃到宛、叶两县之间，这就是所说的智尽勇乏了。将士的锐气长期困顿于险要关塞而被挫伤，仓库的粮食也消耗殆尽，百姓疲劳困苦，怨声载道，人心动荡，无依无靠。以我估计，这样的局面不是天下的圣贤就不能平息这场天下的祸乱。当今刘、项二王的命运都掌握在您的手里。您协助汉王,汉王就胜利;协助楚王,楚王就胜利。我愿意披肝沥胆,敬献愚计,只恐怕您不采纳啊。果真能听从我的计策,不如让楚、汉双方都不受损害,同时存在下去,你和他们三分天下,鼎足而立,形成那种局面,就没有谁敢轻举妄动。凭借您的贤能圣德,拥有众多的人马装备,占据强大的齐国,迫使燕、赵屈从,出兵到刘、项两军的空虚地带,牵制他们的后方,顺应百姓的心愿,向西去制止刘、项分争,为军民百姓请求保全生命,那么,天下就会迅速地群起而响应,有谁敢不听从!而后,割取大国的疆土,削弱强国的威势,用以分封诸侯。诸侯恢复之后,天下就会感恩戴德,归服听命于齐。稳守齐国故有的疆土,据有胶河、泗水流域,用恩德感召诸侯,恭谨谦让,那么天下的君王就会相继前来朝拜齐国。我听说苍天赐予的好处不接受反而会受到惩罚;时机到了不采取行动,反而要遭祸殃。希望您仔细地考虑这件事。"

韩信曰:"汉王遇我甚厚,载我以其车,衣我以其衣,食我以其食。吾闻之,乘人之车者载人之患,衣人之衣者怀人之忧,食人之食者死人之事,吾岂可以乡利倍义乎!"蒯生曰:"足下自以为善汉王,欲建万世之业,臣窃以为误矣。始常山王、成安君为布衣时,相与为刎颈之交①,后争张黡(yǎn)、陈泽之事,二人相怨。常山王背项王,奉项婴头而窜逃②,归于汉王。汉王借兵而东下,杀成安君泜水之南,头足异处,卒为天下笑。此二人相与,天下至欢也。然而卒相禽者,何也?患生于多欲而人心难测也。今足下欲行忠信以交于汉王,必不能固于二君之相与也,而事多大于张黡、陈泽。故臣以为足下必汉王之不危己,亦误矣。大夫种、范蠡存亡越,霸句践,立功成名而身死亡。野兽已尽而猎狗亨③。夫以交友言之，则不如张耳之与成安君者也；以忠信言之，则不过大夫种、范蠡之于句践也。此二人者，足以观矣。愿足下深虑之。且臣闻勇略震主者身危④，而功盖天下者不赏。臣请言大王功略：足下涉西河，虏魏王，禽夏说，引兵下井陉，诛成安君，徇赵，胁燕，定齐，南摧楚人之兵二十万，东杀龙且，西乡以报，此所谓功无二于天下，而略不世出者也⑤。今足下戴震主之威，挟不赏之功，归楚，楚人不信；归汉，汉人震恐。足下欲持是安归乎？夫势在人臣之位而有震主之威，名高天下，窃为足下危之。"韩信谢曰："先生且休矣，吾将念之⑥。"

注释

①刎颈之交：即使割掉脑袋也不反悔的生死交情。②奉项婴头而窜逃：此事不见记载。③此句为当时俗语。④震主：使君主感到威胁。⑤略不世出：谋略出众，世上少有。⑥念：考虑。

译文

韩信说："汉王给我的待遇很优厚，他的车子给我坐，他的衣裳给我穿，他的食物给我吃。我听说，坐人家车子的人，要分担人家的祸患；穿人家衣裳的人，心里要想着人家的忧患；吃人家食物的人，要为人家的事业效死。我怎么能够图谋私利而背信弃义呢！"蒯通说："你自认为和汉王友好，想建立流传万世的功业，我私下认为这种想法错了。当初常山王、成安君还是平民百姓时，结成割掉脑袋也不反悔的交情，后来因为张黡、陈泽的事发生争执，使得二人彼此仇恨。常山王背叛项王，捧着项婴的人头逃跑，归降汉王。汉王借给他军队向东进击，在泜水以南杀死了成安君，身首异处，被天下人耻笑。这两个人的交情，可以说是天下最要好的。然而到头来,都想把对方置于死地,这是为什么呢?祸患产生于贪得无厌而人心又难以猜测。如今您打算用忠诚、信义与汉王结交,一定比不上张耳、陈馀结交更巩固,而你们之间关连的事情又比张黡、陈泽的事件重要得多,所以我认为您断定汉王不会危害自己,也错了。大夫文种、范蠡使濒临灭亡的越国保存下来,辅佐勾践称霸诸侯,功成名就之后,文种被迫自杀,范蠡被迫逃亡。野兽已经打完了,猎犬被烹杀。以交情友谊而论,您和汉王就比不上张耳与成安君了,以忠诚信义而论也就赶不上大夫文种、范蠡与越王勾践了。从这两个事例看,足够您断定是非了。希望您深思熟虑。况且我听说,勇敢、谋略使君主感到威胁的人,有危险;而功勋卓著冠盖天下的人得不到赏赐。请让我说一说大王的功绩和谋略吧:您横渡西河,俘虏赵王,生擒夏说,带领军队夺取井陉,杀死成安君,攻占了赵国,以声威镇服燕国,平定安抚齐国,向南摧毁楚国军队二十万,向东杀死楚将龙且,西面向汉王报捷,这可以说是功劳天下无二。而计谋出众,世上少有。如今您据有威胁君主的威势,持有不能封赏的功绩,归附楚国,楚国人不信任;归附汉国,汉国人震惊恐惧。您带着这样大的功绩和声威,哪里是您可去的地方呢?身处臣子地位而有着使国君感到威胁的震动,名望高于天下所有的人,我私下为您感到危险。"韩信说:"先生暂且说到这儿吧,让我考虑考虑。"

后数日,蒯通复说曰:"夫听者事之候也①,计者事之机也②,听过计失而能久安者③,鲜矣④。听不失一二者,不可乱以言;计不失本末者,不可纷以辞。夫随厮养之役者⑤,失万乘之权⑥;守儋石之禄者⑦,阙卿相之位⑧。故知者决之断也,疑者事之害也,审毫氂之小计,遗天之大数,智诚知之,决弗敢行者,百事之祸也。故曰猛虎之犹豫,不若蜂虿(chài)之致螫(zhè)⑨;骐骥之跼躅(jú zhú)⑩,不如驽马之安步;孟贲之狐疑,不如庸夫之必至也。虽有舜禹之智,吟(jìn)而不言,不如瘖(yīn)聋之指麾也'⑪。此言贵能行之。夫功者难成而易败,时者难得而易失也。时乎时,不再来。愿足下详察之。"韩信犹豫不忍倍汉,又自以为功多,汉终不夺我齐,遂谢蒯通。蒯通说不听,已,详狂为巫。

汉王之困固陵,用张良计,召齐王信,遂将兵会垓下。项羽已破,高祖袭夺齐王军。汉五年正月,徙齐王信为楚王,都下邳。

信至国⑫,召所从食漂母,赐千金。及下乡南昌亭长,赐百钱,曰:"公,小人也,为德不卒。"召辱己之少年令出胯下者以为楚中尉⑬。告诸将相曰:"此壮士也。方辱我时,我宁不能杀之邪?杀之无名⑭,故忍而就于此。"

注释

①听:指听取意见。候:征候,征兆。②计:指反复计虑。机:关键。③听过:听取意见,不能作正确判断。计失:考虑问题失误。④鲜:少。⑤随:顺从。引申为安心。厮养之役:贱役。干勤杂活计。⑥万乘之权:指万乘之国的权柄。⑦儋石之禄:俸禄少。儋,担。禄,官俸。⑧阙:缺。引申为失掉,放过。⑨虿:蝎子一类毒虫。⑩跼躅(jú zhú):即局促。徘徊不前。⑪指麾:用手势示意。⑫国:都城。指下邳。⑬中尉:掌管巡城捕盗之官。⑭无名:没有意义。

译文

此后过了数日,蒯通又对韩信说:"能够听取别人的善意,就能预见事情发展变化的征兆，能反复思考，就能把握成功的关键。听取意见不能作出正确的判断，决策失误而能够长治久安的人，实在少有。听取意见很少判断失误的人，就不能用花言巧语去惑乱他；计谋筹划周到不本末倒置的人，就不能用花言巧语去扰乱他。甘愿做劈柴喂马差事的人，就会失掉争取万乘之国权柄的机会；安心微薄俸禄的人，就得不到公卿宰相的高位。所以办事坚决是聪明人果断的表现，犹豫不决是办事情的祸害。专在细小的事情上用心思，就会丢掉天下的大事，有判断是非的智慧，决定后又不敢贸然行动，这是所有事情的祸根。所以俗话说：猛虎犹豫不能决断，不如黄蜂、蝎子用毒刺去螫；骏马徘徊不前，不如劣马安然漫步；勇士孟贲狐疑不定，不如凡夫俗子，决心实干，以求达到目的。即使有虞舜、夏禹的智慧，闭上嘴巴不讲话，不如聋哑人借助打手势起作用。这些俗语都说明付诸行动是最可宝贵的。所有的事业都难以成功而容易失败，时机难以抓住而容易失掉。时机啊时机，丢掉了就不会再来。希望您仔细地考虑斟酌。"韩信犹豫不决，不忍心背叛汉王，又自认为功勋卓著，汉王终究不会夺去自己的齐国，于是谢绝了蒯通。蒯通的规劝没有被采纳，只得作罢，假装疯癫做了巫师。

汉王被围困在固陵时，采用了张良的计策，征召齐王韩信，于是韩信率领军队在垓下与汉王会师。项羽被打败后，高祖用突然袭击的办法夺取了齐王的军权。汉五年正月，改封齐王韩信为楚王，建都下邳。

韩信到了下邳，召见曾经分给他饭吃的那位漂母，赐给她黄金千斤。轮到下乡南昌亭亭长，赐给百钱，说："您，是小人，做好事有始无终。"召见曾经侮辱过自己、让自己从他胯下爬过去的年轻人，任用他做了中尉，并告诉将相们说："这是位壮士。当初侮辱我的时候，我难道不能杀死他吗？杀掉他没有意义，所以我忍受了一时的屈辱而成就了今天的功业。"

项王亡将钟离眛家在伊庐①，素与信善。项王死后，亡归信。汉王怨眛，闻其在楚，诏楚捕眛。信初之国，行县邑②，陈兵出入。汉六年，人有上书告楚王信反。高帝以陈平计，天子巡狩会诸侯③，南方有云梦，发使告诸侯会陈："吾将游云梦。"实欲袭信，信弗知。高祖且至楚，信欲发兵反，自度无罪，欲谒上，恐见禽。人或说信曰："斩眛谒上，上必喜，无患。"信见眛计事。眛曰："汉所以不击取楚，以眛在公所。若欲捕我以自媚于汉，吾今日死，公亦随手亡矣。"乃骂信曰："公非长者！"卒自刭。信持其首，谒高祖于陈。上令武士缚信，载后车④。信曰："果若人言：'狡兔死，良狗亨；高鸟尽，良弓藏；敌国破，谋臣亡。'天下已定，我固当亨！"上曰："人告公反。"遂械系信。至雒阳，赦信罪，以为淮阴侯。

注释

①伊庐：邑名。在今江苏灌云县东北。②行：巡视，巡察。③巡狩会诸侯：天子数年到各诸侯国巡行视察一次，所到之处，各国诸侯要到指定地点朝见天子。④后车：副车，侍从的车。

译文

项王部下逃亡的将领钟离眛，家住伊庐，一向与韩信友好。项王死后，他逃出来归附韩信。汉王怨恨钟离眛，听说他在楚国，诏令楚国逮捕钟离眛。韩信初到楚国，巡行所属县邑，进进出出都带着武装卫队。汉六年，有人上书告发韩信谋反。高帝采纳陈平的计谋，假托天子外出巡视会见诸侯，南方有个云梦泽，派使臣通告各诸侯到陈县聚会，说："我要巡视云梦泽。"其实是要袭击韩信，韩信却不知道。高祖将要到楚国时，韩信曾想发兵反叛，又认为自己没有罪，想朝见高祖，又怕被擒。有人对韩信说："杀了钟离眛去朝见皇上，皇上一定高兴，就没有祸患了。"韩信去见钟离眛商量。钟离眛说："汉王所以不攻打楚国，是因为我在您这里，你想逮捕我取悦汉王，我今天死，你也会紧跟着死的。"于是骂韩信说："你不是个忠厚的人！"终于刎颈身死。韩信拿着他的人头，到陈县朝拜高帝。皇上命令武士捆绑了韩信，押在随行的车上。韩信说："果真像人们说的：'狡兔死了，出色的猎狗就遭到烹杀；高翔的飞禽光了，优良的弓箭收藏起来；敌国破灭，谋臣死亡。'现在天下已经平安，我本来应当遭烹杀！"皇上说："有人告发你谋反。"就给韩信带上了刑具。到了洛阳，赦免了韩信的罪过，改封为淮阴侯。

信知汉王畏恶其能，常称病不朝从①。信由此日夜怨望，居常鞅鞅②，羞与绛、灌等列。信尝过樊将军哙，哙跪拜送迎，言称臣，曰："大王乃肯临臣！"信出门，笑曰："生乃与哙等为伍！"上常从容与信言诸将能不（fǒu）③，各有差。上问曰："如我能将几何？"信曰："陛下不过能将十万。"上曰："于君何如？"曰："臣多多而益善耳。"上笑曰："多多益善，何为为我禽？"信曰："陛下不能将兵，而善将将，此乃信之所以为陛下禽也。且陛下所谓天授，非人力也。"

陈豨（xī）拜为钜鹿守，辞于淮阴侯，淮阴侯挈其手，辟左右与之步于庭④，仰天叹曰："子可与言乎？欲与子有言也。"豨曰："唯将军令之。"淮阴侯曰："公之所居，天下精兵处也；而公，陛下之信幸臣也⑤。人言公之畔⑥，陛下必不信;再至,陛下乃疑矣;三至,必怒而自将。吾为公从中起⑦,天下可图也。"陈豨素知其能也,信之,曰:"谨奉教!"汉十年,陈豨果反。上自将而往,信病不从。阴使人至豨所,曰:"弟举兵⑧,吾从此助公。"信乃谋与家臣夜诈诏赦诸官徒奴⑨,欲发以袭吕后、太子。部署已定,待豨报。其舍人得罪于信,信囚,欲杀之。舍人弟上变⑩,告信欲反状于吕后。吕后欲召,恐其党(tǎng)不就⑪,乃与萧相国谋,诈令人从上所来,言豨已得死,列侯群众皆贺。国相绐(dài)信曰⑫:"虽疾,强入贺。"信入,吕后使武士缚信,斩之长乐钟室。信方斩,曰:"吾悔不用蒯通之计,乃为儿女子所诈⑬,岂非天哉!"遂夷信三族⑭。

注释

①不朝从:不朝见,不从行。②鞅鞅:通"怏怏"。不满意,不服气,郁闷失意的样子。③常:通"尝"。不:相当于"否"。④辟:退避。使周围的人离去。⑤信幸臣:亲信,宠幸的臣子。⑥畔:通"叛"。⑦从中起:从京城起事为内应。⑧弟:但,只管。又写作"第"。⑨诸官徒奴:各官府服役的罪犯和奴隶。⑩上变:上书皇帝告发非常之事。⑪党:通"倘",或者,万一。⑫绐:欺骗。⑬儿女子:妇女小孩子。指吕后和太子盈。⑭夷:诛灭。

译文

韩信知道汉王畏忌自己的才能,常常托病不参加朝见和侍行。从此,韩信日夜怨恨,在家闷闷不乐,和绛侯、灌婴处于同等地位感到羞耻。韩信曾经拜访樊哙将军,樊哙跪拜送迎,自称臣子。说:"大王怎么竟肯光临!"韩信出门笑着说:"我这辈子竟然和樊哙这般人为伍了。"皇上经常从容地和韩信议论将军们的高下，认为各有长短。皇上问韩信："像我的才能能统率多少兵马？"韩信说："陛下不过能统率十万。"皇上说："你怎么样？"回答说："我是越多越好。"皇上笑着说："您越多越好，为什么还被我俘虏了？"韩信说："陛下不能带兵，却善于驾驭将领，这就是我被陛下俘虏的原因。况且陛下是上天赐予的，不是人力能做到的。"

陈豨被任命为钜鹿郡守，向淮阴侯辞行。淮阴侯拉着他的手避开左右侍从在庭院里漫步，仰望苍天叹息说："您可以听听我的知心话吗？有些心里话想跟您谈谈。"陈豨说："一切听任将军吩咐。"淮阴侯说："您管辖的地区，是天下精兵聚集的地方；而您，是陛下信任宠幸的臣子。如果有人告发说您反叛，陛下一定不会相信；再次告发，陛下就怀疑了；三次告发，陛下必然大怒而亲自率兵前来围剿。我为您在京城做内应，天下就可以取得了。"陈豨一向知道韩信的雄才大略，深信不疑，说："我一定听从您的指教！"汉十年，陈豨果然反叛。皇上亲自率领兵马前往，韩信托病没有随从。暗中派人到陈豨处，说："只管起兵，我在这里协助您。"韩信就和家臣商量，夜里假传诏书赦免各官府服役的罪犯和奴隶，打算发动他们去袭击吕后和太子。部署完毕，等待着陈豨的消息。他的一位家臣得罪了韩信，韩信把他囚禁起来，打算杀掉他。他的弟弟上书告变，向吕后告发了韩信准备反叛的情况。吕后打算把韩信召来，又怕他不肯就范，就和萧相国谋划，令人假说从皇上那儿来，说陈豨已被俘获处死，列侯群臣都来祝贺。萧相国欺骗韩信说："即使有病，也要强打精神进宫祝贺吧。"韩信进宫，吕后命令武士把韩信捆起来，在长乐宫的钟室把他杀掉。韩信临斩时说："我后悔没有采纳蒯通的计谋，以至被妇女小子所欺骗，难道不是天意吗？"于是诛杀了韩信三族。

高祖已从豨军来，至，见信死，且喜且怜之，问："信死亦何言？"吕后曰："信言恨不用蒯通计。"高祖曰："是齐辩士也。"乃诏齐捕蒯通。蒯通至，上曰："若教淮阴侯反乎？"对曰："然，臣固教之。竖子不用臣之策，故令自夷于此①。如彼竖子用臣之计，陛下安得而夷之乎！"上怒曰："亨之。"通曰："嗟呼，冤哉亨也！"上曰："若教韩信反，何冤？"对曰："秦之纲绝而维弛②，山东大扰，异姓并起，英俊乌集。秦失其鹿③，天下共逐之，于是高材疾足者先得焉。蹠（zhí）之狗吠尧④，尧非不仁，狗因吠非其主。当是时，臣唯独知韩信，非知陛下也。且天下锐精持锋欲为陛下所为者甚众，顾力不能耳。又可尽亨之邪？"高帝曰："置之⑤。"乃释通之罪。

注释

①自夷：自取灭亡。夷：灭尽。②纲绝而维弛：比喻国家法度败坏，政权瓦解。纲，网上总绳。维，系物的大绳。③鹿：与"禄"偕音，比喻皇帝之位。引申为政权。④蹠：同"跖"，相传为古代大盗。⑤置：赦罪，释放。

译文

高祖从平叛陈豨的军中回到京城，见韩信已死，又高兴又怜悯他，问："韩信临死时说过什么话？"吕后说："韩信说悔恨没有采纳蒯通的计谋。"高祖说："那人是齐国的说客。"就诏令齐国捕捉蒯通。蒯通被带到，皇上说："你唆使淮阴侯反叛吗？"回答说："是。我的确教过他，那小子不采纳我的计策，所以有自取灭亡的下场。假如那小子采纳我的计策，陛下怎能够灭掉他呢？"皇上生气地说："煮了他。"蒯通说："哎呀，煮死我，冤枉啊！"皇上说："你唆使韩信造反，有什么冤枉？"蒯通说："秦朝法度败坏，政权瓦解的时候，山东六国大乱，各路诸侯纷纷起事，一时天下英雄豪杰像乌鸦一样聚集。秦朝失去了他的帝位，天下英杰都来抢夺它，于是才智高超、行动敏捷的人率先得到它。蹠的狗对着尧狂叫，尧并不是不仁德，只因为他不是狗的主人。正当这时，我只知道有个韩信，并不知道有陛下。况且天下磨快武器、手执利刃想干陛下所干事业的人太多了，只是力不从心罢了。您怎么能够把他们都煮死呢？"高祖说："放掉他。"就赦免了蒯通的罪过。

太史公曰：吾如淮阴，淮阴人为余言，韩信虽为布衣时，其志与众异。其母死，贫无以葬，然乃行营高敞地①，令其旁可置万家。余视其母冢②，良然。假令韩信学道谦让，不伐己功，不矜其能③，则庶几哉④，于汉家勋可以比周、召、太公之徒，后世血食矣⑤。不务出此，而天下已集⑥，乃谋叛逆，夷灭宗族，不亦宜乎！

注释
①行营：四处寻找、谋求。②冢：坟墓。③不伐己功二句：语本《老子》"功成名遂身退，天之道"，"不自伐，故有功；不自矜，故长"。伐与矜，都有夸耀自满的意思。④庶几：差不多。⑤血食：受享祭。古代祭祀，宰杀牲畜做祭品，所以叫血食。⑥集：通"辑"。安定。

译文
　　太史公说：我到淮阴，淮阴人对我说，韩信还是平民百姓时，他的心志就与众不同。他母亲死了，家中贫困无法埋葬，可他还是到处寻找又高又宽敞的坟地，让坟墓旁可以安置万户人家。我看了他母亲的坟墓,的确如此。假使韩信能够谦恭退让,不夸耀自己的功劳,不自恃自己的才能,那就差不多了。他在汉朝的功勋可以和周朝的周公、召公、太公这些人相比,后世子孙就可以享祭不绝。可是,他没能致力于这样做,而天下已经安定,反而图谋叛乱,诛灭宗族,不也是应该的么!

魏其武安侯列传

魏其侯窦婴者①,孝文后从兄子也②。父世观津人③。喜宾客。孝文时④,婴为吴相⑤,病免。孝景初即位⑥,为詹事⑦。

梁孝王者⑧,孝景弟也,其母窦太后爱之。梁孝王朝,因昆弟燕饮⑨。是时上未立太子⑩,酒酣⑪,从容言曰:"千秋之后传梁王⑫。"太后欢。窦婴引卮(zhī)酒进上⑬,曰:"天下者,高祖天下,父子相传,此汉之约也⑭,上何以得擅传梁王!"太后由此憎窦婴。窦婴亦薄其官⑮,因病免⑯。太后除窦婴门籍⑰,不得入朝请⑱。

注释

①魏其:汉县名,故治在今山东临沂县东南。②孝文后:即窦太后,汉文帝刘恒之妻,景帝之母。从兄:堂兄。③父世:父辈以上世世代代。观津:汉县名,在今河北武邑县东南。④孝文:汉文帝刘恒。⑤吴:指汉初所封之吴国。⑥孝景:汉景帝刘启。⑦詹事:官名,掌皇后、太子宫中事务。⑧梁孝王:文帝次子刘武,封为梁王,死谥孝。⑨昆弟:兄弟。昆,兄。燕:通"宴"。⑩上:指汉景帝。⑪酒酣:喝酒喝到很痛快的时候。⑫千秋之后:即死后。⑬引:举。卮:盛酒的器皿。⑭约:法定的约束。⑮薄其官:轻视他的官位。⑯因病免:借病辞官。⑰除:取消。门籍:进出宫门的凭证,用二尺竹牒制成,上记年龄、名字、形

貌等，悬在宫门上，核对相符，才能入宫。⑱朝请：诸侯朝见天子，春天叫朝，秋天称请。这里指每逢节日入宫进见。

译文

魏其侯窦婴，是汉文帝窦皇后堂兄的儿子。他的父辈以上世世代代是观津人。他喜欢宾客。汉文帝时，窦婴任吴国国相，困病免职。汉景帝刚刚即位时，他任詹事。

梁孝王是汉景帝的弟弟，他的母亲窦太后很疼爱他。有一次梁孝王入朝，汉景帝以兄弟的身份与他一起宴饮，这时汉景帝还没有立太子。酒兴正浓时，汉景帝随便地说："我死之后把帝位传给梁王。"窦太后听了非常高兴。这时窦婴端起一杯酒献给皇上，说道："天下是高祖打下的天下，帝位应当父子相传，这是汉朝立下的规矩，皇上凭什么要擅自传给梁王！"窦太后因此憎恨窦婴。窦婴也嫌詹事的官职太小，就借口生病辞职。窦太后于是废除了窦婴进出宫门的名籍，每逢节日也不准许他进宫朝见。

孝景三年①，吴楚反②，上察宗室诸窦毋如窦婴贤③，乃召婴。婴入见，固辞谢病不足任④。太后亦惭。于是上曰："天下方有急⑤，王孙宁可让邪？⑥"乃拜婴为大将军⑦，赐金千斤。婴乃言袁盎、栾布诸名将贤士在家者进之⑧。所赐金，陈之廊庑下⑨，军吏过，辄令财取为用⑩，金无入家者。窦婴守荥阳，监齐赵兵⑪，七国兵已尽破，封婴为魏其侯。诸游士宾客争归魏其侯。孝景时每朝议大事⑫，条侯、魏其侯⑬，诸列侯莫敢与亢礼⑭。

注释

①孝景三年：公元前154年。②吴楚反：指吴楚七国叛乱。七国吴王刘濞、楚王刘戊、胶西王刘卬、胶东王刘雄渠、菑川王刘贤、济南王刘辟光、赵王刘遂。这次叛乱以吴王刘濞为主谋，楚为大国，所以称"吴楚反"。详见《史记》卷一百六《吴王濞列传》。③察：考察。诸窦：指窦太后族人。毋：通"无"。④固辞：坚决推辞。谢病：推托有病。不足任：指不能担当大任。⑤方：正。⑥王孙：窦婴的字。邪：通"耶"，疑问语气词。⑦大将军：官名。为将军最高称号，掌统兵、征战。汉代太尉或置或废，因征伐需要，常临时设置大将军。⑧在家：指免官家居。进之：把他们推荐给景帝使用。⑨廊庑：古代堂下周围的屋子，相当于走廊。⑩财：通"裁"，酌量。⑪监赵齐兵：监督赵、齐两路兵马。⑫朝议：在朝廷上讨论。⑬条侯：即周亚夫。⑭列侯：爵位名。亢礼：平起平坐，以平等礼相待。亢，通"抗"。

译文

　　汉景帝三年，吴、楚等七国反叛，皇上考察到皇族成员和窦姓诸人没有谁像窦婴那样贤能的了，于是就召见窦婴。窦婴入宫拜见，坚决推辞，借口有病，不能胜任。窦太后至此也感到惭愧。于是皇上就说："天下正有急难，你怎么可以推辞呢？"于是便任命窦婴为大将军，赏赐给他黄金千斤。这时袁盎、栾布诸名将贤士都退职闲居在家，窦婴就向皇上推荐起用他们。皇上所赏赐的黄金，都摆列在走廊穿堂里，属下的小军官经过时，就让他们酌量取用，皇帝赏赐的黄金一点儿也没有拿回家。窦婴驻守荥阳时，监督齐国和赵国两路兵马，等到七国的叛乱全部被平定之后，皇上就赐封窦婴为魏其侯。这时那些游士宾客都争相归附魏其侯。汉景帝时每次朝廷讨论军政大事，所有列侯都不敢与条侯周亚夫、魏其侯窦婴平起平坐。

　　孝景四年①,立栗太子②,使魏其侯为太子傅③。孝景七年④,栗太子废,魏其数争不能得⑤。魏其谢病,屏(bǐng)居蓝田南山之下数月⑥,诸宾客辩士说(shuì)之⑦,莫能来⑧。梁人高遂乃说魏其曰:"能富贵将军者,上也;能亲将军者,太后也。今将军傅太子,太子废而不能争;争不能得,又弗能死。自引谢病,拥赵女⑨,屏间处而不朝⑩。相提而论⑪,是自明扬主上之过⑫。有如两宫螫(shì)将军⑬,则妻子毋类矣⑭。"魏其侯然之,乃遂起,朝请如故。

　　桃侯免相⑮,窦太后数言魏其侯。孝景帝曰:"太后岂以为臣有爱⑯,不相魏其?魏其者,沾沾自喜耳⑰,多易⑱。难以为相,持重⑲。"遂不用,用建陵侯卫绾(wǎn)为丞相⑳。

注释

①孝景四年:公元前153年。②栗太子:景帝长子刘荣,以栗姬所生,故称。③太子傅:负责辅佐教导太子的官。④孝景七年:公元前150年。⑤数争:指多次为栗太子争辩。不能得:指无效果。⑥屏居:隐居。⑦说:劝说。⑧莫能来:不能说服他回到京城来。⑨赵女:指美女。古时赵地多美女。⑩屏间处:退隐闲居。间,同"闲"。⑪相提而论:互相对比来说。⑫明扬主上之过:明显地张扬景帝的过失。⑬有如:假如。两宫:东宫(长乐宫)和西宫(未央宫)。这里指太后(住在东宫)和汉景帝(住在西宫)。螫:与"蜇"同义,本指蜂、蝎子等刺人,这里是恼怒、加害的意思。⑭毋类:指全家被杀。⑮桃侯:景帝丞相刘舍。⑯臣:景帝对窦太后的自称。爱:吝啬。⑰沾沾自喜:指骄傲自满,自我欣赏。沾沾,自得的样子。⑱易:草率轻浮。⑲持

重:担当重任。⑳卫绾:代郡大陵人。以军功封为列侯。

译文

汉景帝四年,立栗太子,派魏其侯担任太子太傅。汉景帝七年,栗太子被废,魏其侯多次为栗太子争辩都没有效果。魏其侯就推说有病,隐居在蓝田县南山下好几个月,许多宾客、辩士都来劝说他,但没有人能说服他回到京城来。梁地人高遂于是来劝解魏其侯说:"能使您富贵的是皇上,能使您成为朝廷亲信的是太后。现在您担任太子的师傅,太子被废黜而不能力争,力争又不能成功,又不能去殉职。自己托病引退,拥抱着歌姬美女,退隐闲居而不参加朝会。把这些情况互相比照起来看,这是您自己表明要张扬皇帝的过失。假如皇上和太后都要加害于您,那您的妻子儿女都会一个不剩地被杀害。"魏其侯认为他说得很对,于是就出山回朝,像过去一样朝见皇帝。

在桃侯刘舍被免去丞相职务时,窦太后多次推荐魏其侯当丞相。汉景帝说:"太后难道认为我有所吝啬而不让魏其侯当丞相吗?魏其侯这个人骄傲自满,容易自我欣赏,做事草率轻浮,难以出任丞相,担当重任。"终于没有任用他,任用了建陵侯卫绾做丞相。

武安侯田蚡(fén)者,孝景后同母弟也①,生长陵②。魏其已为大将军后,方盛③,蚡为诸郎④,未贵,往来侍酒魏其,跪起如子姓⑤。及孝景晚节⑥,蚡益贵幸⑦,为太中大夫。蚡辩有口⑧,学《槃盂》诸书⑨,王太后贤之。孝景崩,即日太子立⑩,称制⑪,所镇抚多有田蚡宾客计策。蚡弟田胜,皆以太后弟,孝景后三年封蚡为武安侯⑬,胜为周阳侯⑭。

注释

①孝景后同母弟：汉景帝皇后名叫王娡，母臧儿，父王仲。王仲死后，臧儿改嫁田氏，生蚡、胜。王娡原为景帝妃，后因子刘彻被立为太子，才封为皇后。②长陵：高祖陵，置县，故城在今陕西咸阳市东北。③方盛：正当权大势重的时候。④诸郎：汉代守卫宫廷，随侍皇帝的官员。⑤子姓：子孙或众子孙。也指儿子。⑥晚节：晚年。⑦益：更加。贵幸：指地位尊贵，受到宠幸。⑧辩有口：指善于辩论，有口才。⑨《槃盂》：传说为黄帝史官孔甲所作的铭文，共二十六篇，刻在槃盂等器物上。这里是说明田蚡能学习古文字。槃，同"盘"。⑩即日太子立：景帝死日，太子刘彻即继立为皇帝，是为武帝，时年武帝十六岁。⑪称制：代天子执政。由于武帝尚未成年，所以王太后代武帝临朝听政。⑫孝景后三年：公元前141年。景帝纪年分为前、中、后三段。这年正月景帝死，武帝继位。⑬周阳：汉县名，在今甘肃正宁县。

译文

　　武安侯田蚡，是汉景帝皇后的同母弟弟，出生在长陵。魏其侯已经当了大将军之后，正当显赫的时候，田蚡还是个郎官，没有显贵，来往于魏其侯家中，陪侍宴饮，跪拜起立像魏其侯的子孙辈一样。等到汉景帝的晚年，田蚡也显贵起来，受到宠信，做了太中大夫。田蚡能言善辩，口才很好，学习过《槃盂》之类的书籍，王太后认为他有才能。汉景帝去世，当天太子登位继立，王太后摄政，她在全国的镇压、安抚行动，大都采用田蚡门下宾客的策略。田蚡和他的弟弟田胜，都因为是王太后的弟弟，在汉景帝去世的同一年，被分别封为武安侯和周阳侯。

武安侯新欲用事为相①，卑下宾客②，进名士家居者贵之③，欲以倾魏其诸将相④。建元元年⑤，丞相绾病免，上议置丞相、太尉⑥。籍福说武安侯曰："魏其贵久矣，天下士素归之⑦。今将军初兴⑧，未如魏其，即上以将军为丞相⑨，必让魏其。魏其为丞相，将军必为太尉。太尉、丞相尊等耳⑩，又有让贤名。"武安侯乃微言太后风（fěng）上⑪，于是乃以魏其侯为丞相，武安侯为太尉。籍福贺魏其侯，因吊曰⑫："君侯资性喜善疾恶⑬，方今善人誉君侯⑭，故至丞相；然君侯且疾恶，恶人众，亦且毁君侯。君侯能兼容⑮，则幸久⑯；不能，今以毁去矣⑰。"魏其不听。

注释

①新欲用事为相：即"新用事欲为相"的倒文。意思是说田蚡刚刚掌权想当丞相。②卑下宾客：对宾客态度谦卑，不惜降低自己的身份。③进名士句：意思是说，推荐退居在家的名士，让他们显贵起来。④倾：压倒，超过。⑤建元：武帝的第一个年号（前140—前135），也是我国历史上帝王以年号来纪年的开始。⑥议：商量。置：安排。⑦素：一向。归：归附。⑧初兴：刚刚发迹。⑨即：假如。⑩尊等：尊贵的地位相等。⑪微言：委婉进言，隐约其词。风：同"讽"。用含蓄的话暗示。⑫因吊：顺便提醒、警告的意思。⑬君侯：对列侯的尊称。资性：天性。喜善疾恶：喜欢好人，痛恨坏人。疾，恨。⑭方今：当今。⑮兼容：指并容好人和坏人。⑯幸：表示希望、庆幸的意思。⑰今：立即，马上。去：离职。

译文

武安侯刚掌权想当丞相，所以对他的宾客非常谦卑，推荐闲居在家的名士出来做官，让他们显贵，想以此来压倒魏其侯窦婴等将相的势力。建元元年,丞相卫绾因病免职,皇上酝酿安排丞相和太尉。籍福劝说武安侯道:"魏其侯显贵已经很久了,天下有才能的人一向归附他。现在您刚刚发迹,不能和魏其侯相比,就是皇上任命您做丞相,也一定要让给魏其侯。魏其侯当丞相,您一定会当太尉。太尉和丞相的尊贵地位是相等的,您还有让相位给贤者的好名声。"武安侯于是就委婉地告诉太后暗示皇上,于是便任命魏其侯当丞相,武安侯当太尉。籍福去向魏其侯道贺,就便提醒他说:"您的天性是喜欢好人憎恨坏人,当今好人称赞您,所以您当了丞相,然而您也憎恨坏人,坏人相当多,他们也会诽谤您的。如果您能并容好人和坏人,那么您丞相的职位就可以保持长久;如果不能够这样的话,马上就会受到毁谤而离职。"魏其侯不听从他的话。

魏其、武安俱好儒术,推毂(gǔ)赵绾为御史大夫[1],王臧为郎中令[2]。迎鲁申公[3],欲设明堂[4],令列侯就国[5],除关[6],以礼为服制[7],以兴太平[8]。举适(zhé)诸窦宗室毋节行者[9],除其属籍[10]。时诸外家为列侯[11],列侯多尚公主[12],皆不欲就国,以故毁日至窦太后[13]。太后好黄老之言[14],而魏其、武安、赵绾、王臧等务隆推儒术[15],贬道家言,是以窦太后滋不说魏其等[16]。及建元二年[17],御史大夫赵绾请无奏事东宫[18]。窦太后大怒,乃罢逐赵绾、王臧等,而免丞相、太尉,以柏至侯许昌为丞相[19],武强侯庄青翟为御史大夫[20]。魏其、武安由此以侯家居[21]。

注释

①推毂:原指推动车子前进。这里是推荐人才之意。赵绾:代郡人。②王臧:兰陵人,与赵绾同为当时大儒鲁国申公的学生。

③鲁申公：指鲁国专治《诗经》的大儒申培。④明堂：古代天子朝会诸侯之处。⑤就国，返回自己的封地。国：指封地。⑥除关：废除关禁。诸侯出入不受检查，可以自由往来，以示天下一家。⑦以礼为服制：按照古代礼法来规定吉凶服饰、制度。⑧兴太平：振兴太平政治。⑨举适：检举，揭发。适，同"谪"，指责。宗室：这里指皇室人员。毋节行者：指品德不好，行为不正的人。毋，同"无"。⑩属籍：指宗谱。⑪外家：外戚，皇帝的母族、妻族。⑫尚公主：娶公主为妻。⑬日至窦太后：意谓每天都传到窦太后的耳朵里。⑭黄老之言：指道家学说。黄，黄帝。老，老子。二人被推尊为道家始祖，故称"黄老"。言，此指学说。⑮务：致力。隆推：推崇抬高。儒术：指儒家的学说。⑯滋：更加。说：同"悦"。高兴。⑰建元二年：公元前139年。⑱请无奏事东宫：请武帝不要向窦太后禀奏政事。东宫：汉朝太后所居住的长乐宫。⑲许昌：高祖功臣许温之孙，袭祖封为侯。⑳庄青翟：高祖功臣庄不识之孙，袭祖封为侯。㉑以侯家居：以侯爵的身份闲居在家。

译文

魏其侯窦婴和武安侯田蚡都爱好儒家学说，推荐赵绾当了御史大夫，王臧担任郎中令。把鲁国人申培迎到京师来，准备设立明堂，命令列侯们回到自己的封地上，废除关禁，按照礼法来规定吉凶的服饰和制度，以此来表明太平的气象。同时检举谴责窦氏家族和皇族成员中品德不好的人，开除他们的族籍。这时诸外戚中的列侯，大多娶公主为妻，都不想回到各自的封地中去，因为这个缘故，毁谤魏其侯等人的言语每天都传到窦太后的耳中。窦太后喜欢黄老学说，而魏其侯、武安侯、赵绾、王臧等人则努力推崇儒家学说，贬低道家的学说，因此窦太后更加不喜欢魏其侯等人。到了建元二年，御史大夫赵绾请皇上不要把政事禀奏给太后。窦太后大怒，便罢免并驱逐了赵绾、王臧等人，还解除了丞相和太尉的职务，任命柏至侯许昌当了丞相，武强侯庄青翟当了御史大夫。魏其侯、武安侯从此以列侯的身份闲居家中。

　　武安侯虽不任职，以王太后故，亲幸①，数言事多效②，天下吏士趋势利者③，皆去魏其归武安。武安日益横④。建元六年⑤，窦太后崩，丞相昌、御史大夫青翟坐丧事不办⑥，免。以武安侯蚡为丞相，以大司农韩安国为御史大夫⑦。天下士郡诸侯愈益附武安⑧。

　　武安者，貌侵⑨，生贵甚⑩。又以为诸侯王多长⑪，上初即位⑫，富于春秋⑬，蚡以肺腑为京师相⑭，非痛折节以礼诎之⑮，天下不肃⑯。当是时，丞相入奏事，坐语移日⑰，所言皆听，荐人或起家至二千石⑱，权移主上⑲。上乃曰："君除吏已尽未⑳？吾亦欲除吏。"尝请考工地益宅㉑，上怒曰："君何不遂取武库㉒！"是后乃退㉓。尝召客饮，坐其兄盖侯南乡㉔，自坐东乡㉕，以为汉相尊，不可以兄故私桡（náo）㉖。武安由此滋骄㉗，治宅甲诸第㉘。田园极膏腴㉙，而市买郡县器物相属于道㉚。前堂罗钟鼓㉛，立曲旃（zhān）㉜；后房妇女以百数。诸侯奉金玉狗马玩好㉝，不可胜数。

注释

①亲幸：指受到皇上宠信。②多效：指意见多被采纳而发生效验。③吏士趋势力者：指趋贵附势的官吏和士人。④横：骄横，放肆。⑤建元六年：公元前135年。⑥坐丧事不办：因为没把丧事办好而获罪。坐，指办罪的因由。⑦大司农：九卿之一，掌国家租税赋役。韩安国：字长孺，梁成安人。⑧郡诸侯：指郡国的

诸侯王和官吏。愈益：更加。附：归附。⑨貌侵：矮小丑陋，其貌不扬。侵，通"寝"。⑩生贵甚：一出生就很尊贵。田蚡出生前王娡已得宠，所以一出生便是外戚。⑪多长：多数人都年纪大了，比自己年长。⑫上：指武帝。⑬富于春秋：指年轻，来日方长。⑭肺腑：指心腹亲信。京师相：犹言朝廷的丞相。⑮痛：狠狠地。折节：压制。诎：通"屈"。这里是使之屈服的意思。⑯肃：敬畏。⑰移日：日影移动了位置。表示过了很长的时间。⑱起家至二千石，把闲居在家无爵禄的人一下子提升到二千石的官位。二千石，指一年的俸禄，当时的高级官员才能享受。⑲权移主上：把皇帝的权力转移到自己手中。⑳除吏：任命官吏。㉑尝：曾经。考工：督造器械的官衙。益宅：扩建私宅。㉒武库：藏兵器的库房。㉓是后乃退：从此之后才退缩一些。㉔盖侯：指王信的异父同母之兄。乡：同"向"，方向。㉕东向：当时以东向坐为尊，南向坐次之。王信年长却屈居下座，可见田蚡态度的倨傲。㉖桡：通"挠"，枉曲。㉗滋骄：更加骄纵。㉘治宅：修建住宅。甲诸第：超过所有的贵族的府第。㉙膏腴：肥沃。㉚市：交易。郡县：这里泛指各地。相属于道：谓接连不断。属，连接。㉛罗：排列。㉜曲旃：曲柄长幡，用整幅素帛制成。钟鼓、曲旃都是帝王的摆设物，田蚡摆设装饰在自己家中是超越丞相身份和违反制度规定的。㉝奉：献。

译文

武安侯虽然不担任官职，但因为王太后的缘故，仍然受到皇上的宠信，多次议论政事，建议大多见效，天下趋炎附势的官吏和士人，都离开了魏其侯而归附了武安侯。武安侯一天天更加骄横。建元六年，窦太后逝世，丞相许昌和御史大夫庄青翟因为丧事办得不周到，都被免官。于是任用武安侯田蚡担任丞相，任用大司农韩安国担任御史大夫。天下的士人有郡守和诸侯王，就更加依附武安侯了。

　　武安侯身材矮小，其貌不扬，可是刚一出生就很尊贵。他又认为当时的诸侯王都年纪大了，皇上刚刚即位，年纪很轻，自己以皇帝的至亲心腹担任朝廷的丞相，如果不狠狠地整顿一番，用礼法来使他们屈服，天下人就不会服服贴贴的。在那时候，丞相入朝廷奏事，往往一坐就是大半天，他所说的话皇帝都听，他所推荐的人有的从闲居一下子提拔到二千石的级别，把皇帝的权力转移到自己手上。皇上于是说："你要任命的官吏已经任命完了没有？我也想任命几个官呢。"他曾经要求把考工官署的地盘划给自己扩建住宅，皇上生气地说："你何不把武器库也取走！"从这以后才收敛一些。有一次，他请客人宴饮，让他的兄长盖侯南向坐，自己却东向坐，认为汉朝的丞相尊贵，不可以因为是兄长就私下委屈自己。武安侯从此更加骄纵，他修建住宅，其规模、豪华超过了所有贵族的府第。田地庄园都极其肥沃，他派到各郡县去购买器物的人，在大道上络绎不绝。前堂摆设着钟鼓，竖立着曲柄长幡，在后房的美女数以百计。诸侯奉送给他的珍宝金玉、狗马和玩好器物，数也数不清。

　　魏其失窦太后，益疏不用①，无势②，诸客稍稍自引而怠傲③，唯灌将军独不失故④。魏其日默默不得志⑤，而独厚遇灌将军⑥。

　　灌将军夫者，颍阴人也。夫父张孟，尝为颍阴侯婴舍人⑦，得幸⑧，因进之至二千石，故蒙灌氏姓为灌孟⑨。吴楚反时，颍阴侯灌何为将军⑩，属太尉⑪，请灌孟为校尉。夫以千人与父俱⑫。灌孟年老，颍阴侯强请之⑬，郁郁不得意⑭，故战常陷坚⑮，遂死吴军中。军法，父子俱从军，有死事⑯，得与丧归⑰。灌夫不肯随丧归，奋曰⑱："愿取吴王若将军头⑲，以报父之仇。"于是灌夫被甲持戟⑳，募军中壮士所善从者数十人㉑。及出壁门㉒，莫敢前。独二人及从奴十数骑驰入吴军㉓至吴将麾下㉔，所杀伤数十人。不得前，复驰还㉕，走入汉壁㉖，皆亡其奴㉗，独与一骑归。夫身中大创十余㉘，适有万金良药㉙，故得无死。夫创少瘳（chōu）㉚，又复请将军曰："吾益知吴壁中曲折，请复往。"将军壮义之㉛，恐亡夫㉜，乃言太尉，太尉乃固止之㉝。吴已破，灌夫以此名闻天下。

注释

①疏：指被疏远。②势：权势。③稍稍：渐渐。自引：自动离去。怠傲：懈怠傲慢。④故：故态，旧情。⑤默默：郁闷不高兴的样子。⑥厚遇：厚待，优待。⑦颍阴侯婴：即灌婴。舍人：门客。⑧得幸：受到宠信。⑨蒙：冒。⑩灌何：灌婴之子。⑪属太尉：隶属于太尉。太尉，指周亚父。⑫俱：一起去。⑬强：勉强。⑭郁郁：愁闷的样子。⑮陷坚：攻打敌人最坚强的阵地或部队。⑯死事：指战死。⑰与：陪同，护送。丧：指灵柩。⑱奋：发奋。⑲若：或。⑳被甲：披戴铠甲。被，同"披"，穿上。㉑募：召集。所善愿从者：素来有交情而愿意跟他同去的。㉒壁门：营门。壁，营垒。㉓独：只。从奴：隶属灌夫的奴隶。㉔麾下：将帅的大旗下。㉕复：又。㉖走入汉壁：奔跑回到汉军营垒中。走：跑。㉗亡：丧失。㉘大创：大的创伤。㉙适：恰如。万金良药：指贵重的良药。㉚瘳：痊愈。㉛壮义之：认为他勇敢而有义气。㉜恐亡夫：害怕灌夫战死。㉝固止：坚决劝阻。

译文

魏其侯自从失去了窦太后,被皇上更加疏远不受重用,没有权势,诸宾客渐渐自动离去,甚至对他懈怠傲慢,只有灌将军一人没有改变原来的态度。魏其侯天天闷闷不乐,唯独对灌将军格外厚待。

灌将军夫是颍阴人。灌夫的父亲是张孟,曾经做过颍阴侯灌婴的家臣,受到灌婴的宠信,便推荐他,官至二千石级,所以冒用灌氏家的姓叫灌孟。吴楚叛乱时,颍阴侯灌何担任将军,是太尉周亚夫的部下,他向太尉推荐灌孟担任校尉。灌夫带领一千人与父亲一起从军。灌孟年纪已经老了,颍阴侯勉强推荐他,所以灌孟郁郁不得志,每逢作战时,常常攻击敌人的坚强阵地,因而战死在吴军中。按照当时军法的规定,父子一起从军参战,有一个为国战死,未死者可以护送灵柩回来。但灌夫不肯随同父亲的灵柩回去。他慷慨激昂地表示:"希望斩取吴王或者吴国将军的头,以替父亲报仇。"于是灌夫披上铠甲,手拿戈戟,召集了军中与他素来有交情又愿意跟他同去的勇士几十个人。等到走出军门,没有人敢再前进。只有两人和灌夫属下的奴隶共十多个骑兵飞奔冲入吴军中,一直到达吴军的将旗之下,杀死杀伤敌军几十人。不能再继续前进了,又飞马返回汉军营地,所带去的奴隶全都战死了,只有他一人回来。灌夫身上受重创十多处,恰好有名贵的良药,所以才得不死。灌夫的创伤稍稍好转,又向将军请求说:"我现在更加了解吴军营垒中路径曲折,请您让我再回去。"将军认为他勇敢而有义气,恐怕灌夫战死,便向太尉周亚夫报告,太尉便坚决地阻止了他。等到吴军被攻破,灌夫也因此名闻天下。

颍阴侯言之上①，上以夫为中郎将②。数月，坐法去③。后家居长安，长安中诸公莫弗称之④。孝景时，至代相⑤。孝景崩，今上初即位⑥，以为淮阳天下交⑦，劲兵处⑧，故徙夫为淮阳太守⑨。建元元年，入为太仆。二年，夫与长乐卫尉窦甫饮⑩，轻重不得⑪，夫醉，搏甫⑫。甫，窦太后昆弟也。上恐太后诛夫，徙为燕相。数岁，坐法去官，家居长安。

灌夫为人刚直使酒⑬，不好面谀⑭。贵戚诸有势在己之右⑮，不欲加礼⑯，必陵之⑰；诸士在己之左，愈贫贱，尤益敬，与钧⑱。稠人广众⑲，荐宠下辈⑳。士亦以此多之㉑。

注释

①言之上：指把灌夫的作战表现汇报给皇帝。②中郎将：宫廷侍卫武官，属郎中令，秩比二千石。③坐法去：因犯法而被免官。④诸公：指贵族、大官僚。莫弗称之：没有不称赞他的。⑤代相：代王的相。⑥今上：指汉武帝。⑦天下交：四面八方交会的地方。⑧劲兵处：强大的军队驻守的地方。⑨徙：调动。⑩长乐卫尉：长乐宫卫兵的长官。⑪轻重不得：指饮酒时礼数不合适而发生争执。一说言谈间意见不合。⑫搏：殴打。⑬刚直使酒：刚强直爽，好发酒疯。⑭面谀：当面奉承人。⑮势在己之右：有势力在自己上面的人。右，古代以右为上位，左为下位。⑯加礼：表示尊敬有礼貌。⑰凌：凌辱。⑱与钧：和他们平等相处。钧，通"均"。⑲稠人广众：指人多的场合。⑳荐宠下辈：推荐奖掖比自己地位低的人。宠，表扬。㉑多：推重，赞许。

译文

颍阴侯把灌夫的情况向皇上汇报了，皇上就任命灌夫担任中郎将。过了几个月，因为犯法而丢了官。后来到长安安了家，长安城中的许多显贵没有不称赞他的。汉景帝时，灌夫官至代国国相。景帝去世，当今皇上武帝刚即位，认为淮阳是天下的交通枢纽，必须驻扎强大的兵力加以防守，因此调任灌夫担任淮阳太守。建元元年，又把灌夫内调为太仆。二年，灌夫与长乐卫尉窦甫喝酒，灌夫喝醉了，打了窦甫。窦甫，是窦太后的兄弟。皇上恐怕窦太后杀灌夫，调派他担任了燕国国相。几年以后，又因犯法丢官，闲居在长安家中。

灌夫为人刚强直爽，好发酒疯，不喜欢当面奉承人。对皇亲国戚及有势力的人，凡是地位在自己之上的，他不但不想对他们表示尊敬，反而要想办法去凌辱他们；对地位在自己之下的许多士人，越是贫贱的，就更加恭敬，跟他们平等相待。在大庭广众之中，推荐夸奖那些比自己地位低的人。士人们也因此而推重他。

夫不喜文学①，好任侠②，已然诺③。诸所与交通④，无非豪桀大猾⑤。家累数千万⑥，食客日数十百人。陂（bēi）池田园⑦，宗族宾客为权利⑧，横于颍川⑨。颍川儿乃歌之曰："颍水清，灌氏宁；颍水浊，灌氏族⑩。"

灌夫家居虽富，然失势⑪，卿相侍中宾客益衰⑫。及魏其侯失势，亦欲倚灌夫引绳批根生平慕之后弃之者⑬。灌夫亦倚魏其而通列侯宗室为名高⑭。两人相为引重⑮，其游如父子然⑯。相得欢甚⑰，无厌⑱，恨相知晚也。

注释

①文学：指文章经学。②任侠：指打抱不平。③已然诺：意谓已经答应了别人的事，一定办到。④交通：交游往来。⑤大猾：大奸巨猾。⑥累：累积。⑦陂池田园：指蓄水灌溉田地，兴修水

利。陂，堤塘。⑧为权利：争权夺利，垄断利益。⑨横：横行，胡作非为。⑩族：灭族。⑪失势：失去权势。⑫卿相侍中，指高级官吏。侍中，加官名，是从列侯以下至郎中的加衔。在原官职上加"侍中"就可以入宫廷，侍从皇帝左右。衰：少。⑬引绳：原指木匠用墨线检验木材的方正，这里引申是纠正的意思。批根：原指批削树根，这里引申是清算的意思。生平慕之后弃之者：平日仰慕自己，失势后又抛弃自己的人。⑭为名高：指抬高自己的名声。⑮相为引重：互相援引借重。⑯游：交往。⑰相得：彼此情投意合。⑱厌：嫌忌。

译文

灌夫不喜欢文章经学，爱打抱不平，已经答应了别人的事，一定办到。凡和他交往的那些人，无不是杰出人士或大奸巨猾。他家中积累的资产有几千万，每天的食客少则几十，多则近百。为了在田园中修筑堤塘，灌溉农田，他的宗族和宾客扩张权势，垄断利益，在颍川一带横行霸道。颍川的儿童于是作歌唱道："颍水清清，灌氏安宁；颍水浑浊，灌氏灭族。"

灌夫闲居在家虽然富有，但失去了权势，达官贵人及一般宾客逐渐减少。等到魏其侯失去权势，也想依靠灌夫去报复那些平日仰慕自己，失势后又抛弃了自己的人。灌夫也想依靠魏其侯去结交列侯和皇族以抬高自己的名声。两人互相援引借重，他们的交往就如同父子之间那样密切。彼此情投意合，没有嫌忌，只恨相知太晚了。

灌夫有服①，过丞相②。丞相从容曰："吾欲与仲孺过魏其侯③，会仲孺有服。"灌夫曰："将军乃肯幸临况魏其侯④，夫安敢以服为解⑤！请语（yù）魏其侯帐具⑥，将军旦日蚤

(zǎo）临⑦。"武安许诺。灌夫具语魏其侯如所谓武安侯⑧。魏其与其夫人益市牛酒⑨，夜洒扫⑩，早帐具至旦。平明⑪，令门下候伺。至日中，丞相不来。魏其谓灌夫曰："丞相岂忘之哉？"灌夫不怿（yì)⑫，曰："夫以服请⑬，宜往。"乃驾，自往迎丞相。丞相特前戏许灌夫⑭，殊无意往⑮。及夫至门，丞相尚卧。于是夫入见，曰："将军昨日幸许过魏其，魏其夫妻治具⑯，自旦至今，未敢尝食。"武安鄂谢曰⑰："吾昨日醉，忽忘与仲孺言⑱。"乃驾往，又徐行⑲，灌夫愈益怒。及饮酒酣，夫起舞属丞相⑳，丞相不起，夫从坐上语侵之㉑。魏其乃扶灌夫去，谢丞相。丞相卒饮至夜，极欢而去。

注释

①有服：正在服丧。其时灌夫遭姊丧。②过：拜访。丞相：指田蚡。③仲孺：灌夫的字。④临况：光临。况，通"贶"，赏光的意思。⑤安敢：怎敢。解：推辞。⑥语：告诉。帐具：设置帷帐，备办酒宴。⑦旦日：明天早晨。蚤，通"早"。⑧具语：详细告诉。如所谓武安侯：就像他对武安侯所说的那样。⑨益市牛酒：多买牛肉和酒菜。⑩夜洒扫：当夜就打扫房屋。⑪平明：天刚亮。⑫怿：喜悦，高兴。⑬夫以服请：我不嫌忌在服丧期间邀请他来赴宴。宜往：应该来。⑭特：只不过。戏：开玩笑。许：答应。⑮殊：很，实在。⑯治具：备办酒宴。⑰鄂谢：装作惊讶的样子道歉。鄂，通"愕"。⑱忽忘：忘记。⑲徐行：慢慢地走。⑳这句意思是说，灌夫起舞致礼，舞毕请田蚡起舞。起舞，这是当时宴会上的一种礼仪，以表示宾客对主人的感谢。㉑坐：通"座"，座位。语侵之：用话讽刺田蚡。侵，触犯。

译文

　　灌夫在服丧期内去拜访丞相，丞相随便地说："我想和你一起去拜访魏其侯，恰值你现在服丧不便前往。"灌夫说："您竟肯屈驾光临魏其侯，我灌夫怎敢因为服丧而推辞呢！请允许我告诉魏其侯设置帷帐，备办酒席，您明天早点光临。"武安侯答应了。灌夫详细地告诉了魏其侯，就像他对武安侯所说的那样。魏其侯和他的夫人特地多买了牛肉和酒菜，连夜打扫房子，布置帷帐，准备酒宴，一直忙到天亮。天刚亮，就让府中管事的人在宅前伺侯。等到中午，不见丞相到来。魏其侯对灌夫说："丞相难道忘记了这件事？"灌夫很不高兴，说："我灌夫不嫌丧服在身而应他之约，他应该来。"于是便驾车，亲自前往迎接丞相。丞相前一天只不过开玩笑似的答应了灌夫，实在没有打算来赴宴的意思。等到灌夫来到门前，丞相还在睡觉。于是灌夫进门去见他，说："将军昨天幸蒙答应拜访魏其侯，魏其侯夫妇备办了酒食，从早晨到现在，没敢吃一点东西。"武安侯装作惊讶地道歉说："我昨天喝醉了，忘记了跟您说的话。"便驾车前往，但又走得很慢，灌夫更加生气。等到喝酒喝醉了，灌夫舞蹈了一番，舞毕邀请丞相，丞相竟不起身，灌夫在酒宴上用话讽刺他。魏其侯便扶灌夫离去，向丞相表示了歉意。丞相一直喝到天黑，尽欢才离去。

　　丞相尝使籍福请魏其城南田①。魏其大望曰②："老仆虽弃③，将军虽贵，宁可以势夺乎④！"不许。灌夫闻，怒，骂籍福。籍福恶两人有郤（xì）⑤，乃谩自好谢丞相曰⑥："魏其老且死⑦，易忍⑧，且待之。"已而武安闻魏其、灌夫实怒不予田⑨，亦怒曰："魏其子尝杀人，蚡活之⑩。蚡事魏其侯无所不可⑪，何爱数顷田⑫？且灌夫何与也⑬？吾不敢复求田⑭。"武安由此大怨灌夫、魏其。

元光四年春⑮,丞相言灌夫家在颍川,横甚,民苦之。请案⑯。上曰:"此丞相事,何请。"灌夫亦持丞相阴事⑰,为奸利⑱,受淮南王金与语言⑲。宾客居间⑳,遂止,俱解㉑。

注释

①请:索求。②大望:大为怨恨。③老仆:含有怨愤的自谦之称。④宁可:难道能够。⑤恶:不乐意。郄:同"隙",嫌隙。⑥谩:说谎。⑦老且死:年老将死。且,将要。⑧忍:忍耐,容忍。⑨已而:不久。实怒不予田:实际是愤怒不把田地给他。⑩活之:使他活。意思是救了他。⑪事:事奉。⑫爱:吝啬。⑬何与:为什么干预?与,参预。⑭这句的表面意思是说我不敢再提求田的事,实际是一句反话,偏要去求田的意思。⑮元光四年:公元前131年。元光,汉武帝的第二个年号(前134—前129)。⑯请案:请求武帝查办。⑰持:抓住。阴事:阴私之事。⑱为奸利:干犯法的事谋求私利。⑲这句的意思是说,田蚡接受淮南王的财物,并且说了些不应该说的话。淮南王,即刘安。他于武帝建元二年(前141)入朝,当时,田蚡为太尉,告以日后刘安当为天子。刘安大喜,厚赠武安侯金。⑳居间:从中调解。㉑解:和解。

译文

丞相曾经派籍福去索取魏其侯在城南的田地。魏其侯大为怨恨地说:"我虽然被废弃不用,将军虽然显贵,怎么可以仗势硬夺我的田地呢!"不答应。灌夫听说后,也很生气,大骂籍福。籍福不愿两人有隔阂,就自己编造了好话向丞相道歉说:"魏其侯年事已高,就快死了,还不能忍耐吗,姑且等待着吧!"不久,武安侯听说魏其侯和灌夫实际是愤怒而不肯让给田地,也很生气地说:"魏其侯的儿子曾经杀人,我救了他的命。我服事魏其侯没有不听从他的，为什么他竟舍不得这几顷田地？再说灌夫为什么要干预呢？我不敢再要这块田地了！"武安侯从此十分怨恨灌夫、魏其侯。

元光四年的春天，丞相向皇上说灌夫家住颍川，十分横行，百姓都受其苦。请求皇上查办。皇上说："这是丞相的职责，何必请示。"灌夫也抓住了丞相的秘事，用非法手段谋取利益，接受了淮南王的金钱并说了些不该说的话。宾客们从中调解。双方才停止互相攻击，彼此和解。

夏，丞相取燕王女为夫人①，有太后诏②，召列侯宗室皆往贺。魏其侯过灌夫，欲与俱。夫谢曰："夫数以酒失得过丞相③，丞相今者又与夫有郤。"魏其曰："事已解。"强与俱。饮酒酣，武安起为寿④，坐皆避席伏⑤。已魏其侯为寿⑥，独故人避席耳⑦，余半膝席⑧。灌夫不悦。起行酒⑨，至武安，武安膝席曰："不能满觞（shāng）⑩。"夫怒，因嘻笑曰⑪："将军贵人也，属之⑫！"时武安不肯。行酒次至临汝侯⑬，临汝侯方与程不识耳语⑭，又不避席。夫无所发怒⑮，乃骂临汝侯曰："生平毁程不识不直一钱⑯，今日长者为寿⑰，乃效女儿呫（chè）嗫（niè）耳语⑱！"武安谓灌夫曰："程李俱东西宫卫尉⑲，今众辱程将军，仲孺独不为李将军地乎⑳？"灌夫曰："今日斩头陷匈㉑，何知程李乎！"坐乃起更衣㉒，稍稍去㉓。魏其侯去，麾灌夫出㉔。武安遂怒曰："此吾骄灌夫罪。"乃令骑留灌夫㉕。灌夫欲出不得，籍福起为谢㉖，案灌夫项令谢㉗。夫愈怒，不肯谢。武安乃麾骑缚夫置传舍㉘，召长史曰："今日召宗室，有诏。"劾灌夫骂坐不敬㉙，系居室㉚。遂按其前事㉛，遣吏分曹逐捕诸灌氏支属㉜，皆得弃市罪㉝。魏其侯大愧㉞,为资使宾客请㉟,莫能解。武安吏皆为耳目㊱,诸灌氏皆亡匿㊲,夫系,遂不得告言武安阴事。

注释

①取:同"娶"。燕王女:指已故燕康王刘嘉之女。②诏:皇帝、太后颁发的命令文告。③酒失:酒醉失礼。得过:得罪。④起为寿:起立为客人敬酒祝寿。⑤避席伏:离开自己的席位,伏在地上,表示不敢当的意思。⑥已:不久。⑦故人:旧友。⑧膝席:双膝跪在地上。古人都是席地而坐,正常的坐法是两膝跪在地上,臀部靠近脚后跟。双膝不离坐席,只是稍稍欠身,比起离席伏地来显得简慢些。⑨行酒:依次巡行敬酒。⑩觞:酒杯。⑪嘻笑:故意装笑的样子。⑫属:托付。这里是强行劝酒的意思。⑬临汝侯:指灌婴之孙灌贤。⑭耳语:咬耳朵说悄悄话。⑮无所发怒:没有地方发泄他的怒气。⑯直:同"值"。⑰长者:灌夫与灌贤的父亲在一个行辈上,所以他借题发挥。⑱呫嗫:细语之声。⑲程李:程不识和李广。程不识当时为长乐宫(东宫)卫尉,李广为未央宫(西宫)卫尉。⑳地:这里是留余地的意思。㉑陷匈:穿胸。匈,通"胸"。㉒坐:通"座"。更衣:上厕所的委婉说法。㉓稍稍去:渐渐都离去了。㉔麾:通"挥",挥手示意。㉕令骑留:命令骑士扣留。㉖为谢:代灌夫谢罪。㉗案:同"按"。㉘置:放。传舍:客房。㉙不敬:也称"大不敬",古代把所谓不敬皇帝、皇后作为一项重大罪名,按规定应处死。㉚系:囚禁。居室:囚禁犯罪官员的监狱。㉛按:同"案",查办。㉜分曹:分批,分班。诸灌氏支属:指灌氏宗族的分支。㉝弃市:杀头示众。㉞大愧:十分惭愧。㉟为资:出钱。请:求情。㊱耳目:亲信。㊲亡匿:逃亡躲藏。

译文

　　那年夏天，丞相娶燕王的女儿做夫人，太后下了诏令，叫列侯和皇族都去祝贺。魏其侯拜访灌夫，打算同他一起去。灌夫推辞说："我多次因为酒醉失礼而得罪了丞相，丞相近来又和我有嫌隙。"魏其侯说："事情已经和解了。"硬拉他一道去。酒喝到差不多时，武安侯起身敬酒祝寿，在坐的宾客都离开席位，伏在地上，表示不敢当。过了一会儿，魏其侯起身为大家敬酒祝寿，只有那些魏其侯的老朋友离开了席位，其余半数的人照常坐在那里，只是稍微欠了欠上身。灌夫不高兴。他起身依次敬酒，敬到武安侯时，武安侯照常坐在那里，只稍欠了一下上身说："不能喝满杯。"灌夫火了，便苦笑着说："您是个贵人，这杯就托付给你了！"当时武安侯不肯答应。敬酒敬到临汝侯，临汝侯正在跟程不识附耳说悄悄话，又不离开席位。灌夫没有地方发泄怒气，便骂临汝侯说："平时诋毁程不识不值一钱，今天长辈给你敬酒祝寿，你却学女孩子一样在那儿同程不识咬耳说话！"武安侯对灌夫说："程将军和李将军都是东西两宫的卫尉，现在当众侮辱程将军，仲孺难道不给你所尊敬的李将军留有余地吗？"灌夫说："今天杀我的头，穿我的胸，我都不在乎，还顾什么程将军、李将军！"座客们便起身上厕所，渐渐离去。魏其侯也离去，挥手示意让灌夫出去。武安侯于是发火道："这是我宠惯灌夫的过错。"便命令骑士扣留灌夫。灌夫想出去又出不去。籍福起身替灌夫道了歉，并按着灌夫的脖子让他道歉。灌夫越发火了，不肯道歉。武安侯便指挥骑士们捆绑灌夫放在客房中，叫来长史说："今天请宗室宾客来参加宴会，是有太后诏令的。"弹劾灌夫，说他在宴席上辱骂宾客，侮辱诏令，犯了"不敬"罪，把他囚禁在特别监狱里。于是追查他以前的事情，派遣差吏分头追捕所有灌氏的分支亲属，都判决为杀头示众的罪名。魏其侯感到非常惭愧，出钱让宾客向田蚡求情，也不能使灌夫获释。武安侯的属吏都是他的耳目，所有灌氏的人都逃跑、躲藏起来了，灌夫被拘禁，于是无法告发武安侯的秘事。

魏其锐身为救灌夫①。夫人谏魏其曰："灌将军得罪丞相，与太后家忤（wǔ）②，宁可救邪？"魏其侯曰："侯自我得之，自我捐之③，无所恨④。且终不令灌仲孺独死，婴独生。"乃匿其家⑤，窃出上书⑥。立召入，具言灌夫醉饱事，不足诛⑦。上然之，赐魏其食，曰："东朝廷辩之⑧。"

- 注释 -

①锐身：挺身而出。②忤：作对。③捐：抛弃。④恨：遗憾。⑤匿其家：瞒着家里人。⑥窃出上书：偷偷地跑出来上书给汉武帝。⑦不足诛：不够杀头的罪名。⑧东朝廷辩：到东宫去辩论。

- 译文 -

魏其侯挺身而出营救灌夫。他的夫人劝他说："灌将军得罪了丞相，和太后家的人作对，怎么能营救得了呢？"魏其侯说："侯爵是我挣来的，现在由我把它丢掉，没有什么可遗憾的。再说我总不能让灌仲孺自己去死，而我独自活着。"于是就瞒着家人，私自出来上书给皇帝。皇帝马上把他召进宫去，魏其侯就把灌夫因为喝醉了而失言的情况详细地说了一遍，认为不足以判处死刑。皇上认为他说得对，赏赐魏其侯一同进餐，说道："到东宫去公开辩论这件事。"

魏其之东朝①，盛推灌夫之善②，言其醉饱得过，乃丞相以他事诬罪之③。武安又盛毁灌夫所为横恣④，罪逆不道⑤。

魏其度不可奈何⑥，因言丞相短。武安曰："天下幸而安乐无事，蚡得为肺腑，所好音乐狗马田宅。蚡所爱倡优巧匠之属⑦，不如魏其、灌夫日夜招聚天下豪桀壮士与论议，腹诽而心谤⑧，不仰视天而俯画地⑨，辟倪（pì ní）两宫间⑩，幸天下有变⑪，而欲有大功。臣乃不知魏其等所为⑫。"于是问朝臣："两人孰是⑬？"御史大夫韩安国曰："魏其言灌夫父死事，身荷戟驰入不测之吴军⑭，身被数十创，名冠三军，此天下壮士，非有大恶，争杯酒，不足引他过以诛也。魏其言是也。丞相亦言灌夫通奸猾，侵细民⑮，家累巨万，横恣颍川，凌轹(lì)宗室⑯，侵犯骨肉⑰，此所谓'枝大于本⑱，胫大于股⑲，不折必披⑳，丞相言亦是。唯明主裁之㉑。"主爵都尉汲黯是魏其㉒。内史郑当时是魏其，后不敢坚对㉓。余皆莫敢对。上怒内史曰："公平生数言魏其、武安长短，今日廷论，局趣效辕下驹㉔，吾并斩若属矣㉕。"即罢起入㉖，上食太后㉗。太后亦已使人候伺，具以告太后。太后怒，不食，曰："今我在也，而人皆藉吾弟㉘，令我百岁后㉙，皆鱼肉之矣㉚。且帝宁能为石人邪㉛！此特帝在㉜，即录录㉝，设百岁后㉞，是属宁有可信者乎？"上谢曰："俱宗室外家㉟，故廷辩之。不然，此一狱吏所决耳。"是时郎中令石建为上分别言两人事㊱。

注释

①之：到……去。②盛推：极力夸赞。③诬：捏造罪状陷害。罪：加罪。④盛毁：竭力诋毁。横恣：骄横放纵。⑤罪逆不道：犯了大逆不道之罪。⑥度：猜测，估计。不可奈何：指没有别的办法。⑦倡优：以歌舞戏谑为业的艺人。属：类。⑧腹诽而心谤：谓口虽不言，而内心里都不满。⑨不仰视天而俯画地：不是

仰视看天象,就低头在地上画。意思是说他们观天象看有无变化(古人认为天象与人事有密切变化),低头在地上画记号谋划,企图谋反。⑩辟倪:同"睥睨",窥探。两宫:指王太后和汉武帝。⑪幸:希望。⑫这句意思是说,我竟不知道他们要干些什么。⑬孰是:谁对。⑭身荷戟:亲自扛着戟。不测:指其实力无法猜测。意谓实力强大。⑮细民:小民百姓。⑯凌轹:欺压。⑰骨肉:指皇帝亲戚。⑱本:指树干。⑲胫:小腿。股:大腿。⑳披:分裂。㉑裁:裁决。㉒是魏其:认为魏其侯是对的。㉓坚对:坚持自己的意见去回答汉武帝。㉔局趣:同"局促",畏首畏尾的样子。辕下驹:套在车辕下的小马。㉕若属:犹言你们。㉖罢起入:起身罢朝,进入宫内。㉗上食太后:指武帝服侍太后进餐。㉘藉:作践,践踏。㉙百岁后:指死后。㉚鱼肉:当作鱼肉一样任人宰割。㉛石人:长存不死。㉜特:这里是"幸亏"之意。㉝录录:随声附和,没有主见。㉞设:假使。㉟外家:指外戚。㊱郎中令:官名,九卿之一,为诸郎之长。石建:石奋之父,父兄五人皆为二千石大官。

译文

魏其侯到东宫,极力夸赞灌夫的长处,说他酗酒获罪,而丞相却拿别的罪来诬陷灌夫。武安侯接着又竭力诋毁灌夫骄横放纵,犯了大逆不道的罪。魏其侯思忖没有别的办法对付,便攻击丞相的短处。武安侯说:"天下幸而太平无事,我才得以做皇上的心腹,爱好音乐、狗马和田宅。我所喜欢的不过是歌伎艺人、巧匠这一些人,不像魏其侯和灌夫那样,招集天下的豪杰壮士,不分白天黑夜地商量讨论,腹诽心谤深怀对朝廷的不满,不是抬头观天象,就是低头在地上画,窥测于东、西两宫之间,希望天下发生变故,好让他们立功成事。我倒不明白魏其侯他们到底要做什么?"于是皇上向在朝的大臣问道:"他们两人的话谁的对呢?"御史大夫韩安国说:"魏其侯说灌夫的父亲为国而死,灌夫手持戈戟冲入到强大的吴军中,身受创伤几十处,名声在全军数第一,这是天下的勇士,如果不是有特别大的罪恶,只是因为喝了酒而引起口舌之争,是不值得援引其他的罪状来判处死刑的。魏其侯的话是对的。丞相又说灌夫同大奸巨猾结交,欺压平民百姓,积累家产数万万,横行颍川,凌辱侵犯皇族,这是所谓'树枝比树干大,小腿比大腿粗',其后果不是折断,就是分裂。丞相的话也不错。希望英明的主上自己裁决这件事吧。"主爵都尉汲黯认为魏其侯对。内史郑当时也认为魏其侯对,但后来又不敢坚持自己的意见去回答皇上。其余的人都不敢回答。皇上怒斥内史道:"你平日多次说到魏其侯、武安侯的长处和短处,今天当廷辩论,畏首畏尾地像驾在车辕下的马驹,我将一并杀掉你们这些人。"马上起身罢朝,进入宫内侍奉太后进餐。太后也已经派人在朝廷上探听消息,他们把廷辩的情况详细地报告了太后。太后发火了,不吃饭,说:"现在我还活着,别人竟敢都作践我的弟弟,假若我死了以后,都会像宰割鱼肉那样宰割他了。再说皇帝怎么能像石头人一样自己不做主张呢!现在幸亏皇帝还在,这班大臣就随声附和,假设皇帝死了以后,这些人还有可以信赖的吗?"皇上道歉说:"都是皇室的外家,所以在朝廷上辩论他们的事。不然的话,只要一个狱吏就可以解决了。"这时郎中令石建向皇上分别陈述了魏其侯、武安侯两个人的事情。

武安已罢朝,出止车门①,召韩御史大夫载②,怒曰:"与长孺共一老秃翁③,何为首鼠两端④?"韩御史良久谓丞相曰:"君何不自喜⑤?夫魏其毁君,君当免冠解印绶(shòu)归,曰:'臣以肺腑幸得待罪⑥,固非其任⑦,魏其言皆是。'

如此,上必多君有让⑧,不废君。魏其必内愧,杜门齰(zè)舌自杀⑨。今人毁君,君亦毁人,譬如贾(gǔ)竖女子争言⑩,何其无大体也⑪!"武安谢罪曰:"争时急,不知出此。"

于是上使御史簿责魏其所言灌夫⑫,颇不雠(chóu)⑬,欺谩⑭。劾系都司空⑮。孝景时,魏其常受遗诏⑯,曰"事有不便,以便宜论上⑰"。及系,灌夫罪至族⑱,事日急,诸公莫敢复明言于上。魏其乃使昆弟子上书言之⑲,幸得复召见。书奏上,而案尚书大行无遗诏⑳。诏书独藏魏其家,家丞封㉑。乃劾魏其矫先帝诏㉒,罪当弃市。五年十月,悉论灌夫及家属㉓。魏其良久乃闻,闻即恚(huì)㉔,病痱(féi)㉕,不食欲死。或闻上无意杀魏其,魏其复食,治病,议定不死矣。乃有蜚语为恶言闻上㉖,故以十二月晦论弃市渭城㉗。

注释

①止车门:宫禁的外门。百官上朝时,必须下车,步行入宫。②载:同乘一辆车。③长孺:御史大夫韩安国的字。老秃翁:指魏其。④首鼠两端:指犹豫不决,模棱两可。⑤自喜:自爱自重。⑥待罪:做官的谦称。⑦固非其任:本来我就不能胜任。⑧多君有让:称赞你有谦让的美德。⑨齰舌:咬嚼舌头。⑩贾竖:商人。争言:吵嘴。⑪无大体:不识大体。⑫簿责:按照史簿记载的灌夫的罪行进行追查。⑬颇不雠:很不相符。雠,符合。⑭欺谩:欺骗。意思是说犯了欺君漫上之罪。⑮都司空:官署名,专门负责皇帝交办案件的官衙。⑯遗诏:皇帝临死时发出的诏书。⑰便宜论上:用灵活方便的办法论事上奏。⑱罪至族:论罪应当灭族。⑲昆弟子:指侄子。⑳案尚书:查阅尚书保管的档案。大行:指死去的皇帝。㉑家丞封:魏其侯的管家加封盖印封存。㉒矫:假托。㉓悉:全部。论:判决。㉔恚:怨愤。㉕病痱:得

了中风病。㉖蜚：同"飞"。闻上：传到武帝耳中。㉗十二月晦：十二月的最后一天。这是田蚡故意挑选的日子，因为春天是赦免犯人的时候，田蚡怕武帝赦免窦婴，所以在这一天杀死了他。

译文

　　武安侯既已退朝，出了停车门，招呼韩御史大夫同乘一辆车。生气地说："我和你共同对付一个老秃翁，你为什么还模棱两可，犹豫不定？"韩御史大夫过了好一会儿才对丞相说："您怎么这样不自爱自重？他魏其侯毁谤您，您应当摘下官帽，解下印绶，归还给皇上，说：'我以皇帝的心腹，侥幸得此相位，本来是不称职的，魏其侯的话都是对的。'像这样，皇上必定会称赞您有谦让的美德，不会罢免您。魏其侯一定内心惭愧，闭门咬舌自杀。现在别人诋毁您，您也诋毁人家，这样彼此互骂，好像商人、女人吵嘴一般，多么不识大体呢！"武安侯认错说："争辩时太性急了，没有想到应该这样做。"

　　于是皇上派御史按照文簿记载的灌夫的罪行进行追查，与魏其侯所说的有很多不相符的地方，犯了欺骗皇上的罪行。被弹劾，拘禁在名叫都司空的特别监狱里。汉景帝时，魏其侯曾接收过他临死时的诏书，那上面写道："假如遇到对你有什么不方便的事情，你可以随机应变，把你的意见呈报给皇帝。"等到自己被拘禁，灌夫定罪要灭族，情况一天比一天紧急，大臣们谁也不敢再向皇帝说明这件事。魏其侯便让侄子上书向皇帝报告接受遗诏的事，希望再次得到皇上的召见。奏书呈送皇上，可是查对尚书保管的档案，却没有景帝临终的这份遗诏。这道诏书只封藏在魏其侯家中，是由魏其侯的家臣盖印加封的。于是便弹劾魏其侯伪造先帝的诏书，应该判处斩首示众的罪。元光五年十月间，灌夫和他的家属全部被处决了。魏其侯过了许久才听到这个消息，听到后愤慨万分，患了中风病，饭也不吃了，打算死。有人听说皇上没有杀魏其侯的意思，魏其侯又开始吃饭了，开始医治疾病，讨论决定不处死刑了。意然有流言蜚语，制造了许多诽谤魏其侯的话让皇上听到，因此就在当年十二月的最后一天将魏其侯在渭城大街上斩首示众。

其春①，武安侯病，专呼服谢罪②。使巫视鬼者视之③，见魏其、灌夫共守，欲杀之。竟死④。子恬嗣⑤。元朔三年⑥，武安侯坐衣襜褕（chān yú）入宫⑦，不敬⑧。

淮南王安谋反觉⑨，治⑩。王前朝⑪，武安侯为太尉，时迎王至霸上⑫，谓王曰："上未有太子，大王最贤，高祖孙，即宫车晏驾⑬，非大王立当谁哉！"淮南王大喜，厚遗（wèi）金财物⑭。上自魏其时不直武安⑮，特为太后故耳。及闻淮南王金事，上曰："使武安侯在者⑯，族矣。"

注释

①其春：这年春天。汉初以十月为岁首，所以一年中先冬天，后春天。②专呼服谢罪：专门叫喊服罪谢罪的话。③巫视鬼者：能看见鬼的巫师。④竟：终于。⑤嗣：指承袭，继承。⑥元朔三年：公元前126年。元朔，汉武帝的第三个年号（前128—前123）。⑦襜褕：短便衣。入宫应穿朝服，穿短衣入宫不合礼节。⑧不敬：指犯了"大不敬罪"。⑨觉：发觉。⑩治：追究查问。⑪前朝：前次来朝。这是倒叙发生在建元二年（前139）的事。⑫霸上：即灞水西岸的白鹿原，在今陕西长安县东。⑬宫车晏驾：指皇帝死。皇帝本当早起驾车临朝，车驾晚出，必定有变故，所以用来作皇帝死的委婉说法。⑭遗：赠送。⑮直：赞成。⑯使：假如。

译文

　　这年的春天，武安侯病了，嘴里老是叫喊，讲的都是服罪谢过的话。让能看见鬼的巫师来诊视他的病，巫师看见魏其侯和灌夫两个人的鬼魂共同监守着武安侯，要杀死他。终于死了。儿子田恬继承了爵位。元朔三年，武安侯田恬因穿短衣进入宫中，犯了"不敬"之罪，封爵被废除。

　　淮南王刘安谋反的事被发觉了，皇上让追查此事。淮南王前次来朝，武安侯担任太尉，当时到霸上来迎接淮南王说："皇上没有太子，大王最贤明，又是高祖的孙子，一旦皇上去世，不是大王继承皇位，还应该是谁呢！"淮南王十分欢喜，送给武安侯许多金银财物。皇上自从魏其侯的事件发生时就不认为武安侯是对的，只是碍着王太后的缘故罢了。等听到淮南王向武安侯送金银财物时，皇上说："假使武安侯还活着的话，该灭族了。"

　　太史公曰：魏其、武安皆以外戚重①，灌夫用一时决策而名显②。魏其之举以吴楚③，武安之贵在日月之际④。然魏其诚不知时变⑤，灌夫无术而不逊⑥，两人相翼⑦，乃成祸乱。武安负贵而好权⑧，杯酒责望⑨，陷彼两贤⑩。呜呼哀哉！迁怒及人⑪，命亦不延⑫。众庶不载⑬，竟被恶言⑭。呜呼哀哉！祸所从来矣⑮！

注释

①重：显要。②一时决策：指灌夫为父报仇驰入吴军之事。③以吴楚：由于平定吴、楚之乱。④日月之际：指汉武帝即位，王太后执政的时候。⑤时变：时势的变化。指窦太后死，魏其侯已失去靠山，还要与有王太后作靠山的田蚡抗衡。⑥不逊：傲慢无礼。⑦相翼：互相袒护。⑧负：依仗。权：权术。⑨杯酒责望：

为一杯酒而苛责怨恨人。⑩两贤：指窦婴和灌夫。⑪迁怒及人：指田蚡把对灌夫的怨恨迁怒到窦婴身上。一说灌夫把对田蚡的怨恨迁怒到灌贤身上。⑫延：长久。⑬众庶不载：指灌夫在颍川横行不法，得不到百姓的拥戴。载，通"戴"，拥护。⑭竟被恶言：终究落了个坏名声。⑮祸所从来：灾祸的由来已很久。

译文

　　太史公说：魏其侯和武安侯都凭外戚的关系身居显要职位，灌夫因为一次下定决心冒险立功而显名于当时。魏其侯的被重用，是由于平定吴、楚七国叛乱；武安侯的显贵，则是由于利用了皇帝刚刚即位，王太后掌权的机会。然而魏其侯实在是太不懂时势的变化，灌夫不学无术又不谦逊，两人互相庇护，酿成了这场祸乱。武安侯依仗显贵的地位而且喜欢玩弄权术；由于一杯酒的怨愤，陷害了两位贤人。可悲啊！灌夫迁怒于别人，以致自己的性命也不长久。灌夫受不到百姓的拥戴，终究落了坏名声。可悲啊！由此可知灌夫灾祸的根源啦！

李将军列传

　　李将军广者，陇西成纪人也①。其先曰李信，秦时为将，逐得燕太子丹者也。故槐里②，徙成纪。广家世世受射③。孝文帝十四年，匈奴大入萧关，而广以良家子从军击胡④，用善骑射⑤，杀首虏多，为汉中郎。广从弟李蔡亦为郎⑥，皆为武骑常侍⑦，秩八百石。尝从行⑧，有所冲陷折关及格猛兽⑨，而文帝曰："惜乎，子不遇时！如令子当高帝时，万户侯岂足道哉⑩！"

　　及孝景初立，广为陇西都尉⑪，徙为骑郎将⑫。吴楚军时⑬，广为骁（xiāo）骑都尉⑭，从太尉亚夫击吴楚军⑮，取旗，显功名昌邑下⑯。以梁王授广将军印⑰，还，尝从行⑱。徙为上谷太守⑲，匈奴日以合战。典属国公孙昆（hún）邪（yé）为上泣曰："李广才气，天下无双，自负其能，数与虏敌战，恐亡之。"于是乃徙为上郡太守。后广转为边郡太守，徙上郡⑳。尝为陇西、北地、雁门、代郡、云中太守，皆以力战为名。

注释

①陇西：秦设郡名，治所在今甘肃临洮县。②槐里：县名，在今陕西兴平县东南。③受：学习。④良家子：家世清白人家的子弟。汉朝军队的来源有两种，一种即所谓"良家子"，另一种是罪犯和贫民等。⑤用：由于，因为。⑥从弟：堂弟。⑦武骑常

侍：武官名，皇帝侍从。⑧尝：通"常"。从行：随皇帝出行。⑨冲陷：冲锋陷阵。折关：抵御、拦阻。指抵挡敌人。⑩万户侯：有万户封邑的侯爵。⑪都尉：郡守副职，掌管郡中武备军卒。⑫徙：调任。骑郎将：亦称郎中骑将，统领骑郎的将领。骑郎，郎中令属官，掌出入骑从。⑬吴楚军时：指景帝三年吴楚等七国起兵叛乱。⑭骁骑都尉：武官名，禁卫军将领。⑮太尉：秦官名，掌管全国军事。与丞相、御史大夫并称"三公"。亚夫：即周亚夫，汉代名将，绛侯周勃之子。景帝时，任太尉，孝景三年平定吴楚等七国之乱，迁丞相。⑯昌邑：秦县名，为梁国要邑，在今山东巨野县西北。⑰梁王：梁孝王刘武，文帝之子，景帝之弟，被封于梁。⑱"以梁王"至"尝从行"：李广作战立功之地在梁国境内，所以梁王封他为将军并授给将军印。这种做法违反汉朝廷的法令，因而李广还朝后，朝廷认为他功不抵过，不予封赏。⑲上谷：汉郡，郡治在今河北怀来县南。太守：官名，又称郡守，掌管一郡军政。⑳徙上郡：这里的"徙上郡"与上文"徙为上郡太守"重复，文字可能有误。对此，各家说法不同，不详述。

译文

将军李广，陇西郡成纪县人。他的先祖叫李信，秦朝时任将军，就是追获了燕太子丹的那位将军。他的家原来在槐里县，后来迁到成纪。李广家世代传习射箭之术。文帝十四年，匈奴人大举侵入萧关，李广以良家子弟的身份参军抗击匈奴，因为他善于骑射，斩杀敌人首级很多，所以被任为汉朝廷的中郎。李广的堂弟李蔡，也被任为中郎。二人又都任武骑常侍，年俸八百石。李广曾随从皇帝出行，常常冲锋陷阵、抵御敌人，以及格杀猛兽的时候，文帝说："可惜啊！你没遇到时机，如果让你正赶上高祖的时代，万户侯又何足挂齿呢！"

等到景帝即位后，李广任陇西都尉，又改任骑郎将。吴、楚七国叛乱时，李广任骁骑都尉，随从太尉周亚夫反击吴、楚叛军，在昌邑城下夺取了敌人的军旗，立功扬名。可是由于梁孝王私自把将军印授给李广，回朝后，朝廷没有对他进行封赏。调他任上谷太守，匈奴每天都来交战。典属国公孙昆邪对皇上哭着说："李广的本领，天下无双，他自己仗恃有本领，屡次和敌人正面交战，恐怕会失去这员良将。"于是又调他任上郡太守。以后李广转任边境各郡太守，又调任上郡太守。他曾任陇西、北地、雁门、代郡、云中等太守，无论他到了哪里，都以英勇奋战而闻名。

匈奴大入上郡，天子使中贵人从广勒习兵击匈奴①。中贵人将骑数十纵②，见匈奴三人，与战。三人还射，伤中贵人，杀其骑且尽。中贵人走广。广曰："是必射雕者也③。"广乃遂从百骑往驰三人。三人亡马步行④，行数十里。广令其骑张左右翼，而广身自射彼三人者，杀其二人，生得一人，果匈奴射雕者也。已缚之上马，望匈奴有数千骑，见广，以为诱骑⑤，皆惊，上山陈⑥。广之百骑皆大恐，欲驰还走。广曰："吾去大军数十里，今如此以百骑走，匈奴追射我立尽。今我留，匈奴必以我为大军〔之〕诱（之），必不敢击我。"广令诸骑曰："前！"前未到匈奴陈二里所⑦，止，令曰："皆下马解鞍！"其骑曰："虏多且近，即有急，奈何？"广曰："彼虏以我为走，今皆解鞍以示不走，用坚其意。"⑧于是胡骑遂不敢击。有白马将出护其兵⑨，李广上马与十余骑奔射杀胡白马将，而复还至其骑中，解鞍，令士皆纵马卧⑩。是时会暮⑪，胡兵终怪之，不敢击。夜半时，胡兵亦以为汉有伏军于旁，欲夜取之，胡皆引兵而去。平旦⑫，李广乃归其大军。大军不知广所之，故弗从。

注释

①中贵人：宫中受宠的人，指宦官。勒：受约束。②将：率领。骑：骑兵。纵：放马驰骋。③射雕者：射雕的能手。雕，猛禽，飞翔力极强而且迅猛，能射雕的人必有很高的射箭本领。④亡：同"无"。⑤诱骑：诱敌的骑兵。⑥陈：同"阵"。摆开阵势。⑦所：表示大约的数目。"二里所"即二里左右。⑧用坚其意：以此使敌人坚信自己的判断（即以为李广等是诱骑）。⑨护：监护。⑩纵马卧：把马放开，随意躺下。⑪会：适逢。⑫平旦：清晨，天刚亮。

译文

李广做上郡太守的时候，正赶上匈奴大举入侵上郡，天子派来一名受宠信的宦官跟随李广学习军事，抗击匈奴。这位宦官带领几十名骑兵，纵马驰骋，遇到三个匈奴人，就与他们交战，三个匈奴人回身放箭，射伤了宦官，几乎杀光了他的那些骑兵。宦官逃回到李广那里，李广说："这一定是匈奴的射雕能手。"李广于是就带上一百名骑兵前去追赶那三个匈奴人。那三个人没有马，徒步前行。走了几十里，李广命令他的骑兵左右散开，两路包抄。他亲自去射杀那三个人，射死了两个，活捉了一个，果然是匈奴的射雕高手。把他捆绑上马之后，远远望见几千名匈奴骑兵。他们看到李广，以为是诱敌的骑兵，都很吃惊，跑上山去摆好了阵势。李广的百名骑兵也都大为惊恐，想回马飞奔逃跑。李广说："我们离开大军几十里，照现在这样的情况，我们这一百名骑兵只要一跑，匈奴就要来追击射杀，我们会立刻被杀光的。现在我们停留不走，匈奴一定以为我们是为大军来诱敌的，必定不敢攻击我们。"李广向骑兵下令："前进！"骑兵向前进发，到了离匈奴阵地还有大约二里的地方，停下来，下令说："全体下马解下马鞍！"骑兵们说："敌人那么多，并且又离得近，万一有了紧急情况，怎么办？"李广说："那些敌人原以为我们会逃跑，现在我们都解下马鞍表示不逃，这样就能使他们更坚定地相信我们是诱敌之兵。"于是匈奴骑兵终究不敢来攻击。有一名骑白马的匈奴将领出阵来监护他的士兵，李广立即上马和十几名骑兵一起奔驰，射死了那个骑白马的匈奴将领，之后又回到自己的骑兵队里，解下马鞍，让士兵们都放开马，随便躺卧。这时正值日暮黄昏，匈奴军队始终觉得奇怪，不敢进攻。到了半夜，匈奴兵又以为汉朝有伏兵在附近，想趁夜偷袭他们，因而匈奴就领兵撤离了。第二天早晨，李广才回到他的大军营中，大军不知道李广的去向，所以无法随后支援。

居久之，孝景崩，武帝立①，左右以为广名将也，于是广以上郡太守为未央卫尉②，而程不识亦为长乐卫尉③。程不识故与李广俱以边太守将军屯④，及出击胡，而广行无部伍行陈⑤，就善水草屯⑥，舍止⑦，人人自便，不击刁斗以自卫⑧，莫府省约文书籍事⑨，然亦远斥候⑩，未尝遇害。程不识正部曲行伍营陈⑪，击刁斗，士吏治军簿至明⑫，军不得休息，然亦未尝遇害。不识曰："李广军极简易，然虏卒犯之⑬，无以禁也；而其士卒亦佚乐⑭，咸乐为之死。我军虽烦扰，然虏亦不得犯我。"是时汉边郡李广、程不识皆为名将，然匈奴畏李广之略⑮，士卒亦多乐从李广而苦程不识。程不识孝景时以数直谏为太中大夫⑯。为人廉，谨于文法⑰。

注释

①武帝：刘彻，景帝之子。②未央：即未央宫，西汉宫殿名，当时为皇帝所居。③长乐：即长乐宫，西汉宫殿名，当时为太后所居。④将军屯：掌管军队的驻防。⑤部伍：指军队的编制。行陈：行列、阵势。陈，同"阵"。⑥善水草：水源足牧草多的地方。⑦舍止：停宿处。⑧刁斗：铜制的军用锅，白天用它做饭，夜里敲它巡更。⑨莫府：即"幕府"。莫，通"幕"。古代军队出征驻屯时，将帅的办公机构设在大帐幕中，称为"幕府"。省约：简化。籍：考勤或记载功过之类的簿册。⑩斥候：侦察瞭望的士兵。"远斥候"，远远地布置侦察哨。一说到远离侦察瞭望所及的地方。⑪部曲：古代军队编制，将军率领的军队，下有部，部下有曲，曲下有屯。行伍：古代军的基层编制，五人为伍，二十五人为行。营陈：即"营阵"，营地和军队的阵势。⑫治：办理，处理。至明：直到天明。也可解为非常明白，毫不含糊。⑬卒：通"猝"，突然。⑭佚：通"逸"，安逸，安闲。⑮数：屡次。⑯太中大夫：文散官名，掌议论。⑰文法：朝廷制定的条文法令。

译文

过了好几年，汉景帝去世，汉武帝即位。左右近臣都认为李广是名将，于是李广由上郡太守调任未央宫的禁卫军长官，程不识也来任长乐宫的禁卫军长官。程不识和李广从前都任边郡太守并兼管军队驻防。到出兵攻打匈奴的时候，李广行军没有严格的队列和阵势，靠近水丰草茂的地方驻扎军队，停宿的地方人人都感到便利。晚上也不打更自卫，幕府虽然简化各种文书簿册，却也能行军到离汉军哨兵站很远的地方，从没有遭到过危险。程不识对队伍的编制、行军队列、驻营阵势等要求很严格，夜里打更。文书军吏处理考绩等公文簿册要到天明，军队得不到休息，但也不曾遇到危险。程不识说："李广治兵简便易行，然而敌人如果突然进犯他，他就无法阻挡了。而他的士卒倒也安逸快乐，都甘心为他拼死。我的军队虽然军务纷繁忙乱，但是敌人也不敢侵犯我。"那时汉朝边郡的李广、程不识都是名将，但是匈奴人害怕李广的谋略，士兵也大多愿意跟随李广，而嫌跟随程不识太严厉。程不识在景帝时，由于屡次直言进谏，被封为太中大夫。他为人清廉，谨守朝廷文书法令。

　　后汉以马邑城诱单于①，使大军伏马邑旁谷，而广为骁(xiāo)骑将军，领属护军将军②。是时，单于觉之，去，汉军皆无功③。其后四岁，广以卫尉为将军，出雁门击匈奴④。匈奴兵多，破败广军，生得广。单于素闻广贤，令曰："得李广必生致之⑤。"胡骑得广，广时伤病，置广两马间，络而盛卧广⑥。行十余里，广详死⑦，睨其旁有一胡儿骑善马⑧，广暂腾而上胡儿马⑨，因推堕儿，取其弓，鞭马南驰数十里，复得其余军，因引而入塞。匈奴捕者骑数百追之，广行取胡儿弓，射杀追骑，以故得脱。于是至汉，汉下广吏⑩。吏当(dàng)广所失亡多⑪，为虏所生得，当斩，赎为庶人⑫。

　　顷之，家居数岁。广家与故颍阴侯孙屏(bǐng)野居蓝田南山中射猎⑬。尝夜从一骑出，从人田间饮。还至霸陵亭⑭，霸陵尉醉，呵止广⑮。广骑曰："故李将军。"尉曰："今将军尚不得夜行，何乃故也！"止广宿亭下。居无何⑯，匈奴入杀辽西太守⑰，败韩将军，后韩将军徙右北平⑱。于是天子乃召拜广为右北平太守。广即请霸陵尉与俱，至军而斩之。

　　注释
①马邑城：今山西朔县。②领属：受统领节制。护军将军：即韩

安国。③韩安国率军埋伏在马邑附近,设计诱骗单于,但被单于发觉,匈奴兵退去,所以汉军无功。其事详见《史记》卷一百八《韩长孺列传》。④雁门:关名,在今山西代县西北。⑤致:送。⑥络:用绳子编结的网兜。盛:放,装。⑦详:通"佯"。假装。⑧睨:斜视。⑨暂:骤然。⑩下:交付。吏:指执法的官吏。⑪当:判处,判决。⑫赎:古代罪犯交纳财物可减免型罚,称为"赎罪"或"赎刑"。庶人:平民。⑬颍阴侯孙:指颍阴侯灌婴之孙灌强。屏野:退隐田野。屏,隐居。⑭霸陵亭:霸陵附近的驿亭,亭长由霸陵尉兼任。霸陵,西汉文帝刘恒墓,在今陕西西安东北。⑮呵:大声喝斥。⑯居无何:过了不久。⑰辽西:郡名,郡治阳乐县,在今辽宁义县西。⑱有的版本此句下有"死"字。

译文

后来,汉朝用马邑城引诱单于,派大军在马邑两旁的山谷中埋伏。李广任骁骑将军,受护军将军韩安国统领节制。当时单于发觉了汉军的计谋,就逃跑了。汉军都没有战功。四年以后,李广由卫尉被任为将军,出雁门关进攻匈奴。匈奴兵多,打败了李广的军队,并生擒了李广。单于平时就听说李广很有才能,下令说:"俘获李广一定要活捉送来。"匈奴骑兵俘虏了李广,当时李广受伤生病,就把李广放在两匹马中间,装在绳编的网兜里躺着。走了十多里,李广假装死了,斜眼看到他旁边的一个匈奴少年骑着一匹好马,李广突然一纵身跳上匈奴少年的马,趁势把少年推下去,夺了他的弓,打马向南飞驰数十里,重又遇到他的残部,于是带领他们进入关塞。匈奴出动追捕的骑兵几百名来追赶他,李广一边逃一边拿起匈奴少年的弓射杀追来的骑兵,因此才能逃脱。于是回到汉朝京城,朝廷把李广交给执法官吏。执法官判决李广损失伤亡多,他自己又被敌人活捉,应该斩首,李广用钱物赎了死罪，被削职为民。

　　转眼间，李广在家已闲居数年。李广家和已故颍阴侯灌婴的孙子灌强一起隐居在兰田，他们常到南山中打猎。曾在一天夜里带着一名骑马的随从外出，和别人一起在田野间饮酒。回来时走到霸陵亭，霸陵尉喝醉了，大声喝斥，禁止李广通行。李广的随从说："这是前任李将军。"亭尉说："现任将军尚且不许通行，何况是前任呢！"便扣留了李广，让他停宿在霸陵亭下。没过多久，匈奴入侵杀死辽西太守，打败了韩将军（韩安国），韩将军迁调右北平。于是天子就召见李广，任他为右北平太守。李广随即请求派霸陵尉一起赴任，到了军中就把他杀了。

　　广居右北平，匈奴闻之，号曰"汉之飞将军"，避之数岁，不敢入右北平。

　　广出猎，见草中石，以为虎而射之，中石没镞（zú）①，视之石也。因复更射之，终不能复入石矣。广所居郡闻有虎，尝自射之。及居右北平射虎，虎腾伤广，广亦竟射杀之。

　　广廉，得赏赐辄分其麾下②，饮食与士共之。终广之身，为二千石四十余年③，家无余财，终不言家产事。广为人长，猿臂④，其善射亦天性也，虽其子孙他人学者，莫能及广。广讷口少言⑤，与人居则画地为军陈，射阔狭以饮⑥。专以射为戏，竟死⑦。广之将兵，乏绝之处⑧，见水，士卒不尽饮，广不近水，士卒不尽食，广不尝食。宽缓不苛，士以此爱乐为用。其射⑨，见敌急⑩，非在数十步之内，度不中不发，发即应弦而倒。用此⑪，其将兵数困辱，其射猛兽亦为所伤云。

注释

①镞：箭头。②辄：总是，就。麾下：部下。③为二千石：做年

俸二千石这一级的官。汉代的郡守、郎中令等都属于这个等级。④猿臂：传说有一种通臂猿，左右两臂在肩部相通，可自由伸缩。这里是形容李广的两臂像猿那样长而且灵活。⑤讷口：说话迟钝，口拙。⑥阔狭：指上句所说在地上画的军阵图中，有的行列宽，有的行列窄。这句的意思是，比赛射军阵图，射中窄的行列为胜，射中宽的行列及不中都为负，负者罚酒。⑦竟死：直到死（都是这样）。⑧乏绝：指缺水断粮。⑨其射：他射箭的方法。⑩急：逼近。⑪用此：因此。

译文

李广驻守右北平，匈奴听说后，称他为"汉朝的飞将军"，躲避他好几年，不敢入侵右北平。

李广外出打猎，看见草里的一块石头，以为是老虎就向它射去，射中了石头，箭头都射进去了，过去一看，原来是石头。接着重新再射，始终不能再射进石头了。李广从前驻守的各郡，听说有老虎，常常亲自去射杀。到驻守右北平时，一次射虎，老虎跳起来伤了李广，李广也终于射死了老虎。

李广为官清廉，得到赏赐就分给他的部下，总与士兵在一起吃喝。李广一生，做二千石俸禄的官共四十多年，家中没有多余的财物，始终也不谈及家产方面的事。李广身材高大，两臂如猿，他善于射箭，也是天赋。即便是他的子孙或外人向他学习，也没人能赶上他。李广语言迟钝，说话不多，与别人在一起就在地上画军阵，然后比射箭，按射中较密集的行列还是较宽疏的行列来定罚谁喝酒。他专门以射箭为消遣，一直到死。李广带兵，遇到缺粮断水的地方，见到水，士兵还没有完全喝到水，李广不去靠近水；士兵还没有完全吃上饭，李广一口饭也不尝。李广对士兵宽厚和缓不苛刻，士兵因此爱戴他，乐为他所用。李广射箭的方法是，看见敌人逼近，如果不在数十步之内，估计射不中，就不发射。只要一发射，敌人立即随弓弦之声倒地。因此他领兵有几次被困受辱，射猛兽也曾被猛兽所伤。

居顷之，石建卒①，于是上召广代建为郎中令②。元朔六年③，广复为后将军④，从大将军军出定襄⑤，击匈奴。诸将多中首虏率⑥，以功为侯者，而广军无功。后二岁，广以郎中令将四千骑出右北平，博望侯张骞（qiān）将万骑与广俱⑦，异道⑧。行可数百里，匈奴左贤王将四万骑围广⑨，广军士皆恐，广乃使其子敢往驰之。敢独与数十骑驰，直贯胡骑，出其左右而还，告广曰："胡虏易与耳⑩。"军士乃安。广为圜陈外向⑪，胡急击之，矢下如雨。汉兵死者过半，汉矢且尽。广乃令士持满毋发⑫，而广身自以大黄射其裨（pí）将⑬，杀数人，胡虏益解（xiè）⑭。会日暮，吏士皆无人色，而广意气自如，益治军。军中自是服其勇也。明日，复力战，而博望侯军亦至，匈奴军乃解去。汉军罢⑮，弗能追。是时广军几没，罢（pí）归。汉法，博望侯留迟后期⑯，当死，赎为庶人。广军功自如⑰，无赏。

注释

①石建：当时任郎中令。②郎中令：官名，九卿之一，掌管顾问、参议、宿卫侍从及传达招待。③元朔：汉武帝的第三个年号，共六年（前128－前123）。④后将军：官名。战国已有。秦因之。汉不常置。金印紫绶，位次于上卿。职掌为典京师兵卫，或屯兵边境。⑤定襄：郡名，治所成乐县，在今内蒙古和林格尔西北。⑥首虏率：斩杀敌人首级和俘获敌人的数量规定。汉朝制度，凡达到规定数量的即可封侯。⑦博望：县名，在今河南方城

县西南。张骞：汉中人，武帝初年，应朝廷之募，出使西域诸国，因功封博望侯。⑧异道：走不同的路。⑨左贤王：匈奴官名，位仅次于单于，与右贤王共同辅助单于。驻地在匈奴东部，右贤王驻地在西部。⑩易与：容易对付。与，打交道。⑪圜陈：圆形的兵阵。圜，通"圆"。⑫持满：把弓拉满。⑬大黄：弩弓名，用兽角制成，色黄，体大，是当时射程最远的武器。裨将：副将。⑭益：逐渐。解：同"懈"，散开。⑮罢：通"疲"，疲惫。⑯留迟后期：行军迟缓，未按约定会合日期到达。⑰军功自如：指功过相当。

译文

没过多久，郎中令石建死了，于是皇上召见李广，让他接替石建任郎中令。元朔六年李广又被任为后将军，跟随大将军卫青的军队从定襄出塞，征伐匈奴。许多将领因斩杀敌人首级符合规定数额，以战功被封侯，而李广的军队却没有战功。过了两年，李广以郎中令官职率领四千骑兵从右北平出塞，博望侯张骞率领一万骑兵与李广一同出征，分行两条路。行军约几百里，匈奴左贤王率领四万骑兵包围了李广，李广的士兵都很害怕，李广就派他的儿子李敢骑马往匈奴军中奔驰。李敢独自和几十名骑兵飞奔，直穿匈奴骑兵阵，又从其左右两翼突击。回来向李广报告说："匈奴敌兵很容易对付啊！"士兵们这才安心。李广布成圆形兵阵，面向外，匈奴猛攻，箭如雨下。汉兵死了一半多，箭也快用光了。李广就命令士兵拉满弓，不要放箭，而李广亲自用大黄弩弓射匈奴的副将，杀死了好几个，匈奴军才渐渐散开。这时天色已晚，军吏士兵都面无人色，可是李广却神态自然，更加注意整顿军队。军中从此都很佩服他的勇敢。第二天，他又去奋力作战，博望侯的军队也赶到了，匈奴军才解围退去。汉军非常疲急,所以也不能去追击。当时李广军几乎全军覆没,只好收兵回朝。按汉朝法律,博望侯行军迟缓,延误期限,应处死刑,用钱赎罪,降为平民。李广功过相抵,没有封赏。

初,广之从弟李蔡与广俱事孝文帝。景帝时,蔡积功劳至二千石。孝武帝时,至代相。以元朔五年为轻车将军①,从大将军击右贤王②,有功中率③,封为乐安侯④。元狩二年中⑤,代公孙弘为丞相⑥。蔡为人在下中⑦,名声出广下甚远,然广不得爵邑,官不过九卿⑧,而蔡为列侯⑨,位至三公⑩。诸广之军吏及士卒或取封侯。广尝与望气王朔燕语⑪,曰:"自汉击匈奴而广未尝不在其中,而诸部校尉以下,才能不及中人,然以击胡军功取侯者数十人,而广不为后人,然无尺寸之功以得封邑者,何也?岂吾相不当侯邪?且固命也?"朔曰:"将军自念,岂尝有所恨乎⑫?"广曰:"吾尝为陇西守,羌尝反⑬,吾诱而降,降者八百余人,吾诈而同日杀之。至今大恨独此耳。"朔曰:"祸莫大于杀已降,此乃将军所以不得侯者也。"

注释

①元朔五年:公元前124年。②大将军:指卫青。③率:即上文的"首虏率",见前注。④乐安:县名,在今山东博兴县北。⑤元狩:汉武帝的第四个年号,共六年(前122—前127)。⑥公孙弘:字季,薛(今山东滕县南)人,汉武帝时任丞相,封平津侯。⑦下中:汉时以九品论人,上中下之中又分上中下,下中即下等里的中等,属第八等。⑧九卿:高级官职。汉以太常、光禄勋、卫尉、太仆、廷尉、大鸿胪、宗正、大司农、少府谓之九寺大卿,即中央各机关的总称。⑨列侯:爵名,又称彻侯、通侯。⑩三公:官名,天子的最高辅佐官,秦汉以丞相、御史大夫、太

尉为三公。⑪望气：古代通过观察星象或气象来占卜吉凶的迷信活动。燕语：闲谈。⑫恨：悔恨。⑬羌：古代西部的少数民族之一。

译文

当初，李广的堂弟李蔡和李广一起侍奉文帝。到景帝时，李蔡累积功劳已得到年俸二千石的官位。武帝时，做到代国的国相。元朔五年被任为轻车将军，跟随大将军卫青攻打匈奴右贤王有功，符合斩杀敌人首级的律令，被封为乐安侯。元狩二年间，代公孙弘任丞相。李蔡的才干在九品中属于下品中的中等。声名比李广差得很远，然而李广得不到封爵和封地，官位没超过九卿。可是李蔡却被封为列侯，官位达到三公。李广手下的军官和士兵们，也有人得到了侯爵的封赏。李广曾和星象家王朔私下闲谈说："自从汉朝攻打匈奴以来，我没有一次不参加。可是各部队校尉以下的军官，才能还不如中等人，但是由于攻打匈奴有军功被封侯的有几十人。我李广不算比别人差，但是没有一点功劳用来得到封地，这是什么原因呢？难道是我的骨相就不该封侯吗？还是本来就命该如此呢？"王朔说："将军自己回想一下，难道曾经有过值得悔恨的事吗？"李广说："我曾当过陇西太守，羌人有一次反叛，我诱骗他们投降，投降的有八百多人，我用欺诈手段在同一天把他们都杀了。直到今天我最大的悔恨只有这件事。"王朔说："能使人受祸的事，没有比杀死已投降的人更大的了，这也就是将军不能封侯的原因。"

后二岁，大将军、骠骑将军大出击匈奴①，广数自请行。天子以为老，弗许。良久乃许之，以为前将军。是岁，元狩四年也。

广既从大将军青击匈奴,既出塞,青捕虏知单于所居,乃自以精兵走之②,而令广并于右将军军③,出东道。东道少回远④,而大军行水草少,其势不屯行⑤。广自请曰:"臣部为前将军,今大将军乃徙令臣出东道,且臣结发而与匈奴战⑥,今乃一得当单于⑦,臣愿居前,先死单于⑧。"大将军青亦阴受上诫,以为李广老,数奇(jī)⑨,毋令当单于,恐不得所欲。而是时公孙敖新失侯⑩,为中将军从大将军,大将军亦欲使敖与俱当单于,故徙前将军广。广时知之,固自辞于大将军。大将军不听,令长史封书与广之莫府⑪,曰:"急诣部⑫,如书。"广不谢大将军而起行⑬,意甚愠怒而就部⑭,引兵与右将军食(yì)其(jī)合军出东道⑮。军亡导⑯,或失道,后大将军。大将军与单于接战,单于遁走,弗能得而还。南绝幕(mò)⑰,遇前将军、右将军。广已见大将军,还入军。大将军使长史持糒(bèi)醪遗广⑱,因问广、食其失道状,青欲上书报天子军曲折⑲。广未对,大将军使长史急责广之幕府对簿⑳。广曰:"诸校尉无罪,乃我自失道。吾今自上簿㉑。"

注释

①骠骑将军:即霍去病。②走:追逐。③右将军:名赵食(yì)其(jī)。④少:稍。回:迂回。⑤屯行:并队行进。屯:聚集。⑥结发:即束发。古代男子到十五岁即可束发。这里的意思是指少年或年轻之时。⑦当:面对,对敌。⑧死:死战。⑨数奇:命运不好。数,命运;奇,单数。古代占卜以得偶为吉,奇为不吉。⑩公孙敖:原为合骑侯,后因罪当斩,赎为庶人,所以说"新失侯"。他曾救过卫青的性命,所以卫青想给他立功的机会而排挤李广。⑪长史:官名,这里指大将军的秘书。封书:写好公

文加封。⑫诣：到……去。⑬谢：辞别。⑭愠：怨恨。⑮食其：即赵食其。⑯导：向导。⑰绝：渡过，横穿。幕：通"漠"，沙漠。⑱糒：干饭。醪：浊酒。⑲曲折：委曲详细的情况。⑳对簿：按簿册上的记载对质，即受审。㉑上簿：去听审受责。

译文

又过了两年，大将军卫青、骠骑将军霍去病率军大举出征匈奴，李广几次亲自请求随行。武帝认为他已年老，没有答应。过了很久才准许他出征，让他任前将军。这一年是元狩四年。

李广不久随大将军卫青出征匈奴，出边塞以后，卫青捉到敌兵，知道了单于住的地方，就自己带领精兵去追逐单于。而命令李广和右将军的队伍合并，从东路出击。东路有些迂回绕远，而且大军走在水草缺少的地方，势必不能并队行进。李广就亲自请求说："我的职务是前将军，如今大将军却命令我改从东路出兵。况且我从少年时就与匈奴作战，到今天，才得到一次与单于对敌的机会，我愿做前锋，先和单于决一死战。"大将军卫青曾暗中受到皇上的警告，认为李广年老，命运不好，不要让他与单于对敌，因为这样子恐怕不能实现俘获单于的愿望。那时公孙敖刚刚丢掉了侯爵，任中将军，随从大将军出征，大将军也想让公孙敖跟自己一起与单于对敌，故意把前将军李广调开。李广当时也知道内情，所以坚决要求大将军收回调令。大将军不答应他的请求，命令长史写文书发到李广的幕府，并对他说："赶快到右将军部队中去，照文书上写的办。"李广不向大将军告辞就启程了，心中非常恼怒地前往军部。领兵与右将军赵食其合兵后从东路出发。他们的军队没有向导，所以迷失了道路，耽误了和大将军约定的军期。大将军与单于交战，单于逃跑了，卫青没有战果只好回兵。大将军向南行渡过沙漠，遇到了前将军和右将军。李广谒见大将军之后，回到自己军中。大将军派长史带着干粮和酒送给李广，顺便向李广和赵食其询问迷失道路的情况，卫青要给天子上书报告详细的军情。李广没有回答。大将军派长史急切责令李广幕府的人员前去受审对质。李广说："校尉们没有罪，是我自己迷失道路，我现在亲自到大将军幕府去受审对质。"

至莫府①，广谓其麾下曰："广结发与匈奴大小七十余战，今幸从大将军出接单于兵，而大将军又徙广部行回远，而又迷失道，岂非天哉！且广年六十余矣，终不能复对刀笔之吏。②"遂引刀自刭③。广军士大夫一军皆哭④。百姓闻之，知与不知，无老壮皆为垂涕。而右将军独下吏，当死，赎为庶人。

注释

①莫府：指卫青的幕府。②刀笔之吏：掌管文书的官吏。③引刀：拔刀。自刭：自刎。④士大夫：这里指军中的将士。

译文

到了大将军幕府，李广对他的部下说："我从少年起与匈奴打过大小七十多仗，如今有幸跟随大将军出征同单于军队交战，可是大将军又调我的部队去走迂回绕远的路，偏又迷失道路，难道不是天意吗！况且我已六十多岁了，毕竟不能再受那些刀笔吏的侮辱。"于是就拔刀自刎了。李广军中的所有将士都为之痛哭。百姓听到这个消息，不论认识的不认识的，也不论老的少的都为李广落泪。右将军赵食其单独被交给执法官吏，应判为死罪，用财物赎罪，降为平民。

广子三人,曰当户、椒、敢,为郎①。天子与韩嫣(yān)戏②,嫣少不逊③,当户击嫣,嫣走。于是天子以为勇。当户早死,拜椒为代郡太守,皆先广死。当户有遗腹子名陵。广死军时,敢从骠骑将军。广死明年,李蔡以丞相坐侵孝景园壖(ruán)地④,当下吏治,蔡亦自杀,不对狱⑤,国除⑥。李敢以校尉从骠骑将军击胡左贤王,力战,夺左贤王鼓旗,斩首多,赐爵关内侯⑦,食邑二百户,代广为郎中令。顷之,怨大将军青之恨其父⑧,乃击伤大将军⑨,大将军匿讳之⑩。居无何,敢从上雍,至甘泉宫猎⑪。骠骑将军去病与青有亲⑫,射杀敢。去病时方贵幸,上讳云鹿触杀之。居岁余,去病死。而敢有女为太子中人⑬,爱幸,敢男禹有宠于太子,然好利,李氏陵迟衰微矣⑭。

注释

①郎:帝王侍从官的通称,职责为宿卫宫殿,出入侍从左右。②韩嫣:汉武帝的弄臣。③不逊:不礼貌,放肆。④坐:犯……罪。孝景园:景帝的陵园。壖地:陵前神道(直通陵墓的大道)外边的空地。⑤对狱:和狱吏对质,即受审。⑥国:封地。⑦关内侯:爵名,没有封邑。位次于列侯。⑧恨其父:使其父饮恨自杀。有人认为"恨"通"很",违拗、不听从的意思。⑨击伤大将军:李敢怨恨卫青没听李广的意见,以致李广因失道后期而自杀,于是打伤卫青。⑩匿讳:隐瞒。⑪甘泉宫:离宫名,在今陕西淳化县甘泉山上。⑫有亲:指霍去病是卫青的外甥。⑬太子:武帝长子刘据。中人:指侍妾。⑭陵迟:衰落,败落。

译文

李广有三个儿子,名叫当户、椒、敢,都任郎官。一次天子和弄臣韩嫣戏耍，韩嫣有点放肆的举动。李当户去打韩嫣，韩嫣逃跑了，于是天子认为当户很勇敢。当户死得早，李椒被封为代郡太守，二人都比李广先死。当户有个遗腹子名叫李陵。李广死在军中的时候，李敢正跟随骠骑将军霍去病从军。李广死后第二年，李蔡以丞相之位侵占景帝陵园前大道两旁的空地，因而获罪。应送交法吏查办，李蔡不愿受审对质，也自杀了，他的封国被废除。李敢以校尉官职随从骠骑将军出击匈奴左贤王，奋力作战，夺得左贤王的战鼓和军旗，斩杀很多敌人首级，因而赐封了关内侯的爵位，封给食邑二百户，接替李广任郎中令。不久，李敢怨恨大将军卫青使他父亲饮恨而死，就打伤了大将军，大将军把这件事隐瞒下来，没有张扬。又过了不久，李敢随从皇上去雍县，到甘泉宫打猎。骠骑将军霍去病和卫青有亲戚关系，就把李敢射死了。霍去病当时位尊并且受宠，皇上就隐瞒了真相，说李敢是被鹿撞死的。又过一年多，霍去病死了。李敢有个女儿是太子的侍妾，很受宠爱，李敢的儿子李禹也受太子宠爱，但他贪财好利，李氏家族日渐败落衰微了。

李陵既壮①，选为建章监②，监诸骑③。善射，爱士卒。天子以为李氏世将，而使将八百骑。尝深入匈奴二千余里，过居延视地形④，无所见虏而还。拜为骑都尉⑤，将丹阳楚人五千人⑥，教射酒泉、张掖以屯卫胡⑦。

数岁，天汉二年秋⑧，贰师将军李广利将三万骑击匈奴右贤王于祁连天山⑨，而使陵将其射士步兵五千人出居延北可千余里，欲以分匈奴兵，毋令专走贰师也⑩。陵既至期还，而单于以兵八万围击陵军。陵军五千人，兵矢既尽，士死者过半，而所杀伤匈奴亦万余人。且引且战⑪，连斗八日，还未到居延百余里，匈奴遮狭绝道⑫，陵食乏而救兵不到，虏急击招降陵。陵曰:"无面目报陛下。"遂降匈奴。其兵尽没,余亡散得归汉者四百余人。

单于既得陵,素闻其家声,及战又壮,乃以其女妻陵而贵之。汉闻,族陵母妻子⑬。自是之后,李氏名败,而陇西之士居门下者皆用为耻焉⑭。

太史公曰:《传》曰"其身正,不令而行;其身不正,虽令不从"⑮。其李将军,之谓也?余睹李将军,悛悛(xún)如鄙人⑯,口不能道辞。及死之日,天下知与不知,皆为尽哀。彼其忠实心诚信于士大夫也⑰!谚曰:"桃李不言,下自成蹊(xī)。"⑱此言虽小,可以谕大也。

注释

①从这句开始到"太史公曰"之前,古今学者多认为是后人所续,不是司马迁手笔。②选:量才授官。建章监:监督建章宫羽林军的长官。③诸骑:羽林军的骑郎们。建章:宫名,在未央宫西。④居延:即今居延海,在内蒙古额济纳旗北。⑤骑都尉:官名,掌管羽林军。⑥丹阳:郡名,郡治宛陵,在今安徽省宣城。⑦酒泉:郡名,郡治禄福县,在今甘肃省酒泉市。屯卫:驻军防卫。⑧天汉:汉武帝的第八个年号,共四年(前100-前97)。⑨祁连天山:即祁连山。⑩专走贰师:专门来对付贰师将军的军队。⑪引:退。⑫遮狭绝道:遮,拦挡;狭,指狭窄的山谷;绝,断绝,道:指李陵军队的归路。⑬族:灭门,诛灭全族。这里指杀其全家。⑭居门下者:在门下为宾客。⑮传:汉朝人称《诗》《书》《易》《礼》《春秋》为经,解说经书的著作都称为"传"。这里的传是指《论语》。因《论语》是孔子弟子及再传弟子所记,不是孔子亲笔著述,所以也称为传。⑯悛悛:同"恂

恂",老实厚道的样子。⑰信:取信。士大夫:指其部下将士。⑱蹊:小路。

译文

李陵到壮年以后,被选任为建章宫的监督官,监管所有骑兵。他善于射箭,爱护士兵。天子认为李家世代为将,因而让李陵率领八百骑兵。李陵曾深入匈奴境内两千多里,穿过居延海,观察地形,没有遇见敌人就回来了。后被封为骑都尉,统率丹阳的楚兵五千人,在酒泉、张掖教练射箭,屯驻在那里防备匈奴。

几年后,天汉二年秋天,贰师将军李广利率领三万骑兵在祁连山进攻匈奴右贤王。武帝又派李陵率领他的步兵射手五千人,出兵到居延海以北大约一千里的地方。想用此法分散敌人的兵力,不让他们专门去对付贰师将军。李陵已到预定期限就要回兵。在归途中遇到单于,单于用八万大军包围截击李陵的军队,攻打他们。李陵军队只有五千人,箭射光了,士兵死了大半,但他们杀伤匈奴也有一万多人。李陵军边退边战,接连战斗了八天。往回走到离居延海还有一百多里的地方,匈奴兵拦堵住狭窄的山谷,截断了他们的归路。李陵军队缺乏粮食,救兵也不到,敌人加紧进攻,并劝诱李陵投降。李陵说:"我没脸面去回报皇帝了!"于是就投降了匈奴。他的军队全军覆没,余下逃散能回到汉朝的只有四百多人。

单于得到李陵之后,因平素就听说过李陵家的名声,打仗时又很勇敢,于是就把自己的女儿嫁给李陵,使他有尊贵的地位。汉朝知道这件事情后,就杀了李陵的母亲、妻儿全家。从此以后,李家名声败落,陇西一带的人士,凡曾为李氏门下宾客的,都以此为耻辱。

太史公说：《论语》里说："在上位的人自身行为端正，不下命令，别人也会跟着执行；自身行为不正，发下命令，也没人听从。"这就是说的李将军吧！我所看到的李将军，老实厚道像个乡下人，开口不善讲话，可在他死的那天，天下人不论认识他的还是不认识他的，都为他尽情哀痛。他那忠实的品格确实得到了将士们的信赖呀！谚语说："桃树李树不会自我吹嘘，可是因为它们的花朵好看、果实好吃，自然而然人们就会来到这儿，日子久了，树下就自然地被人踩出一条小路。"此段话语虽然短小，倒也不妨用来比喻李广人格的伟大。

汲郑列传

　　汲黯字长孺，濮阳人也①。其先有宠于古之卫君②。至黯七世，世为卿大夫③。黯以父任④，孝景时为太子洗马⑤，以庄见惮⑥。孝景帝崩⑦，太子即位，黯为谒者⑧。东越相攻⑨，上使黯往视之。不至，至吴而还⑩，报曰："越人相攻，固其俗然，不足以辱天子之使。"河内失火⑪，延烧千余家，上使黯往视之。还报曰："家人失火⑫，屋比（pǐ）延烧⑬，不足忧也。臣过河南⑭，河南贫人伤水旱万余家，或父子相食，臣谨以便宜⑮，持节发河南仓粟以振贫民⑯。臣请归节，伏矫制之罪⑰。"上贤而释之，迁为荥（xíng）阳令⑱。黯耻为令，病归田里⑲。上闻，乃召拜为中大夫⑳。以数切谏，不得久留内㉑，迁为东海太守㉒。黯学黄老之言㉓，治官理民，好清静，择丞史而任之㉔。其治，责大指而已㉕，不苛小㉖。黯多病，卧闺阁内不出㉗。岁余，东海大治㉘。称之。上闻，召以为主爵都尉㉙，列于九卿㉚。治务在无为而已，弘大体㉛，不拘文法㉜。

注释

①濮阳：在今河南省濮阳县西南。②古之卫君：战国后期卫侯降而为君，故云。③卿大夫：卿和大夫。④任：保举。汉制规定，凡居官二千石以上者，任职满三年可保举同胞兄弟或儿子一人为郎官，称为"任子"。⑤太子洗马：太子属官，太子外出时，骑马为太子先导。洗，通"先"。太子指刘彻。⑥惮：惧怕。⑦崩：

帝王或皇后之死叫作崩。⑧谒者：官名，为郎中令属官，在内廷供奉，常外见宾客，赞导受事等。⑨东越相攻：瓯越（都东瓯，今浙江温州）与闽越（都东冶，今福建福州）合称东越。景帝三年（公元前154）吴楚反叛，瓯越东海王摇先是举兵从吴，事败后又杀吴王濞以自脱罪责。吴王子逃入闽越，为报仇，于武帝建元三年（前138）劝闽越出兵围东瓯，瓯越遂向朝廷求救。⑩吴：在今江苏省苏州市。⑪河内：郡名，治所在怀县，今河南省武陟县西南。⑫家人：百姓。⑬比：通"毗"，紧挨着。⑭河南：郡名，治所在雒阳，今河南省洛阳市东北。⑮便宜：趁便见机行事。⑯节：符节，朝廷派官出使时作为凭证的信物。振：通"赈"，救济。⑰矫制：假借君主名义发布命令。制，帝王的命令。⑱荥阳：在今河南省荥阳县东北。⑲田里：故乡。⑳召拜：征召授予官职。中大夫：官名，郎中令属官，掌议论。㉑内：宫内，此指朝廷。㉒东海：郡名，治所在郯县（在今山东省郯城县西北）。㉓黄老之言：道家学说。道家以黄帝、老子为祖，故云。㉔丞：官名，太守的副职。史：掌文书的掾吏。㉕大指：意图。指，通"旨"。㉖苛小：挑剔苛求小节。后文"小苛"意同此。㉗闺阁：内室。㉘治：太平。㉙主爵都尉：官名，掌列侯封爵事务。㉚九卿：汉以太常、光禄勋、卫尉、太仆、廷尉、大鸿胪、宗正、大司农、少府谓之九寺大卿，即中央各机关的总称。㉛弘：扩大。㉜文法：法规，法令条文。

译文

汲黯字长孺，濮阳县人。他的祖先曾受古卫国国君恩宠。到他已是第七代，代代都在朝中荣任卿、大夫之职。靠父亲保举，孝景帝时汲黯当了太子洗马，因为人严肃，不苟言笑，而被人敬畏。景帝死后，太子继位，任命他做"谒者"之官。有一年，东越的闽越人和瓯越人发生攻战,皇上派汲黯前往视察。他未到达东越,行至吴县便折返而归,禀报说:"东越人相攻,是当地民俗本来就如此好斗,不值得烦劳天子的使臣去过问。"河内郡发生了火灾,绵延烧及一千余户人家,皇上又派汲黯去视察。他回来报告说:"那里普通人家不慎失火,由于住房密集,火势便蔓延开去,不必多忧。我路过河南郡时,眼见当地贫民饱受水旱灾害之苦,灾民多达万余家,有的竟父子相食,我就趁便凭所持的符节,下令发放了河南郡官仓的储粮,赈济当地灾民。现在我请求缴还符节,承受假传圣旨的罪责。"皇上认为汲黯贤良,免他无罪,调任为荥阳县令。汲黯认为当县令大材小用,就借生病为由,请长假回家种田。皇上听到后,马上改派,任命他做二千石俸的官。但由于屡次向皇上直言谏净,使得皇上很难堪,他仍不得久留朝中,被外放当了东海郡太守。汲黯崇仰道家学说,治理官府和处理民事,都以"无为"为治,把事情都交托自己挑选出的得力的郡丞和书史去办。他治理郡务,不过是督查下属按大原则行事罢了,并不苛求小节。他体弱多病,经常躺在卧室内休息不出门。但也只有一年多的时间,东海郡便被治理得十分清明太平,人们都很称赞他。皇上得知后,召汲黯回京任主爵都尉,比照九卿的待遇。他为政力求无为而治,弘扬大的礼数,不拘泥繁文缛节。

黯为人性倨①,少礼,面折②,不能容人之过。合己者善待之,不合己者不能忍见③,士亦以此不附焉。然好学,游侠④,任气节⑤,内行(xìng)修絜⑥,好直谏,数犯主之颜色⑦,常慕傅柏、袁盎之为人也⑧。善灌夫、郑当时及宗正刘弃⑨。亦以数直谏,不得久居位。

当是时,太后弟武安侯蚡(fén)为丞相⑩,中二千石来拜谒⑪，蚡不为礼⑫。然黯见蚡未尝拜，常揖之⑬。天子方招文学儒者，上曰"吾欲"云云，黯对曰："陛下内多欲而外施仁义，奈何欲效唐虞之治乎⑭！"上默然，怒，变色而罢朝。公卿皆为黯惧⑮。上退，谓左右曰："甚矣，汲黯之戆(zhuàng)也⑯！"群臣或数黯⑰，黯曰："天子置公卿辅弼之臣，宁令从谀承意，陷主于不义乎？且已在其位⑱，纵爱身，奈辱朝廷何！"

注释

①倨：傲慢。②面折：当面顶撞。折，断，此指拒斥、驳回。③忍见：耐着性子见面。④游侠：好交游并且勇于解救他人危难的人。⑤任气节：看重志气操守。⑥内行：平日居家的品行。絜，同"洁"，洁净，纯洁。⑦颜色：面子。⑧傅柏：梁人，为梁孝王将，以刚直敢言著称。袁盎：楚人，曾为齐相、吴相、楚相。⑨灌夫：景帝时因参与平息吴楚谋反有功，任中郎将，后被诛。宗正：官名，九卿之一，掌皇族事务。⑩太后：指武帝之母。武安：在今河北省武安县。蚡：田蚡，景帝王皇后同母弟，武帝时官至丞相。⑪中二千石：汉代内自九卿郎将，外至郡守尉的俸禄等级，皆为二千石。其中包括中二千石、二千石和比二千石三个等级，中二千石是最高级。⑫不为礼：不行礼。⑬揖：拱手行礼。⑭唐虞：儒家所推崇的远古帝王唐尧和虞舜。⑮公卿：三公九卿。⑯戆：憨厚刚直。⑰数：列举过失，指责。⑱且：将要。

译文

汲黯为人刚直，不讲究礼数，常常当面顶撞人，容不得别人的过错。与自己心性相投的，他就亲近友善；与自己合不来的，就不耐烦相见。因此许多才智士人也都不愿依附他。但是汲黯好学,又好仗义行侠,很注重志气节操。他平日居家,品行美好纯正。他的毛病是好说直话,入朝喜欢直言劝谏,屡次触犯皇上的面子,时常仰慕梁孝王的大将傅柏和孝文帝时袁盎的为人。他与率直的灌夫、疏财仗义的郑当时,以及出身贵族而言正行直的刘弃交好。但也因为多次直谏而不得久居其官位。

就在汲黯任主爵都尉而位列九卿的时候,窦太后的弟弟武安侯田蚡做了宰相。年俸二千石的高官来谒见时都行跪拜之礼,田蚡竟然不予还礼。而汲黯求见田蚡时从不下拜,经常向他拱手作揖完事。这时皇上正在招揽文学之士和崇奉儒学的儒生,说我想要如何如何,汲黯便答道:"陛下心里欲望很多,只在表面上施行仁义,怎么能真正仿效唐尧虞舜的政绩呢!"皇上沉默不语,心中恼怒,脸一变就罢朝了,公卿大臣都为汲黯惊恐担心。皇上退朝后,对身边的近臣说:"太过分了,汲黯这家伙耿直得近乎愚直!"群臣中有人责怪汲黯,汲黯说:"天子设置公卿百官这些辅佐之臣,难道是让他们一味屈从取容,阿谀奉迎,将君主陷于违背正道的窘境吗?何况我已身居九卿之位,纵然爱惜自己的生命,但要是损害了朝廷大事,那可怎么办!"

黯多病,病且满三月,上常赐告者数(shǔ)①,终不愈。最后病②,庄助为请告③。上曰:"汲黯何如人哉?"助曰:"使黯任职居官,无以逾人。然至其辅少主,守城深坚④,招之不来,麾(huī)之不去⑤,虽自谓贲、育亦不能夺之矣⑥。"上曰:"然。古有社稷之臣,至如黯,近之矣。"

大将军青侍中⑦,上踞厕而视之⑧。丞相弘燕见⑨,上或时不冠。至如黯见,上不冠不见也。上尝坐武帐中⑩,黯前奏事,上不冠,望见黯,避帐中,使人可其奏。其见敬礼如此。

注释

①这句是说汉武帝对汲黯给予破例的照顾。汉制规定，居官者病满三月当免官，而武帝几次特许汲黯可以不免官而居家养病。告，休假。数，屡次。②病：重病，病得很厉害。③庄助：武帝时为中大夫，后被杀。④守城：保护已成的事业。⑤麾：通"挥"，挥手令去的意思。⑥贲、育：孟贲和夏育，都是战国时秦武王的壮士，勇力过人。⑦大将军：官名，将军的最高称号，掌统兵征战。青：卫青，汉名将，曾七次出击匈奴。侍中：官名，掌皇帝顾问。⑧踞：蹲或坐。厕：厕所。一说通"侧"，指床边。⑨燕见：和朝见相对而言，指在帝王闲暇时进见。燕，通"宴"，安闲。⑩武帐：御殿内四周陈设着五种兵器（矛、戟、钺、楯、弓矢）的帐帷，以示威武。一说织成武士形象的帐帷。

译文

汲黯常常生病，而且已抱病三个月之久，皇上多次派人去慰问，而且恩准他休假养病，他的病却始终不愈。最后一次病得很厉害，庄助替他上书告请退休。皇上问道："汲黯这个人怎么样？"庄助说："如果任命他做某部门的主管，未必能超过人。然而他能辅佐年少的君主，坚守已成的事业，以利诱他不会来，以威驱他不会去，他那种坚贞不移的耿直态度，即使有人自称像孟贲、夏育一样勇武非常，也不能改变他的志节。"皇上说："是的。古代有所谓安邦保国的忠臣，像汲黯就很近似他们了。"

大将军卫青入侍宫中，皇上曾蹲在厕所内接见他。丞相公孙弘平时有事求见，皇上有时连帽子也不戴。至于汲黯进见，皇上不戴好帽子是不会接见他的。皇上曾经坐在威严的武帐中，适逢汲黯前来启奏公事，皇上没戴帽，望见他就连忙躲避到帐内，派近侍代为批准他的奏议。汲黯被皇上尊敬礼遇到了这种程度。

张汤方以更定律令为廷尉①，黯数质责汤于上前，曰："公为正卿②，上不能褒先帝之功业，下不能抑天下之邪心，安国富民，使囹圄空虚③，二者无一焉。非苦就行，放析就功④，何乃取高皇帝约束纷更之为⑤？公以此无种矣⑥。"黯时与汤论议，汤辩常在文深小苛⑦，黯伉厉守高不能屈⑧，忿发骂曰："天下谓刀笔吏不可以为公卿⑨，果然。必汤也⑩，令天下重足而立⑪，侧目而视矣！"

是时，汉方征匈奴⑫，招怀四夷⑬。黯务少事，乘上间⑭，常言与胡和亲⑮，无起兵⑯。上方向儒术⑰，尊公孙弘。及事益多，吏民巧弄⑱，上分别文法⑲，汤等数奏决谳（yàn）以幸⑳。而黯常毁儒，面触弘等徒怀诈饰智以阿人主取容㉑，而刀笔吏专深文巧诋㉒，陷人于罪，使不得反其真㉓，以胜为功。上愈益贵弘、汤，弘、汤深心疾黯，唯天子亦不说也㉔，欲诛之以事㉕。弘为丞相，乃言上曰："右内史界部中多贵人宗室㉖，难治，非素重臣不能任㉗，请徙黯为右内史㉘。"为右内史数岁，官事不废。

注释

①张汤：汉武帝时任廷尉、御史大夫，用法严酷。律令：法律条令的统称。廷尉：官名，九卿之一，掌司法。②正卿：即上卿。③囹圄：监牢。④非苦就行：是说明知事错还努力去做，以求造就好名声。非，错误的。苦，若干。就，实现，达到。行，德行。句中"非苦"二字语不通顺，疑有误。卷一百二十二《酷吏列传》记载张汤如何广交天下名士、宾客，用拉拢人情来获取美名的事，可作为理解本句的参考。放析就功：肆意增繁律令破坏汉朝旧制，目的是要成就个人的功绩。放，放纵，随意。析，劈开，此指破坏。⑤何乃句：汉高祖刘邦初入咸阳时，曾"与父老

约,法三章耳:杀人者死,伤人及盗抵罪。馀悉除去秦法"(见卷八《高祖本纪》),法至简约。汉立国后,丞相萧何奉命制律,"捃摭秦法,取其宜于时者,作律九章"(见《汉书·刑法志》),依然法禁省约,简便易行。汉武帝当朝后,对外频繁用兵,对内大兴营造,大量征发人力赋税,致使许多人贫困破产被迫犯法,于是武帝任用酷吏张汤等修改法律,以严刑峻法加强镇压。史书记载,当时"禁网浸密。律令凡三百五十九章,大辟四百九条,千八百八十二事,死罪决事比万三千四百七十二事,文书盈于几阁,典者不能遍睹"(见《汉书·刑法志》)。这种做法已完全破坏了汉初旧制。约束,规章制度,此特指法令、法规。纷,纷乱,这里有任意增繁加多意。更,更改。⑥无种:没有遗种,此指断子绝孙。种,子嗣。⑦文深:深究细抠法令条文。⑧伉厉:刚直严厉。守高:保持高昂的志气。一说掌握最高的原则(王伯祥《史记选注》)。不能屈:不肯向对方屈服。⑨刀笔吏:办理文书的小吏。古时在竹简上书写,因有误而改动时必需用刀刮除,故有此称。⑩必汤:指非依张汤之法行事不可。⑪重足而立:两脚并拢站立,形容极其恐惧拘束而不敢行走。⑫匈奴:北方的游牧民族。⑬四夷:此泛指四方边境内外的少数民族。夷,古代统治者对东部各非华夏民族的蔑称。⑭间:间隙,机会。⑮胡:西、北方部族统称,此指匈奴。⑯无:通"毋",不要。⑰方向儒术:正倾心于儒学。⑱吏民巧弄:指下级官吏和不法之民玩弄智巧来逃避法网的制裁。⑲分别文法:强调法治,严明法纪。⑳谳:审判定案。㉑面触:当面冒犯指责。徒:只是。怀诈饰智:心怀奸诈而外逞智巧。饰,装饰于外,此指显露。取容:博取对方的欢心。㉒深文巧诋:深抠文法,巧言进行诋毁。㉓反其真:恢复事实真相。㉔唯:虽然,纵然。说:同"悦",喜欢。㉕以事:借故。㉖右内史:官名,掌治理京师。㉗素重臣:平时在朝中担任要职的大臣。㉘徙：迁。

译文

　　酷吏张汤因为更改制定刑律法令，被任命为最高的司法官。汲黯就曾多次在皇上面前质问指责张汤，说："你身为正卿，却对上不能弘扬先帝的功业，对下不能遏止天下人的邪恶欲念。安国富民，使监狱空无罪犯，这两方面你都一事无成。相反，错事你竭力去做，大肆破坏律令，以成就自己的事业，尤为甚者，你怎么竟敢把高祖皇帝定下的规章制度也乱改一气呢？你这样做会断子绝孙的。"汲黯时常和张汤争辩，张汤辩论起来，总爱故意深究条文，苛求细节。汲黯则出言刚直严肃，志气昂奋，不肯屈服，他怒不可遏地骂张汤说："天下人都说绝不能让刀笔之吏身居公卿之位，果真如此。如果非依张汤之法行事不可，必令天下人恐惧得双足并拢站立而不敢迈步，眼睛也不敢正视了！"

　　这时，汉朝正在征讨匈奴，同时招安抚定各地少数民族。汲黯因好黄老，力求国家少事，常借向皇上进言的机会建议与胡人和亲，不要兴兵打仗。皇上正倾心于儒家学说，对讲述春秋公羊传的公孙弘特别尊敬。碰巧这时间发生的事情特别多，官吏、人民常投机取巧，玩弄权术。皇上只有按照法律来分别他们犯罪的轻重，酷吏张汤等人也便不断进奏所审判的要案，以此博取皇上的宠幸。而汲黯常常诋毁儒学，当面抨击公孙弘之流内怀奸诈而外逞智巧，以此阿谀奉承主上，博取皇帝的欢心。那些见识短浅的刀笔吏，专门苛究深抠法律条文，巧言加以诋毁，构陷他人有罪，使事实真相不得昭示，并把胜狱作为邀功的资本。于是皇上越发倚重公孙弘和张汤，公孙弘、张汤则深恨汲黯，就连皇上也不喜欢他，想借故杀死他。公孙弘做了丞相，向皇上建议说："右内史管界内多有达官贵人和皇室宗亲居住，很难管理，不是素来有声望的大臣不能当此重任,请调任汲黯为右内史。"汲黯当了几年右内史,任中政事井井有条,从未废弛荒疏过。

大将军青既益尊,姊为皇后①,然黯与亢礼②。人或说(shuì)黯曰:"自天子欲群臣下大将军,大将军尊重益贵,君不可以不拜。"黯曰:"夫以大将军有揖客③,反不重邪(yé)④?"大将军闻,愈贤黯,数请问国家朝廷所疑,遇黯过于平生⑤。

淮南王谋反⑥,惮黯,曰:"好直谏,守节死义,难惑以非⑦。至如说丞相弘,如发蒙振落耳⑧。"

天子既数征匈奴有功⑨,黯之言益不用。

始黯列为九卿,而公孙弘、张汤为小吏。及弘、汤稍益贵,与黯同位,黯又非毁弘、汤等。已而弘至丞相,封为侯;汤至御史大夫⑩;故黯时丞相史皆与黯同列⑪,或尊用过之。黯褊心⑫,不能无少望⑬,见上,前言曰:"陛下用群臣如积薪耳,后来者居上。"上默然。有间,黯罢⑭,上曰:"人果不可以无学,观黯之言也日益甚⑮。"

注释

①姊:卫子夫,汉武帝皇后,后因戾太子事自杀。②亢礼:行平等之礼。亢,通"抗",匹敌,相当,对等。③揖客:行拱手礼的客人。④邪:通"耶"。⑤平生:平素。⑥淮南王谋反:淮南王刘安为报父仇早有反叛朝廷之心,自武帝建元二年(前139)起开始暗中结交权贵和宾客,收买民心,制造谋反器具,进行了长期的准备和谋划。但是由于时机不成熟,始终未举事。最后因内部矛盾使阴谋泄露,刘安自杀身亡。详见《史记》卷一百一十八《淮南衡山列传》。⑦非:指不正当的行为,此处指谋反之事。

⑧发蒙:揭开盖东西的蒙布。振落:振掉快落的树叶。此句是比喻事情很好办,可轻易得手。⑨天子句:自元光二年(前133)匈奴与汉绝和亲,到元狩二年(前121)秋匈奴浑邪王率众降汉,汉征匈奴有几次大胜。详见《史记》卷一百十《匈奴列传》、卷一百一十一《卫将军骠骑将军列传》等。⑩御史大夫:官名,掌监察、执法,兼管重要文书典籍。⑪丞相史:应为"丞、史",《汉书·汲黯传》和《史记》会注本均无"相"字。⑫褊心:心胸狭隘。⑬望:怨恨。⑭有间:有顷,一会儿。罢:退下。⑮无学,没有学识。学:这里特指儒学。武帝这句话是批评汲黯一向诋毁儒学,没有儒者的思想修养,因此说话越发锋芒毕露,不知敬上。

译文

大将军卫青因讨伐匈奴有功,地位日增。他的姐姐卫子夫又做了皇后,权势可想而知。但是汲黯却不管这些,仍与他行平等之礼。有人劝汲黯说:"天子希望大臣们都能敬礼大将军,大将军如今受到皇帝的尊敬和器重,地位更加显贵,你不可不行跪拜之礼。"汲黯答道:"因为大将军有拱手行礼的客人,就反倒使他不受敬重了吗?"大将军听到他这么说,更加认为汲黯贤良,多次向他请教国家与朝中的疑难之事,看待他胜过平素所结交的人。

淮南王刘安阴谋反叛,但他非常害怕正直的汲黯,说:"汲黯爱直言相谏,固守志节而宁愿为正义捐躯,很难用不正当的事情诱惑他。至于数落丞相公孙弘,就像揭掉盖东西的蒙布或者把快落的树叶振掉一样容易了。"

当今天子已经多次征讨匈奴大获胜绩,汲黯主张与胡人和亲而不必兴兵征讨的话,他就更加听不进去了。

当初汲黯享受九卿待遇时,公孙弘、张汤不过还是一般小吏而已。等到公孙弘、张汤日渐显贵,和汲黯官位相当时,汲黯又常常批评他们。不久,公孙弘升为丞相,封为平津侯,张汤官至御史大夫。昔日汲黯手下的郡丞、书吏也都和汲黯同级了,有的被重用,地位甚至还超过了他。汲黯心窄性躁,不可能没有一点儿怨言,朝见皇上时,他走上前说道:"陛下使用群臣就像堆柴垛一样,后来的堆在上面。"皇上沉默不语。一会儿汲黯退了下去,皇上说:"人真的不能没有学问,今天听了汲黯说话如此粗鲁,越发使我有此感受。"

居无何,匈奴浑邪(yē)王率众来降①,汉发车二万乘(shèng)②。县官无钱③,从民赁(shì)马④。民或匿马,马不具⑤。上怒,欲斩长安令⑥。黯曰:"长安令无罪,独斩黯,民乃肯出马。且匈奴畔其主而降汉⑦,汉徐以县次传(zhuàn)之⑧,何至令天下骚动,罢(pí)弊中国而以事夷狄之人乎⑨!"上默然。及浑邪至,贾(gǔ)人与市者⑩,坐当死者五百余人⑪。黯请间⑫,见高门⑬,曰:"夫匈奴攻当路塞,绝和亲,中国兴兵诛之,死伤者不可胜计,而费以巨万百数⑭。臣愚,以为陛下得胡人,皆以为奴婢以赐从军死事者家;所卤获⑮,因予之,以谢天下之苦,塞百姓之心⑯。今纵不能,浑邪率数万之众来降,虚府库赏赐,发良民侍养,譬若奉骄子。愚民安知市买长安中物而文吏绳以为阑出财物于边关乎⑰?陛下纵不能得匈奴之资以谢天下,又以微文杀无知者五百余人⑱,是所谓'庇其叶而伤其枝'者也,臣窃为陛下不取也。"上默然,不许,曰:"吾久不闻汲黯之言,今又复妄发矣。"后数月,黯坐小法⑲,会赦免官。于是黯隐于田园

注释

①匈奴浑邪王率众来降：事在元狩二年（前121）秋。浑邪王因与汉将霍去病战屡败，伤亡惨重，单于欲诛之，故率众降汉。详见《史记》卷一百十《匈奴列传》、卷一百一十一《卫将军骠骑将军列传》。②乘：一车四马为一乘。③县官：当时天子或中央政府的代称，此指国库。④贳：借。⑤具：齐全。⑥长安：县名。在今陕西省西安市西北。⑦畔：通"叛"。⑧以县次：按沿途各县的次序。传：驿站的车马。⑨罢：弊：疲乏，疲劳。罢，通"疲"。⑩贾人：商人。市：买卖。⑪坐：因犯……法入罪。当：判罪。⑫请间：请得被接见的机会。⑬高门：未央宫内的高门殿。⑭巨万百数：数以百亿计的巨资。巨万，万万，形容数目极大。⑮卤：通"掳"，抢掠。⑯塞：填充，此指满足。⑰文吏：执法的官吏。绳：依法处罚。阑：没有官府允许的凭证而擅自出入边关。当时的法律规定，与胡人通商不得持兵器出关，即使在京城内与胡人做买卖也以出关论处，因此一些百姓无辜地被判处犯了走私罪。⑱微文：苛细的文法。⑲小法：轻罪。

译文

　　时隔不久，匈奴的浑邪王率部众来投降。朝廷征发两万车辆前去接运。但因为官府无这笔预算，便向百姓借马。有的人把马藏起来，不献出来，马无法凑齐。皇上大怒，要杀长安县令。汲黯说："长安县令没有罪，要杀就杀右内史我汲黯好了。只要杀了我，百姓就肯献出马匹了。况且匈奴将领背叛他们的君主来投降汉朝，朝廷可以慢慢地让沿途各县准备车马把他们顺序接运过来，何至于让全国骚扰不安，使我国人疲于奔命地去侍奉那些匈奴的降兵降将呢！"皇上沉默无言。及待浑邪王率部到来，商人因与匈奴人做买卖，被判处死罪的有五百多人。汲黯请得被接见的机会，在未央宫的高门殿见到了皇上，他说："匈奴攻打我们设在往来要路上的关塞，断绝和亲的友好关系，我国发兵征讨他们，战死疆场与负伤的人数不胜数，而且耗费了数以百亿计的巨资。臣我愚蠢，以为陛下抓获匈奴人，会把他们都作为奴婢赏给从军而死的家属，并将掳获的财物也就便送给他们，以此告谢天下人付出的辛劳，满足百姓的心愿。这一点现在即使做不到，浑邪王率领几万部众前来归降，也不该倾尽官家府库的财物赏赐他们，征调老实本分的百姓去伺候他们，把他们捧得如同宠儿一般。无知的百姓哪里懂得让匈奴人购买长安城中的货物，就会被死抠法律条文的执法官视为将财物非法走私出关而判罪呢？陛下纵然不能缴获匈奴的物资来慰劳天下人，又要用苛严的法令杀戮五百多无知的老百姓，这就是所谓'保护树叶而损害树枝'的做法，我私下认为陛下此举是不可取的。"皇上沉默，不予赞同，而后说："我很久没听到汲黯的话了，今日他又一次信口胡说了。"事后数月，汲黯因犯小法被判罪，适逢皇上大赦，他仅遭免官。于是汲黯归隐于田园。

居数年，会更五铢钱①，民多盗铸钱，楚地尤甚。上以为淮阳，楚地之郊②，乃召拜黯为淮阳太守。黯伏谢不受印，诏数强予，然后奉诏。诏召见黯，黯为上泣曰："臣自以为填沟壑③，不复见陛下，不意陛下复收用之。臣常有狗马病④，力不能任郡事，臣愿为中郎⑤，出入禁闼（tà）⑥，补过拾遗，臣之愿也。"上曰："君薄淮阳邪？吾今召君矣⑦。顾淮阳吏民不相得⑧，吾徒得君之重，卧而治之。"黯既辞行，过大行李息⑨，曰："黯弃居郡，不得与朝廷议也。然御史大夫张汤智足以拒谏，诈足以饰非，务巧佞之语，辩数之辞⑩，非肯正为天下言，专阿主意。主意所不欲，因而毁之；主意所欲，因而誉之。好兴事，舞文法，内怀诈以御主心⑪，外挟贼吏以为威重。公列九卿，不早言之，公与之俱受其僇（lù）矣⑫。"息畏汤，终不敢言。黯居郡如故治⑬，淮阳政清。后张汤果败，上闻黯与息言，抵息罪⑭。令黯以诸侯相秩居淮阳⑮，七岁而卒。

卒后，上以黯故，官其弟汲仁至九卿，子汲偃至诸侯相。黯姑姊子司马安亦少与黯为太子洗马⑯。安文深巧善宦，官四至九卿，以河南太守卒。昆弟以安故⑰，同时至二千石者十人。濮阳段宏始事盖侯信⑱，信任宏⑲，宏亦再至九卿。然卫人仕者皆严惮汲黯，出其下。

注释

①更五铢钱：事在元狩五年（前118），因"有司言三铢钱轻，易奸诈，乃更请诸郡国铸五铢钱。"详见《史记》卷三十《平淮书》。汉制，二十四铢为一两。②郊：城外，野外。此指楚地的要道。③臣句：意思是说免官后将死无葬身之所。④狗马病：对人称说自己疾病的谦词。⑤中郎：官名，郎中令属官，掌门户。内卫侍卫，外从征战。⑥禁：指宫殿。闼：小门。⑦今：此指日后即将发生之事，非谓眼前。⑧顾：但，只。⑨大行：即大行令，九卿之一，掌外交。⑩辩数：此指强辩。⑪御：迎。⑫僇：通"戮"，诛杀。⑬如故治：指治理淮阳郡仍然保持从前任东海郡守时清静无为的作风。⑭抵：抵尝，此指判人有罪，使受到应有的惩罚。⑮秩：俸禄等级。此句是说朝廷给汲黯以优待。依汉制，郡太守月支俸钱抵于诸侯国相。⑯姑姊：父亲的姐姐。按：《汉书·汲黯传》无"姑"字。⑰昆弟：兄弟。⑱盖侯信：景帝王皇后之兄王信。盖，在今山东省沂水县西北。⑲信任宏：王信保举段宏。

译文

过了几年，遇上国家改铸五铢钱，老百姓很多人私铸钱币，楚地尤其严重。皇上认为淮阳郡是通往楚地的交通要道，就征召汲黯任他为淮阳郡太守。汲黯拜伏于地辞谢圣旨，不肯接印，皇上屡下诏令强迫给他，他才领命。皇上下诏召见汲黯，汲黯哭着对皇上说："我自以为死后尸骨将被弃置沟壑，再也见不到陛下了，想不到陛下又收纳任用我。我常有狗病马病的，体力难以胜任太守之职的烦劳。我希望当中郎，出入宫禁之门，为您纠正过失，补救缺漏。这就是我的愿望。"皇上说："你看不上淮阳郡太守这个职位吗？过些时候我会召你回来的。只因淮阳地方官民关系紧张，我只好借助你的威望，请你躺在家中去治理吧。"汲黯向皇上告别后，又去探望大行令李息，他说："我被弃置于外郡，不能参与朝廷的议政了。可是，御史大夫张汤他的智巧足以阻挠他人的批评，奸诈足以文饰自己的过失，他专用机巧谄媚之语，强辩挑剔之词，不肯堂堂正正地替天下人说话，而一心去迎合主上的心思。皇上不想要的，他就顺其心意诋毁；皇上想要的，他就跟着夸赞。他喜欢无事生非，搬弄法令条文，在朝中他深怀奸诈以逢迎皇上的旨意，在朝外挟制危害社会的官吏来加强自己的威势。您位居九卿，若不及早向皇上进言，您和他都会被诛杀的。"李息害怕张汤，始终不敢向皇上进谏。汲黯在淮阳治理郡务，一如往昔作风，淮阳郡政治清明起来。后来，张汤果然因心怀奸诈，犯面欺主上罪，自杀而死。皇上得知汲黯当初对李息说的那番话后，判李息有罪，诏令汲黯享受诸侯国相的俸禄待遇，依旧掌管淮阳郡。七年后，汲黯逝世。

汲黯死后，皇上因为汲黯的关系，让他的弟弟汲仁为官，官至九卿。他的儿子汲偃官至诸侯国相。汲黯姑母的儿子司马安年轻时也与汲黯同为太子洗马，他擅长玩弄法律条文，巧于为官，其官位四次做到九卿，在河南郡太守任上去世。他的弟兄们由于司马安的缘故，同时官至二千石职位的有十人。卫地濮阳人段宏，起初侍奉盖侯王信，王信保举段宏，段宏也两次官至九卿。但是濮阳同乡做官的人都很敬畏汲黯，愿意居其下。

郑当时者，字庄，陈人也①。其先郑君尝为项籍将②。籍死，已而属汉。高祖令诸故项籍臣名籍③，郑君独不奉诏。诏尽拜名籍者为大夫，而逐郑君。郑君死孝文时。

郑庄以任侠自喜④，脱张羽于厄⑤，声闻梁楚之间⑥。孝景时，为太子舍人⑦。每五日洗沐⑧，常置驿马长安诸郊，存诸故人⑨，请谢宾客，夜以继日⑩，至其明旦，常恐不徧⑪。庄好黄老之言，其慕长者如恐不见。年少官薄⑫，然其游知交皆其大父行⑬，天下有名之士也。武帝立，庄稍迁为鲁中尉、济南太守、江都相⑭，至九卿为右内史。以武安侯、魏其时议⑮，贬秩为詹事⑯，迁为大农令⑰。

庄为太史⑱，诫门下："客至，无贵贱无留门者。"执宾主之礼，以其贵下人。庄廉，又不治其产业，仰奉赐以给（jǐ）诸公⑲。然其馈遗（wèi）人⑳，不过算器食㉑。每朝，候上之间，说未尝不言天下之长者㉒。其推毂士及官属丞史㉓，诚有味其言之也，常引以为贤于己㉔。未尝名吏㉕，与官属言，若恐伤之。闻人之善言，进之上，唯恐后。山东士诸公以此翕（xī）然称郑庄㉖。

郑庄使视决河㉗，自请治行五日㉘。上曰："吾闻'郑庄行，千里不赍（jī）粮㉙，请治行者何也?"然郑庄在朝，常趋和承意，不敢甚引当否㉚。及晚节㉛，汉征匈奴，招四夷，天下费多，财用益匮㉜。庄任人宾客为大农僦（jiù）人㉝，多逋

(bū)负㉞。司马安为淮阳太守，发其事㉟，庄以此陷罪，赎为庶人㊱。顷之㊲，守长史㊳。上以为老，以庄为汝南太守㊴。数岁，以官卒。

注释

①陈：在今河南省淮阳县。②项籍：即项羽。字羽，名籍。③此句是说汉高祖有意让项籍的旧僚属犯其名讳，以这种大不敬的行为来表示对旧主子的背叛和对自己的臣服。④任侠：好仗义行侠。⑤张羽：梁孝王将。在平定吴楚七国之乱时曾立大功。⑥梁：汉封国，在今河南省、安徽省交界处，都睢阳。⑦太子舍人：太子属官，职位在洗马之下。⑧洗沐：沐浴，此指休假。汉制，官吏每五日例得休假。⑨存：存问，看望问候。⑩明旦：天明。⑪徧：通"遍"。⑫长者：有德望的老人。薄：轻，卑。⑬大父：祖父。行：辈。⑭鲁：汉封国，在今山东省南部地区，都鲁县（今山东省曲阜县）。中尉：官名，掌兵权。济南：郡名，治所在东平陵县（在今济南市东）。江都：汉封国，在今江苏省扬州市、江都县、金湖县、高邮县、宝应县一带地区，都广陵（今江苏省扬州市）。⑮武安侯：田蚡。魏其：窦婴。这是指郑当时在武安侯的田蚡和魏其侯窦婴在廷中为灌夫事发生尖锐冲突，武帝征询群臣意见时，他先是肯定支持窦婴，后又怯懦动摇，因此触怒武帝被贬官。详见《史记》卷一百七《魏其武安侯列传》。⑯詹事：官名，掌皇后、太子家事。⑰大农令：九卿之一。掌全国财政。⑱太史：即太史令，掌史册图集，天文历法，祭祀军事。疑为"内史"之误。前已言郑为右内史，居九卿之尊；后继言"以其贵下人"，正相切合。一说当从《汉书·张冯汲郑列传》为"大吏"。⑲诸公：对年长者的称谓。奉：通"俸"。⑳馈遗：赠送。㉑箸器：竹制器皿。㉒言：称赞。㉓推毂：推车，此处借

言推举人才。毂，车轮中心的圆木，与车辐相接。常用作车轮或车的代称。㉔引：提起。㉕名吏：直呼吏员的名字。㉖山东：古时泛指崤山或华山以东的广大地区。翕然：和同一致。㉗决河：黄河决口。㉘治行：准备行装。㉙赍：携带。㉚甚引：很明确地表示意见。引，引决，决定。当否：是非。此句是说郑当时在皇上面前不敢明确坚持自己的主张。㉛晚节：晚年。㉜用：物资。匮：缺乏。㉝僦：运输。㉞逋负：拖欠，此指亏欠承办运输的钱款。㉟发：检举揭发。㊱赎：纳钱赎罪。㊲顷之：过了不久。㊳守：暂任。长史：丞相府属官之长。㊴汝南：郡名，治所在上蔡（今河南省上蔡县西南）。

译文

郑当时，字庄，陈县人。他的祖先郑君曾做项籍手下的将领。项籍死后，不久就归属了汉朝。高祖下令所有项籍的旧部下在提到项籍时都要直呼其名，郑君偏偏不服从诏令。高祖下旨把那些肯直呼项籍名讳的人都拜为大夫，而赶走了郑君。郑君死于孝文帝时。

郑庄以仗义行侠为乐事，曾因解救梁孝王大将张禹于困厄之中，声名传遍梁、楚之间。孝景帝时，他做太子舍人。每逢五天一次的休假日，他经常在长安四郊置备马匹，骑着马去看望各位老友，邀请拜谢宾朋，夜以继日、通宵达旦，还总是担心有不周到的地方。郑庄喜爱道家学说，仰慕年长者，那种情意殷切的劲儿，就好像唯恐见不到人家一样。他年纪轻，官职卑微，但交游的相知都是祖父一辈的人，天下知名的人物。武帝即位后，郑庄由鲁国中尉、济南郡太守、江都国相，一步步地升到九卿中的右内史。由于评议武安侯田蚡和魏其侯窦婴的纷争意见不当，他被贬为詹事，又调任大农令。

郑庄做右内史时,告诫属下官吏说:"有来访者,不论尊贵或低贱,一律不得让人滞留门口等候。"他敬执主人待客之礼,以自己的高贵身份屈居于客人之下。郑庄廉洁,又不添置私产,仅依靠官俸和赏赐所得供给各位年长的友人,而所馈送的礼物,只不过是用竹器盛的些许吃食。每逢上朝,遇有向皇上进言的机会,他必得称道天下的年高望重的人。他推举士人和属下的丞、史诸官吏,委实津津乐道,饶有兴味,言语中时常称举他们比自己贤能。他从不对吏员直呼其名,与属下谈话时,谦和得好像生怕伤害了对方。听到别人有高见,便马上报告皇上,唯恐延迟误事。因此,崤山以东广大地区的士人和知名长者都众口一词称赞他的美德。

郑庄被派遣视察黄河决口,他请求给五天时间准备行装。皇上说:"我听说'郑庄远行,千里不带粮',为什么还要请求准备行装的时间?"郑庄在外人缘虽好,但在朝中常常附和顺从主上之意,不敢过于明确表示自己的是非主张。到他晚年,汉朝征讨匈奴,招抚各地少数民族,天下耗费财物很多,国家财力物力更加匮乏。郑庄保举的人及其宾客,还有他所雇来运输的人,很多都是犯罪逃亡的人,替大农令承办运输,亏欠钱款甚多。那时司马安任淮阳郡太守,检举此事,郑庄因此落下罪责,赎罪后削职为平民。不久,入丞相府暂行长史之职。皇上认为他年事已高,让他去做汝南郡太守。几年后,卒于任上。

郑庄、汲黯始列为九卿,廉,内行修絜。此两人中废①,家贫,宾客益落。及居郡,卒后家无余赀(zī)财②。庄兄弟子孙以庄故,至二千石六七人焉。

太史公曰:夫以汲、郑之贤,有势则宾客十倍,无势则否,况众人乎!下邽(guī)翟公有言③,始翟公为廷尉,宾客阗(tián)门④;及废,门外可设雀罗。翟公复为廷尉,宾客欲往,翟公乃大署其门曰⑤:"一死一生,乃知交情。一贫一富,乃知交态⑥。一贵一贱,交情乃见(xiàn)⑦。"汲、郑亦云,悲夫!

注释
①中废:中途被免官。②赀:通"资",钱财。③下邽:在今陕西省渭南县东北。翟公:史失其名。④阗:充满。⑤署:题写。⑥交态:结交的状况,指交情的真伪深浅。⑦见:同"现"。显现。

译文
郑庄、汲黯当初位列九卿,为政清廉,平日居家品行也纯正。这两人中途都曾被罢官,家境清贫,宾客遂日趋没落。待到做郡守,死后家中没有剩余的财物。郑庄的兄弟子孙因他的缘故,官至二千石者有六七人之多。

太史公说:凭着汲黯、郑当时为人那样贤德,得势时,宾客盈门,无权势时,情形就全然相反。他们尚且如此,更何况一般人呢!下邽县翟公曾说过,起初他做廷尉,家中宾客盈门;待到一丢官,门外便冷清得可以张罗捕雀。他复官后,宾客们又想往见,翟公就在大门上写道:"一死一生,乃知交情。一贫一富,乃知交态。一贵一贱,交情乃见。"如此说来,汲黯、郑庄也有此不幸,可悲啊!

游侠列传

韩子曰①:"儒以文乱法②,而侠以武犯禁③。"二者皆讥,而学士多称于世云④。至如以术取宰相卿大夫⑤,辅翼其世主⑥,功名俱著于春秋⑦,固无可言者;及若季次、原宪,闾巷人也⑧,读书怀独行君子之德⑨,义不苟合当世,当世亦笑之,故季次、原宪终身空室蓬户⑩,褐衣疏食不厌⑪,死而已四百余年,而弟子志之不倦⑫。今游侠,其行虽不轨于正义⑬,然其言必信,其行必果⑭,已诺必诚,不爱其躯,赴士之厄困。既已存亡死生矣,而不矜其能⑮,羞伐其德⑯,盖亦有足多者焉⑰。

且缓急⑱,人之所时有也。太史公曰:昔者虞舜窘于井廪⑲,伊尹负于鼎俎(zǔ)⑳,傅说(yuè)匿于傅险㉑,吕尚困于棘津㉒,夷吾桎(zhì)梏(gù)㉓,百里饭牛㉔,仲尼畏匡㉕,菜色陈、蔡㉖。此皆学士所谓有道仁人也,犹然遭此菑㉗,况以中材而涉乱世之末流乎? 其遇害何可胜道哉!

鄙人有言曰㉘:"何知仁义,已飨其利者为有德㉙。"故伯夷丑周㉚,饿死首阳山㉛,而文、武不以其故贬王㉜;跖(zhí)、蹻(juē)暴戾㉝,其徒诵义无穷㉞。由此观之,"窃钩者诛,窃国者侯,侯之门仁义存"㉟,非虚言也。

注释

①韩子：即韩非。所引文字见《韩非子·五蠹》。②儒：儒家学派。此指儒生。文：指儒家经典，如《诗》《书》之类。乱法：破坏法度。③侠：游侠者。武：勇武的行为。禁：禁令。④二者：指儒、侠。讥：非难。学士：指儒生。称：被人称扬。⑤术：方法。此处实指权术。⑥辅翼：辅助。世主：当代的天子。⑦春秋：泛指史书。⑧季次：即公皙哀，孔子的学生。原宪，即子思，孔子的学生。闾巷人：即平民百姓。⑨怀：怀抱。独行：特异之行，不同凡俗的操节。⑩空室：室内空空，极言贫穷。蓬户：蓬蒿所编成的门，极言家贫。按《庄子·让王》记原宪之贫穷曰："原宪居鲁，环堵之宫，茨以生草，蓬户不完，桑以为枢而瓮牖，二室，褐以为塞，上漏下湿，匡坐而弦歌。"⑪褐衣：粗布上衣。疏食：粗糙低劣的饭食。厌：通"餍"，足。⑫志：怀念。⑬轨：车轨。"不轨"犹言"不合"。正义：指当时的道德准则和法律。⑭果：坚定而不动摇。⑮矜：自我夸耀。⑯伐：夸耀。⑰多：称赞。⑱缓急：复词偏义，急迫。⑲窘：困迫。井廪：水井和仓廪。按《孟子·万章》及《史记·五章本纪》皆言舜未称帝时，多次遭其父与弟的迫害，舜修仓廪，其父瞽瞍撤梯烧仓，欲将他烧死。后又让舜淘井，舜入井，其父与弟象把井填死，欲活埋舜。但舜大难不死，皆逃脱。⑳伊尹：商汤贤臣。负：背。鼎：古炊具，如今之饭锅。俎：切肉的案板。按《孟子·万章》与《史记·殷本纪》说：伊尹曾寻机当了商汤的厨师，以烹调之理暗示为政之理，深得汤的赏识，被重用，建立大功。㉑傅险：又作"傅岩"，地名。据《史记·殷本纪》记载，傅说本为在傅岩服苦役的犯人，后被武丁发现，委以重任，使商代大治。参见《吕氏春秋·求人》。㉒棘津：古代河水名。据《史记·正义》引《尉缭子》说，姜尚年七十还未得志，只能在棘津做

贩卖饮食的小贩。其人其事详见《史记·齐太公世家》。㉓夷吾：即管仲。桎梏：古代刑具，即脚镣与手铐。《史记》卷六十二《管晏列传》记载，管仲原为公子纠之臣，公子纠在与公子小白（桓公）争君位的斗争中失败，逃往鲁国，桓公让鲁杀公子纠，将管仲缚押至齐。"桎梏"云云，当指此事。㉔百里：即百里奚。饭牛：喂牛。按《孟子·万章》《管子·小问》《盐铁论》等书皆言百里奚早年曾自卖为奴，替人喂牛，寻找机会，取得秦穆公的信任。㉕仲尼：即孔子。据《史记》卷四十七《孔子世家》云，孔子周游列国，从卫国到陈国，路过卫国的匡地时，匡人见他貌似匡人憎恨的阳虎，便将他围困起来，几乎把他害死。畏，在这里有拘囚的意思。按《荀子·赋篇》有"孔子拘匡"之句。㉖菜色：指饥饿的容颜。陈：陈国。蔡：蔡国。按据卷四十七《孔子世家》记载，孔子周游列国，路过陈、蔡两国，途中无粮可吃，被饿得面黄肌瘦。㉗犹然：尚且。葘：同"灾"。㉘鄙人：指普通的平民百姓。鄙，浅陋。㉙飨：享受。㉚伯夷：殷末名士。据《史记》卷六十一《伯夷列传》记载，他认为周武王伐纣是以暴易暴，故反对周伐纣，隐居在首阳山。周朝建立后，他认为吃周的粮食是可耻的，故饿死于首阳山。丑：认为可耻。㉛首阳山：在今山西永济县南。㉜文、武：指周文王与周武王。不以：不因为。贬王：损害王者的声誉。㉝跖、蹻：春秋战国时的大盗。暴戾：凶暴残忍。㉞诵义：称赞道义。㉟窃钩者：窃取衣带钩的人。此指小偷。按以下三句出自《庄子·胠箧》篇。窃国者：指最高统治者。

译文

韩非子说："儒生以儒家经典来破坏法度，而侠士以勇武的行为违犯法令。"韩非对这两种人都加以讥笑，但儒生却多被世人所称扬。至于用权术取得宰相卿大夫的职位，辅助当代天子，功名都被记载在史书之中，这本来没有什么可说的。至于像季次、原宪，是平民百姓，用功读书，怀抱着特异的君子的德操，坚守道义，不与当代世俗苟合，当代世俗之人也嘲笑他们。所以季次、原宪一生住在空荡荡的草屋之中，穿着粗布衣服，连粗饭都吃不饱。他们死了四百余年了，而他们的世代相传的弟子们，却不知倦怠地怀念着他们。现在的游侠者，他们的行为虽然不符合道德法律的准则，但是他们说话一定守信用，做事一定果敢决断，已经答应的必定实现，以示诚实，肯于牺牲生命，去救助别人的危难。已经经历了生死存亡的考验，却不自我夸耀本领，也不好意思夸耀自己功德，大概这也是很值得赞美的地方吧！

况且危急之事，是人们时常能遇到的。太史公说：从前虞舜在淘井和修仓廪时遇到了危难，伊尹曾背负鼎俎当厨师，傅说曾藏身傅岩服苦役，吕尚曾在棘津遭困厄，管仲曾经戴过脚镣与手铐，百里奚曾经喂牛当奴隶，孔子曾经在匡遭拘囚，在陈、蔡遭饥饿。这些人都是儒生所称扬的有道德的仁人，尚且遭遇这样的灾难，何况是中等才能而又遇到乱世的人呢？他们遇到的灾难怎么可以说得完呢？

世俗之人有这样的说法："何必去区别仁义与否，已经受利的就是有德。"所以伯夷以吃周粟为可耻，竟饿死在首阳山；而文王和武王却没有因此而损害王者的声誉。盗跖和庄跻，凶暴残忍，而他们的党徒却歌颂他们道义无穷。由此可见，"偷盗衣带钩的要杀头，窃取国家政权的却被封侯，受封为侯的人家就有仁义了"，这不是一句假话啊！

今拘学或抱咫尺之义①，久孤于世，岂若卑论侪（chái）俗②，与世沉浮而取荣名哉③！而布衣之徒④，设取予然诺⑤，千里诵义⑥，为死不顾世，此亦有所长，非苟而已也。故士穷窘而得委命⑦，此岂非人之所谓贤豪间者邪⑧？诚使乡曲之侠⑨，予季次、原宪比权量力⑩，效功于当世⑪，不同日而论矣。要以功见（xiàn）言信⑫，侠客之义又曷可少哉⑬！

古布衣之侠，靡得而闻已⑭。近世延陵、孟尝、春申、平原、信陵之徒⑮，皆因王者亲属，藉于有土卿相之富厚⑯，招天下贤者，显名诸侯，不可谓不贤者矣。比如顺风而呼，声非加疾⑰，其势激也⑱。至如闾巷之侠，修行砥名⑲，声施（yì）于天下⑳，莫不称贤，是为难耳。然儒、墨皆排摈不载㉑。自秦以前，匹夫之侠，湮（yān）灭不见，余甚恨之。以余所闻，汉兴有朱家、田仲、王公、剧孟、郭解之徒㉒，虽时扞（hàn）当世之文罔㉓，然其私义廉洁退让，有足称者。名不虚立，士不虚附。至如朋党宗强比周㉔，设财役贫㉕，豪暴侵凌孤弱㉖，恣欲自快㉗，游侠亦丑之。余悲世俗不察其意，而猥以朱家、郭解等令与暴豪之徒同类而共笑之也㉘。

注释

①拘学：抱着一得之见，或拘守片面理论而故步自封的学者。或：有的。咫尺之义：狭隘的道理。咫，八寸。此喻狭小。②卑论：低下的论点。侪俗：迁就世俗之人。侪，等、齐。③与世浮沉：随世俗而沉浮，即随波逐流之意。④布衣：平民百姓。⑤设：大。此指重视，看重。取予：从别人那里取得，或给予别人。此指符合道义的取予。然诺：应允。⑥诵：通"庸"，从也。⑦委命：托身。⑧贤豪间者：贤人和豪侠中间的人物。间，中间。邪：同"耶"。⑨乡曲：乡间、民间。"乡曲之侠"当指民间的游侠。⑩予：通"与"，同。⑪效功：比较功业。效，通"校"，比较。⑫要：总之。功见：事功显现出来，意谓事情办成了。见，同"现"。⑬曷：同"何"。少：轻视。⑭靡：无，不。

⑮延陵：春秋时代吴国公子季札，被封于延陵，故称延陵季子。他出使中原路过徐国时，徐君颇爱其剑，他心有赠送之意，未曾说出。待他回返时，知徐君已死，于是便将其剑挂于徐君墓地树上，以示重然诺之意。(见《新序·节士》)不过延陵季子为春秋时人，文中不当言"近世"。又后文并未言及延陵季子事，只说战国四公事，故清人梁玉绳《史记志疑》、崔适《史记探源》等皆疑"延陵"二字为衍文，可信。孟尝：即齐国孟尝君田文。春申：即楚国春申君黄歇。平原：即赵国平原君赵胜。信陵：即魏国公子信陵君无忌。以上四人是战国时代以养士闻名的好侠之士。《史记》皆有传，分别见卷七十五、卷七十八、卷七十六、卷七十七。⑯藉：依靠。土：指封地。⑰疾：声音洪亮。⑱激：激荡。⑲砥名：砥砺名节，提高名声。⑳施：延。㉑排摈：排斥、抛弃。㉒朱家、田仲、王公、剧孟、郭解：皆汉代侠士，见下文。㉓扞：违。文罔：通"文网"，法律禁令。㉔朋党宗强：结成帮派的豪强。比周：互相勾结。比，近。周，合。㉕设财役贫：依仗自己的财富役使穷人。㉖凌：侵犯。㉗恣：放纵。㉘戾：谬，错误。

译文

现在拘泥于片面见闻的学者，有的死守着狭隘的道理，长久地孤立于世人之外，哪能比得上以低下的观点迁就世俗，随世俗的沉浮而猎取荣耀和名声的人呢？而平民百姓，看重取予皆符合道义，对别人说话算数，因而使千里之外的人称赞他们的义气，为道义而死却不顾世俗的责难，这也是他们的长处，并非随便就可做到的。所以读书人处在穷困窘迫的情况下，愿意托身于他，这难道不就是人们所说的贤能豪侠中间的人吗？如果真能让民间游侠者与季次、原宪比较权势和力量，比对当今社会的贡献，是不能同日而语的。总之，从事情的显现和言必有信的角度来看，侠客的正义行为又怎么可以轻视呢！

　　古代的平民侠客，没有听说过。近代延陵季子、孟尝君、春申君、平原君、信陵君这些人，都因为是君王的亲属，依仗封国及卿相的雄厚财富，招揽天下的贤才，在各诸侯国中名声显赫，不能说他们不是贤才。这就好比顺风呼喊，声音并非更加洪亮，而听的人感到清楚，这是风势激荡的结果。至于闾巷的布衣侠客，修养品行，磨砺名节，好的名望传布天下，无人不称赞他的贤德，这是难以做到的。然而儒家和墨家都排斥扬弃他们，不在他们的文献中加以记载。从秦朝以前，平民侠客的事迹，已经被埋没而不能见到，我很感遗憾。据我听到的情况来看，汉朝建国以来，有朱家、田仲、王公、剧孟、郭解这些人，他们虽然时常违犯汉朝的法律禁令，但是他们个人的行为符合道义，廉洁而有退让的精神，有值得称赞的地方。他们的名声并非虚假地树立起来的，读书人也不是没有根据地附和他们的。至于那些结成帮派的豪强，互相勾结，依仗财势奴役穷人，凭借豪强暴力欺凌孤独势弱的人，放纵欲望，自己满足取乐，这也是游侠之士认为可耻的。我哀伤世俗之人不能明察这其中的真意，却错误地把朱家和郭解等人与暴虐豪强之流的人视为同类，一样地加以嘲笑。

　　鲁朱家者，与高祖同时。鲁人皆以儒教，而朱家用侠闻①。所藏活豪士以百数②，其余庸人不可胜言③。然终不伐其能④，歆其德⑤，诸所尝施⑥，唯恐见之。振人不赡⑦，先从贫贱始。家无余财，衣不完采⑧，食不重（chóng）味，乘不过轺（qú）牛⑨。专趋人之急⑩，甚己之私。既阴脱季布将军之厄⑪，及布尊贵，终身不见也。自关以东⑫，莫不延颈愿交焉⑬。

　　楚田仲以侠闻，喜剑，父事朱家⑭，自以为行弗及。田仲已死，而洛阳有剧孟⑮。周人以商贾为资⑯，而剧孟以任侠显诸侯⑰。吴楚反时⑱，条侯为太尉⑲，乘传（zhuàn）车将至河南⑳，得剧孟，喜曰："吴楚举大事而不求孟，吾知其无能为已矣。"天下骚动，宰相得之若得一敌国云㉑。剧孟行大类朱家㉒，而好博㉓，多少年之戏㉔。然剧孟母死，自远方送丧盖千乘㉕。及剧孟死，家无余十金之财㉖。而符离人王孟亦以侠称江淮之间㉗。

是时济南瞯（xián）氏、陈周庸亦以豪闻㉘，景帝闻之，使使尽诛此属。其后代诸白、梁韩无辟、阳翟薛兄、陕韩孺纷纷复出焉㉙。

注释

①鲁：汉代封国名。用：因。②藏活：藏匿而使其活命。③庸人：普通人。④伐：自夸。⑤歆：欣喜，自我欣赏。德：恩惠。⑥尝：曾经。⑦振：通"赈"，救济。赡：足。⑧完采：不全是彩色。⑨䡠：车辕前端驾于马脖子上的弯曲横木。"䡠牛"犹言用牛驾车。⑩趋：奔走。急：危难。⑪阴脱：暗中使其摆脱。季布原为项羽的将领，项羽失败后，逃到濮阳隐藏在周家。后来刘邦悬赏捉拿他，周氏无奈将季布转到朱家那里。朱家通过汝阴侯夏侯婴劝说刘邦，赦免了季布，并重用他为中郎将等职。此处"阴脱"即指上述事实。事见《史记》卷一百《季布栾布列传》。⑫关：函谷关。⑬延颈：伸长脖子。此指急于相见、相交。⑭父事：像对待父亲一样服侍他。⑮洛阳：邑名，在今河南洛阳市东北。⑯周人：指洛阳人。商贾：做买卖。资：生活的资本。⑰任侠：讲义气，抱打不平。显：显扬。⑱吴、楚反：指吴、楚七国之乱。汉景帝三年（前154），吴王刘濞联合楚国、赵国、济南、胶东、菑川等六国诸侯王反叛中央，被太尉周亚夫率军平定。详

见《史记》卷一百六《吴王濞列传》。⑲条侯：即周亚夫。⑳传车：驿站所用的车驾。河南：汉朝郡名，此指洛阳。㉑宰相：指周亚夫。亚夫为太尉，相当于副宰相。敌国：与一个国家相匹敌。此极言剧孟地位的重要。㉒行：行为。大类：很像。㉓博：指六博棋，古代一种棋类游戏。㉔戏：游戏。㉕千乘：千辆。古代一车四马谓之"乘"。㉖金：古代计算货币的单位，在汉代一斤或一镒黄金称一金。㉗称：称颂。㉘陈：郡名，治所陈县（今河南淮阳县），西汉改为淮阳国。㉙诸白：诸位姓白的。

译文

鲁国的朱家与高祖是同一时代的人。鲁国人都喜欢搞儒家思想的教育，而朱家却因为是侠士而闻名。他所藏匿和救活的豪杰有几百个，其余普通人被救的说也说不完。但他始终不夸耀自己的才能，不自我欣赏他对别人的恩德，那些他曾经给予过施舍的人，唯恐再见到他们。他救济别人的困难，首先从贫贱的开始。他家中没有剩余的钱财，衣服破得连完整的彩色都没有，每顿饭只吃一样菜，乘坐的不过是个牛拉的车子。他一心救援别人的危难，超过为自己办私事。他曾经暗中使季布将军摆脱了被杀的厄运，待到季布将军地位尊贵之后，他却终身不肯与季布相见。函谷关以东的人们，没有一个不企慕他，希望和他交朋友。

楚地的田仲因为是侠客而闻名，他喜欢剑术，像服侍父亲那样对待朱家，他认为自己的操行赶不上朱家。田仲死后，洛阳出了个剧孟。洛阳人靠经商为生，而剧孟因为行侠显名于诸侯。吴、楚七国叛乱时，条侯周亚夫当太尉，乘坐着驿站的车子，将到洛阳时得到剧孟，高兴地说："吴、楚七国发动叛乱而不求剧孟相助，我知道他们是无所作为的。"天下动乱，太尉得到他就像得到了一个相等的国家一样。剧孟的行为大致类似朱家，却喜欢博棋，他所玩的多半是少年人的游戏。但是剧孟的母亲死了，从远方来送丧的，大概有上千辆车子。等到剧孟死时，家中连十金的钱财也没有。这时符离人王孟也因为行侠闻名于长江和淮河之间。

这时，济南姓瞷的人家，陈地的周庸也因为豪侠而闻名。汉景帝听说后，派使者把这类人全都杀死了。这以后，代郡姓白的、梁地的韩无辟、阳翟的薛兄、陕地的韩孺，又纷纷出现了。

郭解，轵人也，字翁伯，善相人者许负外孙也①。解父以任侠，孝文时诛死②。解为人短小精悍，不饮酒。少时阴贼③，慨不快意④，身所杀甚众。以躯借交报仇⑤，藏命作奸剽攻⑥，休乃铸钱掘冢⑦，固不可胜数。适有天幸⑧，窘急常得脱，若遇赦⑨。及解年长，更折节为俭⑩，以德报怨，厚施而薄望⑪。然其自喜为侠益甚。既已振人之命⑫，不矜其功，其阴贼著于心⑬，卒发于睚眦（yá zì）如故云⑭。而少年慕其行，亦辄为报仇，不使知也。解姊子负解之势⑮，与人饮，使之嚼（jué）⑯。非其任⑰，强必灌之。人怒，拔刀刺杀解姊子，亡去⑱。解姊怒曰："以翁伯之义，人杀吾子，贼不得⑲。"弃其尸于道，弗葬，欲以辱解。解使人微知贼处。贼窘自归，具以实告解。解曰："公杀之固当，吾儿不直㉑。"遂去其贼㉒，罪其姊子，乃收而葬之。诸公闻之，皆多解之义㉓，益附焉㉔。

解出入，人皆避之。有一人独箕倨视之㉕，解遣人问其名姓。客欲杀之。解曰："居邑屋至不见敬㉖，是吾德不修也，彼何罪！"乃阴属（zhǔ）尉史曰㉗："是人，吾所急也，至践更时脱之㉘。"每至践更，数（shuò）过㉙，吏弗求。怪之，问其故，乃解使脱之。箕踞者乃肉袒谢罪㉚。少年闻之，愈益慕解之行。

注释

①相人：给人相面。②孝文：汉文帝。③阴贼：内心阴险狠毒。④慨：愤慨。不快意：不满意。⑤借：同"藉"，助。交：指朋友。⑥命：指亡命。作奸：干坏事。剽攻：抢劫。⑦休：止。掘冢：盗掘坟墓。⑧适：遇到。天幸：上天保佑。⑨若：或。⑩更：改。折节：改变操行。俭：通"检"，检束，检点。⑪薄望：怨恨小。⑫振：救。⑬著：附着。⑭卒：通"猝"，突然。睚眦：怒目而视。⑮负：依仗。⑯嚼：通"釂"，干杯。⑰不任：不胜任。此指酒量不行。⑱亡：逃走。⑲贼不得：抓不到杀人者。⑳微知：暗中探知。㉑不直：理曲。㉒去：放走。㉓多：称赞。㉔附：归附。㉕箕倨：叉开两腿坐着，像簸箕之状，是一种无礼不恭敬的表现。倨，通"踞"。㉖居邑屋：在家乡居住。邑屋，乡里。见：被。㉗阴：暗中。属：同"嘱"。尉史：县尉手下小吏，掌征发徭役。㉘践更：汉役法名目之一，规定百姓服兵役，一月一轮换，叫卒更。贫者可代人服役，由依次当值者出钱雇佣，月二千，叫践更。脱：免。㉙数过：多次轮到。㉚肉袒：脱去上衣，露出身体的一部分。

译文

郭解是轵县人，字翁伯。他是善于给人相面的许负的外孙子。郭解的父亲因为行侠，在孝文帝时被处死。郭解个子矮小，为人精明强悍，不喝酒。他小时候残忍狠毒，心中愤慨不快时，亲手杀的人很多。他不惜牺牲生命去替朋友报仇，藏匿亡命徒去犯法抢劫，停下来就私铸钱币，盗挖坟墓，他的不法活动数也数不清。但却能遇到上天保佑，在窘迫危急时常常脱身，或者遇到大赦。等到郭解年龄大了，就改变行为，检点自己，用恩惠报答怨恨自己的人，多多地施舍别人，而且对别人怨恨很少。但他自己喜欢行侠的思想越来越强烈。已经救了别人的生命，却不自夸功劳，但其内心仍然残忍狠毒，为小事突然怨怒行凶的事依然如故。当时的少年仰慕他的行为，也常常为他报仇，却不让他知道。郭解姐姐的儿子依仗郭解的势力，同别人喝酒，让人家干杯。人家的酒量小，不能再喝了，他却强行灌酒。那人发怒，拔刀刺死了郭解姐姐的儿子，就逃跑了。郭解姐姐发怒说道："以弟弟翁伯的义气，人家杀了我的儿子，凶手却捉不到。"于是她把儿子的尸体丢弃在道上，不埋葬，想以此羞辱郭解。郭解派人暗中探知凶手的去处。凶手窘迫，自动回来把真实情况告诉了郭解。郭解说："你杀了他本来应该，是我家孩子无理。"于是放走了那个凶手，把罪责归于姐姐的儿子，并收尸埋葬了他。人们听到这消息，都称赞郭解的道义行为，更加依附于他。

郭解每次外出或归来，人们都躲避他。只有一个人傲慢地坐在地上看着他，郭解派人去问他的姓名。门客中有人要杀那个人，郭解说："居住在乡里之中，竟至于不被人尊敬，这是我自己道德修养得还不够，他有什么罪过！"于是他就暗中嘱托尉史说："这个人是我最关心的，轮到他服役时，请加以免除。"以后每到服役时，有好多次，县中官吏都没找这位对郭解不礼貌的人。他感到奇怪，问其中的原因，原来是郭解使人免除了他的差役。于是，他就袒露身体，去找郭解谢罪。少年们听到这消息，越发仰慕郭解的行为。

洛阳人有相仇者，邑中贤豪居间者以十数①，终不听。客乃见郭解②。解夜见仇家，仇家曲听解③。解乃谓仇家曰：

"吾闻洛阳诸公在此间,多不听者。今子幸而听解④,解奈何乃从他县夺人邑中贤大夫权乎⑤!"乃夜去,不使人知,曰:"且无用⑥,待我去,令洛阳豪居其间,乃听之。"

解执恭敬⑦,不敢乘车入其县廷。之旁郡国,为人请求事,事可出⑧,出之;不可者,各厌其意⑨,然后乃敢尝酒食。诸公以故严重之⑩,争为用⑪。邑中少年及旁近县贤豪,夜半过门常十余车⑫,请得解客舍养之⑬。

及徙豪富茂陵也⑭,解家贫,不中訾⑮,吏恐,不敢不徙。卫将军为言"郭解家贫不中徙"⑯。上曰:"布衣权至使将军为言,此其家不贫。"解家遂徙。诸公送者出千余万。轵人杨季主子为县掾⑰,举徙解⑱。解兄子断杨掾头。由此杨氏与郭氏为仇。

注释

①居间:从中间调解。②客:这里指门客。③曲听:委屈心意而听从,以示对劝说人的尊重。④幸:谦词,使我感到荣幸。⑤他县:别的县。郭解是轵人,对洛阳而言,是外县之人。权:权力,实指声望。⑥且:暂时。无用:不便听我的话。⑦执:谨守。⑧出:得到解决。⑨厌:通"餍",满足。⑩严重:尊重。⑪为用:替他出力。⑫过:拜访。⑬客:指郭解的门客。舍养:供养在自家房舍之中。⑭徙:迁移。茂陵:汉武帝的陵墓。按汉武帝建元二年(前139),为扩充新修的茂陵的居民人数,"内实京师,外销奸滑",迁移全国家财在三百万以上的人家到茂陵居住;至元朔二年(前127),又迁郡国富豪人家到茂陵居住。郭解就在这时迁居茂陵。⑮訾:通"资",钱财。⑯卫将军:指卫青。为言:替他说话。⑰县掾:县府曹吏。⑱举:检举,提名。

译文

洛阳有两个人彼此结了仇,当地有数以十计的贤人豪杰从中调解,两方面始终不听劝解。门客们就来拜见郭解,说明情况。郭解晚上去会见结仇的人家,仇家出于对郭解的尊重,委屈心意地听从了劝告,准备和好。郭解就对仇家说:"我听说洛阳诸公为你们调解,你们多半不肯接受。如今你们幸而听从了我的劝告,郭解怎能从别的县跑来侵夺人家城中贤豪大夫们的调解权呢?"于是郭解当夜离去,不让人知道,说:"暂时不要听我的调解,待我离开后,让洛阳豪杰从中调解,那时你们就照办。"

郭解保持着恭敬待人的态度,不敢乘车走进县衙门。他到旁的郡国去替人办事,事能办成的,一定把它办成;办不成的,也要使有关方面都满意,然后才敢去吃人家酒饭。因此大家都特别尊重他,争着为他效力。城中少年及附近县城的贤人豪杰,半夜上门拜访郭解的常常有十多辆车子,请求把郭解家的门客接回自家供养。

待到汉武帝元朔二年,朝廷要将各郡国的豪富人家迁往茂陵居住,郭解家贫,不符合资财三百万的迁转标准,但迁移名单中有郭解的名字,因而官吏害怕,不敢不让郭解迁移。当时卫青将军替郭解向皇上说:"郭解家贫,不符合迁移的标准。"但是皇上说:"一个百姓的权势竟能使将军替他说话,这就可见他家不穷。"郭解于是被迁徙到茂陵。人们为郭解送行共出钱一千余万。轵人杨季主的儿子当县掾,是他提名迁徙郭解的。郭解哥哥的儿子砍掉杨县掾的头。从此杨家与郭家结了仇。

解入关,关中贤豪知与不知,闻其声,争交欢解①。解为人短小,不饮酒,出未尝有骑。已又杀杨季主②。杨季主家上书,人又杀之阙下③。上闻,乃下吏捕解。解亡④,置其母家室夏阳,身至临晋。临晋籍少公素不知解⑤,解冒⑥,因求出关⑦。籍少公已出解,解转入太原,所过辄告主人家。吏逐之,迹至籍少公⑧。少公自杀,口绝⑨。久之,乃得解。穷治所犯⑩,为解所杀,皆在赦前。轵有儒生侍使者坐,客誉郭解,生曰:"郭解专以奸犯公法,何谓贤!"解客闻,杀此生,断其舌。吏以此责解,解实不知杀者。杀者亦竟绝,莫知为谁。吏奏解无罪。御史大夫公孙弘议曰:"解布衣为任侠行权,以睚眦杀人,解虽弗知,此罪甚于解杀之。当大逆无道⑪。"遂族郭解翁伯⑫。

注释

①交欢:结为友好朋友。②已:不久。③阙下:宫阙之下。④亡:逃跑。⑤籍少公:人名,姓籍,名少公。⑥冒:冒昧。此指贸然相见。⑦因:顺便。⑧迹:追踪而来。⑨口绝:灭口。⑩穷治:深究其事,追问到底。⑪当:判处。⑫族:灭族。

译文

郭解迁移到关中,关中的贤人豪杰无论从前是否认识郭解,如今听到他的名声,都争着与郭解结为好朋友。郭解个子矮,不喝酒,出门不乘马。后来又杀死杨季主。杨季主的家人上书告状,有人又把告状的在宫门下给杀了。皇上听到这消息,就向官吏下令捕捉郭解。郭解逃跑,把他母亲安置在夏阳,自己逃到临晋。临晋籍少公平素不认识郭解,郭解冒昧会见他,顺便要求他帮助出关。籍少公把郭解送出关后,郭解转移到太原,他所到之处,常常把自己的情况告诉留他食宿的人家。官吏追逐郭解,追踪到籍少公家里。籍少公无奈自杀,口供断绝了。过了很久,官府才捕到郭解,并彻底深究他的犯法罪行,发现一些人被郭解所杀的事，都发生在赦令公布之前。一次，轵县有个儒生陪同前来查办郭解案件的使者闲坐，郭解门客称赞郭解，他说："郭解专爱做奸邪犯法的事，怎能说他是贤人呢？"郭解门客听到这话，就杀了这个儒生，割下他的舌头。官吏以此责问郭解，令他交出凶手，而郭解确实不知道杀人的是谁。杀人的人始终没查出来，不知道是谁。官吏向皇上报告，说郭解无罪。御史大夫公孙弘议论道："郭解以平民身份行侠，玩弄权诈之术，因为小事而杀人，郭解自己虽然不知道，这个罪过比他自己杀人还严重。判处郭解大逆无道的罪。"于是就诛杀了郭解翁伯的家族。

自是之后，为侠者极众，敖而无足数者①。然关中长安樊仲子，槐里赵王孙，长陵高公子，西河郭公仲，太原卤公孺②，临淮儿长卿③，东阳田君孺，虽为侠而逡逡（qūn）有退让君子之风④。至若北道姚氏，西道诸杜，南道仇景，东道赵他、羽公子，南阳赵调之徒，此盗跖居民间者耳，曷足道哉！此乃乡者朱家之羞也⑤。

太史公曰：吾视郭解，状貌不及中人，言语不足采者⑥。然天下无贤与不肖，知与不知，皆慕其声，言侠者皆引以为名。谚曰："人貌荣名，岂有既乎⑦！"於（wū）戏（hū）⑧，惜哉！

注释
①敖：通"傲"，傲慢无礼。②卤公孺：《汉书》写作"鲁公孺"。③儿长卿：又作"倪长卿"。④逡逡：谦虚退让的样子。⑤乡：通"向"，从前。⑥不足采：不值得采取。⑦既：尽。⑧於戏：通"呜呼"。表感叹。

译文

从此以后，行侠的人特别多，但都傲慢无礼没有值得称道的。但是关中长安的樊仲子，槐里赵王孙，长陵的高公子，西河的郭公仲，太原的卤公孺，临淮的兒长卿，东阳的田君孺，虽然行侠却能有谦虚退让的君子风度。至于像北道的姚氏，西道的一些姓杜的，南道的仇景，东道的赵他、羽公子，南阳赵调之流，这些都是处在民间的盗跖罢了，哪里值得一提呢！这都是从前朱家那样的人引以为耻的。

太史公说：我见过郭解，他的状貌赶不上一个中等人，语言也无可取的地方。但是天下的人们，无论是有出息的，没出息的，无论是认识他的还是不认识他的，都仰慕他的名声，谈论游侠的都标榜郭解以提高自己的名声。谚语说："人要是能以声誉作为自己的容貌，那就可以永世长存了。"可惜呀，竟落了个这样的结局。

滑稽列传

淳（chún）于髡（kūn）者，齐之赘婿也。长不满七尺，滑（gǔ）稽多辩①，数使诸侯②，未尝屈辱。齐威王之时喜隐③，好为淫乐长夜之饮，沉湎不治④，委政卿大夫。百官荒乱，诸侯并侵⑤，国且危亡，在于旦暮，左右莫敢谏（jiàn）。淳于髡说之以隐曰⑥："国中有大鸟，止王之庭，三年不蜚（fēi）又不鸣⑦，王知此鸟何也？"王曰："此鸟不飞则已，一飞冲天；不鸣则已，一鸣惊人。"于是乃朝诸县令长七十二人⑧，赏一人，诛一人，奋兵而出⑨。诸侯振惊⑩，皆还齐侵地。威行三十六年。语在《田完世家》中⑪。

注释

①滑稽：能言善辩，语言流畅。②数：屡次。③喜隐：喜欢说隐语。隐语即谜语。④沉湎：指陶醉于饮酒之中。不治：不问政事。⑤并侵：都来侵犯。⑥说之以隐：用隐语来游说齐威王。说，劝说，说服。⑦蜚：同"飞"。⑧县令长：县的行政长官，人口万户以上的县，称令；人口不及万户的县，称长。⑨奋兵：举兵。⑩振：通"震"。⑪《田完世家》：即《田敬仲完世家》，在《史记》卷四十六。

译文

淳于髡是齐国一个上门的女婿。身高不足七尺，滑稽幽默，能言善辩,屡次出使诸侯之国,从未受过屈辱。齐威王在位时,喜好听隐语,又好彻夜宴饮,逸乐无度,陶醉于酒色之中,不管政事,把政事委托给卿大夫。文武百官荒淫放纵,诸侯各国都趁机来侵犯,国家危亡,就在旦夕之间。齐王身边近臣都不敢进谏。淳于髡用隐语来规劝讽谏齐威王,说:"都城中有只大鸟,落在了大王的庭院里,三年不飞又不叫,大王知道这只鸟是怎么一回事吗?"齐威王说:"这只鸟不飞则已,一飞就直冲云霄;不鸣则已,一鸣惊人。"于是召集齐国境内各县县令县长七十二人都来开会,奖赏一人,诛杀一人;又发兵御敌,诸侯十分惊恐,都把侵占的土地归还齐国。从此齐威王称霸三十六年。详情记载在《田完世家》里。

威王八年①,楚大发兵加齐②。齐王使淳于髡之赵请救兵③,赍(jī)金百斤④,车马十驷⑤。淳于髡仰天大笑,冠缨(yīng)索绝⑥。王曰:"先生少之乎?"髡曰:"何敢!"王曰:"笑岂有说乎?"髡曰:"今者臣从东方来,见道傍有禳(ráng)田者⑦,操一豚蹄⑧,酒一盂,祝曰:'瓯窭(jù)满篝(gōu)⑨,污邪满车⑩,五谷蕃(fán)熟⑪,穰穰满家⑫。'臣见其所持者狭而所欲者奢⑬,故笑之。"于是齐威王乃益赍(jī)黄金千溢⑭,白璧十双⑮,车马百驷。髡辞而行,至赵。赵王与之精兵十万⑯,革车千乘⑰。楚闻之,夜引兵而去。

注释

①威王八年:公元前371年。②加齐:侵犯齐境。加,凌压、覆盖。③之:往、到。④赍:携带。⑤驷:古代同一辆车驾四匹马叫一驷。⑥冠缨索绝:结缚帽子的带子尽都迸断。缨,系帽用的带子。索,尽。绝,断。⑦傍:通"旁"。禳田者:祈祷田神的

人。禳,古代以祭祷消除灾祸的一种迷信活动。⑧豚蹄:猪蹄。⑨瓯窭满篝:高地上收获的谷物盛满篝笼。瓯窭,犹杯窭,形容高地狭小之处。篝,竹笼。⑩污邪:低洼田地。⑪蕃熟:茂盛丰熟。⑫穰穰:丰盛、众多的样子。⑬狭:少。奢:多。⑭溢:通"镒"。古代的重量单位。二十两为一镒,一说二十四两为一镒。⑮璧:平而圆、中心有孔的玉。礼器。⑯赵王:指赵成侯。⑰革车:裹有皮革的重战车。

译文

齐威王八年,楚国派遣大军侵犯齐境。齐王派淳于髡出使赵国请求救兵,让他携带黄金百两,马车十辆作为礼物。淳于髡仰天大笑,将系帽子的带子都笑断了。威王说:"先生是嫌礼物太少吗?"淳于髡说:"怎么敢嫌少!"威王说:"那你笑,难道有什么说辞吗?"淳于髡说:"今天我从东边来时,看到路旁有个祈祷田神的人,拿着一个猪蹄、一杯酒,祈祷说:'高地上收获的谷物盛满篝笼,低田里收获的庄稼装满车辆;五谷繁茂丰熟,米粮堆积满仓。'我看见他拿的祭品很少,而所祈求的东西太多,所以笑他。"于是齐威王就把礼物增加到黄金千镒、白璧十对、驷马车百辆。淳于髡告辞起行,来到赵国。赵王拨给他十万精兵、一千辆裹有皮革的战车。楚国听到这个消息,连夜退兵而去。

威王大说(yuè)①,置酒后宫,召髡赐之酒。问曰:"先生能饮几何而醉?"对曰:"臣饮一斗亦醉,一石亦醉。"威王曰:"先生饮一斗而醉,恶(wù)能饮一石哉②!其说可得闻乎?"髡曰:"赐酒大王之前,执法在旁,御使在后,髡恐惧俯伏而饮,不过一斗径醉矣③。若亲有严客④,髡帣韝(gōu)鞠䠆(jǐn)⑤,侍酒于前,时赐余沥⑥,奉觞上寿⑦,数起,饮不过二斗径醉矣。若朋友交游,久不相见,卒然相睹⑧,欢然道故⑨,私情相语⑩,饮可五六斗径醉矣。若乃州闾(lǘ)之会⑪,男女杂坐,行酒稽留⑫,六博投壶⑬,相引为曹⑭,握手无罚,目眙(chì)不禁⑮,前有堕珥⑯,后有遗簪⑰,髡窃乐此⑱,饮可八斗而醉二参(sān)⑲。日暮酒阑⑳,合尊促坐㉑,男女同席,履舄(xì)交错㉒,杯盘狼藉㉓,堂上烛灭,主人留髡而送客,罗襦(rú)襟解㉔,微闻芗泽㉕,当此之时,髡心最欢,能饮一石。故曰酒极则乱,乐极则悲。万事尽然。言不可极,极之而衰。"以讽谏焉㉖。齐王曰:"善。"乃罢长夜之饮,以髡为诸侯主客㉗。宗室置酒,髡尝在侧㉘。

其后百余年,楚有优孟㉙。

注释

①说:同"悦"。喜欢、高兴。②恶:如何、怎么。③径:直,就。④严客:尊客。严,尊严,敬重。⑤帣韝:卷着袖子。帣,约束袖子。韝,臂套。鞠:弯腰跪着。噭,同"卺",挺直上身,双膝着地。⑥余沥:残酒。⑦奉:捧。觞:盛酒器。⑧卒然:突然。卒,通"猝"。⑨道故:话旧,追述往事。⑩私情相语:彼此倾吐心里的话。⑪若乃:至于。州闾:乡里。⑫行酒:依次饮酒。稽留:延长,停留。⑬六博:古代的一种博戏。共十二枚棋子,黑、白各六枚,两人对博每人各六棋,故名。投壶:古代宴会的游戏,宾主依次往一种特制壶中投矢,以投中多少决胜负。⑭曹:侪辈。这里犹伙伴。⑮眙:直视,瞪着眼。⑯堕珥:掉在地上的耳环。⑰遗簪:丢失的发簪。⑱窃:暗自,私下。⑲参:三。⑳阑:尽。㉑合尊:把残余的酒并为一樽。尊,即樽,酒器。促坐:挤在一起坐。㉒履舄交错:这里指男女的鞋子错杂地放在一起。履,鞋子。舄,木底鞋。㉓狼藉:杂乱无章。㉔罗

襦：薄罗的短衣或短袄。㉕芗泽：浓浓的香气。芗，同"香"。㉖讽谏：用婉言隐语来劝诫别人。㉗诸侯主客：接待各诸侯国宾客的交际官。㉘尝：通"常"。㉙优孟：优，演戏的人。孟，是其字。

译文

齐威王非常高兴，在后宫设置酒肴，召见淳于髡，赐他酒喝。问他说："先生能够喝多少酒才醉？"淳于髡回答说："我喝一斗酒也能醉，喝一石酒也能醉。"威王说："先生喝一斗就醉了，怎么能喝一石呢？能把这个道理说给我听听吗？"淳于髡说："大王当面赏酒给我，执法官站在旁边，御史站在背后，我心惊胆战，低头伏地地喝，喝不了一斗就醉了。假如父母有尊贵的客人来家，我卷起袖子，躬着身子，奉酒敬客，客人不时赏我酒吃，屡次举杯敬酒应酬，喝不到两斗就醉了。假如朋友间交游，好久不曾见面，忽然间相见了，高兴地讲述以往事情，倾吐衷肠，大约喝五六斗就醉了。至于乡里之间的聚会，男女杂坐，彼此敬酒，没有时间的限制，又作六博、投壶一类的游戏，呼朋唤友，相邀成对，握手言欢不受处罚，眉目传情不遭禁止，面前有落下的耳环，背后有丢掉的发簪，在这种时候，我最开心，可以喝上八斗酒，也不过两三分醉意。天黑了，酒也快完了，大家把残余的酒菜并到一起，大家促膝而坐，男女同席，鞋子木屐混杂在一起，杯盘杂乱不堪，再如果堂上的蜡烛已经熄灭，主人单留住我，而把别的客人送走，绫罗短袄的衣襟已经解开，略略闻到阵阵香味，这时我心里最为高兴，能喝下一石酒。所以说，酒喝得过多就容易出乱子，欢乐到极点就会发生悲痛之事。所有的事情都是如此。无论什么事情不可走向极端，到了极端就会衰败。"淳于髡以此来婉转地劝说齐威王。威王说："好。"于是，威王就停止了彻夜欢饮之事，并任用淳于髡为接待诸侯宾客的宾礼官。齐王宗室设置酒宴，淳于髡常常作陪。

在淳于髡之后一百多年，楚国出了个优孟。

优孟，故楚之乐人也①。长八尺，多辩，常以谈笑讽谏②。楚庄王之时，有所爱马，衣以文绣③，置之华屋之下④，席以露床⑤，啖以枣脯⑥。马病肥死，使群臣丧之⑦，欲以棺椁大夫礼葬之⑧。左右争之，以为不可。王下令曰："有敢以马谏者，罪至死。"优孟闻之，入殿门，仰天大哭。王惊而问其故。优孟曰："马者王之所爱也，以楚国堂堂之大，何求不得，而以大夫礼葬之，薄，请以人君礼葬之。"王曰："何如？"对曰："臣请以雕玉为棺，文梓为椁（guǒ）⑨，楩（pián）、枫、豫章为题凑⑩，发甲卒为穿圹（kuàng）⑪，老弱负土⑫，齐赵陪位于前⑬，韩魏翼卫其后⑭，庙食太牢⑮，奉以万户之邑⑯。诸侯闻之，皆知大王贱人而贵马也。"王曰："寡人之过一至此乎⑰？为之奈何？"优孟曰："请为大王六畜葬之⑱。以垄（lǒng）灶为椁⑲，铜历为棺⑳，赍（jī）以姜枣㉑，荐以木兰㉒，祭以粮稻，衣以火光，葬之于人腹肠。"于是王乃使以马属太官，无㉓令天下久闻也。

注释

①故：过去。乐人：指能歌善舞的艺人。②讽谏：以婉言隐语进行劝谏。③文绣：华美的刺绣品。④华屋：华丽的屋宇。⑤露床：没有帐幔的床。⑥啖：喂。⑦丧：治丧，服丧。⑧椁：棺材外面套的大棺材。⑨文梓：纹理细致的梓木。⑩楩、枫、豫章：都是有名的贵重木材。章，通"樟"。题凑：下葬时将木材累积在棺外，用来护棺。木头都向内，叫作题凑。题，头。凑，聚。

⑪穿圹：挖掘墓穴。⑫负土：背土筑坟。⑬陪位：列在从祭之位。⑭翼卫：护卫。⑮庙食太牢：为死马建立祠庙，用太牢礼祭祀。太牢，牛、羊、猪各一头，是最高的祭礼。⑯奉：供奉祭祀。⑰一至此乎：竟到这种地步吗？一，乃，竟。⑱六畜葬之：当畜生来葬送它。六畜，指马、牛、羊、鸡、犬、猪。⑲垅灶：用土堆成的灶。⑳铜历：大铜锅。历，通"鬲（lì）"，鼎一类的东西。㉑赍：通"剂"，调配。㉒荐：托付，垫进。木兰：香料。㉓属：交付。

译文

　　优孟原是楚国的老歌舞艺人。他身高八尺，富有辩才，时常用说笑方式劝诫楚王。楚庄王时，他有一匹喜爱的马，给它穿上华美的绣花衣服，养在富丽堂皇的屋子里，睡在没有帐幔的床上，用蜜饯的枣干来喂它。马因为得肥胖病而死了，庄王派群臣给马办丧事，要用棺椁盛殓，依照大夫那样的礼仪来葬埋死马。左右近臣争论此事，认为不可以这样做。庄王下令说："有谁再敢以葬马的事来进谏，就处以死刑。"优孟听到此事，走进殿门，仰天大哭。庄王吃惊地问他哭的原因。优孟说："马是大王所喜爱的，就凭楚国这样强大的国家，有什么事情办不到，却用大夫的礼仪来埋葬它，太薄待了，请用人君的礼仪来埋葬它。"庄王问："那怎么办？"优孟回答说："我请求用雕刻花纹的美玉做棺材，用细致的梓木做套棺，用楩、枫、豫樟等名贵木材做护棺的木块，派士兵给它挖掘墓穴，让老人儿童背土筑坟，齐国、赵国的使臣在前面陪祭，韩国、魏国的使臣在后面护卫，建立祠庙，用牛羊猪祭祀，封给万户大邑来供奉。诸侯听到这件事，就都知道大王轻视人而看重马了。"庄王说："我的过错竟到这种地步吗？该怎么办呢？"优孟说："请大王准许按埋葬畜牲的办法来葬埋它：在地上堆个土灶当作椁材，用大铜锅当作棺材，用姜枣来调味，用香料来解腥，用稻米作祭品，用火作衣服，把它安葬在人的肚肠中。"于是庄王派人把马交给了主管宫中膳食的太官，并让大家以后不要再提这件事了。

楚相孙叔敖知其贤人也，善待之。病且死①，属（zhǔ）其子曰②："我死，汝必贫困。若往见优孟③，言我孙叔敖之子也。"居数年④，其子穷困负薪⑤，逢优孟，与言曰："我，孙叔敖子也。父且死时，属我贫困往见优孟。"优孟曰：若无远有所之⑥。"即为孙叔敖衣冠，抵掌谈语⑦。岁余，像孙叔敖，楚王及左右不能别也。庄王置酒，优孟前为寿⑧。庄王大惊，以为孙叔敖复生也，欲以为相。优孟曰："请归与妇计之⑨，三日而为相。"庄王许之。三日后，优孟复来。王曰："妇言谓何？"孟曰："妇言慎无为⑩，楚相不足为也。如孙叔敖之为楚相，尽忠为廉以治楚，楚王得以霸。今死，其子无立锥之地⑪，贫困负薪以自饮食⑫。必如孙叔敖，不如自杀。"因歌曰："山居耕田苦，难以得食。起而为吏，身贪鄙者余财，不顾耻辱。身死家室富，又恐受赇枉法⑬，为奸触大罪，身死而家灭。贪吏安可为也！念为廉吏，奉法守职，竟死不敢为非⑭。廉吏安可为也！楚相孙叔敖持廉至死⑮，方今妻子穷困负薪而食，不足为也⑯！"于是庄王谢优孟⑰，乃召孙叔敖子，封之寝丘四百户，以奉其祀。后十世不绝。此知（zhī）可以言时矣⑱。

其后二百余年，秦有优旃（zhān）⑲。

注释

①且死：将死，临终。②属：同"嘱"。叮嘱。③若：你。④居数年：过了几年。居，常用于"有顷"、"久之"、"顷之"等前面，表示相隔一段时间。⑤负薪：背柴贩卖。⑥若无远有所之：你不要远往他处。无，通"毋"，不要。⑦抵掌：击掌。抵，拍，击。今作"抵掌"。此句是说优孟摹仿孙叔敖的言谈举止。⑧为寿：敬酒祝福。⑨归与妇计之：请让我回家跟妻子商议这件事。计，盘算，谋划。⑩慎无为：千万不要干。慎，表示告诫，犹今语"千万"。⑪无立锥之地：没有可以插一个铁锥尖端那么大的地方，极言赤贫。⑫自饮食：自己养活自己。⑬赇：贿赂。⑭竟死：到死。竟，从头至尾。⑮持廉：坚持廉洁的操守。⑯不足为：不值得干。足，配，值得。⑰谢：认错。⑱知可以言时：其智可以说得正合时宜。知，通"智"，智慧。⑲优旃：字旃的优人。

译文

楚国宰相孙叔敖知道优孟是位贤人，待他很好。孙叔敖患病临终前，叮嘱他的儿子说："我死后，你一定很贫困。那时，你就去拜见优孟，说：'我是孙叔敖的儿子。'"过了几年，孙叔敖的儿子果然十分贫困，靠卖柴为生。一次路上遇到优孟，就对优孟说："我是孙叔敖的儿子。父亲临终前，嘱咐我贫困时就去拜见优孟。"优孟说："你不要到远处去。"于是，他就立即缝制了孙叔敖的衣服帽子穿戴起来，模仿孙叔敖的言谈举止音容笑貌。过了一年多，模仿得活像孙叔敖，连楚庄王左右近臣都分辨不出来。楚庄王设置酒宴，优孟上前为庄王敬酒祝福。庄王大吃一惊，以为孙叔敖又复活了，想要让他做楚相。优孟说："请允许我回去和妻子商量此事，三日后再来就任楚相。"庄王答应了他。

三日后,优孟又来见庄王。庄王问:"你妻子怎么说的?"优孟说:"妻子说千万别做楚相,楚相不值得做。像孙叔敖那样地做楚相,忠正廉洁地治理楚国,并辅佐楚王成了一代霸主,结果一死,他的儿子竟无立锥之地,贫困到每天靠打柴谋生。如果要像孙叔敖那样做楚相,还不如自杀。"接着唱道:"住在山野耕田辛苦,难以获得食物。出外做官,自身贪赃卑鄙的,积有余财,不顾廉耻。自己死后家室虽然富足,但又恐惧贪赃枉法,干非法之事,犯下大罪,自己被杀,家室也遭诛灭。贪官哪能做呢?想要做个清官,遵纪守法,忠于职守,到死都不敢做非法之事。唉,清官又哪能做呢?像楚相孙叔敖,一生坚持廉洁的操守,现在妻儿老小却贫困到靠打柴为生。清官实在不值得做啊!"于是,楚庄王向优孟表示了歉意,当即召见孙叔敖的儿子,封给他寝丘之地四百户,以供他祭祀孙叔敖之用。自此之后,十年没有断绝。优孟的这种聪明才智,可以说是善于抓住时机。

在优孟以后二百多年,秦国又出了个优旃。

优旃者,秦倡①,侏儒也。善为笑言,然合于大道。秦始皇时,置酒而天雨,陛楯(dùn)者皆沾寒②。优旃见而哀之③,谓之曰:"汝欲休乎④?"陛楯者皆曰:"幸甚。"优旃曰:"我即呼汝⑤,汝疾应曰诺⑥。"居有顷,殿上上寿呼万岁。优旃临槛大呼曰:"陛楯郎!"郎曰:"诺。"优旃曰:"汝虽长,何益,幸雨立。我虽短也,幸休居。"于是始皇使陛楯者得半相代⑦。

注释

①倡:表演歌舞的人。②陛楯者:在殿前阶下持武器警卫的武士。陛,台阶。这里指王宫的台阶。楯,通"盾"。沾寒:受冻。

③哀：怜悯，同情。④休：休息。⑤即：如果，假如。⑥疾：快速。⑦半相代：指一半人值勤，一半人休息，轮番接替。

译文

优旃是秦国的歌舞艺人，个子非常矮小。他擅长说笑话，而且都能合乎大道理。有一次，秦始皇在宫中设置酒宴，正遇上天下雨，殿阶下执盾站岗的卫士都淋着雨，受着风寒。优旃看见了十分怜悯他们，对他们说："你们想要休息么？"卫士们都说："如能那样就太好了。"优旃说："等一下我喊你们，你们要很快地答应我。"过了一会儿，宫殿上向秦始皇祝酒，高呼万岁。优旃靠近栏杆旁大声喊道："卫士！"卫士答道："有。"优旃说："你们虽然长得高大，有什么好处？你们只好站在露天淋雨。我虽然长得矮小，却有幸在这里休息。"于是，秦始皇准许卫士减半值班，轮流接替。

始皇尝议欲大苑囿①，东至函谷关，西至雍、陈仓。优旃曰："善。多纵禽兽于其中，寇从东方来，令麋（mí）鹿触之足矣②。"始皇以故辍止③。二世立④，又欲漆其城⑤。优旃曰："善。主上虽无言，臣固将请之⑥。漆城虽于百姓愁费⑦，然佳哉！漆城荡荡⑧，寇来不能上。即欲就之，易为漆耳，顾难为荫室⑨。"于是二世笑之，以其故止。居无何⑩，二世杀死⑪，优旃归汉，数年而卒。

太史公曰：淳于髡仰天大笑，齐威王横行⑫。优孟摇头而歌，负薪者以封。优旃临槛疾呼，陛楯得以半更。岂不亦伟哉！

注释

①大：扩大。苑囿：种植林木、豢养禽兽的地方。此句实际是指秦始皇想扩大猎场。②这一句是说，让麋鹿去抵抗东方的敌寇就足可以了。麋，大鹿。③辍：停止。④二世：指秦二世嬴胡亥。⑤漆其城：用漆涂饰城墙。⑥臣固将请之：我本来也要请你这样做。固，本来。⑦愁费：愁怨耗损。⑧荡荡：漂亮、阔气。⑨顾：但是。荫室：此指遮蔽太阳，储存待干的漆器的房间。⑩居无何：过了不久。⑪杀死：被杀身死。⑫横行：形容所向无敌。

译文

　　秦始皇曾经计议要扩大射猎的区域，东到函谷关，西到雍县和陈仓。优旃说："好。多养些禽兽在里面，敌人从东面来侵犯，让麋鹿用角去抵触他们就足以应付了。"秦始皇听了这话，就停止了扩大猎场的计划。秦二世皇帝即位，又想用漆涂饰城墙。优旃说："好。皇上即使不讲，我本来也要请您这样做的。漆城墙虽然给百姓带来愁苦和耗费，可是很美呀！城墙漆得漂漂亮亮的，敌人来了也爬不上来。要想成就这件事，涂漆倒是容易的，但是难办的是要找一所大房子，把漆过的城墙搁进去，使它阴干。"于是二世皇帝笑了起来，因而取消了这个计划。不久，二世皇帝被杀死，优旃归顺了汉朝，几年后就死了。

　　太史公说：淳于髡仰天大笑，齐威王得以称霸诸侯所向披靡；优孟摇头歌唱，打柴的人得到了封邑；优旃在栏杆上头大声一呼，站岗的士兵得到了轮流休息。这三人难道不是奇伟的人吗！

魏文侯时，西门豹为邺令①。豹往到邺，会长老，问之民所疾苦。长老曰："苦为河伯娶妇②，以故贫。"豹问其故，对曰："邺三老③、廷掾常岁赋敛百姓④，收取其钱得数百万，用其二三十万为河伯娶妇，与祝巫共分其余钱持归⑤。当其时，巫行视小家女好者⑥，云是当为河伯妇，即娉（pīng）取⑦。洗沐之，为治新缯（zēng）绮縠（hú）衣⑧，闲居斋戒⑨；为治斋宫河上⑩，张缇（tí）绛帷⑪，女居其中。为具牛酒饭食⑫，行十余日⑬。共粉饰之⑭，如嫁女床席⑮，令女居其上，浮之河中。始浮，行数十里乃没。其人家有好女者，恐大巫祝为河伯取之，以故多持女远逃亡。以故城中益空无人⑯，又困贫⑰，所以来久远矣。民人俗语曰：'即不为河伯娶妇⑱，水来漂没，溺其人民'云⑲。"西门豹曰："至为河伯娶妇时，愿三老、巫祝、父老送女河上，幸来告语之⑳，吾亦往送女。"皆曰："诺。"

注释

①邺：县名，也叫邺城，在今河北磁县南。②河伯：河神。③三老：古代掌教化的乡官。廷掾：县廷中的吏属。④常岁：每年。赋敛：定额收费。⑤祝巫：古代以祭祀神鬼，消解灾祸为职业的人。祝，庙祝。巫，女巫。⑥行视：巡视。小家女：贫苦人家的女儿。⑦娉取：下娉娶走。娉，通"聘"，定婚。取，同"娶"。⑧缯：丝织品的总称。绮：有花纹的丝织品。縠：有绉纹的纱。⑨闲居：单独居住。斋戒：祭祀前，沐浴更衣，素食，以示诚敬，称为"斋戒"。⑩治：建造。斋宫：斋戒的住屋。⑪张：张挂。缇：橘红色的丝织品。又《正义》引顾野王云："厚缯也"。绛：深红色。帷：帐子。⑫具：备办。⑬行：经过。⑭粉饰：装饰，打扮。⑮床席：床帐枕席之类。⑯益：更，更加。⑰又：更

加。⑱即：假使。⑲溺其人民：要淹死那些不肯为河伯娶妇的老百姓。⑳幸：希望。

译文

　　魏文侯的时候，西门豹做邺县令。西门豹到了邺县，召集年高而有名望的人，询问民间感痛苦的事情。那些人回答说："苦于给河神娶媳妇，因为这个缘故弄得贫困。"西门豹问其原因，回答说："邺地的三老、廷掾常年向百姓征收赋税，收取他们的钱达数百万之多，用其中的二三十万为河神娶媳妇，再同庙祝、巫婆一同瓜分其余的钱，拿回家去。那期间，巫婆四处巡视，见到贫苦人家的女儿中长得漂亮的，就说这应该做河神的媳妇，当即下聘礼娶走。为她洗澡沐浴，给她缝制新的绸绢衣服，独住下来，静心养性，替她在河边盖起斋居的房子，挂上大红厚绢的帐子，让女孩住在里面。又给她宰牛造酒准备饭食，折腾十几天。到时，大家一同来装点乘浮之具，像出嫁女儿的床帐枕席一样，让这女孩坐在上面，放到河中漂行。起初漂在水面，漂流几十里就沉没了。那些有漂亮女子的人家，害怕大巫婆替河神娶他们的女儿，因此大多带着女儿远远的逃离了。所以城里越来越空虚，人越来越少，更加贫困了，这种情况已经很久了。民间俗话说：'假如不给河神娶媳妇，河水冲来淹没田产，淹死那些老百姓。'"西门豹说："等到为河神娶媳妇时，请三老、巫婆、父老们到河边去送新娘，也希望来告诉我，我也要去送新娘。"大家说："是。"

　　至其时，西门豹往会之河上。三老、官属、豪长者、里父老皆会①，以人民往观之者三二千人②。其巫，老女子也，已年七十。从弟子女十人所③，皆衣缯单衣④，立大巫后。西门豹曰:"呼河伯妇来,视其好丑。"即将女出帷中,来至前。豹视之,顾谓三老、巫祝、父老曰:"是女子不好⑤,烦大巫妪为入报河伯⑥,得更求好女,后日送之。"即使吏卒共抱大巫妪投之河中。有顷,曰:"巫妪何久也?弟子趣之⑦!"复以弟子一人投河中。有顷,曰:"弟子何久也?复使一人趣之!"复投一弟子河中。凡投三弟子⑧。西门豹曰:"巫妪弟子是女子也,不能白事⑨,烦三老为入白之。"复投三老河中。西门豹簪笔磬(qìng)折⑩,向河立待良久。长老、吏傍观者皆惊恐。西门豹顾曰:"巫妪、三老不来还,奈之何?"欲复使廷掾与豪长者一人入趣之。皆叩头,叩头且破,额血流地,色如死灰。西门豹曰:"诺,且留待之须臾⑪。"须臾,豹曰:"廷掾起矣。状河伯留客之久⑫,若皆罢去归矣⑬。"邺吏民大惊恐,从是以后,不敢复言为河伯娶妇。

注释

①官属:指廷掾。豪长者:豪绅,当地有势力的人。里父老:被选中女子的同里父老们。②以:与,及。③从弟子女十人所:随从的女弟子约有十来个。所,许。④衣:穿(衣服)。缯单衣:绢制的单衣。⑤是:此、这。好:美,漂亮。⑥妪:年老的女人。⑦趣:通"促"。催促。⑧凡:总共。⑨不能白事:不会把事情传达清楚。⑩簪笔磬折:帽子上插着类似毛笔的簪子,像石磬那样弯着腰,做出恭敬的样子。⑪且:姑且。须臾:片刻、一会儿。⑫状:推测之辞,犹今语"看情况"、"看样子"。⑬若:汝,你,你们。

译文

到了那一天,西门豹到河边同大家相会。三老、官吏、豪绅以及乡间的父老们都到了,连同观看的百姓共二三千人。那个大巫婆是个老太婆,年纪已有七十岁。随从的女弟子十几个,都穿着绸子单衣,站在大巫婆后面。西门豹说:"叫河神的媳妇过来,看看她美不美。"巫婆们就将新娘从帐子里扶出,来到西门豹面前。西门豹看了看,回头对三老、庙祝、巫婆及父老们说:"这个女孩不美,烦劳大巫婆到河中去报告河神,需要调换一个漂亮女孩,后天送她来。"就让士兵一齐抱起大巫婆投进河里。过了一会儿,西门豹说:"大巫婆怎么一去这么久,还不回来呢?徒弟去催促她一下。"又把一个徒弟投进河中。过了一会儿,又说:"徒弟怎么一去这么久不回来呢?再派一个人去催促她们!"又把一个徒弟投进河里。总共投进河里三个徒弟。西门豹说:"巫婆、徒弟是女人,不会禀告事由,烦劳三老替我进去禀告河神。"又把三老投进河里。西门豹头上插着笔,弯着腰,面对河水站着等了很长时间。长者、官吏和旁观者都非常害怕。西门豹回头说:"巫婆、三老不回来,怎么办?"想再派廷掾和一个豪绅进去催促他们。廷掾和豪绅都跪在地上磕头,把头都磕破了,血流在地上,脸色如死灰一样。西门豹说:"好吧,暂且等待一会儿。"待了一会儿,西门豹说:"廷掾起来吧。看情况河神留客太久了,你们都离开这里回家吧。"邺县的官吏、百姓都很害怕,从此以后,不敢再说替河神娶媳妇了。

西门豹即发民凿十二渠①,引河水灌民田,田皆溉②。当其时,民治渠少烦苦③,不欲也。豹曰:"民可以乐成④,不可与虑始⑤。今父老子弟虽患苦我⑥,然百岁后,期令父老子孙思我言⑦。"至今皆得水利,民人以给足富⑧。十二渠经绝驰道⑨,到汉之立,而长吏以为十二渠桥绝驰道⑩,相比近⑪,不可。欲合渠水,且至驰道合三渠为一桥。邺民人父老不肯听长吏,以为西门君所为也,贤君之法式,不可更也⑫。长吏终听置之⑬。故西门豹为邺令,名闻天下,泽流后世,无绝已时⑭,几可谓非贤大夫哉⑮!

注释

①发民:征集百姓。②溉:灌溉。③少:稍微。④以:与。乐成:乐于成功,共享成果。⑤虑始:筹划商量新事物的开创。⑥患苦:厌恶、憎恨。⑦期:希望。⑧给足:供给丰足。⑨经绝:横断,截断。⑩长吏:指县里主要官吏。⑪比近:靠近,挨近。⑫法式:法度,规范。更:变革,改动。⑬置:搁置,放弃。⑭无绝已时:没有断绝终了的时候。已,完了。⑮几:通"岂",难道。

译文

西门豹就征发百姓开凿了十二条渠道,引漳河水浇灌农田,农田都得到灌溉。在开凿河渠时,老百姓开渠多少是有些劳苦的,不很愿意干。西门豹说:"百姓可以同他们安享其成,却不可以同他们谋划事业的开创。现在父老子弟虽然以为我给他们带来辛苦,但是百年以后,希望让父老子弟们再想想我所说的话。"直到现在,那里都得到河水的利益,百姓因此富裕起来。十二条河渠横穿御道,到汉朝建立时,地方官吏认为十二条河渠上的桥梁截断了御道,彼此相距又很近,不行。想要合并渠水,并且把流经御道的那段,三条渠水合为一条,只架一桥。邺地的百姓不肯听从地方官吏的意见,认为那些渠道是经西门先生规划开凿的,贤良长官的法度规范是不能更改的。地方长官终于听取了大家的意见,放弃了并渠计划。所以西门豹做邺县令,名闻天下,恩德流传后世,难道能说他不是少有的贤大夫吗?

附：《史记》大事记

传说时代

皇帝，姬姓，号轩辕氏、有熊氏，为古代各族的共同祖先。曾在涿鹿攻杀九黎族首领蚩尤，又在阪泉（今河北涿鹿东南）打败姜姓部落首领炎帝，从此被各部落推为部落联盟首领。

炎帝，号烈山氏，姜姓部落首领。阪泉之战以后，姬姓部落与姜姓部落联合，炎、黄被认为是各族的共同祖先。

蚩尤，东方九黎族首领。

颛顼，高阳氏，为黄帝之孙，昌意之子。

帝喾，高辛氏，为黄帝子玄嚣之孙。

挚，一说号金天氏，东夷族首领。

尧，陶唐氏，名放勋，父系氏族社会后期的部落联盟首领，都于唐（今山西临汾），史称唐尧。

舜，有虞氏，名重华，父系氏族社会后期的部落联盟首领。命禹治洪水，以为继承人。

禹，姒姓，名文命，鲧之子。本为夏族部落首领，因治水有功，舜死后代为部落联盟首领。

夏

约公元前二十一世纪　夏后帝启，禹之子。传子从此开始，即由部落联盟首领转化为奴隶制国家的君主。

约公元前十六世纪　帝桀，名履癸，发之子。后为商汤所败,死于鸣条(今河南长垣西南,一说在今山西运城安邑镇北)。

商(殷)

契,商族始祖,传为其母简狄吞玄鸟卵而生。

约公元前十四世纪　帝盘庚,阳甲弟,迁殷(今安阳小屯村)。

约公元前十一世纪　纣,帝乙之子。纣刚愎拒谏,囚箕子,杀比干,后被周武王所灭。

西周

后稷,周族始祖,传为姜嫄踏巨人足迹而生。

约公元前十一世纪　周文王,季历子。文王招纳贤士,至者有吕尚、楚人鬻熊、孤竹国人伯夷、叔齐及殷臣辛甲等。

周武王,文王子。武王十一年,伐纣,战于牧野,灭商。纣王自焚死。

周厉王,夷王子。厉王以荣夷公为卿士,实行"专利","国人"谤王。王命卫巫监视,杀敢于批评者。

公元前841年,共和元年　周"国人"起义,攻王国。厉王奔彘(今山西霍县)。中国历史有正确的纪年始此。

公元前779年,周幽王三年　幽王纳褒姒,有宠。褒姒不肯笑,幽王举烽火,诸侯入援,见镐京平安无敌,废然而归,褒姒乃笑。

公元前771年,周幽王十一年　申侯联合缯、犬戎攻镐京。幽王举烽火,诸侯不信,救兵不至,犬戎破镐京,杀幽王、郑桓公,掳褒姒而去。

春秋

元前770年,周平王元年 平王东迁雒邑(今洛阳王城公园一带)。晋文公、秦襄王、郑武公、卫武公率兵护送。东周始此。

公元前722年,周平王四十九年,鲁隐公元年 鲁隐公即位。

公元前720年,周平王五十一年,鲁隐公三年 周平王死,其孙林立,是为桓王。

公元前675年,周惠王二年,鲁庄公十九年 周五大夫等奉子颓(庄王庶子)攻惠王,失败。子颓奔卫。卫、燕攻周,立子颓。

公元前648年,周襄王四年,鲁僖公十二年 周太叔带(惠王时的王子带)奔齐。齐桓公三十八年,管仲和戎于王,王以上卿之礼待管仲,管仲乃受下卿之礼。

战国

公元前473年,周惠王二年,周元王三(四)年,越王勾践二十四年,吴王夫差二十四年 吴王夫差求和,勾践欲许之,范蠡谏,遂灭吴。夫差自杀。

公元前356年,周显王十二年,齐威王元年 威王用邹忌为相,明赏罚,奖谏诤,齐国渐强。

公元前350年,周显王十九年,秦孝公十二年 进一步变法,迁都咸阳(今咸阳东北)。普遍设县,置令、丞;废井田,开阡陌;统一度量衡;禁父子兄弟同室居住。

公元前256年,周赧王五十九年 秦灭西周,西周君旋死,周赧王亦死,周亡。

公元前249年,秦庄襄王元年 秦灭东周,迁其君。

公元前247年,秦庄襄王三年 秦庄襄王死。子政立,年十三岁。吕不韦专权，号"仲父"。招致宾客三千人，使客编集《吕氏春秋》。

公元前227年，秦王政二十年，燕王喜二十八年　太子丹派荆轲入秦，刺秦王，不中。秦杀荆轲。

秦

公元前221年，秦始皇帝二十六年　秦将王贲自燕南下攻齐，齐亡。秦王定称号为"皇帝"，自为始皇帝。

公元前219年，秦始皇帝二十八年　始皇东巡，封禅泰山，立石颂德。又东至之罘（在今山东烟台北），南至琅邪，筑琅邪台（今山东胶南县南境），立石颂德。

公元前218年，秦始皇帝二十九年　始皇东游，至博浪沙（今河南原阳）。韩人张良遣力士行刺，未中。始皇令天下大索十日。

公元前214年，秦始皇帝三十三年　开凿灵渠，联接湘江和漓江。蒙恬击败匈奴，收河南地（今黄河河套），置九原郡（郡治在今内蒙古包头西）。筑长城，起临洮，顺黄河北至河套，傍阴山东至辽东，世称万里长城。

公元前213年，秦始皇帝三十四年　用丞相李斯建议，禁私学，烧秦记以外的列国史籍，《诗》《书》及百家之编仅限博士官保有，医药卜筮之书不烧。

公元前212年，秦始皇帝三十五年　派受宫刑者、徒刑者七十万人，造阿房宫和骊山陵。侯生、卢生等讥议始皇，后逃亡。始皇命御史按问诸生"为妖言以乱黔首"之罪，活埋四百六十余人于咸阳。

公元前210年，秦始皇帝三十七年　始皇南巡，西还，在沙丘（今河北广宗西北）病死。宦官赵高主谋，得左丞相李斯同意，秘不发丧，矫诏立少子胡亥为太子，令扶苏、蒙恬自杀，此后才返咸阳发丧。胡亥即位，是为二世。

公元前209年，秦二世元年　发"闾左"戍渔阳（郡治在今北京密云西南）。七月，戍卒陈胜、吴广因失期当斩，率同被征发者九百人，在蕲县大泽乡（今安徽宿县东南）起义。起义军入陈（今河南淮阳），陈胜称王，建立张楚政权。

公元前208年，秦二世二年　吴广被部将田臧所害。陈胜被御者庄贾杀害，楚将吕臣组织苍头军，夺回陈县，杀庄贾。项梁与刘邦等拥立楚怀王孙心为王，号楚怀王，都盱眙（今江苏盱眙东北）。

公元前207年，秦二世三年　项羽杀宋义，引兵渡漳河，在巨鹿（今河北平乡西南）大破秦军。秦中丞相赵高杀二世，立子婴（二世侄）为秦王。子婴杀赵高。刘邦自宛西进，攻克武关，至蓝田，大破秦军。

汉

公元前206年，汉王元年　刘邦灭秦，子婴降。刘邦至鸿门，与项羽相会，几遭杀害。项羽屠咸阳，杀降王子婴，烧宫室，火三月不灭，收其宝货、妇女而东。项羽佯尊怀王为义帝，迁江南，都郴（今湖南郴县），自立为西楚霸王，都彭城。

公元前205年，汉王二年　项羽使人杀义帝于江中。项羽以三万人自齐南下，大破汉军。汉王逃走，父太公、妻吕氏都被楚军俘获。汉王立子盈为太子，命萧何侍太子留守关中，调兵运粮，并"为法令约束"。

公元前204年，汉王三年　陈平建议，用反间计使项羽疑范增、钟离眛等。范增被疑，怒而辞官，在途中病死。荥阳围急，纪信伪装汉王，出城降楚。汉王乘间逃脱。项羽烧杀纪信。

公元前 203 年，汉王四年　项羽粮尽，与汉议和，以鸿沟（从荥阳以北，向东至今开封附近，折向南流，至今淮阳东南入颍水）为界，西属汉，东属楚；楚释太公、吕后归汉。项羽东归彭城。张良、陈平劝汉王勿养虎遗患，乃追项羽。

公元前 202 年，汉高祖五年　项羽至垓下（今安徽灵璧东南），被围。羽夜闻四面皆楚歌，突围南走，至乌江（今和县东北），被汉军追及，自杀。二月，汉王即皇帝位，是为高祖，都洛阳。

公元前 195 年，汉高祖十二年　高祖与黥布军在蕲西（在今安徽宿县南）交战。布兵败，渡淮，走江南，被杀。高祖还过沛，召故人父老置酒相会，因作《大风歌》。

公元前 194 年，汉惠帝元年　吕后毒杀如意，残害戚夫人为"人彘"。惠帝见之，大哭，得病，不治政事。移淮阳王友为赵王。开始建筑长安城。

公元前 187 年，汉高后元年　吕后欲封诸吕为王。王陵以高祖有"非刘氏而王，天下共击之"之语，坚决反对，罢相。以陈平为右丞相，辟阳侯审食其为左丞相。

公元前 179 年，汉文帝前元年　文帝以河南守吴公治平为天下第一，召为廷尉。吴公荐贾谊。文帝召为博士，一年中升至太中大夫。

公元前 169 年，汉文帝前十一年　太子家令晁错上书，建议募民以实塞下，且耕且战，以御匈奴，减少不习地势的东方戍兵。文帝从之，塞下从此渐见充实。

公元前 168 年，汉文帝前十二年　晁错言农民困苦，商人富厚，主张募民入粟，得以拜爵、除罪，借以贵粟。文帝从之，又赐今年田租之半。

公元前 166 年，汉文帝前十四年　陇西成纪（今庄浪西北）

人李广以良家子从军击匈奴,以善射立战功,为郎。

公元前154年,汉景帝前三年 诏削楚东海郡、吴豫章郡、会稽郡。吴王濞、楚王戊与赵、胶东、胶西、菑川、济南诸王,以"清君侧"杀晁错为名,举兵叛乱。史称"吴楚七国之乱"。吴兵攻梁,屡胜。梁孝王城守睢阳。汉以周亚夫为太尉,击吴、楚。景帝听袁盎言,杀晁错以谢七国。吴、楚等国不肯罢兵。太尉破吴、楚军。楚王戊自杀,吴王濞逃至东越,被杀。其余诸王分别自杀或被杀。

公元前141年,汉景帝后三年 太子彻即位,年十六岁,是为武帝。

公元前140年,汉武帝建元元年 诏举贤良方正直言极谏之士,董仲舒对策,以董仲舒为江都相。

公元前138年,汉建元三年 郎张骞应募使西域,欲招大月氏还敦煌、祁连间,共御匈奴。

公元前129年,汉元光六年 用大司农郑当时的建议,发卒数万人,由水工徐伯主持,开凿漕渠,由长安沿终南山到黄河,全长三百余里,三年完工。匈奴攻扰上谷(治沮阳,今河北怀来东南)。命卫青等四将军分道出击。李广战败被俘,夺马逃还。李广战败被俘,免为庶人。卫青获胜,封关内侯。

公元前128年,汉武帝元朔元年 匈奴人辽西(治阳乐,今辽宁义县西)、渔阳(治今北京市密云西南)、雁门,杀掠甚众。起用李广为右北平(治今辽宁凌源西南)太守。匈奴称广为"飞将军"。卫青、李息分道击匈奴,卫青军获胜。

公元前127年,汉元朔二年 用主父偃策,下推恩令,令诸侯得分地给子弟为侯。于是藩国始分,势力日益削弱。匈奴攻扰上谷、渔阳。遣卫青、李息出击,逐走白羊、楼烦王,取河南地(河套)。主父偃建议城河南地,遂立朔方郡(治今内蒙古杭锦旗北，辖河套西北部及后套地区），修缮秦蒙恬所筑要塞。

公元前126年，汉元朔三年　张骞归。骞去时北匈奴扣留十余年，逃脱至大宛，经康居（今巴尔喀什湖与咸海间）到大月氏（是立国于妫水，即今阿姆河流域，并兼有妫水南的大夏）。回时又被匈奴俘获，乘匈奴内乱逃归。前后共经十三年，拜为大中大夫。

公元前124年，汉元朔五年　命卫青辖苏建等军出朔方，李息等出右北平，攻匈奴右贤王，大胜。拜卫青为大将军。为博士官置弟子五十人，复其身。时孔安国为博士，传授孔氏所藏《古文尚书》，开创古文尚书学派。

公元前122年，汉武帝元狩元年　淮南王安、衡山王赐谋反案发，二王自杀，牵连死者数万人。

公元前121年，汉元狩二年　骠骑将军霍去病出陇西，深入击匈奴，俘获浑邪王子等，得休屠王祭天金人。

公元前119年，汉元狩四年　大将军卫青，骠骑将军霍去病大出兵击匈奴，李广等均属大将军。卫青渡漠，破单于兵，单于逃去。霍去病出代、右北平二千余里，封狼居胥山（约在今蒙古人民共和国乌兰巴托东）。张骞奉使赴乌孙（今伊犁河流域），是为第二次使西域。

公元前115年，汉元鼎二年　张骞从乌孙还汉，拜为大行。

公元前110年，汉武帝元封元年　武帝率十八万骑巡行北边，以威慑匈奴。封禅泰山，东至海上，北至碣石，自辽西历北边至九原，回甘泉。

公元前109年，汉元封二年　武帝至东莱（治掖县，今属山东）海滨，等待公孙卿等所言"神人"，无所见；复遣方士求神仙，采芝药，以千数。

公元前104年，汉武帝太初元年　大中大夫公孙卿、壶遂、太史令司马迁请改正朔。命卿、遂、迁共造《太初历》，用夏正，始以正月（建寅月）为岁首。

公元前 100 年，汉武帝天汉元年　因连年苦旱，改元天汉，以祈甘雨。

公元前 99 年，汉天汉二年　李陵（李广孙）自请击匈奴，因马匹均归贰师，率步兵五千人出居延三十日，被单于所围，败降匈奴，后封为右校王。太史令司马迁言陵力战，降非本意。武帝以迁为欲沮贰师，下迁腐刑。